税收策划36计

庄粉荣◎著

中国铁道出版社有限公司
CHINA RAILWAY PUBLISHING HOUSE CO., LTD.

图书在版编目（CIP）数据

税收策划36计/庄粉荣著. —北京：中国铁道出版社有限公司，2020.3（2021.2重印）

ISBN 978-7-113-26347-8

Ⅰ.①税… Ⅱ.①庄… Ⅲ.①税收筹划 Ⅳ.①F810.423

中国版本图书馆CIP数据核字（2019）第238989号

书　　名：税收策划36计
SHUISHOU CEHUA 36 JI
作　　者：庄粉荣

责任编辑：王　佩　　编辑部电话：(010)51873022　　邮箱：505733396@qq.com
封面设计：仙　境
责任校对：王　杰
责任印制：赵星辰

出版发行：中国铁道出版社有限公司（100054，北京市西城区右安门西街8号）
印　　刷：北京铭成印刷有限公司
版　　次：2020年3月第1版　2021年2月第2次印刷
开　　本：787 mm×1 092 mm　1/16　印张：27.5　字数：549千
书　　号：ISBN 978-7-113-26347-8
定　　价：88.00元

前言

2017年5月5日国家税务总局出台的《国家税务总局关于发布〈涉税专业服务监管办法（试行）〉的公告》（国家税务总局公告2017年第13号）明确涉税专业服务机构可以从事税收策划业务，对纳税人、扣缴义务人的经营和投资活动提供符合税收法律法规及相关规定的纳税计划、纳税方案。同时，中国注册税务师协会2017年1月25日也出台了《税收策划业务规则（试行）》（中税协发〔2017〕004号）。这就为税收策划由理论走向实践提供了法律依据。

笔者自1988年进入税务系统从事税务管理工作，不久，就感受到了纳税人在税收策划方面的需求，于是，从理论层面研究税收对经济的作用，先后于1992年和1993年发表了《围绕税收职能研究促产增收》《论税收政策的原则性与灵活性》等论文，由此奠定了笔者研究税收策划的理论基础。2001年出版的《实用税收策划》一书，相对系统而完整地归纳出税收策划的概念、原则和方法，从而成为我国税收策划理论的基础专著之一。随后经过20多年纳税评估和检查以及咨询实践，从实务层面选择不同的行业对税收策划进行专题研究，先后出版专著30余部，2 000多万字，立足于操作，致力于让纳税人在理解税收策划原理的基础上掌握更多的操作技巧，从而增加投资和经营活动的效益，始终是笔者的研究追求。

这些年来，虽然笔者在税收策划上做出了一点成绩，也曾将自己的税收策划理论在各地与广大企业家和财务人士进行介绍和推广，甚至在清华、北大等30多所著名高校与许多专家学者和研究生分享研究心得，但是，笔者更擅长到企业现场，为投资人把脉、为企业家服务。

2006年，安徽某市一国有企业集团重组方法不当被举报，笔者受邀到现场调研三天，给出一个方案便节税1.65亿元；2010年河南某公司上市过程中，在笔者的策划下为投资人增加净收益5 600多万元；2018年3月，在上海某品牌产品制造公司现场调研一周，发现该企业存在15个风险点，涉税6 000多万元，同时找到5个策划点，给出节税1 500万元的操作方案……笔者在税务稽查过程中先后查处过近1 000个涉税案件，查补税款数千万元；从事涉税咨询后先后为120多家企业实施过200多个策划方案，为企业合法节税数亿元。

正是上述实践不断充实着笔者的税收策划理论，但是，税收策划的技巧及方法随着政策的变化而变化，即使是在同一个政策背景下，某些事项的涉税处理也因不同的区域、不同的行业、不同的纳税人而存在着很大的差异。因此，税收策划并非一成不变，而是千变万化的，即便如此，笔者还是通过长期研究发现，税收策划有一定的规律可循，于是开始研究开发专项税收策划服务产品，同时，将其中的部分常见操作技巧归纳出来，从而形成本书。

书中涉及的“避税”概念可能在理论界存在争议，这里做一个说明：我国在《主体法》和《程序法》中都有反避税条款，这说明在国内不主张避税。但是，在国际上避税现象属客观存在，所以在讨论国际税收问题的案例时仍沿用“避税”的提法。

本书以投资人的业务操作流程和经济经营专项业务作为谋篇布局的基础。在表述形式上，每一计以“妙计精要”“本计内容”“案例注释”作为结构框架；在“案例注释”下，又引用三个案例来对相应计策作诠释。在案例表达方式上，一般先行介绍事件情况，然后进行“业务分析”和“政策分析”，并将“策划分析”“策划结论”“策划点评”“策划难点”“背景资料”等税收策划必须经历的程序分别列示，部分案例对“操作难点”也做了提示，以便于读者通过案例来体会策划计算和技巧的操作原理。

以专项计策和技巧作为切入点进行税收策划分析，在业内还是第一次尝试，目的是希望从多角度去研究税收策划的理论与实务，便于人们在实践过程中操作和运用，同时增加可读性。由于笔者水平有限，本书可能还存在许多不完善的地方，期待与读者一起沟通、交流，不啬赐教！

庄粉荣

2019年10月于上海

手机：18118358758

电子信箱：zhuangfr@163.com

CONTENTS 目录

第1计：
地点有选择 人和很重要

【妙计提要】

地理税境有高低，政策选择存差异；税收策划好运筹，随心所欲做生意。

【本计内容】

古人言：谋事在人，成事在天。成事讲究天时、地利、人和。战争用兵是如此，生产经营亦是如此，从事税收策划更不例外。那么，从税收策划的角度讲，什么是天时、地利、人和？

古人出门做事看天象，讲究的是天时。我国已经确立了市场经济机制，市场经济就是法治经济，在市场经济条件下，投资人的正当利益通过法律可以得到保护。所以，在法治社会里进行税收策划，正值天时也！

作为投资人，将投资项目放在何处是要讲地利的。而从税收策划的角度考虑地利，就是分析投资在哪里税收上优惠最多？世界之大，税境复杂，每个国家由于其政治、历史、文化和自然条件不同，其税收政策差异很大。在我国，由于东西、南北的经济差异比较大，为了促进经济的发展，也采取了差别税收政策。改革开放后，我国曾对经济特区、沿海经济技术开发区、国务院批准的高新技术产业开发区、中西部地区实行不同的所得税政策；为了引进外资，对外商投资企业制定了一系列所得税优惠政策。2008年统一所得税法后，区域性税收优惠政策有所淡化，但是地区差异仍然存在。

至于人和，笔者将其解释为我国传统文化与行为方式，落实到税收策划上就是实际操作环节的税务管理特点。由于区域差异，从而形成税务管理特点上的差异。税务管理的差异主要表现在：税务管理的力度有大有小，税收征管改革的速度有快有慢，自由裁量权有宽有严，地方优惠政策（非国家规定的免征或者返还等税收优惠）有多有少等。这些往往是非书面能够表述的，但是，实际经营活动过程中客观存在，进行税收策划不能离开当地税收征管实际去操作。

将天时、地利、人和结合起来，就是税收策划的第一要旨！

【案例注释】

税收策划是一门技术性和艺术性相结合的学科，在实务第一线往往更倾向于实务操作。但是，从上述计策的内容上看，读者可能还是感觉难以理解。因此，这里我们结合实际案例对有关计策的操作原理做一个简要分析和解释。

国际巨星梅西案　国际避税又一例

2017年5月，西班牙媒体报道了当今世界足坛两大巨星的两条新闻，内容都与偷逃税款有关。首先是里奥·梅西偷逃税案上诉的最终结果：西班牙高等法院驳回了梅西方的上诉，维持原判，判处梅西监禁21个月。与此同时，多家媒体透露，目前检察院正在调查克里斯蒂亚诺·罗纳尔多（后称C罗）偷逃税款800万欧元一案。

1. C罗怎么啦?

在梅西案终审后，C罗偷税漏税案出现了苗头。此前足球解密网站透露C罗狂收1.5亿欧元广告费，却只缴了4%税款的事件。根据西班牙各家权威媒体报道，西班牙财政部已经把C罗偷逃税款案交予西班牙检察机构，并准备起诉C罗。

葡萄牙球星C罗从2009年初起，将他的肖像权收入存放在英属维尔京群岛的多家公司内。这些公司以不透明的方式运营，具有空壳公司的架构，没有实际经济活动或雇员，借助职业的挂名人进行运作。据悉，C罗在2011年到2013年的三年期间，报税出现问题。根据财政部测算，C罗共少缴税款800万欧元。很多球迷认为，梅西少缴了410万便被判了21个月，那C罗应该被判42个月的监禁。

2. C罗、梅西逃税案模式

C罗、梅西（以下简称球星）将个人的肖像权以低价卖给这些公司，赞助商直接将高额的广告费支付给这些公司，而当地对企业所得税实行很低的税率甚至免除所得税，从而将球星本应在西班牙承担的高额税额大大降低。这种避税方法在欧洲爆发经济危机之前较为普遍，许多球星都通过肖像权的授予，将获得的巨额广告收入转移到该地，从而减少应承担的高税负。但在欧洲爆发经济危机后，西班牙政府为了增加财政收入、促进国内经济复苏，对这一避税行为展开积极调查，并从法律上修改此前的优惠税率。球星转移肖像权获得的广告收入应计入西班牙个人所得税应纳税所得额中，按照本地适用税率计缴纳税。

图为 C罗、梅西逃税的主要模式

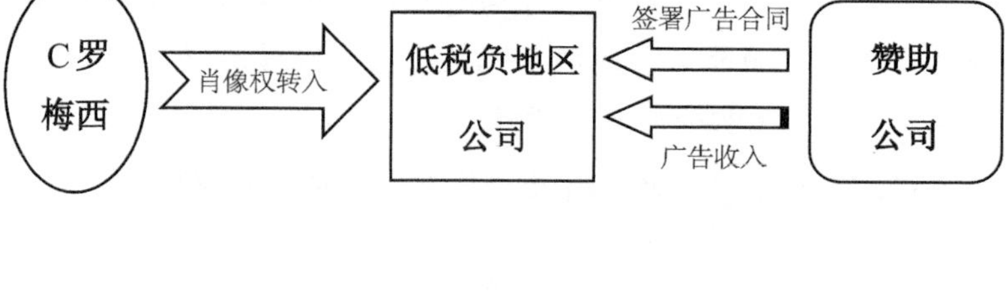

3．其他模式

其他足球明星与梅西、C罗类似，譬如马斯切拉诺、内马尔和莫德里奇等都是通过将肖像权授予在低税负设立的公司，进而将广告费收入转移至该公司来获得税收利益。然而在西班牙政府的严厉打击下，该种模式的操作空间日益缩小，越来越多的足球明星被调查，并补缴了税金和罚款。

英国足球明星贝克汉姆也进行过相关的税收策划，不过与他们不同的是，贝克汉姆设立自己的公司经营自己的肖像权和相关服务，获得的广告费收入直接入账自己的公司，将高额的个人所得税变为较低的公司所得税；当自己需要资金时，再向公司"借款"。这样一来，公司在年度申报纳税时，可能出现"亏损"，从而规避企业所得税。这种税收策划方式成为后来英超球星效仿的典范。

避税地区有热点　资源差异是根基

各个国家的经济政策不同，反映到税收上就是税收负担的高低、税收管理手段的繁简给企业造成的实际成本的大小上。目前，世界上有许多被称为国际避税地的国家和地区，被认为是跨国税收策划的热点地区。所谓国际避税地，又称为避税港，它是指一些国家和地区为了吸引外国资金和先进技术等，制定一些特殊政策，为纳税人提供的、使他们的税收负担尽可能低的场所，这种场所在世界各地有不同的形式。

那些资源比较匮乏、面积比较小的国家和地区，有的整个国家都设为避税区，比较大的国家，往往拿出一个行政区域来设立低税区，也有的设立"保税区"或"保税仓"等。显然，走出国界做生意，有些低税区或国际避税区是我们不能不加以考虑的地方。那么，哪些地方是国际避税地呢？我们又如何去识别它们呢？这里，我们不妨从理论角度对其作一番简要介绍。

1．国际避税地的特点

（1）税收负担低。这是国际避税地最显著的特点。税收负担的高低是用税收占国民生产总值的比重来表达的。一般而言，税目体现征税的广度，而税率体现征税的深度。只有税率低，税收负担才轻，税收负担轻，甚至根本就没有，才能对投资者产生吸引力，避税地只有具有轻税负的特点，才是名符其实的，这是问题的一个方面；另一方面，避税地的轻税负还必须体现在直接税方面。也就是说，对于那些跨国投资者而言，直接税的负担低或者不征直接税，才具有真正意义上的低税负。这是因为，对跨国投资者而言，间接税是可以转嫁的，而直接税则不能转嫁，间接税只能在产品的市场竞争能力上产生影响，这对那些垄断性产品或垄断性行业来说，是没有意义的，因为在这种情况下，税收的实际承担人是消费者，而不是生产经营者，直接税的负担则要生产经营者直接承担，一般情况下无法转嫁给他人。所以，能够真正对跨国投资者产生吸引力的低税负，是指直接税的低税负。

（2）优惠对象主要是外来投资者。纵观目前世界上实行避税地的国家和地区，其采取的税收优惠的目的指向是很明确的，绝大多数侧重外来投资者，这种精神也得到非避税国和地区的认可，比如我国对在我国生产经营十年以上的生产性“三资企业”从获利年度起，可以享受所得税“两免三减半”政策，对生产经营时间更长的一些鼓励性行业的“三资企业”，享受所得税减免的优惠时间还可以延长。

（3）避税区域明确。在一般情况下，无论是避税国还是国际避税区，都有一个明确的范围，有的是一个国家或地区的全部，比如某些岛国或一些在政治上享有独立地位和自治权力的地区，有的是其中一个或几个岛屿，有的是一个港口城市、自由贸易区或出口加工区，在区域内才实行低税政策。我国在一些地区设立的保税区，如深圳的福田保税区、上海的外高桥保税区四周专门建立了隔离设施，使其成为一个独立的小气候，从而更加突出低税区域的形象，使大量的资金和业务流向这些地方。

2. 国际避税地的类型

（1）典型的国际避税地。这类避税地税收负担很轻，地理条件独特，各种保障措施完好，地理上全部属于岛屿型，税收上税种少，税收负担低，有的完全免征直接税，有的实行单一的来源地税收管辖权，对境外收入不征税，没有财产税，也没有遗产税和赠与税。

在这些避税港，有很多成功的避税案例。媒体曾经介绍过的英国媒体大王鲁伯特·默多克在英国的新闻投资公司，通过在世界各地设立近800家子公司，包括开曼群岛、百慕大群岛等一些有名的国际避税地，并利用英国的税收政策和利润转移策略，成功规避近14亿英镑，即21亿美元的利润。也正因为如此，一些跨国投资者纷纷涌向国际避税地。以百慕大群岛为例，如1990年岛上地方公司有1 238家，而外国公司达4 680家。美国许多跨国公司在该群岛设有机构，投资额在1992年已达220亿美元，所以岛上各种保险公司多达1 000余家，年保险费收入约60亿美元。

（2）普通避税地。这些地方的政策条件介于前者所说的典型的避税地与非避税地之间，有一定的税收负担，但是不算太高，这样的避税地比较多，其中又可以分为两种类型：一是只对境内所得或财产征收较轻的税收，而对来自境外的所得不征税，有巴拿马、哥斯达黎加、利比里亚等地。二是对境外所得和财产只征少量的税，同时对外国经营者给予特殊的税收优惠。这类避税地有英国、瑞士、以色列、巴巴多斯、直布罗陀、巴林、塞浦路斯、牙买加、安提瓜岛等。

（3）不完整的国际避税地。这类避税地有一个特点：总体上实行正常的税收制度，但将国内的某一个区域拿出来，单独实行特殊的税收优惠政策，或者整个国家在某些特定的方面实行某些特殊的优惠政策，如加拿大、菲律宾、荷兰、卢森堡、希腊等地。我国的深圳市、珠海市等四个经济特区以及海南省、上海市的浦东从某种意义上讲，也有避税地的性质。

（4）协议避税地。这一类国家和地区的税收有一个特点：通过与有关国家签定双边协议，形成税收协定网络，对外资有较为优惠的政策，从而形成“准避税港”，从而成为国际控股、投资公司、中介性金融公司和信托公司建立的热点地区。如荷兰，目前已经同澳大利亚、奥地利、丹麦、芬兰、德国、法国、希腊、瑞士、匈牙利、印度、日本、韩国、卢森堡、马来西亚、新西兰、新加坡、南非、西班牙、泰国、英国、美国、俄罗斯等四、五十个国家缔结了全面税收协定，对以上协定国均实施低税率的预提税。预提税的税率通常股息为25%，对协定国降为5%、7.5%、10%、15%；利息和特许权使用费不征税。其中还对丹麦、芬兰、爱尔兰、意大利、挪威、瑞典、英国、美国的股息预提税限定税率为零。此外，对汇出境外的公司利润也可比照股息享受低税或免税优惠。瑞士也是因税收协定网络相当发达，成为国际控股、中介性金融公司设立较多的国家之一。瑞士已同澳大利亚、比利时、法国、埃及等30多个国家缔结了全面税收协定。

当然，利用国际避税地策划降低税收负担要讲究策略。因为现在许多国家及国际经济组织对国际避税地已经亮出的“黄牌警告”。2000年6月26日，经济合作与发展组织（OECD）财政事务部公布了题为《确定和消除有害税收活动进程》的报告，报告列举了全球35个避税港的名单：安道尔、安圭拉岛（英国的海外领地）、安提瓜岛和巴布达岛、阿鲁巴岛（荷兰领地）、巴哈马、巴林岛、巴巴多斯群岛、伯利兹、英属维尔京群岛、库克群岛（新西兰属地）、多米尼加、直布罗陀（英国的海外领地）、格林纳达、马恩岛（英国的海外领地）、泽西（英国的海外领地）、利比里亚、列支敦士登公国、马尔代夫共和国、马绍尔共和国、摩纳哥公国、蒙塞拉特（英国的海外领土）、瑙鲁共和国、荷属安的列斯群岛、纽埃岛（新西兰属地）、巴拿马、萨摩亚群岛、塞舌尔共和国、圣路西亚、圣基茨和尼维斯联邦、圣文森特和格林纳丁斯、汤加、特克斯和凯科斯（英国的海外领地）、美属维尔京群岛、瓦努阿图共和国。在OECD公布避税港报告前，百慕大、开曼群岛、塞浦路斯、马耳他、毛里求斯、圣马力诺6个国家和地区就提前做出承诺，愿意在2005年底之前消除有害税收活动，承诺采用国际税收通行的透明标准，进行情报交换，实行公平的税收竞争。OECD对这些国家的承诺表示欢迎，没有将它们列入避税港名单。由此可见，我们要随时关注国际避税港的发展情况和其他动态，以免策划失误。

3. 国际避税地的分布

当今，引人注目的避税地主要分布在下述几个区域。加勒比海地区，如巴哈马、百慕大、开曼群岛；地中海地区，如直布罗陀、塞浦路斯；欧洲地区，如荷兰、瑞士、列支敦士登、安道尔、卢森堡、摩纳哥；太平洋地区，如瑙鲁共和国、瓦努阿图。

不过所谓避税地也是在不断变化的，随着政治经济情况的变化，各地的政策也会做出相应的调整，可能因此而形成新的避税地。最近网络上又传出一篇新资料介绍了2018全球十大避税地，投资人如果想利用避税地做税收策划，就需要随时了解各地的政策变化，相应地进行税收策划。

利用洼地来策划　操作得当有税利

F公司是一家大型民营投资集团，在国内有许多投资项目并取得骄人的业绩。2015年实现投资收益500多亿元。2016年初，公司拟投资一个新项目，该项目是一项新材料专利转化产品，科技含量相当高。那么，该项目应当放在哪里操作，在税收方面能够获得更多的利益？

政策分析：

为了实现我国的经济发展战略，国家在不同的时期制定了相应的税收政策，比如，在改革开放初期制定了对经济特区的税收优惠，对沿海开放城市的优惠，对沿海开发区的优惠，对经济技术开发区的优惠……而目前还根据国内经济情况制定了对西部开发区的税收优惠以及其他特定区域的税收优惠政策，等等。这就给投资人提供了极好的策划机会。此处我们再列举几个政策精神。

1. 西部大开发的涉税政策

为了支持西部地区的发展，国家在2001—2010年实施了首轮西部大开发战略，出台了包括税收优惠政策在内的西部大开发政策。2010年7月5日，中共中央、国务院召开了西部大开发工作会议，会后印发了《中共中央国务院关于深入实施西部大开发战略的若干意见》（中发〔2010〕11号）明确继续深入实施西部大开发战略，实施包括西部地区鼓励类产业企业减按15%税率征收企业所得税在内的一揽子税收优惠政策。2011年7月27日，财政部、海关总署和国家税务总局发出《关于深入实施西部大开发战略有关税收政策问题的通知》（财税〔2011〕58号），出台了新一轮为期10年的支持西部大开发的税收政策。2012年4月6日，国家税务总局发布《关于深入实施西部大开发战略有关企业所得税问题的公告》（国家税务总局公告2012年第12号），明确了享受西部大开发企业所得税优惠政策操作规范。经国务院批准，2014年8月20日，国家发展和改革委员会发布《西部地区鼓励类产业目录》，自2014年10月1日起施行。2015年3月10日，国家税务总局发布关于执行《西部地区鼓励类产业目录》有关企业所得税问题的公告（国家税务总局公告2015年第14号 ）。自2011年1月1日至2020年12月31日，对设在西部地区以《西部地区鼓励类产业目录》中规定的产业项目为主营业务，且其当年度主营业务收入占企业收入总额70%以上的企业，经企业申请，主管税务机关审核确认后，可减按15%税率缴纳企业所得税。

2. 新疆喀什霍尔果斯两个特殊经济开发区企业所得税优惠政策

为推进新疆跨越式发展和长治久安，贯彻落实《中共中央国务院关于推进新疆跨越式发展和长治久安的意见》（中发〔2010〕9号）和《国务院关于支持喀什霍尔果斯经济开发区建设的若干意见》（国发〔2011〕33号）精神，财政部、国家税务总局在《关于新疆喀什霍尔果斯两个特殊经济开发区企业所得税优惠政策的通知》（财税〔2011〕112号）中，就新疆喀什、霍尔果斯两个特殊经济开发区有关企业所得税优惠政策明确，自2010年1月1日至2020年12月31日，对在新疆喀什、霍尔果斯两个特殊经济开发区内新办的属于《新疆困难地区重点鼓励发展产业企业所得税优惠目录》（以下简称《目录》）范围内的企业，自取得第一笔生产经营收入所属纳税年度起，五年内免征企业所得税。

这里的第一笔生产经营收入，是指产业项目已建成并投入运营后所取得的第一笔收入。这里属于《目录》范围内的企业是指以《目录》中规定的产业项目为主营业务，其主营业务收入占企业收入总额70%以上的企业。

3. 横琴、平潭开发增值税和所得税政策

为了贯彻落实《国务院关于横琴开发有关政策的批复》（国函〔2011〕85号）和《国务院关于平潭综合实验区总体发展规划的批复》（国函〔2011〕142号）精神，财政部、海关总署、国家税务总局在《关于横琴、平潭开发有关增值税和消费税政策的通知》（财税〔2014〕51号）中，就横琴、平潭开发有关增值税和消费税政策明确，一是内地销往横琴、平潭与生产有关的货物，视同出口，实行增值税和消费税退税政策。二是内地货物销往横琴、平潭，适用增值税和消费税退税政策的，必须办理出口报关手续（水、蒸汽、电力、燃气除外）。海关总署将货物经“二线”进入横琴、平潭的《进境货物备案清单》的电子信息提供给国家税务总局。三是横琴、平潭各自的区内企业之间销售其在本区内的货物，免征增值税和消费税，等等。

对于企业所得税，财政部 国家税务总局在《关于广东横琴新区、福建平潭综合实验区、深圳前海深港现代化服务业合作区企业所得税优惠政策及优惠目录的通知》（财税〔2014〕26号）中就有关企业所得税政策明确，自2014年1月1日起至2020年12月31日止，一是对设在横琴新区、平潭综合实验区和前海深港现代服务业合作区的鼓励类产业企业减按15%的税率征收企业所得税。上述鼓励类产业企业是指以所在区域《企业所得税优惠目录》（见附件）中规定的产业项目为主营业务，且其主营业务收入占企业收入总额70%以上的企业。上述所称收入总额，是指《中华人民共和国企业所得税法》 第六条规定的收入总额。二是企业在优惠区域内、外分别设有机构的，仅就其设在优惠区域内机构的所得确定适用15%的企业所得税优惠税率。在确定区域内机构是否符合优惠条件时，根据设在优惠区域内机构本身的有关指标是否符合本通知第一条规定的条件加以确定，不考虑设在优惠区域外机构的因素。三是企业既符合本通知规定的减按15%税率征收企业所得税优惠条件，又符合《中华人民共和国企业所得税法》及其实施条例和国务院规定的其他各项税收优惠条件的，可以同时享受；其中符合其他税率优惠条件的，可以选择最优惠的税率执行；涉及定期减免税的减半优惠的，应按照25%法定税率计算的应纳税额减半征收企业所得税。

对于个人所得税，财政部、国家税务总局在《关于福建平潭综合实验区个人所得税优惠政策的通知》（财税〔2014〕24号）中，就福建平潭综合实验区有关个人所得税问题明确，自2013年1月1日起至2020年12月31日止，在平潭综合实验区工作的台湾居民，应按照《中华人民共和国个人所得税法》的有关规定，缴纳个人所得税。福建省人民政府根据《国务院关于平潭综合实验区总体发展规划的批复》（国函〔2011〕142号）以及《平潭综合实验区总体发展规划》有关规定，按不超过大陆与台湾地区个人所得税负差额，给予在平潭综合实验区工作的台湾居民补贴，免征个人所得税。

当然，我国税收优惠政策还不仅仅于此，这里就不详尽列举了。投资人应当注意的是，在地方操作层面上，还有“财政返还”等相关优惠可以争取。

自从《中华人民共和国立法法》出台后，有关政策的制定和实施必将越来越规范，作为投资人应当从长远角度看问题，做好战略规划。

策划建议：

咨询专家认为，如果仅从税收的角度讲，投资活动可以在全球展开，但是优先考虑在国内。如果进行跨国经营，相应的则有跨国税收策划策略。

在国际进行税收策划，是所有跨国公司从事财务运作的一个重要内容。进行国际税收策划的常用手段和策略是在国际避税地、市场中心区等与本企业开拓市场、营运资本等有关的区域建立信托公司、投资公司、控股公司、金融公司以及采购和销售公司等，然后利用区域之间的税收差别，通过转让定价和税款的递延等手段获取直接的或间接的好处。

第2计：行业有优惠 企业可选择

【妙计提要】

这山看着那山高，那山更有新门道；登前问路细盘算，风水环境选择好。

【本计内容】

在自然生活中往往会出现这样的现象“山这边是一个气候，而在山那边，可能是另外一道风景了。在经济生活中也是如此。各国的优势不同，故而出现经济差异，与此相适应，政策也会出现差异。即便是在同一个国家，不同行业之间存在很大的差别。

其实，这种现象在日常生活中十分普遍。俗话说：隔行如隔山。随着生产力的不断发展，促进社会不断分工，因而出现了各种各样的行业和部门，这些行业综合的结果形成社会经济。在整个社会经济活动中，不同的行业在社会经济发展过程中所处的地位不同，其所起的作用也不一样。从另一方面说，随着社会经济的不断发展，物质文化生活水平的提高，人们对不同的行业提出了不同的要求。

为满足人们的物质文化生活需要，国家往往要对在国民经济发展过程中发挥基础作用的行业，或者与人们的物质文化生活在密切关系的行业进行鼓励和照顾，从而促进该行业的发展。这个鼓励和照顾在税收上的反应就是税收优惠。

税收优惠是税法的重要组成部分，自有税收以来就存在。税收优惠作为一般性税法条款的例外规定，通过减轻特定纳税人的税收负担，达到鼓励或支持的政策目的。任何国家都会通过多征或者少征税款的手段来调节不同行业的协调发展。由于酒的生产需要大量的粮食，而在我国，粮食的供应又十分紧张，再者，如果饮酒过度，也会产生许多社会负面影响。所以我国对酒类产品的生产是采取限制性政策的，除了要按16%征收一道增值税以外，还要分类征收一道负担较重的消费税。石油是地球上的稀缺资源，同时石油产品消费过度，也会造成环境污染，所以石油产品的税收负担也比较重。

粮食的生产是国家鼓励的，在税收上能享受免税的税收优惠，以粮食为原料或者经营属于国家鼓励的粮食业务的，增值税可以享受较低的10%的税率。

鉴于上述分析，投资人在选择投资项目的过程中，在其他事项既定的前提下，如果想进行税收策划，其中的投资行业的选择是一个重点策划的内容之一。

【案例注释】

笔者长期致力于税收策划的运用性研究，同时提供咨询服务，本计便是笔者长期实践的一个总结。读者可能对上述表述难以理解。因此，这里我们结合实际案例对有关策划的操作原理做一个简要分析和解释。

利用行业策划税　农业利多有风险

金沙面粉制造有限公司是一家粮食加工企业，主要从事面粉的加工和销售，2018年度实现销售2.8亿元，是增值税一般纳税人。2019年3月18日当地主管税务机关对该企业2015年1月1日到2018年12月31日的纳税情况进行了检查，发现该企业偷税150.38万元。这让该企业的负责人王小民十分不理解，于是找到咨询专家。

现场调研：

咨询专家到该企业的现场进行了全面调研，发现如下情况。

仅以该公司2018年度的销售情况为例，全年购进小麦156 078 751.08元，实现面粉销售总额为120 363 780.33元（不含税价），免税产品麸皮销售总额为31 447 027.11元，这样，该公司全年销售免税产品麸皮应该缴纳增值税584 308.63元。

由于在生产面粉过程中同时产生大量麸皮，这种麸皮主要销售给当地的养鱼专业户。2001年初，经有关部门鉴定为饲料，该企业在税收上享受免税待遇。

政策分析：

我国对农业在税收方面是持扶持态度的，但是，政策几经变化。由于当时我国农产品收购的进项税抵扣率为10%，而销项税的适用税率为13%，在这样的情况下，该公司销售饲料享受免税待遇是有利的。但是，《财政部国家税务总局关于提高农产品进项税抵扣率的通知》（财税〔2002〕12号），明确从2002年1月1日起，增值税一般纳税人购进农业生产者销售的免税农业产品的进项税额扣除率由10%提高到13%。

《财政部税务总局关于简并增值税税率有关政策的通知》（财税〔2017〕37号）明确自2017年7月1日起，简并增值税税率结构，取消13%的增值税税率，农产品的适用税率改为11%。《财政部税务总局关于调整增值税税率的通知》（财税〔2018〕32号）则明确自2018年5月1日起：一是纳税人发生增值税应税销售行为或者进口货物，原适用17%和11%税率的，税率分别调整为16%、10%；二是纳税人购进农产品，原适用11%扣除率的，扣除率调整为10%；三是纳税人购进用于生产销售或委托加工16%税率货物的农产品，按照12%的扣除率计算进项税额。

由此可见，该公司销售饲料享受免税待遇，不仅得不到好处，相反，还要倒贴税款，仅2018年就是58万元。为什么会出现享受免税待遇而实际上得不到实惠的现象呢？下面我们进行分析。

在现行政策且正常纳税条件下，作为一般纳税人的以农产品为原料的纳税人从农业生产者处收购100元的农产品，如果以原价销售出去，则经营企业在采购环节所取得的增值税进项税额为：10元（100×10%），而销项税额为9.09元（100÷1.1×10%），作为一般纳税人的经营单位经营100元农产品就应缴纳0.91元（10-9.09）增值税。

也就是说，在现行政策条件下进行正常的申报纳税，作为一般纳税人的经营单位通过农产品生产者收购的农产品按原价每经销100元的农产品，不仅不用缴纳增值税，而且还可以获得0.91元的收益。

对于以农产品作原料的生产和经营者来讲，如果享受免税政策的情况就不同了。根据现行税法规定，销售免税产品的，在销售环节免征销项税额，同时，在购进环节发生的进项税额也不允许抵扣。这样，对于以农产品为原料的生产和经营者来讲，其购进农产品所含的进项税额在会计上就应该作“进项税额转出”处理。

金沙面粉制造有限公司是从事面粉的生产和销售的，其经营过程是：从农业生产者手中收购小麦，经过加工生产出面粉和麸皮。其中的麸皮作为饲料销售，该企业按照法定程序完成了免税申请手续，经省级税务机关批准享受免征增值税的税收优惠待遇。因此，该企业属于兼营免税项目的行为，该公司每月都根据税法规定结转免税货物的进项税额（税务机关确认兼营免税货物的，在计算免税货物的进项税额转出的公式为：全部进项税额×免税销售总额/全部销售收入）。从最近几年的经营情况测算结果来看，该公司产品的销售毛利只有6.79%。该公司因为享受减免税，公司每生产100元免税产品，实际就要倒贴税款3.21元，并且免税产品销售越多，公司的贴税额也就会越大。如果不享受免税待遇，企业就可以从国家税收上获得10%的“补贴”，这样，享受税收优惠反而不划算。

金沙面粉制造有限公司的免税问题在全国来讲不是个例。其中所反映的情况却值得人们深思。从增值税的原理而言，销售免税产品其进项税额应该转出，这在我国的其他免税产品销售过程中都是这样执行的，纳税人并未对这个操作原理提出异议。而作为免税农产品，其情况就有例外，因为对于农产品的税法规定有其特殊性，税法规定，购进农产品按其买价作为计算依据，扣除10%的进项税额，而在销售环节则以不含税销售额作为计算依据，按10%计算销项税额，这就形成了“高扣低征”的现象。

策划建议：

放弃税收减免优惠。

专家点评：

最近，增值税政策几经调整，《财政部 税务总局关于简并增值税税率有关政策的通知》（财税〔2017〕37号）明确自2017年7月1日起简并增值税税率结构，取消13%的增值税税率。《财政部 税务总局关于调整增值税税率的通知》（财税〔2018〕32号）明确自2018年5月1日起，纳税人发生增值税应税销售行为或者进口货物，原适用17%和11%税率的，税率分别调整为16%、10%。《财政部 税务总局 海关总署关于深化增值税改革有关政策的公告》（财政部 税务总局 海关总署公告2019年第39号）自2019年4月1日起，增值税一般纳税人（以下称纳税人）发生增值税应税销售行为或者进口货物，原适用16%税率的，税率调整为13%；原适用10%税率的，税率调整为9%。对于农产品而言，自2017年7月1日起从13%的税率调整为11%，自2018年5月1日起改为10%，而自2019年4月1日起又改为9%。纳税人在执行相关政策的过程中，需要注意把握时间节点和适用税率的变化。

而从纳税人的角度讲，人们应该建立这样的概念，我国的税收优惠政策的制定，是从一个区域或者一个行业的角度考虑的，有其宏观的意义。但是对于某些纳税人而言，并非所有的优惠政策都适合自己。纳税人面对一些税收优惠政策就应进行分析和策划：这个税收政策对本企业而言，是否具有实质性优惠？如果确实有优惠，我们就去争取享受，否则还是等一等，通过进一步分析和论证之后再说。我国税收政策对农产品历来都是采取优惠和照顾性的，绝大多数纳税人都能够从中获得好处。对于金沙面粉制造有限公司而言，为什么享受了免税待遇反而要多缴税呢？其根本原因就是该公司所生产和销售的免税产品的毛利率太低，如果该公司的毛利率大于10%（在不考虑经营过程中损耗的前提下）就不存在这个问题。因此，对于纳税人来说，某一项税收优惠政策自己是否能够去享受，应该首先算一笔账。

软件企业层次高　税收优惠有力道

旭光科技发展有限公司（以下简称旭光公司）是由一家从事软件研究机构开发的企业投资成立的，该企业于2016年初投资成立的，通过半年的筹建，近期就要进入生产和销售阶段。该企业的总经理知道，如果公司被认定为软件企业，就可能享受许多税收上的优惠，但是，具体有哪些税收优惠，如何操作才能享受相关的优惠他并不清楚，于是请来了税收策划咨询专家。

咨询专家到现场与企业主要负责人进行了全面沟通，然后结合该企业的具体生产和经营情况，对有关业务进行了具体指导。他说，国务院取消和调整一批行政审批项目之后，软件企业的税收优惠资格认定等非行政许可审批已经取消。为做好《财政部 国家税务总局关于进一步鼓励软件产业和集成电路产业发展企业所得税政策的通知》（财税〔2012〕27号）规定的企业所得税优惠政策落实工作，最近，财政部 国家税务总局、发展改革委、工业和信息化部联合颁布《关于软件和集成电路产业企业所得税优惠政策有关问题的通知》（财税〔2016〕49号）。接着，他就软件企业有关税收优惠问题的规定做了一个梳理。

专业概念：

软件是与计算机系统操作有关的计算机程序、规程、规则，以及可能有的文件、文档及数据。按应用范围划分，一般来讲软件被划分为系统软件、应用软件和介于这两者之间的中间件。

1. 什么叫软件企业

软件企业是指以软件产品开发销售（营业）为主营业务并同时符合下列条件的企业：

（1）在中国境内（不包括港、澳、台地区）依法注册的居民企业。

（2）汇算清缴年度具有劳动合同关系且具有大学专科以上学历的职工人数占企业月平均职工总人数的比例不低于40%，其中研究开发人员占企业月平均职工总数的比例不低于20%。

（3）拥有核心关键技术，并以此为基础开展经营活动，且汇算清缴年度研究开发费用总额占企业销售（营业）收入总额的比例不低于6%；其中，企业在中国境内发生的研究开发费用金额占研究开发费用总额的比例不低于60%。

（4）汇算清缴年度软件产品开发销售（营业）收入占企业收入总额的比例不低于50%（嵌入式软件产品和信息系统集成产品开发销售（营业）收入占企业收入总额的比例不低于40%），其中，软件产品自主开发销售（营业）收入占企业收入总额的比例不低于40%（嵌入式软件产品和信息系统集成产品开发销售（营业）收入占企业收入总额的比例不低于30%）。

（5）主营业务拥有自主知识产权。

（6）具有与软件开发相适应软硬件设施等开发环境（如合法的开发工具等）。

（7）汇算清缴年度未发生重大安全、重大质量事故或严重环境违法行为。

2. 什么叫国家规划布局内重点软件企业

国家规划布局内重点软件企业是除了需要符合软件企业所具备的条件之外，还应至少符合下列条件中的一项。

（1）汇算清缴年度软件产品开发销售（营业）收入不低于2亿元，应纳税所得额不低于1 000万元，研究开发人员占企业月平均职工总数的比例不低于25%。

（2）在国家规定的重点软件领域内，汇算清缴年度软件产品开发销售（营业）收入不低于5 000万元，应纳税所得额不低于250万元，研究开发人员占企业月平均职工总数的比例不低于25%，企业在中国境内发生的研究开发费用金额占研究开发费用总额的比例不低于70%。

（3）汇算清缴年度软件出口收入总额不低于800万美元，软件出口收入总额占本企业年度收入总额比例不低于50%，研究开发人员占企业月平均职工总数的比例不低于25%。

税收优惠：

对于软件企业的税收优惠，《财政部 国家税务总局关于进一步鼓励软件产业和集成电路产业发展企业所得税政策的通知》（财税〔2012〕27号）进行了明确规定。

（1）我国境内符合条件的软件企业，经认定后，在2017年12月31日前自获利年度起计算优惠期，第一年至第二年免征企业所得税，第三年至第五年按照25%的法定税率减半征收企业所得税，并享受至期满为止。

（2）国家规划布局内的重点软件企业，如当年未享受免税优惠的，可减按10%的税率征收企业所得税。

（3）符合条件的软件企业按照《财政部 国家税务总局关于软件产品增值税政策的通知》（财税〔2011〕100号）规定取得的即征即退增值税款，由企业专项用于软件产品研发和扩大再生产并单独进行核算，可以作为不征税收入，在计算应纳税所得额时从收入总额中减除。

（4）符合条件的软件企业发生的职工培训费用，如果单独进行核算，可以按实际发生额在计算应纳税所得额时扣除。

（5）企业外购的软件，凡符合固定资产或无形资产确认条件的，可以按照固定资产或无形资产进行核算，其折旧或摊销年限可以适当缩短，最短可为2年（含）。

管理要求：

享受财税〔2012〕27号文件规定的税收优惠政策的集成电路企业，每年汇算清缴时应按照《关于发布修订后的<企业所得税优惠政策事项办理办法>的公告》（国家税务总局公告2018年第23号）明确，企业所得税法规定的优惠事项，以及国务院和民族自治地方根据企业所得税法授权制定的企业所得税优惠事项，包括免税收入、减计收入、加计扣除、加速折旧、所得减免、抵扣应纳税所得额、减低税率、税额抵免等。企业享受优惠事项采取“自行判别、申报享受、相关资料留存备查”的办理方式。

企业应当根据经营情况以及相关税收规定自行判断是否符合优惠事项规定的条件，符合条件的可以按照《目录》列示的时间自行计算减免税额，并通过填报企业所得税纳税申报表享受税收优惠。同时，按照本办法的规定归集和留存相关资料备查。

这里所称留存备查资料是指与企业享受优惠事项有关的合同、协议、凭证、证书、文件、账册、说明等资料。留存备查资料分为主要留存备查资料和其他留存备查资料两类。主要留存备查资料由企业按照《目录》列示的资料清单准备，其他留存备查资料由企业根据享受优惠事项情况自行补充准备。

企业享受优惠事项的，应当在完成年度汇算清缴后，将留存备查资料归集齐全并整理完成，以备税务机关核查。

财税〔2016〕49号文件明确以上政策自2015年1月1日起执行，同时还对软件企业的税务管理要求提出了要求，主要有以下几点：

（1）软件企业享受税收优惠时间的规定。软件企业规定条件中所称获利年度，是指该企业当年应纳税所得额大于零的纳税年度。软件企业应从企业的获利年度起计算定期减免税优惠期。如获利年度不符合优惠条件的，应自首次符合软件企业条件的年度起，在其优惠期的剩余年限内享受相应的减免税优惠。

（2）软件企业规定条件中所称研究开发费用政策口径，2015年度仍按《国家税务总局关于印发〈企业研究开发费用税前扣除管理办法（试行）〉的通知》（国税发〔2008〕116号）和《财政部 国家税务总局关于研究开发费用税前加计扣除有关政策的通知》（财税〔2013〕70号）的规定执行，2016年及以后年度按照《财政部 国家税务总局 科技部关于完善研究开发费用税前加计扣除政策的通知》（财税〔2015〕119号）的规定执行。

（3）软件企业可以享受的企业所得税优惠政策与企业所得税其他相同方式优惠政策存在交叉的，由企业选择一项最优惠政策执行，不叠加享受。

集成电路政策明　操作环节要理清

东明电子科技有限公司是一家专业生产高性能处理器和FPGA芯片的企业，2017年度实现利润201 900万元。2018年3月26日当地主管税务机关的风险应对部门对其进行了纳税评估，发现该企业多享受收优惠减免538万元。这让该公司财务总监邹明有些疑惑，于是请来公司的税收策划顾问。

咨询专家到公司现场了解情况之后，发现该公司管理层对集成电路有关涉税政策还理解不到位，于是，专门召集中层以上领导进行了专题辅导。

国务院取消和调整一批行政审批项目之后，集成电路生产企业、集成电路设计企业（以下统称集成电路企业）的税收优惠资格认定等非行政许可审批已经取消。为做好《财政部 国家税务总局关于进一步鼓励软件产业和集成电路产业发展企业所得税政策的通知》（财税〔2012〕27号）规定的企业所得税优惠政策落实工作，最近，财政部 国家税务总局、发展改革委、工业和信息化部联合颁布《关于软件和集成电路产业企业所得税优惠政策有关问题的通知》（财税〔2016〕49号）。

税收优惠：

（1）我国境内新办的集成电路生产企业，财税〔2018〕27号文件就有关企业所得税政策问题明确如下要点。

① 2018年1月1日后投资新设的集成电路线宽小于130纳米，且经营期在10年以上的集成电路生产企业或项目，第一年至第二年免征企业所得税，第三年至第五年按照

25%的法定税率减半征收企业所得税，并享受至期满为止。

② 2018年1月1日后投资新设的集成电路线宽小于65纳米或投资额超过150亿元，且经营期在15年以上的集成电路生产企业或项目，第一年至第五年免征企业所得税，第六年至第十年按照25%的法定税率减半征收企业所得税，并享受至期满为止。

③ 对于按照集成电路生产企业享受本通知第一条、第二条税收优惠政策的，优惠期自企业获利年度起计算；对于按照集成电路生产项目享受上述优惠的，优惠期自项目取得第一笔生产经营收入所属纳税年度起计算。

④ 享受本通知第一条、第二条税收优惠政策的集成电路生产项目，其主体企业应符合集成电路生产企业条件，且能够对该项目单独进行会计核算、计算所得，并合理分摊期间费用。

⑤ 2017年12月31日前设立但未获利的集成电路线宽小于0.25微米或投资额超过80亿元，且经营期在15年以上的集成电路生产企业，自获利年度起第一年至第五年免征企业所得税，第六年至第十年按照25%的法定税率减半征收企业所得税，并享受至期满为止。

⑥ 2017年12月31日前设立但未获利的集成电路线宽小于0.8微米（含）的集成电路生产企业，自获利年度起第一年至第二年免征企业所得税，第三年至第五年按照25%的法定税率减半征收企业所得税，并享受至期满为止。

（2）我国境内新办的集成电路设计企业，经认定后，在2017年12月31日前自获利年度起计算优惠期，第一年至第二年免征企业所得税，第三年至第五年按照25%的法定税率减半征收企业所得税，并享受至期满为止。

（3）国家规划布局内的重点集成电路设计企业，如当年未享受免税优惠的，可减按10%的税率征收企业所得税。

（4）集成电路设计企业的职工培训费用，如果单独进行核算则按实际发生额在计算应纳税所得额时扣除。

（5）企业外购的软件，凡符合固定资产或无形资产确认条件的，可以按照固定资产或无形资产进行核算，其折旧或摊销年限可以适当缩短，最短可为2年（含）。

（6）集成电路生产企业的生产设备，其折旧年限可以适当缩短，最短可为3年（含）。

管理要求：

享受（财税〔2012〕27号）和（财税〔2018〕27号）文件规定的税收优惠政策的集成电路企业，每年汇算清缴时应按照《关于发布修订后的<企业所得税优惠政策事项办理办法>的公告》（国家税务总局公告2018年第23号）明确，企业所得税法规定的优惠事项，以及国务院和民族自治地方根据企业所得税法授权制定的企业所得税优惠事项。包括免税收入、减计收入、加计扣除、加速折旧、所得减免、抵扣应纳税所得额、减低税率、税额抵免等。企业享受优惠事项采取“自行判别、申报享受、相关资料留存备查”的办理方式。

企业应当根据经营情况以及相关税收规定自行判断是否符合优惠事项规定的条件，符合条件的可以按照《目录》列示的时间自行计算减免税额，并通过填报企业所得税纳税申报表享受税收优惠。同时，按照本办法的规定归集和留存相关资料备查。

这里所称留存备查资料是指与企业享受优惠事项有关的合同、协议、凭证、证书、文件、账册、说明等资料。留存备查资料分为主要留存备查资料和其他留存备查资料两类。主要留存备查资料由企业按照《目录》列示的资料清单准备，其他留存备查资料由企业根据享受优惠事项情况自行补充准备。

风险提示：

财税〔2016〕49号文件以上政策自2015年1月1日起执行，在具体要求方面，财税〔2012〕27号和财税〔2016〕49号文件都有规范，主要有以下几个方面。

（1）新办企业认定标准按照《财政部国家税务总局关于享受企业所得税优惠政策的新办企业认定标准的通知》（财税〔2006〕1号）规定执行。

（2）集成电路企业规定条件中所称研究开发费用政策口径，2015年度仍按《国家税务总局关于印发〈企业研究开发费用税前扣除管理办法（试行）〉的通知》（国税发〔2008〕116号）和《财政部 国家税务总局关于研究开发费用税前加计扣除有关政策的通知》（财税〔2013〕70号）的规定执行，2016年及以后年度按照《财政部 国家税务总局 科技部关于完善研究开发费用税前加计扣除政策的通知》（财税〔2015〕119号）的规定执行。

（3）集成电路企业应从企业的获利年度起计算定期减免税优惠期。这里的获利年度，是指该企业当年应纳税所得额大于零的纳税年度。如获利年度不符合优惠条件的，应自首次符合集成电路企业条件的年度起，在其优惠期的剩余年限内享受相应的减免税优惠。集成电路设计销售（营业）收入，是指集成电路企业从事集成电路（IC）功能研发、设计并销售的收入。

（4）集成电路生产企业、集成电路设计企业等可以享受的企业所得税优惠政策与企业所得税其他相同方式优惠政策存在交叉的，由企业选择一项最优惠政策执行，不叠加享受。

公司问题：

2018年3月26日当地主管税务机关的风险应对部门对其进行了纳税评估，发现该企业多享受收优惠减免538万元，其原因是企业有关人员对税收政策掌握不到位。

税法规定，集成电路线宽小于0.8微米（含）的集成电路生产企业，经认定后，在2017年12月31日前自获利年度起计算优惠期，第一年至第二年免征企业所得税，第三年至第五年按照25%的法定税率减半征收企业所得税；集成电路线宽小于0.25微米或投资额超过80亿元的集成电路生产企业，经认定后，减按15%的税率征收企业所得税，其中经营期在15年以上的，在2017年12月31日前自获利年度起计算优惠期，第一年至第五年免征企业所得税，第六年至第十年按照25%的法定税率减半征收企业所得税，并享受至期满为止。但是，公司生产的集成电路线宽为小于0.8微米（含），但是，错误地享受了适用集成电路线宽小于0.25微米的税收优惠政策。

第3计：无限或有限 税收难言尽

【妙计提要】

平台设立有无限，税款征收依界线，不同主体细甄别，差异之中能生钱。

【本计内容】

随着我国市场经济的日趋繁荣，创办企业的投资人越来越多。在创业过程中，大家不可避免会遇到纳税问题。怎样才能合理合法地降低税负，使自身的收益达到最大化，在何种情况下需要考虑税收，这些都是困扰每一个创业者的问题。

其实，在注册经营平台的时候，也是税收策划的一个重要环节，换句话说，在投资人注册经营平台的时候就应当考虑税收策划问题。因为一旦平台注册成功，投资人就要利用这个平台经营数年，有些甚至数十年，对于经济主体影响可谓深远。

目前，参与我国市场经营的经济主体可分为六种：一是个体工商户；二是个人独资企业；三是合伙企业；四是农民合作社；五是有限公司；六是股份有限公司。而这些经济主体设立的法律依据不同，所承担的经济责任也有差异。从税收的角度讲，上述经营主体又可以划分为两大类：一是缴两道税的企业，即按企业所得税法缴纳企业所得税后，再缴一道个人所得税；二是缴一道税的企业，即只缴纳个人所得税。

对于投资人来说，注册成立一个只缴一道税的企业好呢，还是成立一个需要缴两道税的企业好呢？这里又是一个问题。结合现行有关政策，应当如何做出选择？在2008年1月1日以前，许多人很果断地会做出选择：应当注册成立个人独资企业，只缴一道个人所得税。不错，即使在现行政策条件下，如果只是从静态的角度讲，这样的选择也是有道理的。但是，在实际经营过程中留下了许多后遗症。

【案例注释】

税收策划是一门实务性与理论性相结合的学科，在实务第一线往往更倾向于实务操作。但是，从上述策划的内容上看，读者可能还是难以理解。因此，这里我们结合实际案例对有关策划的操作原理做一个简要分析和解释。

创业投资办企业　应选有限或无限

我国市场经济发展了30年，许多民营企业的发展已经初具规模，企业制度建设、企业职工队伍建设、企业文化建设已经得到越来越多的企业家的重视，而国有企业、股份制企业则更不例外。所有这些，都意味着我国企业市场竞争的软实力正在不断提升。

在万众创业的时代，当老板是有识之士的一个理想。拥有一定技术的工程师李哲民在积累了一定时间之后，感觉自己可以独立经营了，于是开始运筹自己的企业。

2018年底，准备以个人名义投资创办一个研发型机电设备制造企业。经过测算，在不考虑自己费用的情况下，在最初的两年里，年收入大约为500万元，计税利润为120万元。

李哲民知道，经济政策不断变化，但是，总的趋势是不断完善。而对未来企业收益影响最大的，就是税收政策。因此，他认真学习了有关税收政策。

1. 静态分析

结合上述政策对有关业务进行具体分析，如果2019年初李哲民成立个人独资企业和成立责任有限公司（一人公司）两种情况下，其发生的费用相同，即在个人独资企业未扣除投资者费用，公司未扣除投资者工资的情况下，年度利润都为120万元。在此前提下，李老板如果分别以上面两种法律形式办企业，其税收负担情况如何呢？

（1）个人独资企业的税收负担水平。

个人独资企业在此利润水平下适用税率为35%，同时可以扣除投资者费用6万元/年，李哲民则应缴纳个人所得税：

$$(120-6)\times 35\%-6.55=33.35\text{（万元）}$$

也就是说，如果李哲民成立个人独资企业，根据现行政策，其税收负担率为：

$$33.35\div 120\times 100\%=27.79\%$$

（2）有限责任公司的税收负担水平。

李哲民如果成立的是有限公司，为了便于比较，李哲民平时的工资也是每月5 000元，那么，他最终取得的收益需要缴纳两道税。其具体纳税情况计算如下。

① 工资的税收负担。公司的投资者如果每月发放5 000元工资，全年发放6万元工资，则免缴个人所得税。

② 企业所得税。公司年度应缴纳企业所得税：

$$(120-6)\times 25\%=28.5\text{（万元）}$$

③ 红利应缴纳个人所得税。投资者个人分回股利收入应缴纳个人所得税：

$$（120-6-28.5）\times 20\% = 17.1（万元）$$

作为有限公司，其三个纳税事项合计应当缴纳个人所得税与企业所得税为：

$$0+28.5+17.1 = 45.6（万元）。$$

然后再计算出投资人经营这个公司，在所得税上的税收负担率为：

$$45.6 \div 120 \times 100\% = 38\%$$

（3）分析结论。

将两种性质企业的税收负担进行比较，有限公司的税收负担水平比个人独资企业的税收负担水平高10.21个百分点（38%-27.79%）。在这样的情况下，显然有限责任公司的税收负担比较重。

也就是说，从税收的角度讲，李哲民应当注册个人独资企业比较好。

2．策划分析

对于这个结论，李哲民有些疑惑，从计算结果来看，个人独资企业的税收负担比较轻，但是，社会上个人独资为什么会越来越少呢？在反复思考以后，李哲民有些举棋不定，虽然他对税收政策也较为熟悉，但是，考虑到"旁观者清，当局者迷"，他还是向专业的税收策划咨询机构进行了咨询。

税收策划咨询专家与李老板进行了深度沟通后告诉他，对税收政策的解读和运用需要系统、全面的了解，同时，更需要结合实际进行动态分析。因此，专家结合目前的所得税（包括企业所得税和个人所得税）规定对企业设立提出两个方案：一是个人独资企业，另一个是有限责任公司。对有限责任公司的运行需要动态分析。比如在费用上可以结合经营情况做调整，在政策运用上可以灵活操作，如小微企业政策运用、高新技术企业政策运用、加计扣除政策运用等。

3．税负测算

通过以上分析，可以发现两者在税收上存在较大差异，而且，个人独资企业的所得税税收负担水平，并不一定始终低于有限责任公司的税收负担水平。接着税收策划咨询专家与李哲民一起对相关操作方案进行数据计算和分析（为了分析简便，在这里我们利用一人公司作为分析对象，不考虑"四金"和附加专项扣除项目对税收的影响）。

（1）个人独资企业的税收负担水平。

由于个人所得税规定得比较严格，几乎没有策划的机会，其个人独资企业在此利润水平下适用税率为35%，同时可以扣除投资者费用6万元/年，李哲民则应缴纳个人所得税为：

$$（120-6）\times 35\%-6.55 = 33.35（万元）$$

也就是说，如果李哲民成立个人独资企业，根据现行政策，其税收负担率为：

$$33.35 \div 120 \times 100\% = 27.79\%$$

（2）有限责任公司享受的普惠性税收负担水平。

李哲民如果成立的是有限责任公司，李哲民依照惯例工资也是每月5 000元，那么，他最终取得的收益需要缴纳两道税。其具体纳税情况计算如下：

① 工资的税收负担。公司的投资者如果每月发放5 000元工资，全年发放6万元工资，则免缴个人所得税。

② 企业所得税。该公司目前的员工人数为20人，资产总额为200万元。为进一步支持小型微利企业发展，财政部、税务总局在《关于实施小微企业普惠性税收减免政策的通知》（财税〔2019〕13号）第二条就小型微利企业所得税政策明确，自2019年1月1日至2021年12月31日，对小型微利企业年应纳税所得额不超过100万元的部分，减按25%计入应纳税所得额，按20%的税率缴纳企业所得税；对年应纳税所得额超过100万元但不超过300万元的部分，减按50%计入应纳税所得额，按20%的税率缴纳企业所得税。

上述小型微利企业是指从事国家非限制和禁止行业，且同时符合年度应纳税所得额不超过300万元、从业人数不超过300人、资产总额不超过5 000万元等三个条件的企业。

从业人数，包括与企业建立劳动关系的职工人数和企业接受的劳务派遣用工人数。所称从业人数和资产总额指标，应按企业全年的季度平均值确定。具体计算公式为：

季度平均值 =（季初值+季末值）÷ 2

全年季度平均值 = 全年各季度平均值之和 ÷ 4

年度中间开业或者终止经营活动的，以其实际经营期作为一个纳税年度确定上述相关指标。

经过现场考察，咨询专家认为该公司目前符合上述政策规定，由于该企业的应纳税所得额为114万元，对年应纳税所得额超过100万元但不超过300万元的部分，减按50%计入应纳税所得额，按20%的税率缴纳企业所得税。所以，该公司2019年度应缴纳企业所得税：

$$(120-6) \times 50\% \times 25\% = 14.25\text{（万元）}$$

③ 红利应缴纳个人所得税。投资者个人分回股利收入应缴纳个人所得税：

$$(120-6-14.25) \times 20\% = 19.95\text{（万元）}$$

作为一人公司，其三个纳税事项合计应当缴纳个人所得税与企业所得税为：

$$0+14.25+19.95 = 34.2\text{（万元）}$$

然后再计算出投资人经营这个公司，在所得税上的税收负担率为：

$$34.2 \div 120 \times 100\% = 28.5\%$$

（3）利用高新技术企业政策策划。

由于李哲民拥有发明专利，可以转让给新办企业，在此前提下，有关企业就可以认定为高新技术企业。但是，未进行其他任何策划，那么，在这样的情形下：

① 工资的税收负担。公司如果发放李哲民6万元工资，他当年应缴纳个人所得税为0元。

② 企业所得税。这里假设该公司被认定高新技术企业，那么，该企业当年度应缴纳企业所得税：

（120−6）× 15% = 17.1（万元）

③ 红利应缴纳个人所得税。投资者个人分回股利收入应缴纳个人所得税：

（120−6−17.1）× 20% = 19.38（万元）

作为一人公司，其三个纳税事项合计应当缴纳个人所得税与企业所得税为：

0+17.1+19.38 = 36.48（万元）

接着再计算出投资人经营这个公司，在所得税上的税收负担率为：

36.48 ÷ 120 × 100% = 30.4%

将两种性质企业的税收负担进行比较，公司的税收负担比个人独资企业的税收负担水平高2.61%（30.4%−27.79%）。

（4）利用费用调节法适当进行策划（费用调节+深度小微）。

在新税法条件下，有限责任公司所发生的合理性工资可以在企业所得税前列支。这里我们假设将投资人的月工资以每月30 000元发放，即全年发放工资36万元，并且已经得到当地主管税务机关的认可。

① 工资的税收负担。公司如果给李哲民每月发放30 000元工资，则其投资者个人年度工资薪金收入应缴纳个人所得税：

（36−6）× 20%−1.692 0 = 4.308（万元）

② 企业所得税。根据财政部、税务总局在《关于实施小微企业普惠性税收减免政策的通知》（财税〔2019〕13号）第二条规定，对小型微利企业年应纳税所得额不超过100万元的部分，减按25%计入应纳税所得额，按20%的税率缴纳企业所得税；对年应纳税所得额超过100万元但不超过300万元的部分，减按50%计入应纳税所得额，按20%的税率缴纳企业所得税。

经过现场考察，咨询专家认为该公司目前符合上述政策规定，且应纳税所得额为84万元，所以，该公司2019年度应缴纳企业所得税：

（120−36）× 25% × 20% = 4.2（万元）

③ 红利应缴纳个人所得税。投资者个人分回股利收入应缴纳个人所得税：

（120−36−4.2）× 20% = 15.96（万元）

作为一人公司，其三个纳税事项合计应当缴纳个人所得税与企业所得税为：

$$4.308+4.2+15.96 = 24.468 \text{（万元）}$$

然后再计算出投资人经营这个公司，在所得税上的税收负担率为：

$$24.468 \div 120 \times 100\% = 20.39\%$$

将两种性质企业的税收负担进行比较，个人独资企业的税收负担水平比一人公司的税收负担水平高7.4%（27.79%-20.39%）。

4．策划结论

对于投资者而言，在企业注册的过程中就需要进行策划。由于个人独资企业与有限公司的税收制度不同，个人独资企业只征一道税，而公司则需要缴纳两道税，如果不进行策划，投资人就可能不知不觉地多缴了税。

不同企业税收负担分析表　　单位：万元

操作方案	策划内容	所得税总负担	税收负担率	备注
方案一	个人独资企业	33.35	27.79%	35%
方案二	公司（未策划）	45.60	38%	适用 25%
方案三	享受小微	34.20	28.5%	50%×20%
方案四	高新技术企业	36.48	30.4%	15%
方案五	费用调节＋深度小微	24.468	20.39%	25%×20%

（1）企业的法律形式存在选择的空间。

由于有限责任公司既需要缴纳企业所得税，又需要缴纳个人所得税，而个人独资企业只需要缴纳一道个人所得税，所以，在静态条件下，个人独资企业的所得税税收负担水平低于有限责任公司的税收负担水平。

（2）有限公司所对应的税收政策比较复杂，如果只是简单地进行策划，其税收负担可能也不会低。但是，如果进行综合策划，其情况就不同了，而且操作机会较多，如果考虑其他税收优惠政策，则有限公司的策划机会更多，节税空间更大。

（3）根据企业的实际情况合理选择税收政策。根据《中华人民共和国企业所得税法》（主席令第六十三号）第二十八条的规定，符合条件的小型微利企业，减按20%的税率征收企业所得税。国家需要重点扶持的高新技术企业，减按15%的税率征收企业所得税。因此，该企业的所得税适用税率可以选择适用高新技术企业的15%税率，也可以选择适用小型微利20%的税率，但不得同时叠加享受。

合伙公司两企业　费用政策存差异

通过上述案例分析我们可以发现，合伙企业和个人独资企业与有限公司在经营成果上存在差异，但是，不能简单评价谁优谁劣。为什么会出现这种情况呢？为了说明这个问题，我们在这里仍以案例的形式加以阐述。

自由执业人李睿坤发现，我国的职业教育有很好的前景，2016年1月初，他与一位朋友合伙投资创办了一家教育咨询服务性企业。在开业的两年里，年收入大约为1 000万元，计税利润在316万元左右。

在这样的情况下，他们是创办一间合伙企业好呢？还是注册一家有限公司好呢？

1. 税收负担水平测算

从税收策划的角度讲，经营平台的选择，关键要看他们的经营项目以及经营过程中的操作空间是否足够大。当然，要回答广大投资人和企业家们关心的问题，还需要进行具体分析（为了分析简便，在这里我们利用公司作为分析对象分析时，计算工资的过程中不考虑专项扣除事项和“四金”对税收的影响）。

（1）合伙企业的税收负担水平。

合伙企业在此利润水平下适用税率为35%，同时可以扣除投资者费用6万元/年，李睿坤与他的合伙人则应缴纳个人所得税：

$$[（316 \times 50\%-6）\times 35\%-6.55] \times 2 = 93.3（万元）$$

也就是说，如果李睿坤与他的朋友成立合伙企业，根据现行政策，其税收负担率为：

$$93.3 \div 316 \times 100\% = 29.53\%$$

（2）有限责任公司的税收负担水平。

李睿坤如果与他的朋友共同成立的是有限公司，为了便于比较，李睿坤与他的朋友平时的工资也是每月5 000元，那么，他们最终取得的收益需要缴纳两道税。其具体纳税情况计算如下。

① 工资的税收负担。公司的投资者如果每月发放5 000元工资，全年发放6万元工资，则免缴个人所得税。

② 企业所得税。公司年度应缴纳企业所得税：

$$（316-6 \times 2）\times 25\% = 76（万元）$$

③ 红利应缴纳个人所得税。投资者个人分回股利收入应缴纳个人所得税：

$$（316-12-76）\times 20\% = 45.6（万元）$$

作为有限公司，其三个纳税事项合计应当缴纳个人所得税与企业所得税为：

$$0+76+45.6 = 121.6（万元）$$

然后再计算出投资人经营这家公司，在所得税上的税收负担率为：

$$121.6 \div 316 \times 100\% = 38.48\%$$

（3）分析结论。

将两种性质企业的税收负担进行比较，有限公司的税收负担水平比合伙企业的税收负担水平高8.95%（38.48%-29.53%）。在这样的情况下，显然有限责任公司的税收负担比较高。

也就是说，从税收的角度讲，李睿坤与他的朋友应当注册合伙企业比较好。

如果不做任何策划，通过上述分析我们可以发现，他们应当设立一个合伙企业。

那么，这个结论是不是绝对正确的呢？下面我们先对相关因素做些调整，然后再做具体分析。

2. 策划后的税收负担情况分析

适当提高投资人月工资，以8 000元计算税收负担水平。

假设在他们注册成立有限公司的基础上进行进一步分析，两个人股权所占比重各为50%（现实生活中这种情况很少出现，这里的假设为了公平）。在新税法条件下，有限责任公司所发生的合理性工资可以在企业所得税前列支。这里我们假设将两位老板的月工资以每月8 000元发放，即全年发放工资9.6万元，并且已经得到当地主管税务机关的认可。

（1）工资的税收负担。公司如果给老板李睿坤每月发放8 000元工资，则其投资者个人年度工资薪金收入应缴纳个人所得税：

$$[（9.6-6）\times 3\%]\times 2 = 0.216（万元）$$

（2）企业所得税。公司年度应缴纳企业所得税：

$$（316-9.6\times 2）\times 25\% = 74.2（万元）$$

但是，为进一步支持小型微利企业发展，财政部、税务总局在《关于实施小微企业普惠性税收减免政策的通知》（财税〔2019〕13号）明确对小型微利企业年应纳税所得额不超过100万元的部分，减按25%计入应纳税所得额，按20%的税率缴纳企业所得税；对年应纳税所得额超过100万元但不超过300万元的部分，减按50%计入应纳税所得额，按20%的税率缴纳企业所得税。

上述小型微利企业是指从事国家非限制和禁止行业，且同时符合年度应纳税所得额不超过300万元、从业人数不超过300人、资产总额不超过5 000万元等三个条件的企业。

从业人数，包括与企业建立劳动关系的职工人数和企业接受的劳务派遣用工人数。所称从业人数和资产总额指标，应按企业全年的季度平均值确定。具体计算公式如下：

$$季度平均值 = （季初值+季末值）\div 2$$

$$全年季度平均值 = 全年各季度平均值之和 \div 4$$

年度中间开业或者终止经营活动的，以其实际经营期作为一个纳税年度确定上述相关指标。

根据上述规定，公司年度应缴纳企业所得税：

$$100\times 25\%\times 20\%+（316-100-19.2）\times 50\%\times 20\% = 5+19.68 = 24.68（万元）$$

（3）红利应缴纳个人所得税。投资者个人分回股利收入应缴纳个人所得税：

（316-9.6 × 2-24.68）× 20% = 54.424（万元）

从投资人的角度讲，其缴纳个人所得税和企业所得税三个纳税事项合计为：

0.216+24.68+54.424 = 79.32（元）

然后再计算出投资人经营这个公司，在所得税上的税收负担率为：

79.32 ÷ 316 × 100% = 25.10%

后面我们以投资人月工资为3.4万元、6万元、8万元、12万元分别进行测算，并将上述分析汇总起来，就得到"工资与综合税收对照表"。具体分析有关数据我们可以发现有趣的情况：如果不进行策划，有限公司的税收负担水平比合伙企业的税收负担水平高8.95个百分点（38.48%-29.53%）。在这样的情况下，显然有限责任公司的税收负担比较高。但是，当允许在税前列支的费用增加时，其情况就发生了变化。当工资费用增加到19.2万元的时候，税收负担率就下降到25.10%，比合伙制企业的税收负担率低4.43个百分点。

工资与综合税收对照表　　单位：万元

月工资	企业所得税	缴税合计	税收负担率	策划收益
1	76	121.6	38.48%	0
1.6	24.68	79.32	25.10%	42.28
3.4	22.52	75.432	23.87%	46.168
6	19.4	72.936	23.08%	48.664
8	17	72.216	22.85%	49.384
12	12.2	73.176	23.15%	48.424

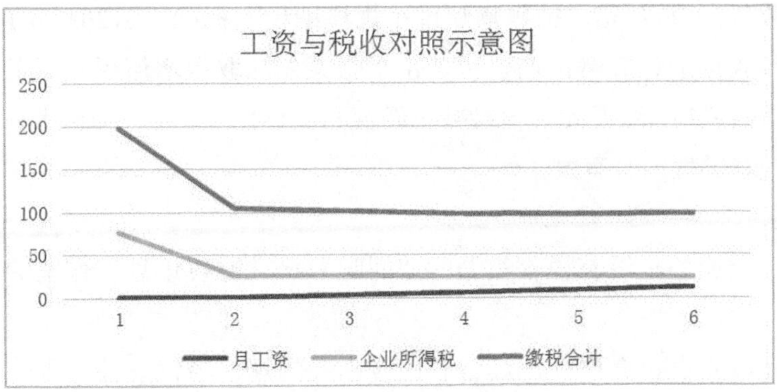

工资与综合税收对照示意图

3. 策划结论

对于投资者而言，经营平台存在税收策划的空间和可能。

（1）如果不做任何税收策划，显然应当选择合伙企业或者个人独资企业。

（2）如果既是投资人，又是实际经营者，在实际经营过程中就应当注意：通过费用的策划可能影响到企业的经营成果。

（3）投资人的工资支付存在策划空间。

4. 注意事项

这里我们是通过工资选项进行具体分析的，对于老板的工资发放问题的涉税策划是一个复杂问题，需要全面分析和考量。这里需要提醒投资人注意的有如下几点。

（1）工资的“合理性”必须得到主管税务机关的认可。根据现行政策，对于应当计缴企业所得税的企业可以根据实际情况和需要核发员工工资，包括在职投资人的工资支出，也就是税法规定的“合理的工资”支出。在本案例中，为了分析问题方便，我们仅假设了同口径对比分析，但是，对于一个具体公司而言，则可以在“合理性”上做文章。

（2）注意企业所得税的适用税率。本案例分析如果基于小型企业的适用税率20%的企业所得税，所产生的结论已经十分明显，但是对企业的财务核算提出更高的要求，否则，一旦计税利润超过标准，企业的税收负担就会相应的上升5个百分点。

（3）注意小型企业的标准。目前，我国适用低税率的小型企业有三个界限：一是年度应纳税所得额；二是从业人数；三是资产总额。而三个标准又会发生阶段性变化，因此，纳税人需要根据政策的变化随时调整。

农民专业合作社　税收策划有说法

某个体工商户张某从事玉米生意，其收购、销售的玉米按规定缴纳增值税，去年实现销售收入2 000万元，销售额超过小规模纳税人标准，自2019年1月20日起，应按照一般纳税人标准计算缴纳增值税。由于张某无法取得增值税专用发票抵扣进项税额，应缴纳增值税181.82万元，直接减少经营利润181.82万元。类似个体工商户张某的业务在日常经营过程中时有发生。

策划分析：

那么，这类业务有没有税收策划的空间呢？普誉财税策划工作室的税务专家对此进行了分析。

如果张某成立农村合作社，具备农民合作社的规模经营条件，吸收了本地足够的农业生产者，则对外收购的比重就会降低，同样，其对外销售的免税产品比重就会提高，享受税收优惠的可能性就会越大。

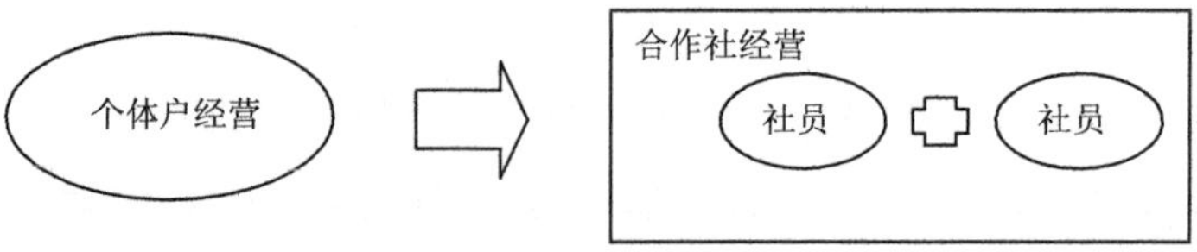

对于张某而言，如果成立合作社后，销售本社成员自产玉米2 000万元，应纳增值税为零，从而直接增加了社员分红比例，带动社员共同富裕。

此外，根据《关于农民专业合作社有关税收政策的通知》（财税〔2008〕81号）文件规定，对农民专业合作社向本社成员销售的农膜、种子、种苗、化肥、农药、农机，免征增值税。

类似的操作思路还可以进一步推广。某农机公司经营农膜、种子、种苗、化肥、农药、农机，每年销售额为2 000万元，销售额超过小规模纳税人标准，自2019年1月20日起，应按照一般纳税人标准计算缴纳增值税。据了解，张某可以获取的增值税进项税额为170万元，应缴纳增值税＝2 000÷（1+10%）×10%-170＝11.82（万元）。如果以合作社的名义对本社成员进行销售，可以减少税金支出11.82万元。

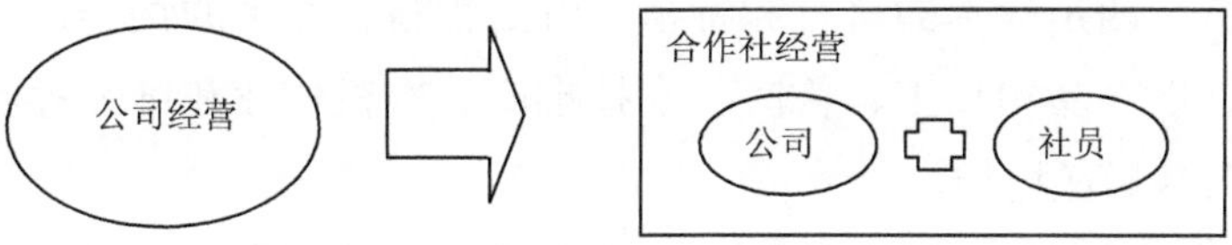

但是，目前仍有部分纳税人不能正确运用该项政策，2019年2月18日，税务机关对长力农业资料经营部进行了纳税检查，发现该企业偷税55万元。税务机关干部按照税收征管法的规定进行处理，而该企业的几个经营者都感到十分委曲，因为他们经营的都是农业服务产品，并没有赚到钱。根据资料显示：长力农业资料经营部是由三个种田大户和两个农技人员合作经营的一家合伙制企业，成立于2017年3月2日，主要销售合伙人生产的部分产品，同时还经营农膜、化肥、农药、农机等项目。

税务专家根据有关资料对其做出建议：成立农民专业合作社，并且按照有关规定进行管理和经营，可以享受有关税收优惠。作为农民专业合作社在日常生产和经营过程中究竟存在哪些涉税问题？应当如何规避涉税风险？

政策解读：

农民专业合作社法人是依据2007年7月1日正式施行的《中华人民共和国农民专业合作社法》依法注册登记的法人单位。企业所得税法第一条规定，在中华人民共和国境内，企业和其他取得收入的组织（以下统称企业）为企业所得税的纳税人，依照本法的规定缴纳企业所得税。企业所得税法实施条例第三条规定，依法在中国境内成立的企业，包括依照中国法律、行政法规在中国境内成立的企业、事业单位、社会团体以及其他取得收入的组织。因此，农民专业合作社属于缴纳企业所得税的范围。

1. 农民专业合作社企业流转税优惠政策

财政部、国家税务总局于2008年6月24日颁发《关于农民专业合作社有关税收政策的通知》（财税〔2008〕81号），明确依照《中华人民共和国农民专业合作社法》规定设立和登记的农民专业合作社自2008年7月1日起享受如下有关税收优惠：一是对农民专业合作社销售本社成员生产的农业产品，视同农业生产者销售自产农业产品免征增值税；二是增值税一般纳税人从农民专业合作社购进的免税农业产品，可按13%（财政部 税务总局 海关总署公告2019年第39号文件，从2019年4月1日起调整为9%）的扣除率计算抵扣增值税进项税额；三是对农民专业合作社向本社成员销售的农膜、种子、种苗、化肥、农药、农机，免征增值税；四是对农民专业合作社与本社成员签订的农业产品和农业生产资料购销合同，免征印花税。

2. 农民专业合作社企业所得税优惠政策

企业所得税法规定，企业从事农、林、牧、渔业项目的所得，可以免征、减征企业所得税。合作社从事下列项目的所得，免征企业所得税：一是蔬菜、谷物、薯类、油料、豆类、棉花、麻类、糖料、水果、坚果的种植；二是农作物新品种的选育；三是中药材的种植；四是林木的培育和种植；五是牲畜、家禽的饲养；六是林产品的采集；七是灌溉、农产品初加工、兽医、农技推广、农机作业和维修等农、林、牧、渔服务业项目；八是远洋捕捞。

从事下列项目的所得，减半征收企业所得税：一是花卉、茶以及其他饮料作物和香料作物的种植；二是海水养殖、内陆养殖。

虽然涉农项目如农作物种植、农产品初加工、农机维修等属于免税项目，但以上提到的运输、贮藏、技术信息等服务，并不在免税之列，其收入应当按章缴纳所得税。当然，如果专业合作社年度应纳税所得额不超过30万元，从业人数不超过80人，资产总额不超过1 000万元的，可以减按20%的税率缴纳企业所得税。根据《财政部 税务总局关于实施小微企业普惠性税收减免政策的通知》（财税〔2019〕13号）2019年1月1日至2021年12月31日，对小型微利企业年应纳税所得额不超过100万元的部分，减按25%计入应纳税所得额，按20%的税率缴纳企业所得税；对年应纳税所得额超过100万元但不超过300万元的部分，减按50%计入应纳税所得额，按20%的税率缴纳企业所得税。

上述小型微利企业是指从事国家非限制和禁止行业，且同时符合年度应纳税所得额不超过300万元、从业人数不超过300人、资产总额不超过5 000万元等三个条件的企业。

从业人数，包括与企业建立劳动关系的职工人数和企业接受的劳务派遣用工人数。所称从业人数和资产总额指标，应按企业全年的季度平均值确定。具体计算公式如下：

$$季度平均值=（季初值+季末值）\div 2$$

$$全年季度平均值=全年各季度平均值之和\div 4$$

年度中间开业或者终止经营活动的，以其实际经营期作为一个纳税年度确定上述相关指标。

3. 盈余分配的个人所得税问题

按照《中华人民共和国农民专业合作社法》规定，农民专业合作社可以按照章程规定或者成员大会决议从当年盈余中提取公积金。公积金用于弥补亏损、扩大生产经营或者转为成员出资。每年提取的公积金按照章程规定量化为每个成员的份额。该法第三十七条规定，在弥补亏损、提取公积金后的当年盈余，为农民专业合作社的可分配盈余。

可分配盈余按照下列规定返还或者分配给成员，具体分配办法按照章程规定或者经成员大会决议确定：（一）按成员与本社的交易量（额）比例返还，返还总额不得低于可分配盈余的60%；（二）按前项规定返还后的剩余部分，以成员账户中记载的出资额和公积金份额，以及本社接受国家财政直接补助和他人捐赠形成的财产平均量化到成员的份额，按比例分配给本社成员。而根据个人所得税法规定，税后利润及盈余分配给个人的，包括盈余公积金转增个人份额的，视为股息红利所得，应按20%税率缴纳个人所得税。但税法对个人或个体户从事种植业、养殖业、饲养业、捕捞业，且经营项目属于农业税（包括农业特产税）、牧业税征税范围的，其取得的“四业”所得暂不征收个人所得税。

策划点评：

目前，农民专业合作社的组建形式主要有四种：一是农民中的能人在某一个产业带领农民创办合作社；二是乡干部利用手中资源领办合作社；三是乡镇基层机关创办合作社；四是农产品深加工企业通过发展产业链领办合作社。这四种类型又可以归纳为两大类：一类是别人当老板，农民跟着走，比较典型的就是“公司+农户”，其本质并不是农民专业合作社；另一类是农民自己当老板。从目前的情况来看，农民跟着走的占多数。不过，现在成立的农民专业合作社中，存在部分虚假注册现象，一些人瞄准了《农民专业合作社法》中允许占20%的外部投资人进行投资的规定进行权力与资本的结合。在一些地区，有的合作社将社员分为“投资股”和“名义股”，少数“投资股”社员拥有合作社的大部分股金，控制着合作社的决策等几乎所有事务，参与盈余分配。其他“名义股”社员每人只需交50元或100元股金，只有参加培训的权利，不能参与合作社管理，也不能参与盈余分配。有的合作社由当地龙头企业领办，包括税收在内的优惠就成了这些投资者的囊中之物，而真正的农民联合组织却发育困难，导致农民没有得到应有的实惠，亦不能体现农民专业合作社“民办、民管、民受益”的原则。这个问题应当引起当地主管部门的注意。

第4计：开业分公司 中途来转轨

【妙计提要】

企业扩张搭平台，分子公司随意开；经营情况变化多，视情看景更精彩。

【本计内容】

现行企业如果对外扩张，通常会采用分公司或者子公司的形式。子公司和分公司是大公司经营组织的一种重要形式，但究竟选择哪种组织形式不妨从策划的角度进行考虑。

首先，需要分析两者的利和弊。作为分公司一是可以降低集团公司的总税负；二是在管理上简便，避免了不必要的麻烦；三是在经营上比较灵活，对一些问题的处理统一由总公司处理，对外不承担法律责任；四是如果条件许可或遇有特定的机会，比较容易转让定价，降低流转税的负担。

分公司也有其不利因素：一是有关独立核算企业的税收待遇，分公司往往不能享受；二是若分公司向总公司支付的注入特许权及利息等其他间接费用，一般不易得到税务认可；三是出售分公司资产取得的资本增值要做课税；四是利润通常需要在当年转回总公司总纳税，无法得到延期纳税优惠；五是分公司对经济环境的适应性差，比如当发生通货膨胀、货币贬值时，子公司可以享受到政策好处和优惠，而分公司则不能。

在境外设立分支机构的纳税人则要考虑所承担的纳税义务不同带来的影响。如果设立子公司，设立国政府一般将其视为居民公司，要求其承担全面纳税义务；如果设立的是分公司，设立国政府一般会将其视为非居民公司，要求其承担有限纳税义务。因此，在境外设立分支机构时，要结合设立国税收制度和本公司经营实际情况，选择合适的组织形式。

【案例注释】

对于分公司或者子公司在税收上有明显的差异，在理论上的表述相对比较简单，但是，一旦结合其他因素进行实际操作，情况会变得复杂起来。因此，这里我们结合实际案例对有关计策的操作原理做一个简要分析和解释。

税收政策有变化　经营思路需调整

常新（集团）建筑工程公司（以下简称“常新集团”）是常州某区的一家建筑施工企业，该集团拥有建筑、钢结构等项目一级资质，下设6个二级子公司、4个分公司及项目机构，2018年度实现销售收入326 455万元。这些资质都集中在母公司，所以，常新集团在获得建设项目以后，通常都是通过分包的方式让其子公司或者其他企业去完成。营改增以后，如何完善分包业务就成了该企业的重点问题。

2019年3月8日，常新集团通过招标的方式在溧阳区获得一个土建工程项目，准备转包给注册地在溧阳市的秋水建筑施工实业公司（以下简称“秋水公司”）去施工，工程造价20 000万元（含增值税）。

目前两家企业已经草拟了一份总分包合同。但是，当这份合同样稿传到法务部时，法务部的负责人艾哲民对有关业务中的涉税问题有些疑惑。比如，参与操作各方如何纳税？能否差额纳税？相关业务如何进行会计处理，等等。

由于案值比较大，且政策刚刚发生了变化，企业人士在把握不准的情况下，就请来咨询专家为其释疑解惑。

政策分析：

通常建筑施工企业拿到建筑施工项目后，往往不会全部由自己实施，经常出现分包和转包现象。但是，在营改增以后，分包和转包在税收上待遇是不同的。于是，咨询专家首先跟企业人士一起学习了有关税收政策和文件。

1. 一般分包业务的涉税处理

根据《财政部 国家税务总局关于全面推开营业税改征增值税试点的通知》（财税〔2016〕36号）附件2《营业税改征增值税试点有关事项的规定》第一条第（三）项第9款规定：试点纳税人提供建筑服务适用简易计税方法的，以取得的全部价款和价外费用扣除支付的分包款后的余额为销售额。国家税务总局在《纳税人跨县（市、区）提供建筑服务增值税征收管理暂行办法》（国家税务总局公告2016年第17号）第四条第（一）款中明确：一般纳税人跨县（市、区）提供建筑服务，适用一般计税方法计税的，以取得的全部价款和价外费用扣除支付的分包款后的余额，按照2%的预征率计算应预缴税款。同时本条第（二）款规定：一般纳税人跨县（市、区）提供建筑服务，选择适用简易计税方法计税的，以取得的全部价款和价外费用扣除支付的分包款后的余额，按照3%的征收率计算应预缴税款。

基于这些政策法律规定，在建筑工程总分包之间，可以差额纳税，但是，如果总承包方把工程转包给其他个人或建筑企业（集团公司成员以外的其他企业），则总承包方在计征增值税和工程所在地预缴增值税时，其销售额不能扣除分包额，必须全额缴纳增值税。换言之，总承包方发生转包不能差额纳税。

2. 涉税管理措施落实的涉税差异

根据（国家税务总局公告2016年第17号）第六条规定，选择简易征税情况下的总承包人在差额征收增值税时，总承包人从建设单位取得的全部价款和价外费用中扣除支付的分包款，应当取得符合法律、行政法规和国家税务总局规定的合法有效凭证，否则不得扣除。其中上述合法有效凭证包括总承包方从分包方取得的2016年5月1日后开具的，备注栏注明建筑服务发生地所在县（市、区）、项目名称的增值税发票。同时根据《国家税务总局关于营改增试点若干征管问题的公告》（国家税务总局公告2016年第53号）第八条第（三）项的规定，纳税人跨县（市、区）提供建筑服务，在向建筑服务发生地主管国税机关预缴税款时，需填报《增值税预缴税款表》，并出示以下资料：一是与发包方签订的建筑合同复印件（加盖纳税人公章）；二是与分包方签订的分包合同复印件（加盖纳税人公章）；三是从分包方取得的发票复印件（加盖纳税人公章）。

基于以上税收政策分析，选择简易征税情况下的总承包方享受差额征收增值税，应当符合以下申报程序：

一是分包人必须向总包人开具备注栏注明建筑服务发生地所在县（市、区）、项目名称的增值税发票，而且总承包人必须向建筑劳务所在地国税局提供分包人开具加盖纳税人公章的增值税发票复印件。

二是总承包方必须向其公司注册地的国家税务局办理选择简易计税的备案手续。

三是总承包方必须向工程所在地的国家税务局提供其与发包方签订的建筑合同复印件（加盖纳税人公章）和其与分包方签订的分包合同复印件（加盖纳税人公章）。

四是分包方必须有建筑资质而且不存在违法分包行为。

总之，为了差额征收增值税，选择简易征收增值税的总承包人必须履行一定的法定申报程序。未履行法定申报程序则不能差额纳税。

3. 集团公司内部转包有例外

由于总承包方发生转包不能差额纳税，导致实务过程中部分企业操作困难，比如集团公司内部建筑资质与建设团队脱节的情况下运行困难等。为了解决这些问题，国家税务总局《关于进一步明确营改增有关征管问题的公告》（国家税务总局公告2017年第11号）第二条明确，自2017年5月1日起，建筑企业与发包方签订建筑合同后，以内部授权或者三方协议等方式，授权集团内其他纳税人（以下称“第三方”）为发包方提供建筑服务，并由第三方直接与发包方结算工程款的，由第三方缴纳增值税并向发包方开具增值税发票，与发包方签订建筑合同的建筑企业不缴纳增值税。发包方可凭实际提供建筑服务的纳税人开具的增值税专用发票抵扣进项税额。

在这里，需要提醒纳税人注意的是，文件明确了业务流程的操作，特别强调了以下几点：一是操作主体是集团内部；二是工程作业流程是以内部授权或者三方协议等方式，授权集团内其他纳税人（以下称“第三方”）为发包方提供建筑服务；三是资金结算和开票流程是由第三方直接与发包方结算工程款的，由第三方缴纳增值税并向发包方开具增值税发票。满足以上三个条件的，与发包方签订建筑合同的建筑企业才不缴纳增值税。

4．纳税地点调整

《纳税人跨县（市、区）提供建筑服务增值税征收管理暂行办法》（国家税务总局公告2016年第17号）第四条明确，纳税人跨县（市、区）提供建筑服务，按照以下规定预缴税款：（一）一般纳税人跨县（市、区）提供建筑服务，适用一般计税方法计税的，以取得的全部价款和价外费用扣除支付的分包款后的余额，按照2%的预征率计算应预缴税款。（二）一般纳税人跨县（市、区）提供建筑服务，选择适用简易计税方法计税的，以取得的全部价款和价外费用扣除支付的分包款后的余额，按照3%的征收率计算应预缴税款。（三）小规模纳税人跨县（市、区）提供建筑服务，以取得的全部价款和价外费用扣除支付的分包款后的余额，按照3%的征收率计算应预缴税款。

但是，国家税务总局《关于进一步明确营改增有关征管问题的公告》（国家税务总局公告2017年第11号）第三条对上述规定做出调整，明确自2017年5月1日起，纳税人在同一地级行政区范围内跨县（市、区）提供建筑服务，不适用《纳税人跨县（市、区）提供建筑服务增值税征收管理暂行办法》（国家税务总局公告2016年第17号）。也就是说，自2017年5月1日起，纳税人在同一地级行政区范围内跨县（市、区）提供建筑服务，就不需要在项目所在地预缴税款。

业务处理：

在实务过程中，常新集团与秋水公司的合作可以通过分包和转包的方式进行。对于分包模式下的造价为20 000万元（含增值税）的工程，根据《财政部 国家税务总局关于全面推开营业税改征增值税试点的通知》（财税〔2016〕36号）规定，作为增值税一般纳税人的企业如果选择一般计税时应全额纳税，但可以抵扣进项。这样，其业务处理过程和方法就与制造业完全相同。为了说明差额计税问题，在这里我们假设双方企业通过甲供材和清包工的方式进行税收策划，于是都采用简易征税方式。建筑业采用简易计税，可扣除分包额差额计税，这里结合具体案例进行具体分析。

常新公司在金坛区承包的一个合同值为20 000万元的工程项目，并把其中6 000万元的部分项目分包给具有相应资质的分包人秋水公司，工程完工后，该工程项目最终结算值为20 000万元。常新公司与秋水公司均采取简易计税。常新公司完成工程累计发生合同成本10 000万元。

常新公司总包人会计处理如下。（单位：万元，下同）

（1）完成合同成本。

借：工程施工——合同成本	10 000	
贷：原材料等		10 000

财税〔2016〕36号文件附件1第四十五条规定，纳税人提供建筑服务、租赁服务采取预收款方式的，其纳税义务发生时间为收到预收款的当天。收到建设方一次性结算的总承包款，产生纳税义务。

（2）收到总承包款。

借：银行存款	20 000	
贷：工程结算		19 417.48
应交税费——未交增值税		582.52

（3）分包工程结算。

借：工程施工——合同成本	5 825.24	
应交税费——未交增值税	174.76	
贷：应付账款——秋水公司		6 000

（4）全额支付分包工程款时。

借：应付账款——秋水公司	6 000	
贷：银行存款		6 000

（5）常新公司确认该项目收入与费用。

借：主营业务成本	15 825.24	
工程施工——合同毛利	3 592.24	
贷：主营业务收入		19 417.48

（6）工程结算与工程施工对冲结平。

借：工程结算	19 417.48	
贷：工程施工——合同成本		15 825.24
——合同毛利		3 592.24

向项目所在地国税局预缴税款＝（20 000－6 000）÷（1+3%）×3%＝407.77（万元）。

借：应交税费——未交增值税	407.77	
贷：银行存款		407.77

差额计税：建筑施工采用简易计税方法时，发票开具采用差额计税，但全额开票，税额＝20 000÷（1+3%）×3%＝582.52（万元）；金额＝1 000－29.12＝970.88（万元）。

发票备注栏要注明建筑服务发生地所在县（市、区）及项目名称。简易计税的情况下，一般预缴税款等于向机构所在地主管税务机关纳税申报的税额。常新公司纳税申报按差额计算税额：（1 000−300）÷（1+3%）×3%＝20.39（万元）。

如果常新公司通过转包的方式与秋水公司合作，将整个工程都转包给对方进行，其业务就比较简单了，根据（国家税务总局2017年第11号）公告具体建造业务全部在秋水公司进行核算，并由该公司向承建方开具发票即可。

策划点评：

建筑企业的资质等级标志着企业自身的综合实力，是企业开拓市场，参与市场竞争的重要条件，对于规模较大的工程总承包项目，业主招标时一般对建筑企业资质等级要求很高，中标单位多为大型集团公司，而拥有实际施工队伍及装备的施工单位通常为集团公司下属的子、分公司。因此，中标单位承接的项目一般均由三级单位负责施工建设，整个建筑行业内资质共享的情况普遍存在。在建筑行业“营改增”过程中，资质共享模式存在一些问题。如何解决这些问题，我们在这里引用上海普誉财务咨询公司的专家提供的一些资料，对相关事项的涉税策划做一个简要分析。

1. 原有资质共享模式及存在问题

原来建筑企业集团公司原有的资质共享模式主要有自管、代管和平级共享三种模式。它们都存在以下问题：一是合同签订主体与实际施工主体不一致，进销项税无法匹配，无法抵扣进项税；二是中标单位与实际施工单位之间无合同关系，无法建立增值税抵扣链条，影响进项税抵扣；三是内部总分包之间不开具发票，总包方无法抵扣分包成本的进项税；四是除自管模式下，中标单位与实际施工单位均未按总分包进行核算，无法建立增值税抵扣链条，实现分包成本进项税抵扣。

2. 解决资质共享管理模式的方案

如果我们根据现行增值税的相关规定，对有关业务的操作模式做一个调整，上述尴尬就可以顺利得到解决。

方案一：“子变分”模式。中标单位可考虑通过调整组织架构，将资质较低的实际施工单位变为分公司，总、分公司之间签订内部分包合同，由分公司向总公司开具发票。对于不能变为分公司的下属子公司，建筑企业可配套新设分公司，采取“一套人马，两块牌子”的方式。

“子变分”模式操作注意事项：①原子公司拥有的资质无法保留，因此应优先选择将资质较少或资质等级较低的子公司变为分公司。②如果公司采取“一套人马，两块牌子”的方式，与子公司合署办公，则将涉及分公司使用子公司的人员、物资及设备，应作为工程管理、材料销售、设备租赁等交易行为，按照独立交易原则定价和结算。③与采取集中管理模式相同，分公司并非独立承担法律责任的主体，未来涉及的任何法律纠纷全部集中在中标单位，法律风险较大。

方案二：总分包模式。中标单位与实际施工单位签订工程分包合同，并由实际施工单位向中标单位开具发票，建立增值税的抵扣链条，实现进项税完整抵扣。

总分包模式操作注意事项：①《中华人民共和国建筑法》第二十八条规定，禁止承包单位将其承包的全部建筑工程转包给他人，因此，中标单位将工程项目全部分包给实际施工单位，可能被认定为违法转包，存在一定法律危险。②如果中标单位与实际施工单位之间管理层较多，链条长，涉及层层分包，并且中间管理单位的收入金额很大而增值额较小的，可能造成增值税评估系统出现“相关业务不正常”的提示，增加税务风险。③中标单位与实际施工单位要签订内部总分包合同，新增的总分包合同增加印花税的支出。

方案三：联合体模式。中标单位与实际施工单位组成联合体与业主签订工程承包合同，由联合体各方分别向业主开具发票，实现增值税进销项相匹配。

联合体模式操作注意事项：①联合体模式下，工程承包合同的主体包括一个甲方、多个乙方，由于合同主体的增加，工程结算、发票开具以及资金拨付均会涉及多个主体，管理相对复杂，这将增大业主监管工程项目的工作量和难度，因此该模式可能会受到业主的限制。②采取联合体模式，应注意在合同中明确由联合体各方与业主分别进行验工计价、分别开具发票、分别拨付工程款，确保业务、发票、资金流向“三流一致”，避免由于“三流不一致”可能带来的进项税抵扣风险。

方案四：集中管理模式。由中标单位对工程项目进行集中管理，集中核算工程项目的收入及成本费用，使增值税销项和进项均体现在中标单位，实现增值税进销项相匹配，同时建立对参建单位的考核机制。

集中管理模式操作注意事项：①集中管理模式要求以中标单位作为业务主体承接项目、签订合同、取得和开具发票、收付资金等，大大增加了中标单位的工作量和管理难度，会根据需要增加人员。②中标单位应建立相应的报账体系，并制订与之相配套的制度、办法，包括收全核算管理、盈亏统计管理等。③集中管理模式将工程项目收入、成本集中到中标单位，各实施施工单位不再确认收入、成本，部分实际施工单位收入规模可能大幅度缩水，不利于实际施工单位的业绩考核及资质认定和维持，可能造成实际施工单位原有资质无法保留。④采取集中管理模式，所有的工程项目均以中标单位名义进行，未来涉及的任何法律纠纷将全部集中在中标单位，一旦涉及法律诉讼、查封银行账户等，直接影响整个中标单位，法律风险较大。

上述四种方案，适用于不同的资质共享模式，且各有优劣，在实际操作中，建筑企业应结合资质共享模式、工程项目特点及实际施工单位的实际情况，选择合适的业务流程方案。

3. 管理措施

针对资质共享在建筑业营改增后带来的增值税进项税与销项税不匹配，无法抵扣进项税的问题及影响，建筑业从以下几个方面入手，加强和规范资质管理及资质共享类项目的管理。

一是建筑企业应尽可能减少集团内资质共享，各级单位尽量使用自己的资质投标，同时限制将自己的资质共享给其他单位。二是对于二级单位内部的资质管理，应先对现有子公司的资质进行梳理和评估，有计划地培育重点三级单位的资质，包括丰富资质类型、提高资质等级等，增强市场竞争力，逐步降低共享二级单位资质的工程项目比例，从根本上解决资质共享问题。三是对于二级单位与二级单位之间、三级单位与三级单位之间的平级共享及内部划转，应逐步减少直至完全禁止。对于以提高中标几率为目的，建筑企业以多个平级单位资质进行投标，并以其他平级单位中标的，可考虑由该建筑企业的上级单位（如二级单位的母公司、三级单位的母公司）统一进行内部协调，将工程项目从进行投标的实际施工单位调剂给实际中标的资质提供方，并在考虑调剂项目业绩平衡的基础上，调整各实际施工主体之间的业绩考核。

经营平台一朝定　根据发展做调整

作为集团公司，由于不同阶段的战略目标会有调整和变化，往往会在公司设立上做文章。为了帮助大家对该问题有进一步的认识，下面我们以普誉财税策划工作室曾经策划过的案例来分析说明。

江苏省南京市某纺织品经销公司是经营南京某知名品牌服装的专业性公司，为一般纳税人，2018年该公司亏损500万元。2019年初，该公司在上海设了一个经营机构，专门经销指定品牌的服装，以便在上海这个华东最大的市场上扩大主营产品的市场占有率。

该机构在2019年1月至3月接到南京总公司拨来的服装销售200万元，拨入价格为160万元，在经营地就地经销其他服装一批，进价900万元，取得销售收入1 000万元，该机构上半年取得盈利100万元。

策划建议：

根据现行税收法规，公司在设立之初有两种营运方案及涉税处理方案可供选择。即设立分公司或者子公司。

其一，设立分公司。即机构作为不独立的常设分支机构向经营地税务机关办理营业执照，向经营地申请领购发票，在经营地申报纳税，销售收入全部上缴总公司，并在总机构税务机关缴纳所得税，同时根据有关规定申请认定为一般纳税人，按规定在当地经营。

其二，设立子公司。办事处作为公司的全资控股公司，在经营地工商行政管理部门办理法人营业执照，向经营地主管税务机关申请办理税务登记，按规定的程序申请办理认定为一般纳税人，自主经营，实行独立核算，独立处理全部涉税及有关经济事宜。

策划分析：

在这两个方案中，从税收策划的角度讲，哪一个能够享受到更多的税收利益呢？我们不妨从具体的业务计算中找答案。根据现行政策规定，该机构2019年1月至3月的收入按上述两种涉税处理方法，其应纳税情况分别计算如下。

第一，作为不独立的分支机构应按以下方法计算缴税：

$$[(1\ 000-900)+(200-160)]\times 16\%=22.4（万元）$$

该笔增值税应在经营地缴纳。

该分支机构在经营过程中形成的利润，按现行《企业所得税法》规定，可以并入总公司，从而弥补该公司上一年度的亏损。

第二，作为独立核算的企业，应按以下方法计算缴税：

$$应纳增值税额=[(1\ 000-900)+(200-160)]\times 16\%=22.4（万元）$$

$$应纳所得税额=100\times 25\%=25（万元）$$

两项税种合计共47.4万元应在经营地税务机关缴纳。

通过以上计算并进行比较，不难发现，两种方案的税收负担不同，其中第一种方案的税收负担比较轻（少缴企业所得税25万元）。因此，仅从税收负担方面去考虑，可以得出应选择第一种方案的结论。

策划结论：

就企业所得税而言，如果所属分支机构在开办初期可能亏损，总机构应尽可能将分支机构办成不独立核算的分公司；反之，如果所属分支机构在开办初期就能赢利，且能持续赢利，就应该考虑将分支机构办成独立核算的子公司。

专家点评：

集团公司扩张经营的方式主要有子公司和分公司两种基本形式。从静态的角度来分析，这两类形式的从属机构在税收上各有利弊，从法律上讲，子公司是一个独立的法人，而分公司（常设机构）不是独立的法人。两者比较，第一，核算方式不同。由于子公司是独立法人，因此在税收上应该单独核算，而不应与母公司合并纳税；而后两者不是独立法人，可以和总公司合并纳税（实际中，何种情况下分公司、常设机构可汇总纳税，因国家、地区的不同，规定会有差异），这样当分公司或总公司任何一方发生亏损时，都可以实现盈亏相抵以减轻税负。第二，税上优惠不同。由于子公司在异国或异地是以独立法人的形式出现，因此可以享受包括免税期、优惠税率等在内的各种税收优惠政策，而后两者作为非独立法人，不能享受到这些优惠待遇。第三，设立手续不同。子公司的设立程序相对复杂，设立费用较大；而分公司和常设机构的设立程序相对简单，费用开支较少。到底孰优孰劣，纳税人应该根据实际情况进行决策。

在我国企业的经营实践中，设立分公司的情况比较多。分公司在工商行政管理部门领取营业执照（而不是法人营业执照），在税务机关作注册税务登记，财务上不实行独立核算，流转税在经营机构所在地的主管税务机关缴纳，所得税并入总机构一起计算，并在总机构所在地缴纳。

1. 分公司运作的便利

（1）降低集团公司的总税负。

① 降低集团公司的所得税。

② 在一些国家和地区可以免缴资本注册税和印花税。

③ 可以利用避免国际双重征税的有利形式。

④ 可以对利息、股息以及征收的预提所得税和特许权使用费等进行巧妙的策划，从而达到少缴或不缴的目的。

（2）管理上简便，避免了不必要的麻烦。

① 由总部直接控制其经营，可以在分公司所在地减少填报账表、审计账目和有关公司法等法规约束上的麻烦，可以不公布或少公布财务资料。

② 内部管理的程序简便，没有或减少职工参与其活动，从而提高了企业经营决策的灵活性。

③ 在股份资本中，没有像对子公司那样对外国参与最低额和最高比例的要求，企业也没有必要在当地发展股东或董事。

（3）经营上比较灵活，对一些问题的处理由总机构对外，分公司不负法律责任；在一定的情况下，也有利于把税后利润转移到母国。

（4）如果条件许可或遇有特定的机会，比较容易转让定价，降低流转税的负担。

2. 分公司的不利因素

（1）有关独立核算企业的税收待遇分支机构往往不能享受，主要表现在三个方面，一是不能享受对参股所得的免税优惠，二是不能享受机构所在地给予独立核算企业或子公司的减免优惠以及其他投资性鼓励，三是分支机构一旦取得盈利，其总机构在同一纳税年度就应该在其所在地申报纳税，这样，如果分公司所在地的税收负担率比较低的情况下，就不能如子公司那样获得延期申报纳税的好处。

（2）机制运转受到许多方面的制约和影响。比如作为总机构要通过分公司进行生产经营的运作存在管理上的困难，缺乏独立机构所有的经营上的灵活性，在有关费用的支付上，一般而言，总机构与分机构之间所支付的利息以及特许权使用费不能扣除。此外，如果分公司要想改为子公司，可能要因此变化产生的资本利得承担纳税义务，并且这种转变往往还要征得当地主管税务机关和外汇管理部门的同意。

（3）容易出现荣枯俱损。在一些情况下可能负有公布资产负债表及损益表的义务，因此对一个分支机构账务的审查，往往会影响到总机构和其他分支机构。

（4）分公司与总机构之间比较容易进行转让定价运作，所以作为跨国公司的分支机构比较容易在转让定价问题上遇到麻烦，当地税务机关经常会对分公司在转让产品、货物以及劳务等方面的经营行为产生怀疑而将其作为清查对象。

（5）分公司对经济环境的适应性差。比如当发生通货膨胀、货币贬值时，子公司就可以享受到政策好处和优惠，而分公司则不能。

以上比较客观地分析了分公司的经营特点，这些情况，对于子公司来说正好相反，即分公司的长处是子公司的短处，而分公司的弱点正好是子公司的优点。当然，以上的分析仅仅是从理论上进行的，而在实际操作过程中，我们完全可以根据当地、当时的实际情况，灵活掌握。

子分公司来变换　税收方案有三种

为满足经营需要，优化资源配置，企业集团可能将现有的管理模式由母子公司变更为总分公司形式。这种变化会有哪些不同方式？财务如何处理（假设为全资子公司，每种方式均满足该方式下的相关法律条件）？这里我们引用普誉财税策划工作室的专家提供的一个资料来对相关事项进行具体分析。

策划方案：

子公司与分公司之间的转换，通常情况下有以下三种操作思路：一是注销子公司后新设分公司；二是吸收合并（企业所得税按特殊重组处理）后新设分公司；三是吸收合并（企业所得税按一般重组处理）后新设分公司。

业务处理：

由于子公司跟分公司在法律地位上的不同，在实务操作过程中，存在比较复杂的业务关系且涉及许多税务政策上的问题，具体梳理如下。

方式一：注销子公司后新设分公司。

在此方式下，企业先注销子公司，再以子公司原有资产组建分公司。

全面营改增后，子公司分配财产时，处置的非货币性资产应按规定缴纳增值税，如果销售自己使用过的、纳入营改增试点之日前取得的有形动产类固定资产，按照现行旧货相关增值税政策执行；销售其2016年4月30日前取得（不含自建）的不动产，可以选择适用简易计税方法，以取得的全部价款和价外费用减去该项不动产购置原价或者取得不动产时的作价后的余额为销售额，按照5%的征收率计算应纳税额；销售其2016年4月30日前自建的不动产，可以选择适用简易计税方法，以取得的全部价款和价外费用为销售额，按照5%的征收率计算应纳税额。

如果分配财产时涉及房地产，子公司应按规定缴纳土地增值税，母公司应就受让的土地、房屋缴契税。

子公司注销时，应清算并分配剩余财产。子公司应将整个清算期作为一个独立的纳税年度进行企业所得税纳税申报，并将全部资产可变现价值或交易价格，减除资产的计税基础、清算费用、相关税费，加上债务清偿损益等后的余额，计算清算所得及清算所得税。

母公司从子公司清算后分得的资产按公允价值入账并确定计税基础。其中，相当于被清算企业累计留存收益中按母公司所占股份比例计算的部分，应确认为股息所得；剩余资产减除股息所得后的余额，超过或低于母公司投资成本的部分，应确认为母公司的投资转让所得或损失。子公司亏损时，母公司对于减除可收回金额后确认的无法收回的股权投资，可作为股权投资损失在计算应纳税所得额时一次性扣除。母公司的会计处理如下。

收回财产时：

借：资产类（公允价值）
　　应交税费——应交增值税——进项税额
　　投资收益（或贷方）
　　长期股权投资减值准备（若有）
　　贷：长期股权投资

组建分公司时：

借：内部往来——分公司
　　贷：资产类（公允价值）

方式二：吸收合并（企业所得税按特殊重组处理）后新设分公司

此方式下，母公司根据公司法吸收合并子公司，以子公司原有资产组建分公司，子公司解散但无须进行清算。

根据企业会计准则的相关规定，母公司会计处理如下。

合并时：

借：资产类（账面价值）
　　未分配利润（或贷方）
　　长期股权投资减值准备（若有）
　　贷：负债类（账面价值）
　　　　长期股权投资
　　　　资本公积（差额）

组建分公司时：

借：内部往来——分公司
　　贷：资产类（账面价值）

营改增后，子公司在资产重组过程中，通过合并将全部实物资产以及与其相关联的债权、负债和劳动力一并转让给其他单位和个人，其中涉及的货物、不动产、土地使用权转让行为，不征收增值税。

如果涉及房地产，对子公司将国有土地、房屋权属转移、变更到母公司时，暂不征土地增值税，但房地产开发企业除外。对母公司承受子公司土地、房屋权属的行为，免征契税。

根据企业所得税法规定，如果本交易按特殊重组处理，属于同一控制下且不需要支付对价的企业合并，母公司接受子公司原有资产和负债的计税基础，以子公司的原有计税基础确定。子公司合并前的相关所得税事项由合并企业继承。如果子公司存在亏损，不可一次性弥补，在税法规定的剩余结转年限内，每年可由母公司弥补的亏损限额＝子公司净资产公允价值×截至合并业务发生当年年末国家发行的最长期限的国债利率。

方式三：吸收合并（企业所得税按一般重组处理）后新设分公司。

工商及会计处理同方式二。

涉及货物、不动产、土地使用权转让的增值税、土地增值税、契税处理同方式二。

根据企业所得税法规定，如果本交易按一般重组处理，母子公司都应按子公司清算处理。母公司应按公允价值确定接受子公司各项资产和负债的计税基础。子公司的亏损不得在母公司结转弥补，但母公司对于减除可收回金额后确认的无法收回的股权投资，可以作为股权投资损失在计算应纳税所得额时一次性扣除。后续期间需注意资产价值的入账价值和计税基础的差异。

业务分析：

在分公司与子公司的转化过程中，存在许多法律关系需要处理。这里只做简要梳理。

1. 主体法律地位的变化

根据《中华人民共和国公司法》（中华人民共和国主席令第42号）第十四条规定："公司可以设立分公司。设立分公司，应当向公司登记机关申请登记，领取营业执照。分公司不具有法人资格，其民事责任由公司承担。"

"公司可以设立子公司，子公司具有法人资格，依法独立承担民事责任。"

由此可见，在主体法律地位上它们是完全不同的。

（1）子公司在法律上是一个独立的法人，依法独立承担民事责任，即以自己的名义进行各类民事经济活动;独立承担公司行为所带来的一切后果与责任。

（2）分公司在法律上不是一个独立的法人，不具有独立承担民事责任的资格，也就是说，它在法律上是从属于总公司的一个分支机构，不是独立的个体。

2. 关联关系上的变化

（1）子公司。母公司与子公司之间一般表现为股份的控制与被控制关系，也许是全资控制，也许是最大股东的控制。子公司在经济和决策上受母公司的支配与控制，但在法律上，子公司是独立的法人。

子公司拥有独立的名称和公司章程；具有独立的组织机构；拥有独立的财产。

子公司实行独立核算、自负盈亏。

（2）分公司。总公司与分公司之间一般表现为总机构与分机构的关系，具有从属的特性。分公司在本质上就是总公司的一个安置在异地的派出机构。

分公司一般都不是完全独立核算单位，盈亏只是一种业绩考核。

子公司可以成立分公司，但分公司不可能拥有子公司。

3. 税务处理上的变化

子公司作为独立法人，实行独立核算并独立申报纳税，是完全独立的纳税人，承担全面的纳税义务。分公司作为分支机构的一种，适用总分机构的相关政策。总机构和分支机构应依法办理税务登记，接受所在地主管税务机关的监督和管理。

（1）增值税方面。增值税是流转税的一种，不仅在不同的经营主体之间有影响，而且在不同的区域经营也有影响，主要在以下方面着重考虑。

① 分公司（属于分支机构的组成部分，为便于与文件对接，以下统称分支机构）销售货物、提供加工修理修配劳务的增值税的纳税地点。

根据《中华人民共和国增值税暂行条例》第二十二条规定，固定业户应当向其机构所在地的主管税务机关申报纳税。总机构和分支机构不在同一县（市）的，应当分别向各自所在地的主管税务机关申报纳税。因此，分支机构的增值税一般情况下就地申报纳税。

但是，该条同时规定，经国务院财政、税务主管部门或者其授权的财政、税务机关批准，可以由总机构汇总向总机构所在地的主管税务机关申报纳税。

《财政部 国家税务总局关于固定业户总分支机构增值税汇总纳税有关政策的通知》（财税〔2012〕9号）对上述规定进一步明确：固定业户的总分支机构不在同一县（市），但在同一省（区、市）范围内的，经省（区、市）财政厅（局）、国家税务局审批同意，可以由总机构汇总向总机构所在地的主管税务机关申报缴纳增值税。省（区、市）财政厅（局）、国家税务局应将审批同意的结果，上报财政部、国家税务总局备案。

在实际工作中，增值税由总机构统一汇总核算、统一申报缴纳的主要是连锁经营企业。如《浙江省国家税务局 关于连锁经营企业增值税汇总纳税有关问题的通知》（浙国税流〔2005〕76号）第三条规定："经批准汇总缴纳增值税的连锁经营企业总店应按统一核算的当月应缴增值税总额向所在地主管国税机关申报纳税，即总店应纳增值税＝所有总、门店销项税额-所有总、门店进项税额；门店应纳增值税为零。”因此，增值税汇总缴纳需要总机构统一核算，分支机构独立核算的不能汇总缴纳。

② 统一核算的总分机构之间的货物移送作视同销售的特殊规定。

先将相关规定归集。

一是，在同一县（市）内的分支机构可以合并纳税。《增值税暂行条例实施细则》第4条视同销售货物行为的第（3）项：设有两个以上机构并实行统一核算的纳税人，将货物从一个机构移送其他机构用于销售，但相关机构设在同一县（市）的除外。

二是，未向收货方开具发票同时也未向收货方收取货款的行为则不缴税。《国家税务总局关于企业所属机构间移送货物征收增值税问题的通知》（国税发〔1998〕137号）规定，《增值税暂行条例实施细则》第4条视同销售货物行为的第（3）项所称的用于销售，是指受货机构发生以下情形之一的经营行为：向购货方开具发票；向购货方收取货款。受货机构的货物移送行为有上述两项情形之一的，应当向所在地税务机关缴纳增值税；未发生上述两项情形的，则应由总机构统一缴纳增值税。如果受货机构只就部分货物向购买方开具发票或收取货款，则应当按不同情况计算并分别向总机构所在地或分支机构所在地缴纳税款。

三是，采用网络结算方式经营的可以由总机构统一纳税。《国家税务总局关于纳税人以资金结算网络方式收取货款增值税纳税地点问题的通知》（国税函〔2002〕802号）规定，纳税人以总机构的名义在各地开立账户，通过资金结算网络在各地向购货方收取销货款，由总机构直接向购货方开具发票的行为，不具备《国家税务总局关于企业所属机构间移送货物征收增值税问题的通知》（国税发〔1998〕137号）规定的受货机构向购货方开具发票、向购货方收取货款两种情形之一，其取得的应税收入应当在总机构所在地缴纳增值税。

总之，实行统一核算纳税人的总分机构之间，总机构将货物移送到分支机构，如果分支机构将移送到的货物对外销售时使用分支机构当地的发票向购货方开具发票或者向购货方收取货款，只要满足这两个条件之一的，这部分货物销售的增值税需要在分支机构所在地缴纳税款。总机构在货物移送时就需要视同销售，开具专用发票给分支机构抵扣。但如果总机构统一收款、统一开票，这部分货物销售应当在总机构所在地缴纳增值税。

③ 营改增（即应税服务）纳税人总机构汇总缴纳增值税规定。

根据《财政部 国家税务总局关于重新印发〈总分机构试点纳税人增值税计算缴纳暂行办法〉的通知》（财税〔2013〕74号）规定，经财政部和国家税务总局批准的总机构试点纳税人及其分支机构，可以按该办法汇总计算申报缴纳增值税。

营改增纳税人总、分支机构汇总申报缴纳增值税时，仅对应税服务项目进行汇总，总、分支机构销售货物、提供加工修理修配劳务，按照增值税暂行条例及相关规定就地申报缴纳增值税。

总机构将总分机构应税服务业务的应交增值税进行汇总，抵减各分支机构对应应税服务业务已缴纳的增值税税款后，在总机构所在地申报缴纳增值税。

各分支机构发生应税服务业务，按照应征增值税销售额和预征率计算缴纳增值税。计算公式如下：

应预缴的增值税 = 应征增值税销售额 × 预征率

预征率由财政部和国家税务总局规定，并适时予以调整。

（2）企业所得税方面。

① 根据《国家税务总局关于印发〈跨地区经营汇总纳税企业所得税征收管理办法〉的公告》（国家税务总局公告2012年第57号）（以下简称“税总2012年57号公告”）规定，居民企业在中国境内跨地区（指跨省、自治区、直辖市和计划单列市，下同）设立不具有法人资格分支机构的，该居民企业为跨地区经营汇总纳税企业（以下简称汇总纳税企业）。汇总纳税企业实行“统一计算、分级管理、就地预缴、汇总清算、财政调库”的企业所得税征收管理办法。

汇总纳税企业按照《企业所得税法》规定汇总计算的企业所得税，包括预缴税款和汇算清缴应缴应退税款，50%在各分支机构间分摊，各分支机构根据分摊税款就地办理缴库或退库；50%由总机构分摊缴纳，其中25%就地办理缴库或退库，25%就地全额缴入中央国库或退库。

② 对于以总机构名义进行生产经营的非法人分支机构，无法提供汇总纳税企业分支机构所得税分配表，也无法提供“国家税务总局2012年57号公告”第二十三条规定的相关证据证明其二级及以下分支机构身份的，应视同独立纳税人计算并就地缴纳企业所得税。

因此，对于分公司的企业所得税管理：符合规定条件的汇总纳税的分公司，实行“就地预缴、汇总清算”；无法提供汇总纳税企业分支机构所得税分配表，又无法证明分支机构的，按照独立纳税人就地缴纳企业所得税；分公司实行独立核算、不汇总纳税的，按照独立纳税人就地缴纳企业所得税。

对于列名企业的下属二级分支机构均应按照企业所得税的有关规定向当地主管税务机关报送企业所得税预缴申报表或其他相关资料，但其税款由总机构统一汇总计算后，向总机构所在地主管税务机关缴纳。如《国家税务总局关于中国工商银行股份有限公司等企业企业所得税有关征管问题的通知》（国税函〔2010〕184号）的列名企业。

总之，子公司是独立的纳税人，完整的纳税主体。分公司是从属于总公司的，一般情况下，在增值税上按照属地原则作为独立纳税人就地独立申报纳税，但经审核确认，符合条件的也可以汇总缴纳，其中营改增应税服务部分需要按预征率预缴；在所得税上，独立核算的作为独立纳税人就地独立申报纳税，统一核算的实行“统一计算、分级管理、就地预缴、汇总清算、财政调库”的企业所得税征收管理办法。

第5计：降低“身份” 减轻负担

【妙计提要】

企业成长小规模，降低身份又如何？低调积累多赚钱，他日看我上高楼！

【本计内容】

我国民众一直秉持“低调做人”的古训，当下也有“高调做事，低调做人”的说法。人如此，企业亦如此。一个处于成长期的企业不与他人比大小更是明智之举。

人们有时调侃：大水来临，有堤坝挡着；天塌下来，有高个子撑着！可见小个子自有小个子的好处。其实，现代企业在税收上的处境也是如此。

在一般人看来，增值税专用发票是一项重要的经营手段，企业在工商管理部门注册之后的第一件事情，就是要到税务机关申请认定为一般纳税人！

但是，事实上，对不同的企业所从事的具体业务应当具体分析，并做出不同的处理。对于那些规模较大，产品毛利率较低的企业，就需要认定为一般纳税人；对于那些规模较小，产品毛利率较高的企业，是不是一定要申请认定为一般纳税人，就需要进行具体分析和策划了。

从企业所得税的角度讲，为了推进“大众创业、万众创新”，截至2017年7月，我国针对创业就业主要环节和关键领域陆续推出83项税收优惠措施，尤其从2013年以来，新出台了73项税收优惠，覆盖企业整个生命周期。其中小微企业的税收优惠力度越来越大。

【案例注释】

税收策划是一门技术性和艺术性相结合的学科，在实务第一线往往更倾向于实务操作。因此，这里我们结合实际案例对有关计策的操作原理进行简要分析和解释。

小微企业要生存 纳税身份可运筹

江南机械有限公司是一家新办企业，主要从事五金加工业务。根据该企业的经营者王明华测算，该公司在正常情况下一年的业务量大约为480万元，其能够取得增值税进项扣除的成本和费用项目估计只占销售额的20%。

现在王总需要咨询的问题是，对于这样的小微企业，是申请认定为增值税一般纳税人好呢？还是以小规模纳税人的身份经营好呢？

政策分析：

案例所反映的问题属于绝大多数小微企业遇到的疑问，对于此类企业的增值税纳税人身份问题，当下成了人们热议的话题。根据现行政策规定，增值税纳税人，年应税销售额超过规定标准的，应当向主管税务机关申请一般纳税人资格登记。

根据国家税务总局2017年12月29日发布的《增值税一般纳税人登记管理办法》（国家税务总局令第43号）第二条规定，增值税纳税人（以下简称“纳税人”），年应税销售额超过财政部、国家税务总局规定的小规模纳税人标准（以下简称“规定标准”）的，除本办法第四条规定外，应当向主管税务机关办理一般纳税人登记。本办法所称年应税销售额，是指纳税人在连续不超过12个月或四个季度的经营期内累计应征增值税销售额，包括纳税申报销售额、稽查查补销售额、纳税评估调整销售额。销售服务、无形资产或者不动产（以下简称“应税行为”）有扣除项目的纳税人，其应税行为年应税销售额按未扣除之前的销售额计算。纳税人偶然发生的销售无形资产、转让不动产的销售额，不计入应税行为年应税销售额。

该办法自2018年2月1日起施行。可见纳税人超过“年应税销售额”必须申请认定为一般纳税人，已经成为强制性规定。另外，该办法第三条明确规定，年应税销售额未超过规定标准的纳税人，会计核算健全，能够提供准确税务资料的，可以向主管税务机关办理一般纳税人登记。本办法所称会计核算健全，是指能够按照国家统一的会计制度规定设置账簿，根据合法、有效凭证进行核算。

为完善增值税制度，进一步支持中小微企业发展，《财政部 税务总局关于统一增值税小规模纳税人标准的通知》（财税〔2018〕33号）自2018年5月1日起将增值税小规模纳税人标准调整为年应征增值税销售额500万元及以下，同时明确，按照《中华人民共和国增值税暂行条例实施细则》第二十八条规定，已登记为增值税一般纳税人的单位和个人，在2018年12月31日前，可转登记为小规模纳税人，其未抵扣的进项税额作转出处理。

因此，对于销售额在法定值以下的企业而言，就存在一个身份选择问题，这也是小型企业在纳税人身份上的策划机会。

业务分析：

纳税人身份的确定，对该企业未来若干个经营年度的生产和经营都将产生直接的影响。如果要对其提出咨询建议，就需要结合该企业的具体情况来做综合分析。

1. 抵扣额在20%的条件下，纳税身份的税收比较

对于小微企业而言，由于其经营环境不理想，他们往往希望以简单的管理方式来处理纳税问题，但是，在日常操作过程中，又要受到经营方式的限制。

（1）加工业务的涉税分析。

江南机械有限公司成立于2018年6月18日，经测算，该公司在正常情况下年度业务量大约为480万元，由于其从事的是加工业务，能够取得增值税进项扣除的成本和费用项目只占销售额的20%。

如果作为增值税一般纳税人，那么，我们假设该企业所占销售额20%的成本和费用项目都符合增值税进项扣除的要求，并且其适用税率都为16%，那么，该企业应当计算缴纳增值税为：

$$480 \times 16\% - 480 \times 20\% \times 16\% = 76.8 - 15.36 = 61.44（万元）$$

其增值税的税收负担率为：

$$61.44 \div 480 \times 100\% = 12.8\%$$

如果作为增值税小规模纳税人，那么，该企业按征收率3%计算缴纳增值税。

$$480 \times 3\% = 14.4（万元）$$

其增值税的税收负担率为：

$$14.4 \div 480 = 3\%$$

将两者作比较我们可以发现，在从事加工业务的条件下，纳税人的身份不同，其税收负担水平相差很大，作为增值税一般纳税人的企业，其税收负担要比小规模纳税人高出9.8%（12.8%-3%）。

（2）经销业务的涉税分析。

江南机械有限公司在正常情况下年度业务量大约为480万元，由于其从事的是经销业务，能够取得增值税进项扣除的成本和费用项目占销售额的80%。

如果作为增值税一般纳税人，那么，我们假设该企业所占销售额80%的成本和费用项目都符合增值税进项扣除的要求，并且其适用税率都为16%，那么，该企业应当计算缴纳增值税为：

$$480 \times 16\% - 480 \times 80\% \times 16\% = 76.8 - 61.44 = 15.36（万元）$$

其增值税的税收负担率为：

$$15.36 \div 480 = 3.2\%$$

如果作为增值税小规模纳税人，那么，该企业按征收率3%计算缴纳增值税。

$$480 \times 3\% = 14.4（万元）$$

其增值税的税收负担率为：

$$14.4 \div 480 \times 100\% = 3\%$$

在从事经销业务且取得可扣除项目占销售额80%的条件下，将两者作比较我们可以发现，纳税人在一般纳税人身份条件下的税收负担水平还是高出0.2%（3.2%-3%）。

2. 抵扣额在15%的条件下，纳税身份的税收比较

在实务过程中，有些朋友，特别是一些小微企业的老板喜欢不索要发票采购商品，因此，其取得的能够抵扣增值税的凭证相对较少，在这样的情况，应当如何运筹呢？

（1）加工业务的涉税分析。

江南机械有限公司在正常情况下年度业务量大约为480万元，由于其从事的是加工业务，平时购买一些小件往往不索要发票，因此，能够取得增值税进项扣除的成本和费用项目只占销售额的15%。

如果作为增值税一般纳税人，那么，我们假设该企业所占销售额15%的成本和费用项目都符合增值税进项扣除的要求，并且其适用税率都为16%，那么，该企业应当计算缴纳增值税为：

$$480 \times 16\% - 480 \times 15\% \times 16\% = 76.8 - 11.52 = 65.28\text{（万元）}$$

其增值税的税收负担率为：

$$65.28 \div 480 \times 100\% = 13.6\%$$

如果作为增值税小规模纳税人，那么，该企业按征收率3%计算缴纳增值税。

$$480 \times 3\% = 14.4\text{（万元）}$$

其增值税的税收负担率为：

$$14.4 \div 48 = 3\%$$

将两者作比较我们可以发现，在从事加工业务的条件下，纳税人的身份不同，其税收负担水平相差很大，作为增值税一般纳税人的企业，其税收负担要比小规模纳税人高出10.6%（13.6%-3%）。

（2）经销业务的涉税分析。

江南机械有限公司在正常情况下年度业务量大约为480万元，由于其从事的是经销业务，其毛利空间比较小，能够取得增值税进项扣除的成本和费用项目占销售额的85%。

如果作为增值税一般纳税人，那么，我们假设该企业所占销售额85%的成本和费用项目都符合增值税进项扣除的要求，并且其适用税率都为16%，那么，该企业应当计算缴纳增值税为：

$$480 \times 16\% - 480 \times 85\% \times 16\% = 76.8 - 65.28 = 11.52\text{（万元）}$$

其增值税的税收负担率为：

$$11.52 \div 480 \times 100\% = 2.4\%$$

如果作为增值税小规模纳税人，那么，该企业按征收率3%计算缴纳增值税。

$$480 \times 3\% = 14.4\text{（万元）}$$

其增值税的税收负担率为：

$$14.4 \div 48 = 30\%$$

将两者作比较，增值税一般纳税人的税收负担率要比小规模纳税人低0.6%。也就是说，在销售毛利比较小的情况下，我们可以发现如果以一般纳税人的身份经营比较划算。

分析结论：

假设纳税人从事的是加工业务，其取得的增值税可抵扣进项税额比较少，如果作为一般纳税人，就需要承担较高的税收，可见在这样的情况下，纳税人采用小规模纳税人的身份经营就比较划算；假设纳税人从事的是经销业务，且进销差价比较少（毛利率比较低）的情况下，作为小规模纳税人则可能承担较高税收负担，应当认定为一般纳税人。

在具体运筹过程中主要看有关企业能够取得多少进项抵扣额。

当然，由于纳税人的经营项目、经营方式和经营环境不同，纳税人最终运用什么身份从事生产和经营，需要做综合的分析。

增值税的纳税人根据是否可以开具增值税专用发票，划分为小规模纳税人和一般规模纳税人两种；小规模纳税人只能开普通发票，如果需要开具增值税专用发票，必须到国税局代开。增值税纳税人身份对纳税人来讲毋庸置疑是非常重要的，营改增后，一般纳税人标准的认定规定有哪些变化，应注意哪些风险，在这里提示如下。

1. 试点实施前的销售额超过标准也应认定为一般纳税人

《国家税务总局关于全面推开营业税改征增值税试点有关税收征收管理事项的公告》（国家税务总局公告2016年第23号，以下简称2016年23号公告）规定，营改增试点实施前的销售服务、无形资产或者不动产（以下简称应税行为）的年应税销售额超过500万元的试点纳税人，应向主管国税机关办理增值税一般纳税人资格登记手续。

试点纳税人试点实施前的应税行为年应税销售额按以下公式换算：

应税行为年应税销售额＝连续不超过12个月应税行为营业额合计÷（1+3%）

举例：某建筑企业于2016年1月成立，截至2016年4月30日，累计销售建筑服务营业额为500万元，根据公式，应税行为年应税销售额 = 连续不超过12个月应税行为营业额合计 ÷ （1+3%） = 500 ÷ （1+3%） = 485.44（万元），年应税销售额未超过500万元，暂不需要向主管国税机关办理增值税一般纳税人资格登记手续。

2. 应税销售额标准均按差额征收前的金额计算

2016年23号公告规定，按照现行营业税规定差额征收营业税的试点纳税人，其应税行为营业额按未扣除之前的营业额计算。

试点实施后，按照营改增有关规定，应税行为有扣除项目的试点纳税人，其应税行为年应税销售额按未扣除之前的销售额计算。

因此，无论是试点实施前，还是实施后，差额征收营业税的营业额，与差额征收增值税的销售额，均按照差额征收前的金额确定一般纳税人认定标准。

3．增值税小规模纳税人偶然发生的转让不动产的销售额，不计入应税行为年应税销售额

2016年23号公告规定，试点实施前，试点纳税人偶然发生的转让不动产的营业额，不计入应税行为年应税销售额。

试点实施后，增值税小规模纳税人偶然发生的转让不动产的销售额，不计入应税行为年应税销售额。

4．试点实施前已经认定为一般纳税人的，不需重新认定

2016年23号公告规定，试点实施前已取得增值税一般纳税人资格，并兼有应税行为的试点纳税人，不需要重新办理增值税一般纳税人资格登记手续，由主管国税机关制作、送达《税务事项通知书》，告知纳税人。

比如，营改增前某贸易公司为一般纳税人，营改增后取得的佣金收入，应按照一般纳税人6%税率计征增值税，即使其金额未达到销售服务500万元的年应税销售额标准。

5．未达到标准也可申请一般纳税人身份

2016年23号公告规定，试点实施前应税行为年应税销售额未超过500万元的试点纳税人，会计核算健全，能够提供准确税务资料的，也可以向主管国税机关办理增值税一般纳税人资格登记。

比如，某建筑企业，试点实施前销售额未达到500万元的标准，但接受服务方要求取得增值税专用发票，如果会计核算健全，能够提供准确税务资料，该建筑企业也可以申请成为一般纳税人。

6．一般纳税人销售额标准分项目计算

2016年23号公告规定，试点纳税人兼有销售货物、提供加工修理修配劳务和应税行为的，应税货物及劳务销售额与应税行为销售额分别计算，分别适用增值税一般纳税人资格登记标准。

举例：某贸易公司，销售货物年应税销售额为40万元，提供代理服务收入为200万元，根据增值税实施细则规定，从事货物生产或者提供应税劳务的纳税人，以及以从事货物生产或者提供应税劳务为主，并兼营货物批发或者零售的纳税人，小规模纳税人年应征增值税销售额标准为50万元，其他纳税人标准为80万元。该贸易公司虽然总销售额超过了80万元的标准，但其销售货物年销售额未超过80万元，应税行为年销售额未超过500万元标准，因此可暂不需要向税务机关申请认定一般纳税人。

小微企业流转税　纳税身份有作为

江南技术开发有限公司是一家高科技产品开发企业，2018年3月底开办，主要从事数控机床零售产品的设计和销售，产品的增值税适用税率为17%。该公司在开办之初就申请认定为增值税一般纳税人。到2019年3月底，实现销售480万元，其中，2018年4月份实现销售额（不含税），10万元，2018年5月到2019年3月实现销售额为470万元，取得增值税进项税额2万元，该公司在一年中缴纳增值税金额为：

$$10 \times 17\%+470 \times 16\%-2 = 1.7+75.2-2 = 74.9（万元）$$

2019年3月底，该公司的经营者李明华对经营情况进行分析，发现自己的增值税的税收负担率特别高。达到15.6%。于是，找到税收策划咨询专家。

现在李明华需要咨询的问题是，自己公司为什么缴了那么多的增值税？有没有办法节省一些？

现场调研：

咨询专家到该企业的现场进行了调研，发现如下问题：其一、该企业的产品技术含量比较高，产品毛利比较高。换一句话说，其产品在生产过程中，能够抵扣增值税的进项因素比较少；其二、由于当地市场供应商的情况比较复杂，有时的采购无法取得增值税专用发票。其三、该企业的技术在当地处于相对垄断地位，如果有需求，一般只能向该公司采购相应的产品（如果到外地采购，一是成本会上升；二是技术不放心）。

业务分析：

由于该公司在开办的过程中按照一般流程做的，其会计人员就按照常规，申请办理了增值税一般纳税人的认定手续。

其实，该公司可以有两个纳税方案，一个是以增值税一般纳税人的身份办税，其应纳税额计算为：

$$10 \times 17\%+470 \times 16\%-2 = 74.9（万元）$$

另一个是以增值税小规模纳税人的身份办税，其应纳税额计算为：

$$[10 \times（1+17\%）+470 \times（1+16\%）] \div（1+3\%）\times 3\% = [11.7+545.2]/（1+3\%）\times 3\%$$
$$= 556.9 \div（1+3\%）\times 3\% = 16.22（万元）$$

将两个操作方案做一个比较：

$$74.9-16.22 = 58.68（万元）$$

分析结论：

对于江南技术开发有限公司而言，由于其产品的特殊性和市场地位的垄断性，可以考虑将一般纳税人的身份改为小规模纳税人。如果改为小规模纳税人，且市场规模还保持在上一个年度的水平，那么该企业可以节约增值税58.68万元，增值税的税收负担下降12.6%。

策划点评：

如何降低企业的税收负担问题，已经成了人们热议的话题。对于小型企业而言，在纳税人身份上进行策划大有可为。

根据现行政策规定，增值税纳税人（以下简称纳税人），年应税销售额超过财政部、国家税务总局规定的小规模纳税人标准的，应当向主管税务机关申请一般纳税人资格认定。这里所称年应税销售额，是指纳税人在连续不超过12个月的经营期内累计应征增值税销售额，包括免税销售额。可见纳税人“年应税销售额”超过标准必须申请认定为一般纳税人，已经成为强制性规定。而对于销售额在法定值以下的企业而言，就存在一个身份选择问题。

增值税纳税人身份的问题，其内含包含两个方面的内容，一是税收负担的多少；另一个则是增值税专用发票的使用问题。目前，围绕增值税专用发票问题，一直是困扰征纳税双方的焦点问题，对于商贸企业尤其是这样。

2017年3月16日，某地国税局稽查局接到群众举报，反映该市的一个商品零售企业的老板王某，存在为他人代开增值税专用发票的嫌疑。

根据举报信所提供的线索，税务稽查人员对举报对象进行了专案检查。原来王某所经营的公司是一家商品零售企业（简称甲公司），为了保证实现年销售80万元，与三位个体工商业户签订了合同，如他们（乙、丙、丁）有需要开具增值税专用发票的业务，就到甲公司开具，甲公司在按规定收取增值税以外，再适当收取一定数量的管理费。税务稽查人员确认其属违规行为，并作了相应的处罚。

在该案例中，甲公司客观上存在经营能力不足的问题，经营一年，难以实现80万元的销售额。但是，如果该公司没有一般纳税人的资格，就无法取得增值税专用发票，也就无法从事正常的生产经营。而乙、丙、丁由于也不是一般纳税人，如果没有增值税专用发票，那么，相关业务就做不成。他们互相需要，所以一拍即合，结果被执法部门查处。

在这种尴尬的状态，对于甲公司来说，有没有两全其美的办法呢？在现有政策条件和执法环境中，这个回答不应该是否定的。我们不妨从两个方面去考虑：

其一，甲、乙、丙、丁成立独立的法律主体。

根据我国的《公司法》规定，作为责任有限公司可以由一人以上，50人以下投资成立。从形式上看，如果是多人合作经营，则由一人出面任法人代表，其他股东的权利和义务通过公司的章程来具体反映的。顺着这个思路，甲公司原先的经营力量不足，需要进一步充实力量。而吸收外部经营能力，完全可以通过投资入股的形式实现。

在具体的操作环节，甲公司吸收乙、丙、丁入股，并在公司成立的章程中明确各自的权利和义务，在具体的经营过程中，通过“统一管理，分级核算”的原则来协调各股东的利益关系，即甲、乙、丙、丁都以统一的牌子对外经营，乙、丙、丁由于有单独的门面，则需要以门市部为单位核算各自的进、销、存等相关经济事项，所实现的财务成果由自己享受，当然由此产生的义务也由自己去承担。月底各门市部的有关资料汇总报公司财务处，由公司统一核算以后对外报出财务报表和其他资料，与注册公司以及维持公司存在有关的共同费用，则由甲、乙、丙、丁在事先协议的基础上共同分摊。如此运作，只要各股东守法经营，则不会引起什么麻烦。

其二，让乙、丙、丁等成为甲的经销商。

公司不作实质性变化，平时仍以甲公司的名义对外经营，乙、丙、丁通过契约成为甲公司的经销商，乙、丙、丁等以甲公司的名义销售该公司的商品，当销售特定的商品时，进货成本、销售费用都纳入甲公司作统一的财务核算，销货时当然也应以甲公司的名义开具增值税专用发票。在这个思路下，乙、丙、丁作为经销商的依据要充分，如货物的流通途经，资金的流通途经要符合有关法律的规定，同时也要有相关的费用作支持，财务核算的资料要完整，否则，一旦被管理部门查处，将难以自圆其说。

从2009年1月1日起，我国开始实施新的《中华人民共和国增值税暂行条例》，修订后的增值税条例删除了有关不得抵扣购进固定资产进项税额的规定，允许纳税人抵扣购进固定资产的进项税额，对小规模纳税人不再设置工业和商业两档征收率，将征收率统一降至3%。因此，这里需要提醒纳税人注意的是，不能为了节税乱用“小规模”身份。否则，就会给企业带来涉税风险。

筹划难点：

对于纳税人的身份的问题，普誉财税策划工作室的专家提醒大家，由于部分纳税人暂时无法达到税法规定的标准，而经营过程中又需要增值税专用发票，于是才有一般纳税人身份的税收筹划问题。但是，如果操作这个案例，又存在操作得像与不像的问题，如果操作得不像，就会成了“偷鸡不着，反蚀一把米”。其难点关键在于作为经济联合体，有关手续是否完整，如果以引进式筹划，同样也存在平时操作的合法性问题。

背景资料：

自2009年1月1日以后，小规模纳税人销售额标准为:（一）从事货物生产或提供应税劳务的纳税人，以及以从事货物生产或提供应税劳务为主，并兼营货物批发或零售的纳税人，年应征增值税销售额（以下称应税销售额）在50万元以下的；（二）从事货物批发或零售的纳税人，年应税销售额在80万元以下的。年应税销售额超过小规模纳税人标准的个人、非企业性单位，不经常发生应税行为的企业，视同小规模纳税人纳税。年应税销售额未超过标准的小规模企业（未超过标准的企业和企业性单位），账簿健全，能准确核算并提供销项税额、进项税额，并能按规定报送有关税务资料的，经企业申请，税务部门可将其认定为一般纳税人。

小规模纳税人实行简易办法征收增值税，应纳税额的计算公式为:应纳税额＝应税销售额×征收率

以上公式中，征收率为3%。

关于小规模纳税人免征增值税政策有关征管问题的公告（家税务总局公告2019年第4号）

五、转登记日前连续12个月（以1个月为1个纳税期）或者连续4个季度（以1个季度为1个纳税期）累计销售额未超过500万元的一般纳税人，在2019年12月31日前，可选择转登记为小规模纳税人。

一般纳税人转登记为小规模纳税人的其他事宜，按照《国家税务总局关于统一小规模纳税人标准等若干增值税问题的公告》（国家税务总局公告2018年第18号）、《国家税务总局关于统一小规模纳税人标准有关出口退（免）税问题的公告》（国家税务总局公告2018年第20号）的相关规定执行。

《财政部 税务总局关于简并增值税税率有关政策的通知》（财税〔2017〕37号）明确自2017年7月1日起简并增值税税率结构，取消13%的增值税税率。《财政部 税务总局关于调整增值税税率的通知》（财税〔2018〕32号）明确自2018年5月1日起，纳税人发生增值税应税销售行为或者进口货物，原适用17%和11%税率的，税率分别调整为16%、10%。《财政部 税务总局 海关总署关于深化增值税改革有关政策的公告》（财政部 税务总局 海关总署公告2019年第39号）自2019年4月1日起，增值税一般纳税人（以下称纳税人）发生增值税应税销售行为或者进口货物，原适用16%税率的，税率调整为13%；原适用10%税率的，税率调整为9%。

策划点评：

增值税纳税人身份的问题，其内含包含两个方面的内容，一是税收负担的多少；另一个则是增值税专用发票的使用问题。目前，围绕增值税专用发票问题，一直是困扰征纳税双方的焦点问题，对于商贸企业尤其是这样。

2017年3月16日，某地国税局稽查局接到群众举报，反映该市的一个商品零售企业的老板王某，存在为他人代开增值税专用发票的嫌疑。

根据举报信所提供的线索，税务稽查人员对举报对象进行了专案检查。原来王某所经营的公司是一家商品零售企业（简称甲公司），为了保证实现年销售额80万元，与三位个体工商业户签订了合同，如他们（乙、丙、丁）有需要开具增值税专用发票的业务，就到甲公司开具，甲公司在按规定收取增值税以外，再适当收取一定数量的

管理费。税务稽查人员确认其属违规行为，并作了相应处罚。

在该案例中，甲公司客观上存在经营能力不足的问题，经营一年，难以实现80万元的销售额。但是，如果该公司没有一般纳税人的资格，就无法取得增值税专用发票，也就无法从事正常的生产经营。而乙、丙、丁由于也不是一般纳税人，如果没有增值税专用发票，那么，相关业务就无法实施。他们互相需要，所以一拍即合，做了违规行为因此被执法部门查处。

在这种情形下，对于甲公司来说，有没有两全其美的办法呢？在现有政策条件和执法环境中，这个回答不应该是否定的。我们不妨从两个方面去考虑。

① 甲、乙、丙、丁成立独立的法律主体。

根据我国《公司法》规定，作为责任有限公司可以由一人以上50人以下投资成立。从形式上看，如果是多人合作经营，则由一人出面任法人代表，其他股东的权利和义务通过公司的章程具体反映。顺着这个思路，甲公司原先的经营力量不足，需要进一步充实力量。而吸收外部经营能力，完全可以通过投资入股的形式实现。

在具体的操作环节，甲公司吸收乙、丙、丁入股，并在公司成立的章程中明确各自的权利和义务，在具体的经营过程中，通过“统一管理，分级核算”的原则来协调各股东的利益关系，即甲、乙、丙、丁都以统一的牌子对外经营，乙、丙、丁由于有单独的门面，则需要以门市部为单位核算各自的进、销、存等相关经济事项，所实现的财务成果由自己享受，当然由此产生的义务也由自己去承担。月底各门市部的有关资料汇总报公司财务处，由公司统一核算后对外报出财务报表和其他资料，与注册公司以及维持公司存在有关的共同费用，则由甲、乙、丙、丁在事先协议的基础上共同分摊。如此运作，只要各股东守法经营，则不会有麻烦。

② 让乙、丙、丁等成为甲的经销商。

公司不作实质性变化，平时仍以甲公司的名义对外经营，乙、丙、丁通过契约成为甲公司的经销商，乙、丙、丁等以甲公司的名义销售该公司的商品，当销售特定的商品时，进货成本、销售费用都纳入甲公司作统一的财务核算，销货时当然也应以甲公司的名义开具增值税专用发票。在这个思路下，乙、丙、丁作为经销商的依据要充分，如货物的流通途经，资金的流通途经要符合有关法律的规定，同时也要有相关费用作支持，财务核算的资料要完整，否则，将承担法律责任。

从2009年1月1日起，我国开始实施新的《中华人民共和国增值税暂行条例》，修订后的增值税暂行条例删除了有关不得抵扣购进固定资产进项税额的规定，允许纳税人抵扣购进固定资产的进项税额，对小规模纳税人不再设置工业和商业两档征收率，将征收率统一降至3%。因此，这里需要提醒纳税人注意的是，不能为了节税乱用“小规模”身份，否则，就会给企业带来涉税风险。

策划难点：

对于纳税人的身份问题，上海普誉财税策划工作室的专家提醒大家，由于部分纳税人暂时无法达到税法规定的标准，而经营过程中又需要增值税专用发票，于是才有一般纳税人身份的税收策划问题。但是，如果操作这个案例，又存在操作得像与不像的问题，如果操作得不像，就会变成偷鸡不成蚀把米。其难点关键在于作为经济联合体，有关手续是否完整，如果以引进式策划，同样也存在平时操作的合法性问题。

背景资料：

自2009年1月1日以后，小规模纳税人销售额标准为：（一）从事货物生产或提供应税劳务的纳税人，以及以从事货物生产或提供应税劳务为主，并兼营货物批发或零售的纳税人，年应征增值税销售额（以下称应税销售额）在50万元以下的；（二）从事货物批发或零售的纳税人，年应税销售额在80万元以下的。年应税销售额超过小规模纳税人标准的个人、非企业性单位，不经常发生应税行为的企业，视同小规模纳税人纳税。年应税销售额未超过标准的小规模企业（未超过标准的企业和企业性单位），账簿健全，能准确核算并提供销项税额、进项税额，并能按规定报送有关税务资料的，经企业申请，税务部门可将其认定为一般纳税人。

小规模纳税人实行简易办法征收增值税，应纳税额的计算公式为：

$$应纳税额=应税销售额\times 征收率$$

以上公式中，征收率为3%。

关于小规模纳税人免征增值税政策有关征管问题的公告（国家税务总局公告2019年第4号）中明确，转登记日前连续12个月（以1个月为1个纳税期）或者连续4个季度（以1个季度为1个纳税期）累计销售额未超过500万元的一般纳税人，在2019年12月31日前，可选择转登记为小规模纳税人。

一般纳税人转登记为小规模纳税人的其他事宜，按照《国家税务总局关于统一小规模纳税人标准等若干增值税问题的公告》（国家税务总局公告2018年第18号）、《国家税务总局关于统一小规模纳税人标准有关出口退（免）税问题的公告》（国家税务总局公告2018年第20号）的相关规定执行。

物流企业要税改　身份策划先安排

随着大众创业的热情高涨，作为增值税纳税人的身份问题又上升为人们十分关心的“焦点”问题。于是，笔者经常接到电话和邮件，咨询对纳税人身份的策划问题。

北京中原物流有限公司是一家新成立的交通运输企业，主要从事货物运输、仓储等业务。根据该企业的老板张长顺测算，北京中原物流有限公司在正常情况下年度业务量大约为490万元，其能够取得增值税进项扣除的成本和费用项目估计占销售额的30%。

现在张老板需要咨询的问题是，自己的企业是申请一般纳税人好呢，还是选择小规模纳税人好呢？

问题疏理：

作为咨询专家遇到的第一个问题：张老板想咨询什么事项？

从张老板所表述的意思来看，我们可以按照如下思路去把握：张老板看到市场的前景，但是，他也关注到税收上的规定，他不明白在创办这个物流企业的时候，应当如何操作，才能在将来经营过程中获得更大的利益。

这个问题的实质在于纳税人身份的把握问题。对于张老板来说，他的眼光具有前瞻性，在确定纳税人身份的时候是申请认定为增值税一般纳税人好呢？还是以小规模纳税人的身份经营好呢？

业务分析：

本案例所反映的问题属于多数小型物流企业在经营过程中遇到的问题，对于小型物流企业的增值税纳税人身份问题，目前公布的政策跟以前的操作思路和方法有所不同。而且，结构性降税措施的“实惠”并未落实到物流企业，从现在掌握的资料来看，“税改”后多数物流企业的税收负担是上升的。所以，这次普惠税收优惠期间物流企业应当未雨绸缪。

1. 进项抵扣额较少条件下的涉税分析

北京中原物流有限公司（以下简称“中原物流”）在正常情况下年度销售额为490万元，能够取得增值税进项扣除的成本和费用项目只占销售额的30%。如果中原物流作为增值税一般纳税人，那么，我们假设该企业所占销售额30%的成本和费用项目都符合增值税进项扣除的要求，并且其适用税率都为9%，那么，该企业应当计算缴纳增值税为：

$$490 \times 9\% - 490 \times 30\% \times 9\% = 30.87\text{（万元）}$$

其增值税的税收负担率为：

$$30.87 \div 490 \times 100\% = 6.3\%$$

因为中原物流的年销售额在500万元以下，其纳税人的身份可以自主选择。如果该公司作为增值税小规模纳税人，那么，该企业按征收率3%计算缴纳增值税。

$$490 \times 3\% = 14.7\text{（万元）}$$

其增值税的税收负担率为：

$$14.7 \div 490 \times 100\% = 3\%$$

将两者作比较我们可以发现，纳税人的身份不同，税收负担差异很大。

$$6.3\% - 3\% = 3.3\%$$

如果中原物流作为增值税一般纳税人，其税收负担要比小规模纳税人高得多。

2．进项抵扣额较多条件下的涉税分析

中原物流在正常情况下年度销售额大约为490万元，能够取得增值税进项扣除的成本和费用项目占销售额的70%。如果该企业作为增值税一般纳税人，那么，我们假设该企业所占销售额70%的成本和费用项目都符合增值税进项扣除的要求，并且其适用税率都为9%，那么中原物流应当计算缴纳增值税为：

$$490 \times 9\% - 490 \times 70\% \times 9\% = 13.23\text{（万元）}$$

其增值税的税收负担率为：

$$13.23 \div 490 \times 100\% = 2.7\%$$

如果中原物流作为增值税小规模纳税人，那么，该企业按征收率3%计算缴纳增值税。

$$490 \times 3\% = 14.7\text{（万元）}$$

其增值税的税收负担率为：

$$14.7 \div 490 \times 100\% = 3\%$$

将两者作比较我们可以发现，在进项抵扣额较多的条件下，作为增值税一般纳税人更划算。

$$2.7\% - 3\% = -0.3\%$$

3．增值税一般纳税人与小规模纳税人平衡点分析

这里我们以中原物流的经营情况为例，对纳税人在不同身份条件下的税收负担水平进行了试算，结果发现，纳税人在一般纳税人身份条件下，其税收负担比较高。也就是说，作为物流企业，在多数情况下选择一般纳税人身份不划算。

那么，在什么条件下才可以选择一般纳税人身份呢？

回答这个问题，就需要计算出增值税一般纳税人与小规模纳税人的税收负担的平衡点。

我们假设物流企业由营业税改为征收增值税以后，与运输等物流业务相关的物耗都可以作为增值税扣除，而公司则按不含税价格缴纳9%的增值税。假设物流业务可抵扣物耗金额为M，则物耗可抵扣增值税的税金为9%M，设销售额为N，则物流企业的销项税额为9%N。

如果我们令一般纳税人的应纳税额与小规模纳税人的应纳税额相等，则可得增值税一般纳税人与小规模纳税人的税收负担的平衡公式为：

$$3\%N = 9\%N - 9\%M$$

解方程之后，可得扣税平衡点为：

$$M = 66.67\%N$$

这就是说，当物流企业增值税进项物耗占销售额的66.67%时，其当期应纳税额与小规模纳税人相等。换句话说，当可以抵扣增值税的物耗M＜66.67%N时，作为小规模纳税人就有节税空间。

分析结论：

对于中原物流而言，由于其在正常情况下年度销售额为490万元，其能够取得增值税进项扣除的成本和费用项目估计占销售额的30%，如果仅从所承担的税收负担水平讲，其增值税纳税人的身份应当选择小规模纳税人。

注意事项：

分析到这里，文章还没有直接回答张老板提出的问题。如果需要回答这个问题，还需要进一步分析和了解。

对于中原物流等物流企业而言，应当注意政策的衔接，同时建立策划意识，提前做好策划。这里的关键是，其操作对象是否有具备选择的资格，因为国家税务总局在《关于上海市营业税改征增值税试点增值税一般纳税人资格认定有关事项的公告》（国家税务总局公告〔2011〕第065号）中对有关问题已经进行了明确：

应税服务年销售额，是指试点纳税人在连续不超过12个月的经营期内，提供交通运输业和部分现代服务业服务的累计销售额，含免税、减税销售额。在此基础上有关条款明确，已取得一般纳税人资格并兼有应税服务的试点纳税人，不需重新申请认定，由主管税务机关制作、送达《税务事项通知书》，告知纳税人。办理一般纳税人资格认定时，不需提交认定申请，由主管税务机关制作、送达《税务事项通知书》，告知纳税人。应税服务年销售额未超过500万元以及新开业的试点纳税人，可以向主管税务机关申请一般纳税人资格认定。

提出申请并且同时符合下列条件的试点纳税人，主管税务机关应当为其办理一般纳税人资格认定：（一）有固定的生产经营场所；（二）能够按照国家统一的会计制度规定设置账簿，根据合法、有效凭证核算，能够提供准确税务资料。

关于小规模纳税人免征增值税政策有关征管问题的公告（国家税务总局公告2019年第4号）明确：转登记日前连续12个月（以1个月为1个纳税期）或者连续4个季度（以1个季度为1个纳税期）累计销售额未超过500万元的一般纳税人，在2019年12月31日前，可选择转登记为小规模纳税人。

一般纳税人转登记为小规模纳税人的其他事宜，按照《国家税务总局关于统一小规模纳税人标准等若干增值税问题的公告》（国家税务总局公告2018年第18号）、《国家税务总局关于统一小规模纳税人标准有关出口退（免）税问题的公告》（国家税务总局公告2018年第20号）的相关规定执行。

第6计：合理操作 纳税递延

【妙计提要】

投资企业有作为，资金运行就是累；善于运营巧策划，晚缴税款也实惠。

【本计内容】

对于一家企业而言，其拥有的货币资金是有时间价值的。货币时间价值是指货币随着时间的推移而发生的增值，是资金周转使用后的增值额。也称为资金时间价值。经济学给出的定义：货币的时间价值就是指当前所持有的一定量货币比未来获得的等量货币具有更高的价值。从经济学的角度而言，现在的一单位货币与未来的一单位货币的购买力之所以不同，是因为要节省现在的一单位货币不消费而改在未来消费，则在未来消费时必须有大于一单位的货币可供消费，作为弥补延迟消费的贴水。

资金时间价值可以用绝对数表示，也可以用相对数表示，即以利息额或利息率来表示。但是在实际工作中对这两种表示方法并不做严格的区别，通常以利息率进行计量。利息率的实际内容是社会资金利润率。各种形式的利息率（贷款利率、债券利率等）的水平，就是根据社会资金利润率确定的。但是，一般的利息率除了包括资金时间价值因素以外，还要包括风险价值和通货膨胀因素。资金时间价值通常被认为是没有风险和没有通货膨胀条件下的社会平均利润率，这是利润平均化规律作用的结果。作为资金时间价值表现形态的利息率，应以社会平均资金利润率为基础，而又不应高于这种资金利润率。

目前纳税人支付当期的税收，是通过货币资金的形式实现的。缴税就意味着企业货币资金的减少，如果能将本应在当期缴纳的税款通过适当的形式"截留"下来，让企业作为经营性资金使用一段时间后再缴纳出去，企业就可以利用和获得税收所对应的货币资金的时间价值。

纳税期的递延也称为延期纳税或税收递延，即允许企业在规定的期限内，分期或延迟缴纳税款。将应纳税款留在企业使用一段时间，赚取资金的时间价值，也是进行税收策划的基本方法和思路之一。

纳税递延策划的方法很多，归纳起来主要有以下几个方面。

（1）争取更多的递延项目。在其他条件（包括一定时间纳税总额）相同的情况下，延期纳税的项目越多，本期缴纳的税收应越少，现金流量也越大，可用于扩大流动资本和进行投资的资金也越多，将来的收益也越丰厚，因而相对节税的税收就越多。

（2）争取更长的递延期限。在其他条件包括一定时期纳税总额相同的情况下，纳税递延期越长，由延期纳税增加的现金流量所产生的收益也将越多，所以，相对节减的税收也越多。那么，国外的投资所得留在境外的企业，会有更多的资金用来再投资，将来也因此可取得更多的收益，相当于冲抵税收，增加税后所得，节减了税收。这个理念在我国的税收政策上也有体现，比如，税法规定部分企业可以采用加速法折旧，或者将特定的设备在当年作为费用一次性扣除。这样，在其他条件基本相似或利弊基本相抵的条件下，尽管总的扣除额基本相同，但公司选择作为当年费用一次性扣除的话，在投资初期可以缴纳最少的税收，而把税收推迟到以后缴纳，相当于延期纳税。

此外，还有改变交易方式递延增值税、改变投资方式递延预提所得税、推迟分配时间递延红利分配个人所得税等。

【案例注释】

少缴税款或者缓（晚）缴税款是纳税人的一个愿望，这里我们想跟大家分享如何推迟缴纳税款的方法和思路。结合实际案例对有关计策的操作原理做一个简要分析和解释。

资金流动道不同　税收待遇存差异

劳动力供应不足和劳动力成本上升，终结了经济快速发展的人口红利，这是企业利润下降的一个重要因素。美国居民A公司的董事长比特先生看到了这个问题，他发现中国产业调整的新机遇，准备拿出2亿元投资于中国西安市的一家智能机器制造厂。

2018年1月18日，该公司的8位股东在纽约总部开会对该议案进行了分析。在商讨具体投资方案的过程中，股东们对投资标的一致认可，对于这笔投资项目的资金来源，该公司的财务总监也拿出了自己的预案：A公司2010年初投资于中国深圳市的一家甲公司产生了不错的效益，连续7年都处于较高的盈利水平，但是，一直没有分配，到2017年底，A公司累计可以从中分得人民币2亿元。可以要求甲公司进行分配收回，然后再将该资金投到新项目上。

但是，股东们在讨论过程中提出了不同意见，而且观点相左，谁也说服不了谁，只好等待董事长最终拍板。

在股东充分讨论的基础上，比特先生梳理了大家的意见，归纳起来有三个操作方案。

一是从美国境内的A公司拿出价值2亿元人民币的美元投资到西安的智能机器制造厂。

二是将深圳甲公司分红所取得的2亿元汇回纽约总部后再投资到西安。

三是将深圳甲公司分红所取得的2亿元直接投资到西安（不汇到美国）。

那么，这三个方案哪一个更好呢？

案例分析：

比特先生预感这个问题比较复杂，可能涉及其他政策性问题。于是他决定先休会，让有关部门与咨询专家进行研究过后再做决定。为了解决这个问题，该公司聘请精通中国税收政策的咨询专家为其提供咨询服务。

咨询专家与比特先生进行了全面的交流，一是了解A公司的投资意图，同时掌握该企业目前的投资架构；二是分析准备投资项目的政策情况，投资事项的政策属性；三是分析投资资金的筹措渠道。

政策分析：

美国总统特朗普上台后，提出“一揽子”经济政策，其中税制改革对世界经济产生了较大冲击。为了应对世界经济发展变化，财政部、国家税务总局、国家发展和改革委员会、商务部联合发布了《关于境外投资者以分配利润直接投资暂不征收预提所得税政策问题的通知》（财税〔2017〕88号，以下称《通知》）。为配合《通知》执行，国家税务总局发布《国家税务总局关于境外投资者以分配利润直接投资暂不征收预提所得税政策有关执行问题的公告》（国家税务总局公告2018年第3号，以下称《公告》）。纳税人就执行境外投资者以分配利润直接投资暂不征收预提所得税（以下称“暂不征税”）政策有关问题应当把握以下几点。

1. 境外投资者的条件

根据《财政部 税务总局 国家发展改革委 商务部关于境外投资者以分配利润直接投资暂不征收预提所得税政策问题的通知》（财税〔2017〕88号）、《国家税务总局关于境外投资者以分配利润直接投资暂不征收预提所得税政策有关执行问题的公告》（国家税务总局公告2018年第3号）的有关规定，如果境外投资者同时满足以下条件：

（1）境外投资者以分得利润进行的直接投资，包括境外投资者以分得利润进行的增资、新建、股权收购等权益性投资行为，但不包括新增、转增、收购上市公司股份（符合条件的战略投资除外）。具体是指：一是新增或转增中国境内居民企业实收资本或者资本公积；二是在中国境内投资新建居民企业；三是从非关联方收购中国境内居民企业股权；四是财政部、税务总局规定的其他方式。境外投资者采取上述投资行为所投资的企业统称为被投资企业。

（2）境外投资者分得的利润属于中国境内居民企业向投资者实际分配已经实现的

留存收益而形成的股息、红利等权益性投资收益。

（3）境外投资者用于直接投资的利润以现金形式支付的，相关款项从利润分配企业的账户直接转入被投资企业或股权转让方账户，在直接投资前不得在境内外其他账户周转；境外投资者用于直接投资的利润以实物、有价证券等非现金形式支付的，相关资产所有权直接从利润分配企业转入被投资企业或股权转让方，在直接投资前不得由其他企业、个人代为持有或临时持有。

（4）境外投资者直接投资鼓励类投资项目，是指被投资企业在境外投资者投资期限内从事符合以下规定范围的经营活动：属于《外商投资产业指导目录》所列的鼓励外商投资产业目录；属于《中西部地区外商投资优势产业目录》。

2. 被投资企业所从事的项目确认

被投资企业所从事的项目属于《外商投资产业指导目录》所列的鼓励外商投资产业目录或者属于《中西部地区外商投资优势产业目录》，则可以作为境外投资者享受暂不征税政策的条件。即被投资企业要在境外投资者投资期限内从事符合鼓励类项目范围的经营活动，鼓励类项目范围包括《外商投资产业指导目录（2017年修订）》（中华人民共和国国家发展和改革委员会 中华人民共和国商务部令第4号）所列的鼓励外商投资产业目录和《中西部地区外商投资优势产业目录（2017年修订）》（中华人民共和国国家发展和改革委员会 中华人民共和国商务部令第46号）所列的目录（注意，财税〔2018〕102号由外商投资鼓励类项目扩大至所有非禁止外商投资的项目和领域，执行时间为2018年1月1日。）

符合鼓励类项目范围的经营活动包括与鼓励类项目相关的一项或多项经济活动，相关经济活动包括生产产品或提供服务、研发活动、投资建设工程或购置机器设备和其他经营活动。凡被投资企业在境外投资者投资期限内至少开展了一项前述所列举经营活动的，即可以被认为符合境外投资者享受暂不征税政策的条件。

享受暂不征税待遇的境外投资者应向利润分配企业主管税务机关提供符合属于《外商投资产业指导目录》所列的鼓励外商投资产业目录或者属于《中西部地区外商投资优势产业目录》的证明资料，提交资料时间可以选择在收回享受暂不征税待遇的投资前或者按照（财税〔2017〕88号）文件规定申报补缴递延税款时。主管税务机关对相关证明材料有疑问的，可提请地（市）税务机关转同级发展改革部门或商务部门出具意见。

3. 享受暂不征税待遇需要提交的资料

境外投资者享受暂不征税待遇的过程包括向利润分配企业提出享受暂不征税待遇的要求，以分得利润直接投资，向利润分配企业主管税务机关提出追补享受暂不征税申请，通过处置投资资产收回直接投资等环节。在这些环节中，境外投资者应提供以下资料：

（1）境外投资者在向利润分配企业提出享受暂不征税待遇要求时，应给利润分配企业填报并提交《非居民企业递延缴纳预提所得税信息报告表》。

（2）境外投资者通过股权转让、回购、清算等方式实际收回享受暂不征收预提所得税政策待遇的直接投资，在实际收取相应款项后7日内，按规定程序向税务部门申报补缴递延的税款。在申报补缴递延税款时，应向利润分配企业主管税务机关提供符合属于《外商投资产业指导目录》所列的鼓励外商投资产业目录或者属于《中西部地区外商投资优势产业目录》的证明资料。

（3）境外投资者在向利润分配企业主管税务机关提出追补享受暂不征税待遇申请时，应填报并提交《非居民企业递延缴纳预提所得税信息报告表》以及相关合同、支付凭证、与鼓励类投资项目活动相关的资料，以及省税务机关规定要求报送的其他资料。

（4）境外投资者在通过处置投资资产收回直接投资时，应填报《中华人民共和国扣缴企业所得税报告表》。

（5）在税务管理中，主管税务机关可以依法要求境外投资者、利润分配企业、被投资企业、股权转让方等相关单位或个人限期提供与境外投资者享受暂不征税政策相关的资料和信息。因此，纳税人应当按照主管税务机关提出的要求，提供与享受暂不征税待遇相关的其他资料。

策划建议：

将政策结合到A公司的相关业务，我们可以来具体分析该公司的操作方案：

其一，对于方案一，直接从美国境内的A公司拿出价值2亿元人民币的美元进行投资，其操作思路简单且方便，但是，不存在税收上的问题。

其二，将在中国境内投资分红汇回后再投资，符合A公司一般管理人员习惯性思维方式，没有任何需要解释的地方，但是，该项目投资所产生的利润在分回时需要计缴10%的预提所得税。

其三，将在中国境内投资的所得利润直接用来转投资（不汇到美国）。由于这样操作符合（财税〔2017〕88号）文件和国家税务总局2018年第3号公告所规定的条件，其项目也能够提供属于《外商投资产业指导目录》所列的鼓励外商投资产业目录或者属于《中西部地区外商投资优势产业目录》的证明资料。那么，对境外投资者暂不征收预提所得税，因此，如果操作得当，A公司可以享受递延纳税2 000万元的税收优惠。

由此可见，资金流动的渠道不同，税收待遇差异很大。

专家点评：

近日，财政部、税务总局、国家发展改革委、商务部联合印发了《关于扩大境外投资者以分配利润直接投资暂不征收预提所得税政策适用范围的通知》（财税〔2018〕102号，以下简称102号文件），调整了2017年12月21日四部委原印发的《关于境外投资者以分配利润直接投资暂不征收预提所得税政策问题的通知》（财税〔2017〕88号）的政策，主要变化是将“对境外投资者从中国境内居民企业分配的利润，用于境内直接投资暂不征收预提所得税政策的适用范围，由外商投资鼓励类项目扩大至所有非禁止外商投资的项目和领域。”102号文件自2018年1月1日起执行。

1．股息不限于利润分配

财税〔2018〕102号文件规定，可享受优惠的利润应属于中国境内居民企业向投资者实际分配已经实现的留存收益而形成的股息、红利等权益性投资收益。股息、红利等权益性投资收益，通常通过利润分配取得，但实际并不局限于利润分配这种形式。

国家税务总局发布的《非居民企业源泉扣缴税收指引》对股息、红利等权益性投资收益进行了描述，除利润分配外，还包括留存收益再投资、清算分配所得、撤资或减资取得资产等形式。比如清算分配所得，被清算企业的非居民企业股东分得的剩余资产的金额，其中相当于被清算企业累计未分配利润和累计盈余公积中，按该股东所占股份比例计算的部分，应确认为股息所得；如果此境外投资者将分得的剩余资产直接进行再投资，其中归属于股息的部分也可以享受优惠政策。

2．准确理解非关联方

财税〔2018〕102号文件规定，境外投资者享受优惠须满足的条件之一是“从非关联方收购中国境内居民企业股权”，但没有对“非关联方”进行释义。实践中，应根据《国家税务总局关于完善关联申报和同期资料管理有关事项的公告》（国家税务总局公告2016年第42号）第二条对于“关联方”的定义，来判断实际案例中双方是否为“非关联方”。

笔者建议，关联关系要从股权关系、资金借贷关系、特许权控制、购销及劳务控制、高管委派、亲属关系等多方面去把握。企业常常会忽略除了股权关系之外的关联关系，在此提醒利润分配企业注意判定的全面性，避免税务风险。

3．股息须直接“划转”

为确保境外投资者分得的利润直接用于投资，财税〔2018〕102号文件规定了直接投资的方式。如果再投资以现金形式支付，相关款项从利润分配企业的账户直接转入被投资企业或股权转让方账户，在直接投资前不得在境内外其他账户周转，需要提醒的是，在非居民企业境内的离岸账户周转也是不允许的。如果再投资以实物、有价证券等非现金形式支付，相关资产所有权直接从利润分配企业转入被投资企业或股权转让方，在直接投资前，不得由其他企业、个人代为持有或临时持有，注意审核所有权变更与使用权的一致性，防止名不符实。

4．重视资料审核和备案

为加强后续管理，财税〔2018〕102号文件明确了境外投资者和利润分配企业的义务。境外投资者应按要求申报，并如实向利润分配企业提供符合政策条件的资料。

利润分配企业具有适当审核和备案义务。利润分配企业认为境外投资者符合文件规定的，可暂不预提所得税，并向主管税务机关备案。因此，利润分配企业需重视相关资料的审核和备案，避免后续不必要的税务风险。

注意事项：

2018年，外资利润再投资递延纳税优惠政策已在厦门市"落地"。厦门华电开关有限公司（下称"华电联"）是全市首家获得境外投资者以分配利润直接投资递延纳税追补退税的企业，税额1 170万元。

外资利润再投资递延纳税优惠政策是对境外投资者从中国境内居民企业分配的利润，直接投资于鼓励类项目，实行递延纳税政策，暂不征收预提所得税。作为在厦门设立的外资大型企业，华电开关每年投入不低于营业收入3%的研发经费，大力推动产品创新。"以前出于税负的考虑，对税后利润进行转增资本有所顾忌。"公司负责人林先生说，现在获得1 170万元的追补退税款，尝到再投资带来的红利，企业将充分利用这笔资金，进一步加大研发投入，扩大在厦门的生产规模。

据悉，该递延纳税优惠追溯自2017年1月1日起执行，境外投资者符合条件的已缴税款，可在实际缴纳相关税款之日起3年内申请追补享受该政策，退还已缴纳的税款。

但是，根据（财税〔2017〕88号）文件和（财税〔2018〕102号）文件，境外投资者享受递延纳税优惠，需要注意以下几个问题。

1. 利润分配企业在执行暂不征税政策过程的税务事项

再投资，利润分配企业的操作是问题的关键。利润分配企业在执行暂不征税政策过程中需要办理的税务事项包括如下几个要点。

（1）接受境外投资者填报的《非居民企业递延缴纳预提所得税信息报告表》。

（2）按照《公告》规定审核境外投资者提供的信息资料。审核内容有三项，一是境外投资者填报的信息在形式上是否完整，有无缺项；二是利润实际支付过程与境外投资者填报信息是否吻合；三是境外投资者填报信息涉及利润分配企业的内容是否真实、准确。

（3）经过上述审核后，三项内容均无误的，利润分配企业可以在支付利润时暂不按照企业所得税法第三十七条规定扣缴企业所得税。

（4）利润分配企业在执行暂不征税政策后，应自实际支付利润之日起7日内向利润分配企业主管税务机关报送《中华人民共和国扣缴企业所得税报告表》，同时附报由境外投资者提交并经利润分配企业补填相关信息后的《非居民企业递延缴纳预提所得税信息报告表》。

（5）按照主管税务机关依法的要求，提供境外投资者、利润分配企业、被投资企业、股权转让方等相关单位或个人与境外投资者享受暂不征税政策相关的资料和信息。

2. 相关企业需要承担的责任

境外投资者符合递延纳税条件的，应按照税收管理要求进行申报并如实向利润分配企业提供其符合政策条件的资料。利润分配企业经适当审核后认为境外投资者符合本通知规定的，可暂不按照企业所得税法第三十七条规定扣缴预提所得税，并向其主管税务机关履行备案手续。

利润分配企业应当按照规定审核境外投资者提交的资料信息：一是境外投资者填报的信息完整，没有缺项；二是利润实际支付过程与境外投资者填报信息吻合；三是境外投资者填报信息涉及利润分配企业的内容真实、准确。如果未审核确认境外投资者提交的资料信息，致使不应享受暂不征税政策的境外投资者实际享受了暂不征税政策的，利润分配企业主管税务机关依照有关规定追究利润分配企业应扣未扣税款的责任，并依法向境外投资者追缴应该缴纳的税款。

利润分配企业承担错误执行暂不征税政策的责任，但限于上述规定进行审核的情形。在利润分配企业应承担责任的情形之外，因境外投资者提供信息有误，致使利润分配企业错误执行暂不征税政策的，由境外投资者承担未按期申报缴纳税款责任。

3. 境外投资者递延纳税与享受税收协定待遇的衔接

境外投资者在享受暂不征税待遇后补缴递延税款时，仍可以按照有关规定享受税收协定待遇，但通常只能适用相关利润支付时有效的税收协定规定，即除税收协定另有规定外，境外投资者不得享受补缴递延税款时的税收协定待遇。补缴递延税款情形包括纠正不当享受暂不征税待遇和停止享受暂不征税待遇。在享受协定待遇的境外投资者应在办理纳税申报时，自行报送《非居民纳税人享受税收协定待遇管理办法》（国家税务总局公告2015年第60号）规定的报告表和资料。

政策背景：

财政部 税务总局 国家发展改革委 商务部关于扩大境外投资者以分配利润直接投资暂不征收预提所得税政策适用范围的通知（财税〔2018〕102号）

为贯彻落实党中央、国务院决策部署，进一步鼓励境外投资者在华投资，现就境外投资者以分配利润直接投资暂不征收预提所得税政策问题通知如下：

一、对境外投资者从中国境内居民企业分配的利润，用于境内直接投资暂不征收预提所得税政策的适用范围，由外商投资鼓励类项目扩大至所有非禁止外商投资的项目和领域。

二、境外投资者暂不征收预提所得税须同时满足以下条件：

（一）境外投资者以分得利润进行的直接投资，包括境外投资者以分得利润进行的增资、新建、股权收购等权益性投资行为，但不包括新增、转增、收购上市公司股份（符合条件的战略投资除外）。具体是指：

1.新增或转增中国境内居民企业实收资本或者资本公积；

2.在中国境内投资新建居民企业；

3.从非关联方收购中国境内居民企业股权；

4.财政部、税务总局规定的其他方式。

境外投资者采取上述投资行为所投资的企业统称为被投资企业。

（二）境外投资者分得的利润属于中国境内居民企业向投资者实际分配已经实现的留存收益而形成的股息、红利等权益性投资收益。

（三）境外投资者用于直接投资的利润以现金形式支付的，相关款项从利润分配企业的账户直接转入被投资企业或股权转让方账户，在直接投资前不得在境内外其他账户周转；境外投资者用于直接投资的利润以实物、有价证券等非现金形式支付的，相关资产所有权直接从利润分配企业转入被投资企业或股权转让方，在直接投资前不得由其他企业、个人代为持有或临时持有。

三、境外投资者符合本通知第二条规定条件的，应按照税收管理要求进行申报并如实向利润分配企业提供其符合政策条件的资料。利润分配企业经适当审核后认为境外投资者符合本通知规定的，可暂不按照企业所得税法第三十七条规定扣缴预提所得税，并向其主管税务机关履行备案手续。

四、税务部门依法加强后续管理。境外投资者已享受本通知规定的暂不征收预提所得税政策，经税务部门后续管理核实不符合规定条件的，除属于利润分配企业责任外，视为境外投资者未按照规定申报缴纳企业所得税，依法追究延迟纳税责任，税款延迟缴纳期限自相关利润支付之日起计算。

五、境外投资者按照本通知规定可以享受暂不征收预提所得税政策但未实际享受的，可在实际缴纳相关税款之日起三年内申请追补享受该政策，退还已缴纳的税款。

六、境外投资者通过股权转让、回购、清算等方式实际收回享受暂不征收预提所得税政策待遇的直接投资，在实际收取相应款项后7日内，按规定程序向税务部门申报补缴递延的税款。

七、境外投资者享受本通知规定的暂不征收预提所得税政策待遇后，被投资企业发生重组符合特殊性重组条件，并实际按照特殊性重组进行税务处理的，可继续享受暂不征收预提所得税政策待遇，不按本通知第六条规定补缴递延的税款。

八、本通知所称“境外投资者”，是指适用《企业所得税法》第三条第三款规定的非居民企业；本通知所称“中国境内居民企业”，是指依法在中国境内成立的居民企业。

九、本通知自2018年1月1日起执行。《财政部 税务总局 国家发展改革委 商务部关于境外投资者以分配利润直接投资暂不征收预提所得税政策问题的通知》（财税〔2017〕88号）同时废止。境外投资者在2018年1月1日（含当日）以后取得的股息、红利等权益性投资收益可适用本通知，已缴税款按本通知第五条规定执行。

政部 税务总局 国家发展改革委 商务部关于境外投资者以分配利润直接投资暂不征收预提所得税政策问题的通知（财税〔2017〕88号）（该文件废止）

为贯彻落实党中央、国务院决策部署，按照《国务院关于促进外资增长若干措施的通知》（国发〔2017〕39号）有关要求，进一步积极利用外资，促进外资增长，提高外资质量，鼓励境外投资者持续扩大在华投资，现对境外投资者以分配利润直接投资暂不征收预提所得税政策有关问题通知如下：

一、对境外投资者从中国境内居民企业分配的利润，直接投资于鼓励类投资项目，凡符合规定条件的，实行递延纳税政策，暂不征收预提所得税。

二、境外投资者暂不征收预提所得税须同时满足以下条件：

（一）境外投资者以分得利润进行的直接投资，包括境外投资者以分得利润进行的增资、新建、股权收购等权益性投资行为，但不包括新增、转增、收购上市公司股份（符合条件的战略投资除外）。具体是指：

1.新增或转增中国境内居民企业实收资本或者资本公积；

2.在中国境内投资新建居民企业；

3.从非关联方收购中国境内居民企业股权；

4.财政部、税务总局规定的其他方式。

境外投资者采取上述投资行为所投资的企业统称为被投资企业。

（二）境外投资者分得的利润属于中国境内居民企业向投资者实际分配已经实现的留存收益而形成的股息、红利等权益性投资收益。

（三）境外投资者用于直接投资的利润以现金形式支付的，相关款项从利润分配企业的账户直接转入被投资企业或股权转让方账户，在直接投资前不得在境内外其他账户周转；境外投资者用于直接投资的利润以实物、有价证券等非现金形式支付的，相关资产所有权直接从利润分配企业转入被投资企业或股权转让方，在直接投资前不得由其他企业、个人代为持有或临时持有。

（四）境外投资者直接投资鼓励类投资项目，是指被投资企业在境外投资者投资期限内从事符合以下规定范围的经营活动：

1.属于《外商投资产业指导目录》所列的鼓励外商投资产业目录；

2.属于《中西部地区外商投资优势产业目录》。

三、境外投资者符合本通知第二条规定条件的，应按照税收管理要求进行申报并如实向利润分配企业提供其符合政策条件的资料。利润分配企业经适当审核后认为境外投资者符合本通知规定的，可暂不按照企业所得税法第三十七条规定扣缴预提所得税，并向其主管税务机关履行备案手续。

四、税务部门依法加强后续管理。境外投资者已享受本通知规定的暂不征收预提所得税政策，经税务部门后续管理核实不符合规定条件的，除属于利润分配企业责任外，视为境外投资者未按照规定申报缴纳企业所得税，依法追究延迟纳税责任，税款延迟缴纳期限自相关利润支付之日起计算。

五、境外投资者按照本通知规定可以享受暂不征收预提所得税政策但未实际享受的，可在实际缴纳相关税款之日起三年内申请追补享受该政策，退还已缴纳的税款。

六、地市（含）以上税务部门在后续管理中，对被投资企业所从事经营活动是否属于本通知第二条第（四）项规定目录范围存在疑问的，可提请同级发展改革部门、商务部门出具意见，有关部门应予积极配合。

七、境外投资者通过股权转让、回购、清算等方式实际收回享受暂不征收预提所得税政策待遇的直接投资，在实际收取相应款项后7日内，按规定程序向税务部门申报补缴递延的税款。

八、境外投资者享受本通知规定的暂不征收预提所得税政策待遇后，被投资企业发生重组符合特殊性重组条件，并实际按照特殊性重组进行税务处理的，可继续享受暂不征收预提所得税政策待遇，不按本通知第七条规定补缴递延的税款。

九、本通知所称“境外投资者”，是指适用《企业所得税法》第三条第三款规定的非居民企业；本通知所称“中国境内居民企业”，是指依法在中国境内成立的居民企业。

十、本通知自2017年1月1日起执行。境外投资者在2017年1月1日（含当日）以后取得的股息、红利等权益性投资收益可适用本通知，已缴税款按本通知第五条规定执行。

纳税递延做融资　增值税里有天地

纳税期的递延也称为延期纳税或税收递延，即允许企业在规定的期限内，分期或延迟缴纳税款。将应纳税款留在企业使用一段时间，赚取资金的时间价值，也是进行税收策划的基本方法和思路之一。

稽查案例：

某水泥生产设备企业是生产水泥窑炉设备流水线的专业生产厂家，2017年实现销售收入26 000万元。2018年5月28日，当地税务局稽查局对该企业2017年度的增值税纳税情况进行了检查。在检查过程中，税务稽查人员发现该企业存在如下问题。

（1）2017年1月12日，向广西某水泥窑炉机械经营机构发出商品476万元，企业的账务处理方法是：借记发出商品——发出广西某经营机构商品476万元，贷记库存商品476万元；2017年4月5日借记银行存款200万元，贷记发出商品——发出广西某机构经营机构商品200万元。

（2）2017年3月16日，向山东某水泥有限公司发出商品648万元，企业的账务处理方法是：借记分期收款发出商品648万元，贷记库存商品648万元；2017年9月16日，借记银行存款——收山东某纺织有限公司款234万元，贷记主营业务收入200万元，贷记应缴纳税金34万元。

（3）2017年4月15日，收到河北省某水泥有限公司购货款400万元，企业进行了如下账务处理：借记银行存款400万元，贷记预收账款400万元。2017年5月15日公司将设备发出，未做账务处理，只在备查账中反映发出设备600万元；2017年7月15日对方将剩余货款汇来时，企业开出销售发票，并做了相应的账务处理处理：借记预收账款400万元，银行存款302万元，贷记主营业务收入600万元，应交税费——应交增值税（销项税额）102万元。

税务认定：

税务稽查人员在企业的有关销售合同和协议书中发现，企业所提供的书面协议对设备的技术性能要求、设备运输方法、设备安装责任等事项约定得比较具体，而对付方式却没有明确。据此，稽查人员认为以上三笔业务都存在问题。

其一，虽然该企业向广西某水泥窑炉经营机构发出商品476万元是一笔代销业务，但是企业无法提供委托代销合同，则该业务就应该按直接销售业务来处理，即在货物发出的当天按销售额计算缴纳增值税。如果企业能够提供委托代销合同，则可以在对方将商品销售完毕并向该公司提供代销清单时，再行申报纳税。

其二，企业向山东某水泥有限公司发出商品648万元，虽然是按照分期收款发出商品的销售方法进行销售的，但是由于该企业无法提供证明其分期收款销售商品的合同和协议书，就应按照直接销售方式，在货物发出时计算缴纳增值税。如果企业可以提供相关证明，则可以在合同约定的收款日期计算缴纳增值税。

其三，企业与河北某水泥有限公司的业务是一笔预收货款销售业务，应在货物发出时申报缴纳增值税，而企业在货物发出时没有及时申报缴税，显然是错误的。

政策分析：

《中华人民共和国增值税暂行条例实施细则》对增值税纳税义务发生时间的确定，是从销售实现的形式上来加以界定的，具体规定如下。

（1）销售货物或者应税劳务，其纳税义务发生时间为收讫销售款或者取得索取销售款凭据的当天。根据结算方式不同，具体有7种情况。

（2）进口货物，其纳税义务发生时间为报关进口的当天。

《中华人民共和国增值税暂行条例实施细则》（财政部 国家税务总局〔2008〕第50号）第三十八条明确，条例第十九条第一款第（一）项规定的收讫销售款项或者取得索取销售款项凭据的当天，按销售结算方式的不同，具体为：

（一）采取直接收款方式销售货物，不论货物是否发出，均为收到销售款或者取得索取销售款凭据的当天；

（二）采取托收承付和委托银行收款方式销售货物，为发出货物并办妥托收手续的当天；

（三）采取赊销和分期收款方式销售货物，为书面合同约定的收款日期的当天，无书面合同的或者书面合同没有约定收款日期的，为货物发出的当天；

（四）采取预收货款方式销售货物，为货物发出的当天，但生产销售生产工期超过12个月的大型机械设备、船舶、飞机等货物，为收到预收款或者书面合同约定的收款日期的当天；

（五）委托其他纳税人代销货物，为收到代销单位的代销清单或者收到全部或者部分货款的当天。未收到代销清单及货款的，为发出代销货物满180天的当天；

（六）销售应税劳务，为提供劳务同时收讫销售款或者取得索取销售款的凭据的当天；

（七）纳税人发生本细则第四条第（三）项至第（八）项所列视同销售货物行为，为货物移送的当天。

国家税务总局在《关于增值税纳税义务发生时间有关问题的公告》（国家税务总局公告〔2011〕第040号）中明确，纳税人生产经营活动中采取直接收款方式销售货物，已将货物移送对方并暂估销售收入入账，但既未取得销售款或取得索取销售款凭据也未开具销售发票的，其增值税纳税义务发生时间为取得销售款或取得索取销售款凭据的当天；先开具发票的，为开具发票的当天。

鉴于此，企业如果要从降低纳税成本的角度出发策划税收，就应该根据企业的销售情况签订好相关的经济业务合同，其中尤其是当企业与对方发生委托代销业务、分期收款业务和赊销业务时，如果能够在相关业务合同中明确，就可以将有关纳税义务向后推延，从而实现经营效益最大化。

专家点评：

《国际税收辞汇》中对递延期纳税条目的注释做了精辟的阐述：“延期纳税的好处有：有利于资金周转，节省利息支出，以及由于通货膨胀的影响，延期以后缴纳的税款币值下降，从而降低了实际纳税额。”纳税期的递延是获取节税利益的基本方法之一。

1. 税收递延的途径

在有些情况下，纳税人还可获得税法本身未规定的延期纳税，以达到节税的目的。例如，纳税人利用在国外的控股公司积累外国来源的所得，而不是汇回国内。有些国家，例如法国、德国、英国和美国已制定了税法条款来抑制这种节税活动。

事实确是如此，税收递延的途径是很多的，纳税人从中可得到不少税收实惠。特别在跨国公司迅速发展的今天，假定母公司位于高税管辖权的地区，其子公司设在低税管辖权的地区，子公司取得的收入长期留在账上，母公司由于未取得股息分配的收入，这部分税款自然就递延下来了。

采取有利的会计处理方法，是企业实现递延纳税的重要途径。在企业的收益表上，我们经常可以看到会计所得与所得税申报表上计税所得，在许多情况下是不一致的。原因是会计师编制收益表，核算经营结果，基本是依据公认的会计准则，而计税所得却是一个税法概念。由于会计准则和税法服务于不同的目的，所以计算出来的数值出现差异也不足为奇。

2. 纳税递延策划

（1）争取更多的递延项目。在其他条件（包括一定时间纳税总额）相同的情况下，延期纳税的项目越多，本期缴纳的税收应越少，现金流量也越大，可用于扩大流动资本和进行投资的资金也越多，将来的收益也越多，因而相对节税的税收就越多。

（2）争取更长的递延期限。在其他条件包括一定时期纳税总额相同的情况下，纳税递延期越长，由延期纳税增加的现金流量所产生的收益也将越多，所以，相对节减的税收也越多。那么，国外的投资所得留在境外的企业，会有更多的资金用来再投资，将来也可以获取更多的收益，相当于冲抵税收，增加税后所得，节减了税收。这个理念在我国的税收政策上也有体现，比如，税法规定部分企业可以采用加速法折旧，或者将特定的设备在当年作为费用一次性扣除。这样，在其他条件基本相似或利弊基本相抵的条件下，尽管总的扣除额基本相同，但公司选择作为当年费用一次性扣除的话，在投资初期可以缴纳最少的税收，而把税收推迟到以后缴纳，相当于延期纳税。

投资创业有风险　技术入股税递延

方哲是一个软件工程师，经过数年的努力，开发出5款软件，并且得到知识产权部门的注册认可。

投资人王进看到方哲的经济潜力，提出要跟他合作将其开发的软件推向市场。双方经过协商约定，王进投资现金2 400万元，占公司60%的股权，方哲投资现金1 600万元，占公司40%的股权，公司成立后再以1 600万元的价格收购方哲开发的5款软件。

但是，当他们进入实施阶段的时候方哲发现一个问题：他要缴很多税。

一是流转税。当地主管税务机关告诉他，作为自然人偶然发生一笔销售业务，按照小规模纳税人缴纳增值税、城建税和教育费附加。

应当缴纳增值税：1 400/（1+3%）×3%＝40.78（万元）。

应当缴纳城建税和教育费附加合计为：40.78×（7%+3%）＝4.08（万元）。

应当缴纳个人所得税：[1 400÷（1+3%）−4.08]×20%＝271.03（万元）。

以上各税合计为：40.78+4.08+271.03＝315.89（万元）。

策划建议：

公司还没有开张，更没有取得任何收入，却让核心人才缴了一大笔税，这让管理层十分苦恼。于是，他们向税务咨询专家请教。

税务咨询专家到该企业的现场进行全面调研，了解他们的真实意图后，告诉他们合作可以有两个操作方案：一是王进投资现金2 400万元，占公司60%的股权，方哲投资现金1 600万元，占公司40%的股权，公司成立后再以1 600万元的价格收购方哲开发的5款软件；二是王进投资现金2 400万元，占公司60%的股权，方哲以5款软件折价1 600万元作投资，占公司40%的股权。这样就可以将上述税款进行减免和递延。

政策分析：

目前人们创业的热情比较高，为了解决人们在创业过程中以技术作为投资入股的税收问题，促进社会发展，财政部、国家税务总局发出《关于完善股权激励和技术入股有关所得税政策的通知》（财税〔2016〕101号），进一步加大税收优惠，降低企业和相关获激励者的税负。

1、免征增值税

技术成果投资入股实质是转让技术成果和投资同时发生。根据《财政部 国家税务总局关于全面推开营业税改征增值税试点的通知》（财税〔2016〕36号）相关规定，转让技术成果是销售无形资产，免征增值税。

对于以技术入股的增值税问题处理，这里需要提醒纳税人的是：技术，包括专利技术和非专利技术。

申请免征增值税时，技术成果投资入股书面合同须经所在地省级科技主管部门认定并出具审核意见证明文件，报主管税务机关备查。

2、可选择个人所得税递延纳税优惠

如果以技术成果投资入股方是个人，则涉及个人所得税。

根据（财税〔2016〕101号）文，被投资企业支付的对价全部为股票（权）的，可选择递延纳税，经向主管税务机关备案，投资入股当期可暂不纳税，允许递延至转让股权时，按股权转让收入减去技术成果原值和合理税费后的差额计算缴纳个人所得税。

对于以技术入股的个人所得税问题处理，这里需要提醒纳税人的有如下几点。

其一，被投资方必须是境内居民企业。

其二，技术成果包括专利技术（含国防专利）、计算机软件著作权、集成电路布图设计专有权、植物新品种权、生物医药新品种，以及科技部、财政部、国家税务总局确定的其他技术成果。

其三，取得技术成果的被投资企业支付的对价全部为股票（权）。如果一部分为股票（权），另一部分为货币，则不能递延纳税。

其四，取得技术成果的被投资企业为个人所得税扣缴义务人。递延纳税期间，应在每个纳税年度终了后向主管税务机关报告递延纳税有关情况。

技术入股的个人也可以选择当期纳税或5年分期纳税。根据《财政部 国家税务总局关于个人非货币性资产投资有关个人所得税政策的通知》（财税〔2015〕41号）和《国家税务总局关于个人非货币性资产投资有关个人所得税征管问题的公告》（国家税务总局公告2015年第20号），个人于技术成果转让、取得被投资企业股权时，确认收入的实现。按评估后的公允价值确认转让收入，减除原值（即技术成果研发费用）及合理税费后的余额为应纳税所得额，按照“财产转让所得”项目计算个人所得税，于次月15日内申报纳税。若一次性缴税有困难，可5年内分期缴纳。

（1）若5年分期缴纳，个人须自行制定缴税计划并向主管税务机关报送《非货币性资产投资分期缴纳个人所得税备案表》、纳税人身份证明、投资协议、非货币性资产评估价格证明材料、能够证明非货币性资产原值及合理税费的相关资料。

（2）取得技术成果的被投资企业应将技术入股个人取得股权和分期缴税期间股权变动情况，分别于相关事项发生后15日内向主管税务机关报告，并协助税务机关执行公务。

策划结论：

通过咨询专家的指导，投资人明白自己在操作过程中存在的问题，于是按照专家的意见调整了操作方案。

专家点评：

在投资活动中，许多投资人往往凭自己的感觉或者经验做决策，不知不觉地多缴了税。本案例就是一个典型案例。实务过程中大家可以举一反三，对相关事项做具体分析。此外，对于以技术进行投资的企业投资人也存在税收优惠，实务中可以选择企业所得税递延纳税优惠。

如果以技术成果投资入股方是企业，则涉及企业所得税。

企业同样可根据（财税〔2016〕101号）文规定，选择递延纳税优惠——递延至转让股权时，按股权转让收入减去技术成果原值和合理税费后的差额计算缴纳企业所得税。

企业所得税递延纳税提醒事项与上文个人所得税递延纳税大致相同。转让技术成果取得股票（权）的企业应在规定期限内到主管税务机关办理备案手续。否则不得递延纳税。

技术入股的企业也可以选择当期纳税或5年分期纳税。根据《财政部 国家税务总局关于非货币性资产投资企业所得税政策问题的通知》（财税〔2014〕116号）和《国家税务总局关于非货币性资产投资企业所得税有关征管问题的公告》（国家税务总局公告2015年第33号），于投资协议生效并办理股权登记手续时，确认收入的实现，按评估后的公允价值扣除计税基础后的余额，计算确认所得，可以5年内分期均匀计入相应年度的应纳税所得额，计算缴纳企业所得税。取得被投资企业的股权，应以技术成果原计税成本为计税基础，加上每年确认的转让所得，逐年进行调整。

对于以技术入股的企业所得税问题处理，这里需要提醒纳税人的有如下几点。

一是，若5年分期纳税，技术入股的企业必须是实行查账征收的居民企业。被投资企业必须是居民企业。

二是，个人所得税5年分期缴纳是分期计算应纳税款，且不必每年均匀缴纳。企业所得税5年分期缴纳是分期计算所得，且须均匀计入相应年度。

三是，5年内每年企业所得税汇算清缴时向主管税务机关报送《非货币性资产投资递延纳税调整明细表》。

四是，企业应将股权投资合同或协议、对外投资的非货币性资产（明细）公允价值评估确认报告、非货币性资产（明细）计税基础的情况说明、被投资企业设立或变更的工商部门证明材料等资料留存备查，并单独准确核算税法与会计差异情况。

第7计：
租赁运用 利益传递

【妙计提要】

集团麾下成员多，疑难杂事多磋砣；整体利益可平衡，租赁经营利传播。

【本计内容】

对于规模投资者而言，由于掌握较多的社会资源，企业会越做越大。企业成长壮大以后，进一步掌握更多的资源，从而形成良性循环。于是，集团化经营便水到渠成。

就目前集团性经营的企业而言，通常有两种类型：一是以产业链为基础布局，形成几家、十几家，甚至数十家企业的企业集团；二是根据所掌握的资源或者经济热点多方布局、多角经营。无论是哪种方式布局，在某个经济时段或者经营期间，都有可能出现“东边日出西边雨”的现象，即部分企业盈利，而另一部分企业亏损。笔者曾经在一家集团公司看到这样的现象：在这家集团公司中，有两间子公司巨额亏损分别高达4 000多万元，同时有另外三间企业盈利分别在5 000万元左右。

一旦出现了这种现象，集团公司的老板在心里必然会产生疑惑：怎么会这样？有没有办法避免此类情况的发生？

其实，办法是有的，但是需要提前策划。

人们的惯性思维往往会想到通过货物的销售转让定价。对于纳税人而言，进行货物的转让，其价格要受到合理利润的限制，或者以销售给无关联的其他企业的价格为依据，所以，如果要将利益在关联企业之间转移就存在一定的难度。

但是，如果通过租赁业务来操作，问题就简单得多。因为对于租赁业务，往往是针对特定对象而言的，如某台大型设备、某条生产流水线或者某项不动产等，这些操作对象在当地往往不具有可比性，有关企业对租赁费用的确定就拥有较大的主动权。

【案例注释】

集团化经营是目前投资人规模经营的一个必然趋势，而一旦实现集团化经营，在各经营主体之间运营相应的资产也是一个普遍现象。从上述计策的内容上看，读者可能还是感觉难以理解。因此，这里我们结合实际案例对有关计策的操作原理做一个简要分析和解释。

利益转移含节税 租赁策划有技巧

在企业集团内部的子公司之间通过租赁活动进行税收策划，可以非常顺利地实现经营者的愿望。所以常常被人们所采用。

长江企业集团2019年6月18日对集团公司内部的经营情况进行分析，发现甲企业今年产销两旺，预计2019年实现销售收入78 350万元，比上年增长43%，利润8 520万元，比上年增长51%；而该企业集团内部的乙企业却遭遇到了非常情况，2019年预计实现销售收入13 050万元，比上年下降27%，发生亏损340万元，比上年下降34%。该企业集团的甲乙两企业的所得税适用税率都是25%。

考虑到集团公司的整体利益，鉴于甲企业的部分产品与乙企业属于同一类型。2019年6月，集团财务处建议将甲企业生产的产品与乙企业相似的A生产线租赁给乙企业，租赁费为50万元。A生产线价值为2 000万元，该设备每年生产产品的利润为500万元，该建议得到集团公司董事会的批准，并于6月30日实施。

该条生产线的租金应缴纳增值税额为50×16%＝8（万元）。

该条生产线的租金应缴纳城建税及教育费附加为8×（7%+3%）＝0.8（万元）。

将该生产线出租给同一集团的乙企业，每年租金收入50万元（租金水平与出租给独立第三方的水平一致，符合独立核算原则）。但是将甲企业的应税利润250万元转移到亏损企业乙企业中去了。而从企业的经营情况来看，甲企业与乙企业在调整以后，跟往年相比变化的波动也不大，在不知情的条件下，是很难发现这个问题的。

该生产线生产的产品应缴企业所得税额为250×25%＝62.5（万元）。

通过税收策划后，集团公司获得策划收益为62.5-0.8＝61.7（万元）。

策划点评：

租赁是一种重要的经营手段，目前，租赁在企业生产经营中已得到广泛应用，许多专门的租赁公司也应运而生。租赁，包括经营性租赁和融资性租赁两种，由于它们具有不同的特点，从而适用在不同的场合。

租赁首先是一个重要的筹资手段。对承租人来说，只需按期支付租金便可得到所需设备使用权，不必为长期拥有机器设备先垫支资金，避免因短期资金集中支付，给企业资金平稳周转造成冲击，以及资金被长期占用或经营不当承担风险。租赁也是企业用以减轻税负的重要方法。对承租人来说，可以在经营活动中，以支付租金的方式冲减企业的利润、减少税基，从而减少所得税额，并为企业今后继续从事无本赢利的经营方式奠定基础。在企业理财中，租赁已成为税收策划的一种重要手段，对于减轻企业税负具有重要意义。对出租人来说，租赁也给自己带来好处，出租既可以减少使用与管理机器设备所需追加的投入，也不必为如何使用或利用这些设备及如何从事经营活动而操心，从而可以较为轻松地获得租金收入。

当出租人与承租人同属一家企业集团时，租赁可使其直接、公开地将资产从一家企业转给另一家企业，实现利润、费用等的转移。同一利益集团中企业甲出于某种节税目的，将赢利的生产项目连同设备一道以租赁方式转租给企业乙，并按照有关规定收取足够高的租金，最终使该利益集团享受到更多的税收优惠。这是较典型的租赁节税效应。这样操作，可以使控股公司像操作分公司一样在两个或更多的独立核算企业之间做调节利润的工作，从而使集团公司的利益最大化，当然最终也就实现了股东利益的最大化。

租赁产生的节税效应，并非只能在同一利益集团内部进行实现，即使在专门租赁公司提供租赁设备的情况下，承租人仍旧可以获得税收上的好处。就这一点而言，租赁与筹资中的其他一些内容有共同之处。比如可以使承租者马上进行正常生产经营活动，并很快获得收益。

注意事项：

租赁如果被用于税收策划活动，其往往与转让定价一起来操作。也正因为通过租赁会将税收转移，所以租赁与转让定价一样，也是税务机关重点关注的事项之一。纳税人在通过租赁策划税收时，一定要注意租赁过程中有关指标的掌握，其中最关键的就是租金的收取不能低于同行业相同设备的租赁价格太多，否则，将不为当地主管税务机关所认可。

此外，在确定采用租赁的方式筹资时，拟订一份规范的租赁合同也非常重要。在经济活动中，经济主体之间的交易行为往往会通过订立合同来确定，我国《经济合同法》规定，签订的经济合同内容必须合法才能成为有效合同。所以企业与其他经济主体签订合同时，应该关注税法，遵循法律规定，这样不仅可以大大降低风险，提高管理质量，而且最终还会为企业带来长远的利益。

例如，华天商场在2016年初承租给刘某经营，在承租合同中规定，商场每年向承租人刘某收取12万元承包费后，其他一切经营事宜及经营成果归刘某所有。刘某未改变该商场的名称，也未变更工商登记，仍以该商场的名义对外从事经营活动。

该商场在一年中一直未进行所得税申报纳税，2017年1月，主管税务机关根据上述条款对华天商场（被承租企业）发出了限期纳税通知书。当华天商场接到限期纳税通知书后，十分不理解，声称：当初承租合同中已经明确规定，商场除收取承包费外对一切事宜不负责任。刘某承租了企业，纳税应由刘某负责。但税务机关指出，承租合同中的规定不能改变被承租企业是所得税纳税义务人的身份。这样，被承租企业处在一个对自己非常不利的位置上，一是合同订立时很难确定具体应由对方承担的所得税款；二是若是承租方违反税法经营的话，还会将这一违法风险转嫁到被承租方身上。

最后，以刘某主动付给华天商场应承担的2016年所得税款将问题解决了。

但从这一事件中，华天商场认识到应根据税法的有关规定重新斟酌一下与刘某签订的合同。于是，他们聘请注册税务师和律师一起研究。研究后，他们认识到企业租赁经营大多是承包经营，这样承租方按合同（协议）规定只向发包方交纳一定的费用，其余事项和经营成果归承包方，在很多情况下，不利于被承租企业，因此被承租企业在签订承租合同时，应坚持以下几条原则：

一是不宜在订立合同时预先确定租赁费用总额，应考虑经营期间内的所得税税款支出。

二是需设立相关条款，用以控制承租方经营中违反企业所得税法的活动。

三是在难以与承租方进行有效协调的情况下，可以建议承租方承租企业后重新进行工商登记和税务登记。

政策分析：

租赁业务分为有形动产租赁和不动产租赁两个大类。有形动产租赁自2016年5月1日全面推开营改增试点以来，经常有纳税人前来咨询，营改增后房屋租赁税收优惠政策是否继续执行？

为此，笔者根据《财政部 国家税务总局关于全面推开营业税改征增值税试点的通知》（财税〔2016〕36号）及其有关附件规定，以及《国家税务总局关于发布〈纳税人提供不动产经营租赁服务增值税征收管理暂行办法〉的公告》（国家税务总局公告2016年第16号）等相关政策精神，进行归纳分析如下，供参考。

1. 一般纳税人出租不动产，按照以下规定缴纳增值税

（1）一般纳税人出租其2016年4月30日前取得的不动产，可以选择适用简易计税方法，按照5%的征收率计算应纳税额。

不动产所在地与机构所在地不在同一县（市、区）的，纳税人应按照上述计税方法向不动产所在地主管国税机关预缴税款，向机构所在地主管国税机关申报纳税。

不动产所在地与机构所在地在同一县（市、区）的，纳税人向机构所在地主管国税机关申报纳税。

（2）一般纳税人出租其2016年5月1日后取得的不动产，适用一般计税方法计税。

不动产所在地与机构所在地不在同一县（市、区）的，纳税人应按照3%的预征率向不动产所在地主管国税机关预缴税款，向机构所在地主管国税机关申报纳税。

不动产所在地与机构所在地在同一县（市、区）的，纳税人应向机构所在地主管国税机关申报纳税。

一般纳税人出租其2016年4月30日前取得的不动产适用一般计税方法计税的，按照上述规定执行。

2．小规模纳税人出租不动产，按照以下规定缴纳增值税

（1）单位和个体工商户出租不动产（不含个体工商户出租住房），按照5%的征收率计算应纳税额。个体工商户出租住房，按照5%的征收率减按1.5%计算应纳税额。

不动产所在地与机构所在地不在同一县（市、区）的，纳税人应按照上述计税方法向不动产所在地主管国税机关预缴税款，向机构所在地主管国税机关申报纳税。

不动产所在地与机构所在地在同一县（市、区）的，纳税人应向机构所在地主管国税机关申报纳税。

（2）其他个人出租不动产（不含住房），按照5%的征收率计算应纳税额，向不动产所在地主管地税机关申报纳税。其他个人出租住房，按照5%的征收率减按1.5%计算应纳税额，向不动产所在地主管地税机关申报纳税。

3．预缴税款的计算

纳税人出租不动产，按照税法规定需要预缴税款的，应在取得租金的次月纳税申报期或不动产所在地主管国税机关核定的纳税期限预缴税款。

（1）纳税人出租不动产适用一般计税方法计税的，按照以下公式计算应预缴税款：

$$应预缴税款=含税销售额\div（1+11\%）\times 3\%$$

（2）纳税人出租不动产适用简易计税方法计税的，除个人出租住房外，按照以下公式计算应预缴税款：

$$应预缴税款=含税销售额\div（1+5\%）\times 5\%$$

（3）个体工商户出租住房，按照以下公式计算应预缴税款：

$$应预缴税款=含税销售额\div（1+5\%）\times 1.5\%$$

单位和个体工商户出租不动产，向不动产所在地主管国税机关预缴的增值税款，可以在当期增值税应纳税额中抵减，抵减不完的，结转下期继续抵减。

纳税人以预缴税款抵减应纳税额，应以完税凭证作为合法有效凭证。

纳税人出租不动产，按照本办法规定应向不动产所在地主管国税机关预缴税款而自应当预缴之月起超过6个月没有预缴税款的，由机构所在地主管国税机关按照《中华人民共和国税收征收管理法》及相关规定进行处理。

4．其他个人出租不动产，按照以下公式计算应纳税款

（1）出租住房：

$$应纳税款=含税销售额\div（1+5\%）\times 1.5\%$$

（2）出租非住房：

$$应纳税款=含税销售额\div（1+5\%）\times 5\%$$

5．出租不动产的发票处理

小规模纳税人中的单位和个体工商户出租不动产，不能自行开具增值税发票的，可向不动产所在地主管国税机关申请代开增值税发票。

其他个人出租不动产，可向不动产所在地主管地税机关申请代开增值税发票。

纳税人向其他个人出租不动产，不得开具或申请代开增值税专用发票。

6．一般纳税人出租公有住房、廉租住房租赁税收优惠

（1）营改增前政策规定。

① 根据《财政部 国家税务总局关于调整住房租赁市场税收政策的通知》（财税〔2000〕125号）规定，对按政府规定价格出租的公有住房和廉租住房，包括企业和自收自支事业单位向职工出租的单位自有住房；房管部门向居民出租的公有住房；落实私房政策中带户发还产权并以政府规定租金标准向居民出租的私有住房等，暂免征收房产税、营业税。又根据《财政部 国家税务总局关于企业和自收自支事业单位向职工出租的单位自有住房房产税和营业税政策的通知》（财税〔2013〕94号）规定，暂免征收房产税、营业税的企业和自收自支事业单位向职工出租的单位自有住房，是指按照公有住房管理或纳入县以上政府廉租住房管理的单位自有住房。

② 根据《财政部 国家税务总局关于支持公共租赁住房建设和运营有关税收优惠政策的通知》（财税〔2010〕88号）第三条规定，对公租房租赁双方签订的租赁协议涉及的印花税予以免征。第六条规定，对经营公租房所取得的租金收入免征营业税、房产税。

③ 根据（财税〔2008〕24号）文件规定，对企事业单位出租住房享受以下税收优惠：

- 对廉租住房经营管理单位按照政府规定价格、向规定保障对象出租廉租住房的租金收入，免征营业税、房产税。
- 对廉租住房、经济适用住房建设用地以及廉租住房经营管理单位按照政府规定价格、向规定保障对象出租的廉租住房用地，免征城镇土地使用税。
- 对廉租住房、经济适用住房经营管理单位与廉租住房、经济适用住房相关的印花税以及廉租住房承租人、经济适用住房购买人涉及的印花税予以免征。
- 企事业单位、社会团体以及其他组织按市场价格向个人出租用于居住的住房，减按4%的税率征收房产税。

（2）营改增后政策规定。

① 根据（财税〔2016〕36号）《附件3：营业税改征增值税试点过渡政策的规定》精神，对公共租赁住房经营管理单位出租公共租赁住房，在2018年12月31日前，给予免征增值税优惠。

公共租赁住房，是指纳入省、自治区、直辖市、计划单列市人民政府及新疆生产建设兵团批准的公共租赁住房发展规划和年度计划，并按照《关于加快发展公共租赁住房的指导意见》（建保〔2010〕87号）和市、县人民政府制定的具体管理办法进行管理的公共租赁住房。

一般纳税人出租其2016年4月30日前取得的不动产，可以选择适用简易计税方法，按照5%的征收率计算应纳税额。不动产所在地与机构所在地不在同一县（市、区）的，纳税人应按照上述计税方法向不动产所在地主管国税机关预缴税款，向机构所在地主管国税机关申报纳税。不动产所在地与机构所在地在同一县（市、区）的，纳税人向机构所在地主管国税机关申报纳税。

一般纳税人出租其2016年5月1日后取得的不动产，适用一般计税方法计税。不动产所在地与机构所在地不在同一县（市、区）的，纳税人应按照3%的预征率向不动产所在地主管国税机关预缴税款，向机构所在地主管国税机关申报纳税。不动产所在地与机构所在地在同一县（市、区）的，纳税人应向机构所在地主管国税机关申报纳税。一般纳税人出租其2016年4月30日前取得的不动产适用一般计税方法计税的，按照上述规定执行。

7. 军队出租房产税收优惠

（1）营改增前政策规定。

根据《财政部 国家税务总局关于暂免征收军队空余房产租赁收入营业税、房产税的通知》（财税〔2004〕123号）规定，自2004年8月1日起，对军队空余房产租赁收入暂免征收营业税、房产税。

（2）营改增后政策规定。

根据（财税〔2016〕36号）《附件3：营业税改征增值税试点过渡政策的规定》，对军队空余房产租赁收入继续免征增值税。

此外，根据《财政部 国家税务总局关于科技企业孵化器税收政策的通知》（财税〔2013〕117号）和《财政部 国家税务总局关于大学科技园税收政策的通知》（财税〔2013〕118号）规定，自2013年1月1日至2015年12月31日，对符合条件的孵化器和大学科技园自用以及无偿或通过出租等方式提供给孵化企业使用的房产、土地、免征房产税和城镇土地使用税；对其向孵化企业出租场地、房屋以及提供孵化服务的收入，免征营业税。因以上优惠政策截至2015年12月31日已执行期满，在2016年是否继续给予优惠，在（财税〔2016〕36号）及《附件3：营业税改征增值税试点过渡政策的规定》等相关政策规定中没有明确，需要财政部、国家税务总局进一步明确。

8. 小规模纳税人出租住房的税收优惠

（1）营改增前政策规定。

根据《财政部 国家税务总局关于廉租住房经济适用住房和住房租赁有关税收政策的通知》（财税〔2008〕24号）规定，自2008年3月1日起，对个人出租住房的按以下规定征税：

① 对个人出租住房取得的所得减按10%的税率征收个人所得税。

② 对个人出租、承租住房签订的租赁合同，免征印花税。

③ 对个人出租住房，不区分用途，在3%税率的基础上减半征收营业税，按4%的税率征收房产税，免征城镇土地使用税。

（2）营改增后政策规定。

小规模纳税人出租不动产，按照以下规定缴纳增值税。

① 单位和个体工商户出租不动产（不含个体工商户出租住房），按照5%的征收率计算应纳税额。个体工商户出租住房，按照5%的征收率减按1.5%计算应纳税额。其税款计算公式为：

$$应纳税款=含税销售额\div（1+5\%）\times 1.5\%$$

根据《关于营改增后契税房产税土地增值税个人所得税计税依据问题的通知》（财税〔2016〕43号）第二条规定，房产出租的，计征房产税的租金收入不含增值税。

个人出租房屋的个人所得税应税收入不含增值税，计算房屋出租所得可扣除的税费不包括本次出租缴纳的增值税。个人转租房屋的，其向房屋出租方支付的租金及增值税额，在计算转租所得时予以扣除。

免征增值税的，确定计税依据时，租金收入不扣减增值税额。

不动产所在地与机构所在地不在同一县（市、区）的，纳税人应按照上述计税方法向不动产所在地主管国税机关预缴税款，向机构所在地主管国税机关申报纳税。不动产所在地与机构所在地在同一县（市、区）的，纳税人应向机构所在地主管国税机关申报纳税。

② 其他个人出租不动产（不含住房），按照5%的征收率计算应纳税额，向不动产所在地主管地税机关申报纳税。其他个人出租住房，按照5%的征收率减按1.5%计算应纳税额，向不动产所在地主管地税机关申报纳税。

纳税人出租的不动产所在地与其机构所在地在同一直辖市或计划单列市但不在同一县（市、区）的，由直辖市或计划单列市国家税务局决定是否在不动产所在地预缴税款。

③ 根据《国家税务总局关于全面推开营业税改征增值税试点有关税收征收管理事项的公告》（国家税务总局公告2016年第23号）规定，其他个人采取预收款形式出租不动产，取得的预收租金收入，可在预收款对应的租赁期内平均分摊，分摊后的月租金收入不超过3万元的，可享受小微企业免征增值税优惠政策。

第六条纳税人出租不动产，按照本办法规定需要预缴税款的，应在取得租金的次月纳税申报期或不动产所在地主管国税机关核定的纳税期限预缴税款。

转让定价有风险　租赁操作有空间

人们往往忽视企业集团的税收策划，分析其原因，是因为日常生活中能够让投资人感受到集团性企业里的涉税痛点的机会不多，从而不知不觉多缴税。在通常情况下，作为一个独立核算的企业的日常经营，其涉税问题通常是偷税，或者是存在偷税嫌疑；而对于一个企业集团来讲，如果存在涉税问题，则往往是多缴税。这里就有一则案例。

企业情况：

不久前，笔者应长江企业集团董事长的邀请，为该集团公司进行涉税分析，发现如下情况。

长江企业集团的下属企业丙公司是一家技术开发型企业，产品的利润率达48%，测算其年销售额大约在5 000万元左右，企业所得税适用税率为25%（该企业未申请认定国家级高新技术企业和新技术企业）。

而该公司的另一个下属企业丁公司则是一家民政福利企业，其产品的毛利率不高，产品的利润率只有8%，测算其年销售额大约在5 000万元左右，年亏损200多万元。

按照增值税即征即退政策享受税收优惠，还差100万元左右。

上述情况的税收后果是，丙公司的增值税和企业所得税缴得很多，而另一边，丁公司增值税和企业所得税的税收优惠无法享受。

咨询建议：

考虑到丙企业的产品在当地没有可比性，如果通过将该企业的生产设备租赁给属于民政福利企业的丁公司生产的办法来策划税收（丁企业的“四残人员”占企业人员总数的52%），可能会收到预想不到的效果。

策划操作：

2019年7月1日进行了具体操作，其策划过程是：

（1）丙公司以较高的租金将三台数控机床租赁给丁公司，每台租金一年20万元，三台合计支付租金60万元。

（2）丙公司将高科技产品以半成品的名义（实际上该产品在丙公司已经完成了主要生产流程）以10%的利润率销售给丁公司，丁公司取得这种产品后再经过简单的工艺处理后即以48%的利润率销售。全年通过这种操作程序销售产品2 300万元。

业务计算：

集团公司通过税收策划转移了增值税：

$$2\,300\times(48\%-10\%)\times13\%=113.62（万元）$$

应缴纳城建税及教育费附加为：

$$113.62\times(7\%+3\%)=11.36（万元）$$

转移企业所得税为：

$$2\,300\times38\%\times25\%=218.5（万元）$$

租赁设备应缴纳增值税为：

$$60\times13\%=7.8（万元）$$

租金应缴纳城建税及教育费附加为：

$$7.8\times(7\%+3\%)=0.78（万元）$$

租金应缴纳的企业所得税为：

$$(60-0.78)\times25\%=14.81（万元）$$

策划成果：

集团公司实际获得策划收益：一是丙公司少缴的增值税113.62万元转化为丁公司实际缴纳税金，而丁公司则可以即征即退返还；二是通过租赁业务将丙公司的800多万元利润转移到丁公司，正好弥补了该公司的亏损，同时还可以享受加计扣除的税收优惠。

当然，本来在一家企业生产的产品换成两家企业生产，还要发生诸如运费和其他管理费用，但是由于数量较小，这里忽略不计。

集团内部交易定　租赁费中有税收

对集团型企业来说，内部交易的双方同属于一个大的集团公司，无论在何种交易方式下，都不会增加企业的财富，交易过程中税负的轻重是评价交易成本大小的直接标准，因此税务策划就显得十分的必要。

A企业是集团企业的母公司，2019年1月竣工了一幢综合办公楼，除了母公司使用外，其余部分将以租赁的形式提供给各子公司使用，租金按独立企业间的交易价格确定。

策划方案：

对于这幢办公楼应当如何装修，这里有两个操作方案。

方案一：集团将办公楼统一装修后，再以每年600万元的租金价格出租给各子公司，租赁时限为10年。2 000万元装修成本通过租金形式逐步回收（那么，装修费用摊销为每年200万元）。

方案二：集团将未经装修的办公楼以参考价每年400万元出租给子公司，租赁时限为10年。各子公司自行装修共支出装修费2 000万元。

业务分析：

以上两种方案哪个更好呢？下面做出具体分析。

（1）方案一为了充分展示集团的企业文化，同时也为了节约部分装修费用，集团决定统一装修后再出租给各子公司，装修成本2 000万元通过租金的形式逐步回收，预计使用年限为10年（装修费用摊销为每年200万元）。

企业集团用于出租部分的办公楼精装修后，以租金每年600万元出租给子公司，假设租金的增值税税收负担率为10%，那么，企业集团在这一过程中应当计算缴纳增值税：

$$600 \times 10\% = 60（万元）$$

应当计算缴纳城建税金及教育费附加合计为：

$$60 \times （7\%+3\%）= 6（万元）$$

由于企业集团将房产用于出租，因此，房产税应计征为：

$$600 \times 12\% = 72（万元）$$

应当计算缴纳印花税为：

$$600 \times 0.1\% = 0.6（万元）$$

就房产租赁一项，应当计算缴纳企业所得税为：

$$（600-6-72-0.6-200）\times 25\% = 80.35（万元）$$

（在此不考虑办公楼的折旧及其他因素，只计算装修的摊销，下同）

在该方案下，集团公司合计年总税收负担为218.95万元（60+6+72+0.6+80.35）。

各子公司在这一过程中只承担印花税0.6万元，同时每年支付的租金可抵减企业所得税600×25%＝150（万元）。

从集团年公司整体利益的角度来分析，其总税负为68.95万元（218.95-150），10年税负折算成现值为68.95×7.360 1＝507.48（万元）（折现率按6%计算，下同）。

（2）方案二中，企业集团将未经装修的办公楼以每年400万元的租金出租给子公司，各子公司自行装修共支出装修费2 000万元。

在该方案中，企业集团的母公司应当计算缴纳增值税为：

$$400 \times 10\% = 40（万元）$$

应当计算缴纳城建税金及教育费附加合计为：

$$40 \times （7\%+3\%）= 4（万元）$$

应当计算缴纳房产税为：

$$400 \times 12\% = 48（万元）$$

应当计算缴纳印花税：

$$400 \times 0.1\% = 0.4（万元）$$

就房产租赁一项，应当计算缴纳企业所得税为：

（400−4−0.4−48）×25%＝86.9（万元）

从集团公司整体年利益的角度来分析，其总税负为179.3万元（40+4+48+0.4+86.9）。

另外，从子公司的角度讲，各子公司在这一过程中承担的税负为印花税0.4万元，同时每年支付的租金和摊销的装修可抵减企业所得税：

（400+200）×25%＝150（万元）

整个企业集团在上述交易过程中每年实际应纳税额为29.3万元（179.3−150），10年金额折算成现值为29.3×7.360 1＝215.65（万元）。

分析结论：

在上述交易中，集团选择通过租赁方式向子公司提供办公场地，从承担税负的角度看无疑比采用销售的方式要轻得多，但如果能更进一步，即将办公楼先出租给子公司，再由其按集团的要求进行装修，节税效果就会更明显。

通过比较可以发现，集团在出租办公楼时，先出租后由各子公司自行装修的方式比集团集中装修后再出租给各子公司的方式可以给企业集团在10年内带来291.83万元（507.48−215.65）的节税效益。

也就是说，只要各子公司因分别装修而多支付的费用不超过291.83万元，出租后各子公司自行装修就比集团集中装修后再出租给子公司的方式，能给集团整体增加不同程度的效益。

第8计：采购商品 选择供主

【妙计提要】

生产经营需采购，市场渠道有多头；商品供货有差异，分析计算莫搞错。

【本计内容】

投资人成立的经营平台完成以后，下一步就是相应的生产和经营活动。采购设备、材料和服务则是经营者需要做的第一件事情。采购，是指企业在一定条件下从供应市场获取产品或服务作为企业资源，以保证企业生产及经营活动正常开展的一项企业经营活动。

在生产和经营过程中，经营者采购到适当的设备、材料和服务，还需要供货商、业务流程和内部控制的具体安排。

从税收的角度讲，无论是生产企业还是经营企业，都存在采购问题，但是，对于采购的重要性认识，应当着重在增值税一般纳税人。因为，对于一般纳税人而言，存在增值税进项抵扣问题。增值税的进项税额可能按16%、10%、6%、3%和0%扣除，由此可见，其增值税的税收负担相差就很大了。

不过，如果在采购过程中操作不当，可能会被税务机关认为接受虚开或者代开的增值税专用发票。一旦出现这样的问题，不仅可能被责令补缴增值税，另外加收滞纳金和罚款，而且还可能影响企业所得税。

综上所述，在采购环节存在税收策划和规避涉税风险两个层次上的业务问题，有关企业应当做好相关数据的测算和分析，注意不同供货商的价格比较，在价格和进项税额的综合分析上做出选择；同时还需要注意业务流程的合法性操作。

【案例注释】

对于增值税一般纳税人企业来说，采购货物的涉税处理是降低企业采购环节的税收成本和费用的重要内容。在这个环节，企业需要注意尽可能多地取得合法有效的增值税进项抵扣额，从而有效地降低流转环节的税收负担。但是，在实践过程中存在大量认知误区和政策理解错误，从而给企业带来很大的涉税风险。

票款抬头不一致　业务流程有问题

苏南春风服装有限公司（以下简称“服装公司”）是一家规模不大的服装生产企业，该企业2012年3月18日注册成立，在成立初期企业处于亏损状态，两年里亏损金额合计125万元，经过全公司上下的共同努力，2016年才扭亏为盈，到2016年12月底，服装公司实现销售收入8 360万元，实现利润238万元。

服装公司的这个成绩来得实在不易！服装行业是一个微利行业，做服装生产业务，老百姓称之为在“针尖上削铁”！服装公司的总经理王祥狠抓企业管理不放松，重点关注容易“跑、冒、滴、漏”的经营环节，这其中材料采购就是王祥重点抓的一个环节。每次生产的主要原材料都是老板自己外出进货，对于部分辅助材料，王祥也要自己看样，然后订货。

基本案情：

2016年初，服装公司总经理王祥到当地最大的综合性百货商场看货，他希望采购最近将要生产的一批服装所需要的纽扣。当他在李某的柜台前发现一种纽扣很合他的心意，于是就与其交流。通过谈判，约定一笔纽扣供应生意。

事毕，王经理反复提醒李某：本公司是一般纳税人企业，我们采购货物，需要对方提供能够抵扣17%的增值税专用发票，你能够提供吗？

个体经营者李某满口答应：没有问题。这样吧，到时候你看货给钱！同时向王经理索要了一张注有服装公司税号等相关信息的名片。

就这样，该个体户李某从天津购进价值38 587.50元的纽扣给服装公司，购物时按增值税专用发票开具的要求，直接从天津某商场开到服装公司，购货款由个体户当场付现金，回来后再与服装公司结算，显然李某的意图是为该服装公司代购纽扣。

税务稽查：

当2017年8月16日稽查人员到达服装公司进行纳税检查时，发现该笔业务有问题：该企业接受的增值税专用发票中注明的供货方为天津某生产企业，而服装公司的货款支付方却是当地市场的个体工商户李某，发票开出方与货款接受方不一致。

认定为代开发票行为，发票上注明的增值税款6 559.88元不予抵扣，同时罚款10 000元。

对于此事，王经理很不服气，他说：“我在购买前专门咨询了一个专家，他说这样操作是可以的呀！”

策划分析：

分析该案例，对我们从事税收策划不无帮助。

该个体户与服装公司的业务实际上是代购行为，遗憾的是他们的手续不够规范！时下类似的例子并不少，如果涉及此类业务的双方能够有一方认真研读一下有关文件，或者事先请教一下税收策划专家，补税罚款的消极后果完全可以避免！

现行税收政策明确：代购货物行为，凡同时具备以下条件的，不征收增值税；不同时具备以下条件的，无论会计制度规定如何核算，均征收增值税。

（1）受托方不垫付资金。

（2）销售方将发票开具给委托方，并由受托方将该项发票转交给委托方。

（3）受托方按销售方实际收取的销售额和增值税额（如系代理进口货物则为海关代征的增值税额）为委托方结算货款，并另外收取手续费。

根据以上规定，在具体的经营活动中要注意把握以下几点。

（1）要明确代购关系。在该案例中，经营纽扣个体户李某与服装公司洽谈并明确该业务时，服装公司要与李某签订代理业务合同，明确相关权利和义务。

（2）个体户李某不垫付资金。当服装公司与李某明确代购业务关系之后，应该先汇一笔资金给李某，然后由李某利用这笔资金出去采购纽扣。

（3）个体户李某以服装公司的名义购买纽扣。李某按照服装公司的要求购买货物，同时索要有服装公司抬头、税号的增值税专用发票，并将发票与货物一起交给服装公司。

（4）李某与服装公司根据代理协议中议定的服务费标准结算手续费，结算相关的手续时要有合法的手续和凭证。

策划难点：

本案例所揭示的问题目前比较多见。在一般情况下，购销活动都存在一一对应的关系。但是，随着经营活动的进一步深入，企业的业务流程就会复杂起来。如果当事人能够理清有关业务关系，问题是不可能产生的。目前的问题是，有关当事人并不了解（或者并不真正理解）税收法律和法规有关代销、代购以及委托加工等具体业务的规定，从而引发涉税风险。

政策链接：

财政部国家税务总局《关于增值税、营业税若干政策规定的通知》〔财税字（094）026号〕中明确，代购货物行为，凡同时具备以下条件的，不征收增值税；不同时具备以下条件的，无论会计制度规定如何核算，均征收增值税。

（1）受托方不垫付资金；

（2）销售方将发票开具给委托方，并由受托方将该项发票转交给委托方；

（3）受托方按销售方实际收取的销售额和增值税额（如系代理进出口货物则为海关代征的增值税额）与委托方结算货款，并另外收取手续费。

票款实物不相符　纳税策划泡了汤

2019年1月25日，A公司孙老板接到税务机关下达的税务稽查处理和税务处罚决定书时，痛哭流涕，惭愧地说："都是策划惹的祸，万万没有想到，策划不成，反遭罚款！这一折腾，我的公司可全完了！"

原来，A公司是一家生产汽车配件为主的私营企业，2017年1月8日开业，拥有资产362万元，现有职工48人，A公司主要供货来源是具备增值税一般纳税人资格的C公司，A公司产品主要销往具备增值税一般纳税人资格的B公司。公司成立之初，企业领导并没有在产品质量和生产成本上下功夫，而是一味地要求降低税收成本，研究策划。为此，公司领导让财务人员对公司今后的税收进行了策划，很快，财务人员就设计了几个策划方案供选择。

第一个方案：A公司暂不申请增值税一般纳税人，以小规模纳税人的身份从事生产经营，2017年度计划购进原材料3 432吨，价税合计1 029.6万元；生产销售产品7 700万件，实现含税销售收入1 448万元。那么，A公司2017年度应缴纳的增值税＝1 448÷（1+3%）×3%＝42.17（万元）。

第二个方案：A公司马上申请增值税一般纳税人，以增值税一般纳税人的身份从事生产经营，2017年度计划共购进原材料3 432吨，价税合计1 029.6万元；生产销售产品7 700万件，实现含税销售收入1 448万元。那么，A公司2017年度应缴纳的增值税＝1 448÷（1+17%）×17%-1 029.6÷（1+17%）×17%＝210.39-149.6＝60.79（万元）。

第三个方案：A公司不申请增值税一般纳税人，但在生产经营时，以增值税一般纳税人的身份购进货物，以小规模纳税人的税率销售产品。A公司每次购进货物时，凭B公司增值税一般纳税人资格证明从C公司购进货物，销售货物时仅就加工费这一部分到国税部门代开增值税专用发票，购进货物时取得的增值税专用发票和到国税机关代开的增值税专用发票，在销售货物时，全部由销售方A公司转交给B公司，作为A公司销售货物时开具的增值税专用发票。同时，在购销货物的过程中，所有购进的原材料和销售的货物全部用现金结算。

A公司2017年度计划共购进原材料仍然是3 432吨，价税合计为1 029.6万元；生产销售产品仍然是7 700万件，实现含税销售收入还是1 448万元。

那么，A公司2017年度应缴纳增值税＝（1 448-1 029.6）÷（1+3%）×3%＝12.19（万元）。

从以上内容不难看出，第一个方案比第二个方案少纳增值税18.62万元；而第三个方案又比第一个方案少纳增值税29.98万元。所以，第三个方案最佳，第一个方案次之，第二个方案最差。A公司最终采纳了第三个方案。

然而，第三个策划方案恰恰是失败的，它违反了税收法律、法规和其他相关规定。

经税务稽查人员查证核实，A公司2017年度共从C公司购进原材料968.56万元（含税），全部从对方取得了增值税专用发票，并且B公司已按规定申报抵扣。A公司2017年度共实现产品销售收入1 382.54万元（含税），其中到国税部门代开增值税专用发票的有413.98万元（含税），并按规定已经申报纳税。

根据《增值税暂行条例》第一条和《增值税暂行条例实施细则》第三条之规定，在我国境内销售货物，也就是有偿转让货物所有权的行为，包括从购买方取得货币、货物或其他经济利益的单位和个人，为增值税的纳税义务人，应当依法缴纳增值税。因此，该企业少纳增值税28.21万元，即（1 382.54−413.98）÷（1+3%）×3%。同时，根据《税收征管法》第六十三条第一款规定，该企业的这种行为已构成偷税，税务机关除让其补缴税款28.21万元和按规定加收滞纳金外，还对其处以少缴税款一倍的罚款。另外，根据税法规定，纳税人购进货物或应税劳务，支付运输费用，所支付款项的单位，必须与开具抵扣凭证的销货单位、提供劳务的单位一致，才能够申报抵扣进项税额，否则不予抵扣。所以，税务机关对B公司已抵扣的税款140.73万元，即968.56÷（1+17%）×17%，做出了补缴税款和按规定加收滞纳金的处理决定。

策划点评：

这是一个人们看起来都很熟悉的案例。我们在这里引用这个案例，目的是想对其进行分析，从而起到抛砖引玉的效果。

目前稍懂一点儿策划的人都在讲策划，甚至于在做策划，但是，由于其没有真正将策划弄懂弄通，在一知半解的情况下就贸然下手操作，从而酿成大错。

A公司所操作的业务，由于其涉及三个企业，应当说属于系统性策划事项。实施策划的操作人员如果不能站在更高的高度将三家企业放在一个系统里去综合分析和策划，就必然会出现差错。A公司在策划时，违反了税法的有关规定，不但自己受处罚，而且还把自己的客户B公司也牵连进去，让自己的客户也蒙受了巨大的损失，这其中的教训是深刻的。在此，笔者提醒纳税人，要依法诚信纳税，在进行策划时，千万要把握好税收政策，吃透相关精神，切不可盲目从事，只顾节约税收成本，不管税法规定如何。

重要启示：

策划的重点环节是企业的生产和经营业务流程。投资人的投资活动，从投资活动开始到收回投资，其间存在一个过程，而这个过程又可以划分成若干环节，如在企业设立的时候有投资地点、行业选择、企业规模、经营方式的安排等；而企业正常经营则有原材料的采购、生产、销售等环节。这些环节的每一步都涉及税收问题。A公司所操作的业务，其过程都是在业务流程上，但是税务机关认定其属于偷税行为，企业补缴税款后还受到税务机关的处罚。

有没有一个在合法的前提下操作的切入点呢？当然是有的，但是多数企业主要不在企业的财务环节，而是在业务操作环节，比如采购环节、生产环节和销售环节。

企业经营无资格　借道进口抵税款

某市国税局第一税务分局2017年4月在进行资料稽核时，评估软件产生的A化学品有限公司《资料稽核情况表》以及《资料稽核情况提示》反映：该企业2016年9月的税收负担明显偏低，于是将该户被列为评税对象。通过对《纳税评估审核分析综合情况表》进行逻辑分析和比较，该企业的存货等项指标有疑点，再通过对该企业的增值税进项抵扣凭证明细表进行进一步分析，发现该企业出现进口货物抵税等异常情况。于是，根据实际情况并结合征管软件中的税务登记情况、发票领用存情况以及增值税征收台账等对该企业进行全面综合地评估。

该企业是增值税一般纳税人，属于化学品制造业，主要从事化学品的生产和经营业务。2016年1～12月纳税申报的应税收入为35 001 506.45元，主营业务成本为28 943 124.9元，销项税额为5 950 255.65元，进项税额为928 976.38元，进项税额转出10 373.95元，实际缴纳税款为1 315 747.7元，税收负担率为3.76%。再审核其纳税申报表与财务会计报表，并没有发现该企业存在明显的涉税问题。那么，该企业2016年9月的税收情况为什么会出现明显的波动呢？经审批，评税人员对其法人代表和财务负责人发出约谈通知书，请纳税人带上相关资料到评税部门举证说明。

业务分析：

通过约谈，纳税人认可了如下事实：该企业的销售人员2016年8月16日接到一笔生产甲产品的业务，而生产甲产品需要向国外进口防水剂和吸湿排汗整理剂，因此，就进口了以上货物1 577 786.75元，从而抵扣增值税进项税额268 223.75元。与此同时，企业还提供了一套完整的进口业务资料。

按一般人看来，这是一笔正常业务，评估工作可以就此结束了。但是负责该案的评估人员并没有就此结案，而是对有关资料进行了认真分析，他们检查了如下资料：

一是，企业是否有进出口经营权。

二是，企业是否是代理进口，有无相应的代理合同，合同的内容是否符合常规。

三是，是否是虚构进口业务，与进口常规、费用发生是否反常，他们主要从货物品名是否涉及不同类商品，是否明显有悖于货物进口常规，有无相应的进口地至报关地货物运输、保险、佣金等费用的发生，货物“进口”与相应的费用发生是否具有明显违反常规的其他特征等。

四是，资金结算方式是否存在异常。主要检查有关业务是如何结算的，如果是现金，是否是大额现金；如果是商业汇票，是否是经过多次背书，并且将有关业务与真实进口业务的结算方式比较，看是否具有明显异常的特征等。

通过对纳税人提供的资料进行进一步检查，评估人员发现：A公司没有进出口经营权，这是一笔委托代理进口业务，双方签署了《进口代理协议》，而且在委托合同上明确“如无需甲（代理方）方开具增值税发票，甲方收取进口货物的1%管理费；如需甲方开具增值税发票，甲方收取增值税发票金额的1.5%管理费”等字样。作为代理方N对外贸易有限公司也收取了代理费用14 534.6元，并开具了收费发票。对《海关进口增值税专用缴款书》有关项目进行检查，发现其中的国际代码也不是A化学品有限公司的。

根据（国家税务总局国税发（2005）6号）文件第九条第四款规定，该份《海关进口增值税专用缴款书》不能在A化学品有限公司抵扣增值税。通过对有关文件的学习，A公司的负责人认识到自己的行为属于违法行为，因此立即按照税务机关的要求补缴了税款268 223.75元和28 163.49元滞纳金。

策划点评：

本案中，A公司的问题是他们“走了近路”，将本来不应当在本公司抵扣的《海关进口增值税专用缴款书》在本公司抵扣了增值税268 223.75元，从而出现了“一里险”，增加了公司的纳税成本。

A公司没有进出口经营权，因此委托其他有进出口经营权的企业为其代理进口有关货物。这是一种非常简单的常规性业务，但是，必须按正规的操作方法和程序进行操作，否则，就会增加纳税成本。

在A公司没有进出口经营权的情况下，根据现行规定，A公司应当与N公司签署协议，由N公司根据A公司的要求进口相应货物，然后再销售给A公司。在企业的账务处理上，有关《海关进口增值税专用缴款书》所载的268 223.75元增值税应当由N公司抵扣增值税，A公司再取得N公司开具的税款金额为268 223.75元的增值税专用发票抵扣增值税。这样做，从表面上看是“走了十里远”，绕着弯路，却是符合目前的税务管理要求的。

其实，此类操作思路不是什么策划，而是偷税，这样的案例并不少见。再如：某市M服装辅料经营公司B老板就因此栽了跟头，在分析该案的教训时，B老板对于这类策划后悔不迭！

事情是这样的：某市国税局第一税务分局2017年1月在进行资料稽核时，评估软件产生的M服装辅料经营公司《资料稽核情况表》以及《资料稽核情况提示》反映：该企业连续三个月零申报，于是将该户被列为评税对象。通过对《纳税评估审核分析综合情况表》进行逻辑分析和比较，该企业的存货、应付账款等项指标有疑点。再通过对该企业的增值税进项抵扣凭证明细表进一步分析，发现该企业出现进口货物抵税等异常情况。于是，根据实际情况并结合征管软件中的税务登记情况、发票领用存情况以及增值税征收台账等对该企业进行全面综合地评估。

该企业2016年2月办理税务登记证，2016年3月申请暂认定为增值税一般纳税人，主要经营服装的辅料经营业务。2016年1～11月纳税申报的应税收入只有70万元。再审核其纳税申报表与财务会计报表，发现有关数字的勾稽关系不符。根据已掌握的资料仍不能明确判断是否有问题，需要通过其他资料进一步核实有关情况。经审批，评税人员对其法人代表和财务负责人发出约谈通知书，请纳税人带上相关资料到评税部门举证说明。

通过约谈，纳税人认可了如下事实：该企业主要从事服装辅料零售业务，业务量不大，考虑到企业经营需要增值税专用发票，如果年销售额达不到80万元，一般纳税人年检时就可能无法通过。因此，企业就帮助其他企业采购了一些面料，从而增加了企业的销售额。

针对企业的说明，评税人员感到并没有排除进口业务异常的疑点。于是经批准将该企业的有关情况转交稽查局，由稽查部门立案检查。

在税务稽查过程中，税务检查人员责令企业提供其与进口业务有关的采购协议、海关增值税完税凭证、关税完税凭证、货物运输合同、货物运输单据、银行结算凭证以及销售合同等。但是，企业只拿出了海关增值税完税凭证和销货发票以及销售进口货物的客户清单，对账面的一笔应付给深圳市某进出口公司的“应付账款”25万元也无法解释清楚。

通过进一步核实，问题已经比较充分地暴露出来了，在事实面前该企业的老板最后才道出了实情。

原来，有个自称精通策划业务技巧的A先生，长期以个人名义做服装生意，当时他谈妥了一笔进口业务，但是，按现行进出口管理规定，以其个人的身份无法从事进口活动。于是就找到了M服装辅料经营公司的B某。B某并不懂企业的进出口业务应当如何操作，但是他考虑到这笔业务既可以增加公司的业务量，又可以抵扣税金，是一件两全齐美的好事儿。因此双方一拍即合，M服装辅料经营公司允许A先生以自己的名义，从深圳市某进出口公司购进面料、金属拉链、松紧带和胶夹等货物一批，合计价值为558 000元。A先生以现金支付了进出口公司的货款，而将海关增值税完税凭证给M服装辅料经营公司做账，M服装辅料经营公司于2016年12月30日申报抵扣了增值税94 860元。M服装辅料经营公司也按照A先生的要求开出了相应的销售发票。但是由于该业务不是企业自己操作的，M服装辅料经营公司并没有向进出口公司支付货款，相关的逻辑关系无法扎平，所以账面上就出了应付账款长期挂账的现象。

至此，A先生借道进口货物，M服装辅料经营公司乘机抵扣增值税的问题也就暴露出来了。根据税法规定，M服装辅料经营公司已经抵扣的增值税94 860元应作进项税额转出处理，同时补交企业所得税184 140元，两项合计27 900元，滞纳金16 740元。根据《税收征管法》第六十三条的规定，税务机关对M服装辅料经营公司的偷税行为处以一倍的罚款。结果是偷鸡不成蚀把米！

第9计：
策划重点 流程再造

【妙计提要】

都说策划风险多，若得安心枕无忧，流程再造乐悠悠。

【妙计详解】

在部分小型企业的老板眼中，税收策划就是“钻法律的空子”“打擦边球”。其实，这是对税收策划的一种严重误解。

从纳税人的角度讲，税收主要在哪个环节产生的？持上述错误观点的人从未认真研究过这个问题，直接导致“头痛医头，脚痛医脚”，不得要领，最终付出更多经济利益。根据笔者的研究，税收主要不是在财务核算环节产生的，80%以上产生于投资、采购、生产、销售和有关业务部门的具体操作环节。

什么是税收策划？税收策划就是纳税人在现行税制条件下，通过充分利用各种有利的税收政策，适当安排投资行为和生产经营业务流程，合理的财务协调和有机的会计处理，巧妙地安排纳税方案，在合法的前提下，以实现股东利益最大化为目标的涉税经济行为。

由此可见，税收策划的重点环节在企业生产和经营的业务流程上，而不是在政策理解上做简单的取舍。税收策划在一般情况下能够让有关企业少缴税，但是，考核税收策划效果的最高目标是投资人的利益最大化。

对于一个存续企业而言，其自身已经存在一套习惯的操作机制和流程，如果进行税收策划，就需要流程再造。这是因为多数国家的税收往往具有以下特点：根据不同的纳税主体设定不同的税种和税率；根据不同的事项和经营模式设定不同的税率。税收立足于扶持实体经济，各种优惠政策往往向制造业倾斜，所以，目前税收优惠多数体现在生产和经营环节。税收策划如果从生产和经营环节着手进行，就可以获得更多的税收优惠。通过经营流程和业务模式的改进，使产品符合税收优惠政策的要求。

【案例注释】

在日常经营活动中还有一个现象：许多人一提到税收问题，自然会想到财务人员。认为财务人员是企业处理涉税事项的专职人员，所以，所有的涉税事项就应当由他们来处理，有关责任当然也应当由他们来承担。

事实上，就目前绝大多数企业的业务流程而言，企业的财务人员处理的有关事务都是事后控制、事后监督和事后结算。对事前的有关事项，或者说对由财务人员处理的商事凭证反映的业务问题是否合法并不清楚。在这样的情况下，由财务人员处理与前道业务流程的关联的业务问题根本是不可能的。所以，税收策划专家有言，有些涉税事项的处理，由财务人员处理，则属于偷税行为，而由前道业务流程的具体环节来处理，则属于税收策划！

但是，从实务操作的角度讲，部分企业家和经营者还存在许多认识误区，于是，笔者在这里引用案例来做具体说明。

生产方式若不同　白酒税负有差别

2013年10月8日，双泉酿酒实业公司接到一笔生产500吨粮食白酒的业务，合同议定销售价格1 000万元。要求在2014年1月8日前交货。由于双泉酿酒实业公司正在进行酿酒的发酵池大修理，由自己来生产这批白酒已经不可能。于是该公司的张鸿经理决定将本公司采购的原料外发，请其他酿酒厂加工成高纯度白酒，然后再由本公司勾兑成合同规定的白酒销售。

很快，公司的销售人员就找到白酒加工企业金沙酿酒厂。2013年10月10日与金沙酿酒厂签订了加工协议，随即，双泉酿酒实业公司就将原料发给金沙酿酒厂。

10月15日，该公司的税收顾问，上海普誉财税税务事务所的税务咨询专家小方应邀到公司进行发酵池大修理费用的策划指导。在业务进行过程中，小方听说公司有一笔白酒业务正在进行中，于是就与公司的张鸿经理交流起来。当他了解到公司正用以前的操作思路进行白酒再生产时大吃一惊：白酒的消费税政策目前已经发生变化，再用以前的老思路行不通了！

小方介绍说，起初，白酒消费税政策的规定主要有如下几点：

《消费税暂行条例》规定："委托加工的应税消费品由受托方在向委托方交货时代收代缴税款。委托方用于连续生产应税消费品的，所纳税款准予按规定抵扣。"《消费税暂行条例实施细则》规定："委托加工的应税消费品收回后直接出售的，不再征收消费税。"根据这个规定，作为消费税的纳税人，就可以在委托加工方式和自行加工生产方式之间做出选择。《消费税暂行条例》对消费税的具体计算方法和缴纳方式也作了具体规定。

在原政策条件下，企业生产白酒存在四个策划思路。

方案一：委托加工成酒精，然后由本公司生产成白酒销售。

双泉酿酒实业公司以价值为250万元的原料委托金沙酿酒厂加工成酒精，双方协议加工费为150万元，加工完成的酒精运回公司以后，再由本公司加工成某品牌的粮食白酒销售，公司加工的成本以及应该分摊的相关费用合计为70万元。

（1）双泉酿酒实业公司在向金沙酿酒厂支付加工费的同时，向受托方支付由其代扣代缴的消费税。

消费税组成计税价格为：

$$(250+150) \div (1-5\%) = 421.053\text{（万元）}$$

应代扣代缴的缴消费税为：

$$421.06 \times 5\% = 21.05\text{（万元）}$$

注：酒精的消费税税率为5%，粮食白酒的消费税税率为25%，计算时保留两位小数。

（2）双泉酿酒实业公司销售白酒后，应缴消费税为：

$$1\,000 \times 25\% - 21.05 = 228.95\text{（万元）}$$

（3）在委托加工成酒精的方式下，应代扣代缴的消费税为21.05万元，公司应缴纳消费税228.95万元，公司取得所得税后的利润为：

$$(1\,000-250-150-70-21.05-228.95) \times (1-33\%) = 187.6\text{（万元）}$$

方案二：由金沙酿酒厂加工成高纯度白酒，公司收回后降度制成定型产品直接销售。

双泉酿酒实业公司将酿酒原料交给金沙酿酒厂，由金沙酿酒厂制成高纯度白酒，金沙酿酒厂收取加工费180万元，双泉酿酒实业公司再进行降度制成指定的某品牌粮食白酒，公司加工的成本以及应该分摊的相关费用合计为40万元。

（1）当双泉酿酒实业公司收回委托加工产品时，向金沙酿酒厂支付加工费，同时支付由其代扣代缴的消费税。

代扣代缴的消费税为：

$$(250+180) \div (1-25\%) \times 25\% = 143.33\text{（万元）}$$

（2）双泉酿酒实业公司销售白酒后，应缴消费税为：

$$1\,000 \times 25\% - 143.33 = 106.67\text{（万元）}$$

（3）在委托加工成高纯度白酒的方式下，应代扣代缴的消费税为143.33万元，公司实际缴纳消费税为250万元，公司取得所得税后的利润为：

$$(1\,000-250-220-143.33-106.67) \times (1-33\%) = 187.6\text{（万元）}$$

方案三：由受托方直接加工成定型产品，公司收回后直接销售。

双泉酿酒实业公司将酿酒原料交给金沙酿酒厂，由金沙酿酒厂完成所有的制作程序，即双泉酿酒实业公司从金沙酿酒厂收回的产品就是指定的某品牌粮食白酒，协议加工费为220万元。产品运回后仍以原价直接销售。

（1）当双泉酿酒实业公司收回委托加工产品时，向金沙酿酒厂支付加工费，同时支付由其代扣代缴的消费税。

应代扣代缴的消费税为：

（250+220）÷（1−25%）× 25% = 156.67（万元）

（2）在全部委外加工方式下，公司支付由受托方代扣代缴的消费税为156.67万元，公司取得所得税后的利润为：

（1 000−250−220−156.67）×（1−33%）= 250.13（万元）

方案四：由双泉酿酒实业公司自己完成该品牌的粮食白酒的生产制作过程。

（1）假设由双泉酿酒实业公司自己生产该酒，其发生的生产成本恰好等于委托金沙酿酒厂的加工费，即为220万元。

该厂应纳消费税为：

1 000 × 25% = 250（万元）

（2）在自产自销方式下，公司应缴消费税为250万元，公司取得所得税后的利润为：

（1 000−250−220−250）×（1−33%）= 187.6（万元）

双泉酿酒实业公司经营方式比较表 单位：元

操作思路	代扣代缴消费税	本企业缴消费税	消费税合计	税后利润
方案一	210 500	2 289 500	2 500 000	1 876 000
方案二	1 433 300	1 066 700	2 500 000	1 876 000
方案三	1 566 700	—	1 566 700	2 501 300
方案四	—	2 500 000	2 500 000	1 876 000

在原政策条件下，委托外单位加工成酒精或者高纯度白酒，再由自己勾兑成白酒销售所应缴纳的消费税与自产自销的一样。但是，目前的税收政策已经发生变化，在新的税收政策条件下，情况也随之发生变化：

财税〔2001〕084号文件对白酒消费税政策做了调整：一是，从2001年5月1日起停止执行"对外购或委托加工酒及酒精产品已纳消费税进行抵扣"的政策；二是，从2001年5月1日将粮食白酒、薯类白酒消费税税率由《中华人民共和国消费税暂行条例》规定的比例税率调整为定额税率和比例税率。第一，定额税率：粮食白酒、薯类白酒每斤（500克）0.5元。第二，比例税率：粮食白酒（含果木或谷物为原料的蒸馏酒，下同）25%；薯类白酒15%。粮食和薯类、糠麸等多种原料混合生产的白酒，以粮食白酒为酒基的配置酒、泡制酒，以白酒或酒精为酒基，凡酒基所用原料无法确定的配置酒、泡制酒，比照粮食白酒适用25%的比例税率。

在新政策条件下，不同的生产方式消费税的实际负担也是不同的。具体来讲，哪一种方式对纳税人更有利呢？我们不妨通过四种方案的具体计算寻找问题的答案，（注：无论在什么方式下，增值税作为价外税，都不介入成本核算过程，所以在此不作分析）。酒精的消费税税率为5%，粮食白酒的消费税税率为25%，计算时保留两位小数。

方案一：委托加工成酒精，然后由本公司生产成白酒销售。即委托加工成酒精，然后由本公司生产成白酒销售。

双泉酿酒实业公司以价值为250万元的原料委托金沙酿酒厂加工成酒精，双方协议加工费为150万元，加工成300吨酒精运回公司以后，再由本公司加工成500吨某品牌的粮食白酒销售，该公司加工的成本以及应该分摊的相关费用合计为70万元。

（1）双泉酿酒实业公司在向金沙酿酒厂支付加工费的同时，向受托方支付由其代扣代缴的消费税。

消费税组成计税价格为：

$$（250+150）÷（1-5\%）=421.05（万元）$$

应缴消费税为：

$$421.05×5\%=21.05（万元）$$

（2）双泉酿酒实业公司销售白酒后，应缴消费税为：

$$10\ 000\ 000×25\%+500×1\ 000×2×0.5=300（万元）$$

（3）在委托加工酒精方式下，应支付代扣代缴消费税21.05万元，公司缴纳消费税278.95万元，公司取得所得税后的利润为：

$$（1\ 000-250-150-70-21.05-300）×（1-33\%）=140（万元）$$

方案二：委托加工成高纯度白酒，然后由本公司生产成白酒销售。即委托加工成高纯度白酒，然后由本公司降度生产成白酒销售。

双泉酿酒实业公司以价值为250万元的原料委托金沙酿酒厂加工成高纯度白酒，双方协议加工费为180万元，加工成400吨高纯度白酒运回公司以后，再由本公司加工成500吨某品牌的粮食白酒销售，公司加工的成本以及应该分摊的相关费用合计为40万元。

（1）双泉酿酒实业公司在向金沙酿酒厂支付加工费的同时，向受托方支付由其代扣代缴的消费税：

消费税组成计税价格为：

$$（250+180）÷（1-25\%）=573.33（万元）$$

应缴消费税为：

$$573.33×25\%+400×1\ 000×2×0.5=573.33（万元）$$

（2）双泉酿酒实业公司销售白酒后，应缴消费税为：

$$1\ 000×25\%+500×1\ 000×2×0.5=1\ 000（万元）$$

（3）在委托加工高纯度白酒方式下，应支付代扣代缴消费税183.33万元，公司缴纳消费税278.95万元，公司取得所得税后的利润为：

（1 000−250−180−40−183.33−278.95）×（1−33%）= 45.37（万元）

方案三：由委托加工环节直接加工成定型产品收回后直接销售。

双泉酿酒实业公司将酿酒原料交给金沙酿酒厂，由金沙酿酒厂完成所有的制作程序，即双泉酿酒实业公司从金沙酿酒厂收回的产品就是指定的某品牌粮食白酒，协议加工费为220万元。产品运回后仍以原价直接销售。

（1）当双泉酿酒实业公司收回委托加工产品时，向金沙酿酒厂支付加工费，同时支付由其代扣代缴的消费税。

应纳消费税为：

（250+220）÷（1−25%）× 25%+500 × 1 000 × 2 × 0.5 = 206.67（万元）

（2）在全部委外加工方式下，应支付代扣代缴消费税为206.67万元，公司取得所得税后的利润为：

（1 000−250−220−206.67）×（1−33%）= 216.63（万元）

方案四：由双泉酿酒实业公司自己完成该品牌的粮食白酒的生产制作过程。即由双泉酿酒实业公司自己完成该品牌的粮食白酒的生产制作过程。

假设由双泉酿酒实业公司自己生产该酒，其发生的生产成本恰好等于委托金沙酿酒厂的加工费，即为220万元。

该公司应纳消费税为：

1 000 × 25%+500 × 1 000 × 2 × 0.5 = 300（万元）

（3）在自产自销方式下，应缴纳消费税为250万元，公司取得所得税后的利润为：

（1 000−250−220−300）×（1−33%）= 154.1（万元）

双泉酿酒实业公司经营方式比较表 单位：元

操作思路	代扣代缴消费税	本企业缴消费税	消费税合计	税后利润
方案一	210 500	3 000 000	3 210 500	1 400 000
方案二	1 833 300	2 789 500	4 622 800	453 700
方案三	2 066 700	—	2 066 700	2 166 300
方案四	—	3 000 000	3 000 000	1 541 000

结论：

通过计算，我们可以发现，该笔业务的操作方法中方案二最差，方案三最佳。双泉酿酒实业公司委托加工成品要比委托加工半成品多支付消费税255.61万元，而税后利润则少171.26万元。

策划点评：

由于委托加工的应税消费品与自行加工的应税消费品的税基不同，委托加工时，受托方（个体工商户除外）代收代缴税款，税基为组成计税价格或同类产品销售价格；自行加工时，计税的税基为产品销售价格。在通常情况下，委托方收回委托加工的应税消费品后，要以高于成本的价格售出以求盈利。不论委托加工费大于或小于自行加工成本，只要收回的应税消费品的计税价格低于收回后的直接出售价格，委托加工应税消费品的税负就会低于自行加工的税负。对委托方来说，其产品对外售价高于收回委托加工应税消费品的计税价格部分，实际上并未纳税。

本案例所揭示的一个关键问题，就是税法对两种生产方式不同，规定其计税依据也有所不同。研究这些规定，我们不难发现各条款之间的弹性。这些规定为我们策划通过不同的生产方式的选择而降低税收负担提供了可能。

与此同时，我们还应关注政策的变化对企业生产方式的影响。原来的白酒消费税政策规定外购的或者委外加工所缴纳的消费税，用于连续生产应税消费品的，可以按规定抵扣。这个规定，类似于增值税的抵扣原理，所以无论生产环节多少，消费税的税收负担不增加。但是，2001年5月1日以后执行新的消费税政策，购进白酒原料的消费税不再允许抵扣，同时还要从量征收消费税，实行每个环节道道征收。造成消费税负担增加，而且，生产环节越多，税收负担增加的幅度越大。这就提示我们，消费税应税产品的生产也要注意减少流转环节。

消费税作为价内税，直接构成产品的成本，从而影响企业的经营成果，该案例的思路可以对其他消费税产品的生产经营的税收策划起到抛砖引玉的作用。

转租变中介　税负降下来

这里还有一个典型案例比较能够说明本方案的使用方法和意义。2004年8月28日，笔者在成都做讲座，休息时接待了一位学员。这位学员告诉笔者，他叫张有亮，听说安国酒店有税收策划专题讲座，就带着问题赶来了。

原来，张有亮发生了一件为难的事情：已经在家休息近半年的他，最近接到当地税务局的通知，要求他到地税局补缴营业税、个人所得税、城市维护建设税和教育费附加。他拿着地税局的《税务行政处理决定书》和《税务行政处罚决定书》问笔者，为什么要他补这么多的税呢？

笔者请他坐下来慢慢地说。原来2004年8月15日，税务机关对福利来商贸公司（以下简称“福利来”）进行纳税检查，在检查过程中，发现该公司的营业用房是由张有亮租给他们的，于是对他进行了延伸检查。检查过后，要求其补缴以下税费（城建税适用税率为7%，教育费附加率为3%，为了简明说明问题，不考虑房产税和其他费用）：每月应缴“服务业-租赁业”营业税10 000元（200 000×5%）、每月应缴城建税、教育费附加1 000元[10 000×（7%+3%）]、每月应缴财产租赁所得个人所得税30 240元[（200 000-10 000-1 000）×（1-20%）×20%]。

以上每月应缴税费合计为41 240元，5～7月累计应补缴123 720元，税务机关按规定向张有亮下达了补税并加收滞纳金的处理决定，同时对未按期申报的按偷税论处，处0.5倍罚款。

张有亮感到十分委曲：按上述方法计税，每月将发生亏损21 240元，3年下来累计亏损达764 640元。更让张有亮不理解的是："我每月的净收益只有20 000元，为什么营业税和个人所得税要按照200 000元全额计征呢？"

基本案情：

原来，从事个体零售经营的张有亮觉得做个体户发展前景受限，想做一个企业老板。2003年10月，张有亮就与康达实业（集团）公司（以下简称"康达公司"）签订了一份财产租赁合同。康达公司将1 000多平方米的店铺营业用房和二楼的两间办公室租赁给张有亮开办超市，租赁期为3年半，张有亮每月支付租赁费180 000元。由于经验不足，且超市属于微利行业，经营了半年，企业一直处于亏损状态。到2004年4月底，张有亮感到力不从心，将超市店铺以后3年时间的经营权转租给福利来，每月向福利来收取租金200 000元。

策划分析：

税务部门的处理决定是完全正确的。国税发〔1995〕76号文件规定："单位和个人将承租的场地、物品、设备等再转租给他人的行为也属于租赁行为，应按'服务业'税目中'租赁业'项目征收营业税"。根据《营业税暂行条例》的规定，纳税人提供应税劳务应纳营业税的营业额为向对方收取的全部价款和价外费用，而"租赁业"目前并未规定计税营业额的扣除项目，因此张有亮向福利来收取的租金，应全额计算缴纳营业税。

同时，根据《个人所得税法》规定，张有亮转租房产取得的所得应按照"财产租赁所得"项目征收个人所得税。国税函〔2002〕46号文件规定："个人出租财产取得的财产租赁收入，在计算缴纳个人所得税时，应依次扣除以下费用：财产租赁过程中缴纳的税费；由纳税人负担的该出租财产实际开支的修缮费用（以每月800元为限）；税法规定的费用扣除标准。"因此，纳税人出租房屋的折旧、租金等其他费用，在计征个人所得税时按规定不得在税前扣除。张有亮向福利来收取的租金，应全额计算缴纳个人所得税。

从本案例来看，张有亮将租来的店铺转租他人，从表面上看是取得了20 000元的收益，实际上却要亏损21 240元（41 240-20 000）。为什么会出现这样的结果呢？如果我们对该案例进一步分析就不难发现，对租赁收入重复征税是造成张有亮出现亏损的根本原因。

策划思路：

张有亮有没有减轻税收负担的办法呢？笔者向其推荐的策划方案是：设法减少租

赁收入的纳税环节。

具体操作方法：先分别终止与康达公司和福利来的房产租赁合同，然后以中介人的身份，让福利来与康达公司直接签订租赁期为33个月的房产租赁合同，由福利来每月向康达公司支付租赁费200 000元，同时每月支付张有亮中介费20 000元。按此方案计算，张有亮的税费负担如下：

每月应缴“服务业-代理业”营业税20 000×5%＝1 000（元）

每月应缴城建税、教育费附加1 000×（7%+3%）＝100（元）

每月应缴劳务报酬所得个人所得税20 000×（1-20%）×20%＝3 200（元）

以上每月应缴税费合计为4 300元。

策划结论：

比策划前每月节税36 940元（41 240-4 300），33个月将累计节税1 219 020元，而康达公司与福利来的权利义务基本上没有受到影响。2004年8月底，张有亮实施上述方案后，收到了预期的效果。

一次现场咨询，为张有亮节税121万元！

策划点评：

这是笔者十多年前策划的一个案例，这里用来说明本方案的原理还比较妥当。通过中介的形式减少纳税环节是纳税策划的基本方法之一，因为中介服务既不影响收入实现，又能减少纳税环节。所以，纳税人在生产经营活动中，应当重视中介手段的运用，从而减轻自身的纳税负担。

在实施上述策划方案时应当注意两点：一是，合同中应当明确规定，张有亮取得的20 000元中介费由福利来支付，而不能计入租赁费由康达公司先收取后支付，否则将增加康达公司的房产税和营业税等负担；二是，如果康达公司担心新的租赁合同会增加每月收取租金的风险，可以由张有亮提供担保，即在租赁合同中规定张有亮对福利来应当履行的合同义务承担担保责任。

项目有时很奇特　中间产品可选择

南兴化工公司主要生产经营醋酸酯，2017年产品销售收入8亿元，实现利润3 000万元，缴纳各项税金7 500万元，其中消费税1 500余万元。

该公司的生产流程为：以粮食为原材料，生产酒精（一般发酵中，仅含10%的乙醇，经蒸馏后可得到95.6%的酒精）；将酒精进一步发酵，制取醋酸；乙酸与乙醇发生酯化反应，生成乙酸乙酯（醋酸酯）。

虽然该公司的最终产品醋酸酯不是税法规定的应税消费品，但生产醋酸酯动用了自产的应税消费品酒精，领用酒精需缴纳消费税。根据《消费税暂行条例》及其《实施细则》的有关规定，纳税人将自产应税消费品用于连续生产非应税消费品的，应视同销售，按规定计算缴纳消费税。视同销售业务应按同期同类产品售价计算消费税，若无同类产品售价的，应按组成计税价格计算。

2017年，该公司领用的自产酒精生产成本为2.8亿元，应纳消费税额＝组成计税价×消费税率＝成本×（1+成本利润率）÷（1-消费税率）×消费税率＝28 000×（1+5%）÷（1-5%）×5%＝1 547.37（万元）。

高额的消费税能否免除？这个问题一直困扰着该公司财务总监。近日，他向笔者咨询合法节税的途径。

该公司之所以要缴纳消费税，是因为其中间产品是应税消费品酒精，如果通过改变生产流程，使中间产品不是酒精，这个问题就解决了。生产醋酸酯需要醋酸，而生产醋酸的方法很多，既可以通过粮食发酵的方法取得，也可以通过其他方法生产。根据这个思路，笔者查找了相关资料，发现制作醋酸有四种办法。该公司采用的粮食发酵方法是人类最早使用的方法。这种方法生产成本高，国外大多数企业已不采用了。其他三种方法是：

- 用合成法制备工业醋酸。
- 用石油气C2-C4镏分直接氧化制乙酸。
- 用甲醇和一氧化碳在常压制取乙酸。

以上三种方法中间产品不是应税消费品，均无须缴纳消费税。经调查，以上三种方法中，采取石油气C2-C4镏分直接氧化制乙酸不仅简便易行，而且投资成本低。不过，该公司如果现在改变生产流程将会造成大量设备闲置，可以考虑在扩大再生产时采用新的生产方法。

策划点评：

税收策划的目的是通过税收的具体运作实现股东利益的最大化，所以进行税收策划的基础是对税收法律法规的会计核算原理及方法有一个全面的熟悉和理解。但是，事实上，要对税收策划进行深层次的操作，掌握了税收、会计和财务知识还不够，在很多情况下，税收策划还涉及企业的生产、经营和管理流程的很多环节。

消费税是对特殊产品进行的特殊调节税种，纳税人在特定的地域、生产特定的产品才需要缴纳消费税，如果生产者有办法排除税法所规定的调节对象，就可以免缴消费税。该案例就给我们利用税收法律法规以外的方法进行税收策划提供了一个较好的范例。

第10计：
增设机构 减少税收

【妙计提要】

生产经营有往来，四海宾客需招待；费用政策控制紧，巧妙策划增底牌。

【本计内容】

纳税人在投资或者生产和经营活动过程中所发生的支出，无非就是成本和费用两个大类。但是，纳税人为生产经营所发生的费用并不是全部可以抵税的。从纳税人的角度讲，能在税前扣除的费用当然是越多越好。

费用扣除的计算有一定的基础，如果不能在税前扣除，就给纳税人增加了一定的税收负担，这对于那些形成永久性差异的费用更是如此，比如招待费、广告费。

如何将费用在税前增加扣除呢？通过策划专家的研究发现，增设机构是扩大费用扣除的一个重要手段。

就一般情况而言，绝大多数投资人增设机构，往往是从市场和管理的角度考虑的。但是，我们在这里研究的不是投资人的投资扩张之道，而是从税收策划的角度来研究机构设置策略。因为在有些情况下，投资人可以通过机构的增设使自己的税收负担明显下降，如招待费用多的企业可以通过增设机构增加扣除基础。

增设机构不仅是策划增加税前扣除的一个手段，这个思路还可以举一反三：白酒生产企业可以通过增设销售公司策划消费税；不想扩大经营的企业可以通过增加经营场所降低单个企业的销售额，从而成为小规模纳税人；土地转让企业可以通过分立增加经济利益。

【案例注释】

通过增设机构的方式来策划税收，似乎并不冠冕，但它的确是一种有效的手段。读者可能对上述表述感觉难以理解。因此，这里我们结合实际案例对有关技巧的操作原理做一个简要分析和解释。

增设公司谋空间 广告费用细盘算

朝阳副食品有限公司地处江南某市，是一家新办企业，主要生产儿童食品，企业所得税税率为25%。为了扩大公司的影响，建立企业品牌，公司领导决定在经营初期加大广告宣传。2019年初，公司推出一款新产品，预计年销售收入10 000万元（本地销售2 000万元+上海市区销售8 000万元），需要广告费支出2 000万元。在这样的情况下，该公司应当如何策划和安排广告费用的支出？

涉税策划：

由于企业发生的广告费用可能绝对数额或相对数都较大，特别是在企业创立初期，或者新产品开拓市场初期和产品市场占有率出现下降时，可能需要加大广告宣传支出。但在市场占有率相对稳定后广告费用占销售收入的比重会相对固定甚至出现下降趋势。

对于广告费用支出的具体安排，除了应当考虑企业的承受能力以外，还需要考虑税收问题。目前税收策划已经深入人心，所以，人们很自然地就会进行涉税策划。

咨询专家到达该公司进行了调研，发现如下问题：一是，该公司本年度做促销的产品不在《财政部 国家税务总局关于广告费和业务宣传费支出税前扣除政策的通知》（财税〔2017〕41号）规定的化妆品制造或销售、医药制造和饮料制造的范围内，因此，其广告费扣除率适用15%；二是，当期广告费用支出水平较高，在当年不能全额扣除。

如何解决有关问题呢？根据朝阳副食品有限公司的生产和经营情况，咨询专家提出了如下解决方案：成立销售子公司，这样同一种产品在生产企业和销售公司之间作两次销售，销售额增大一倍，从而广告费列支标准随之加大，但需付出设立销售公司的相关费用。

策划分析：

咨询专家的策划建议是否可行？我们可以将其建议与该公司原来的做法进行比较。策划前，该公司准备在原来公司架构的基础上操作；而现在咨询专家建议设立新公司统筹。

方案一：产品销售统一在本公司核算，需要在当地电视台、上海市区电视台分别投入广告费800万元、1 200万元。

朝阳副食品有限公司的广告费用允许在税前扣除的限额：

$$10\,000 \times 15\% = 1\,500（万元）$$

目前广告费用超限额的金额为：

$$2\,000 - 10\,000 \times 15\% = 500（万元）$$

尽管500万元广告费可以无限期得到扣除，但毕竟提前缴纳所得税125万元（500×25%）。

方案二：鉴于产品主要市场在南方，可在上海市设立独立核算的销售公司，销售公司设立以后，与甲企业联合起来做广告宣传。成立公司估算需要支付场地、人员工资等相关费用30万元，向当地电视台、上海市区电视台分别支付广告费800万元、

1 200万元，其中，上海市区销售公司销售额8 000万元，朝阳副食品有限公司向上海市区销售公司按照出厂价7 000万元作销售，朝阳副食品有限公司当地销售额2 000万元。

若上海市区销售公司销售收入仍为8 000万元，这样朝阳副食品有限公司向上海市区销售公司移送产品可按照出厂价作销售，此产品的出厂价为7 000万元，朝阳副食品有限公司准予扣除的广告费限额为：

$$(2\,000+7\,000) \times 15\% = 1350（万元）$$

上海市区销售公司准予扣除的广告费限额为：

$$8\,000 \times 15\% = 1\,200（万元）$$

这样准予税前扣除的广告费限额为2 550万元（1 350+1 200），实际支出2 000万元的广告费可由两公司分担，分别在朝阳副食品有限公司和销售公司的销售限额内列支，且均不被纳税调整。

策划结论：

由于销售公司对外销售的价格不变，整体增值额不变，也不会加重总体的增值税负担；对两公司来说，方案二比方案一当年增加净利95万元（125−30）。

策划点评：

目前在广告费和业务宣传费用的税前列支方面的相关规定主要以下几个方面。

（1）《企业所得税法实施条例》第四十四条规定：企业发生的符合条件的广告费和业务宣传费支出，除国务院财政、税务主管部门另有规定外，不超过当年销售（营业）收入15%的部分，准予扣除；超过部分，准予在以后纳税年度结转扣除。

（2）财税〔2017〕41号文件规定，对化妆品制造、医药制造和饮料制造（不含酒类制造，下同）企业发生的广告费和业务宣传费支出，不超过当年销售（营业）收入30%的部分，准予扣除；超过部分，准予在以后纳税年度结转扣除。

（3）烟草企业的烟草广告费和业务宣传费支出，一律不得在计算应纳税所得额时扣除。

此外，《企业所得税法实施条例》第五十四条规定：企业所得税法第十条第（六）项所称不允许企业所得税前扣除的赞助支出，是指企业发生的与生产经营活动无关的各种非广告性质支出。

财税〔2017〕41号文件的相关规定对于扩大内需，提升消费是一个利好。但是应当看到，得到该文件“关照”的企业毕竟只是少数。有些人可能会说，反正税法规定“超过部分，准予在以后纳税年度结转扣除”，不是一样吗？但是，了解市场的人都知道，市场是变化的，同样一个企业，今年盈利水平很高，但是，明年就不一定了。所以，尽量不要将有关费用放在以后年度去处理。

那么，对于其他消费产品的生产和经营企业而言，就需要改变宣传策略，创新广告宣传样式，如通过雇员到消费者相对集中的场所进行宣传，或改变单一产品，实行多元化经营，扩大品种同时生产饮料等，推出统一品牌战略，用饮料产品宣传，在品牌饮料宣传中，从侧面受益，这样以点带面来达到宣传效果。

例如，某白酒生产企业，年初计划推出新产品，经本厂企划部提出两个宣传方案，预计销售额4 000万元。

如果以传统的手段，通过新闻媒体做广告，年需广告费支出1 300万元；如果换一个思路，派出500名雇员，身穿特制服装，服装上印制本厂商标和本厂厂名以及宣传口号，到需要宣传的地区的各大酒店和商场，在酒店和商场促销12个月，此方案服装制作费需支出100万元，500名雇员每月支付工资2 000元，两项合计支出100+500×2 000×12＝1 300（万元）。

这两个操作思路，对于该白酒生产企业而言哪个更符合企业利益呢？这里我们可以做一个简要分析。

对于传统思路，因白酒企业广告费税前扣除为15%，扣除限额600万元（4 000×15%），需纳税调整700万元（1 300-600），负担所得税175万元（700×25%）。

在新思路中特制的服装制作费为业务宣传费，不超限额准予扣除；该项雇员工资按税法规定可全额扣除，因《企业所得税法实施条例》第三十四条规定，企业发生的合理的工资、薪金支出，准予全额扣除。因此相对于传统的思路而言，新思路不需纳税调整。

操作提示：

企业可选用的广告形式很多，除了报纸、杂志、广播和电视等四大媒体广告外，还有橱窗广告、霓虹灯广告、路牌广告、交通广告、电子广告、传真广告、网络广告等。但在税务处理上，广告费必须同时满足下列三个条件：①广告是通过经工商部门批准的专门机构制作的；②已实际支付费用，并已取得相应发票；③通过一定的媒体传播。

由于企业发生的广告宣传费在会计核算上计入营业费用，直接减少本年利润，广告宣传支出应适度；由于税法对广告费和业务宣传费的扣除比例不同，应在确保广告宣传效果的前提下，正确选择广告形式，依据销售计划合理安排广告费、业务宣传费支出预算，合理安排广告费、业务宣传费支出的比例和金额，确保税前扣除最大化。

尽管广告费超出比例部分可无限期向以后纳税年度结转，但是过度的广告费支出，不仅会抵减年度利润，而且会因超出比例而进行纳税调整，从而加重当期税收负担。因此，企业应正确选择广告形式，优化广告费、业务宣传费支出，注意控制其支出，最好不要超过限额，因为超过限额的广告费支出需调增应纳税所得额，意味着提前纳税。

这就要求经营者在实务过程中，根据具体情况调整操作思路和方法。例如甲企业生产电动车，为了在某地区打开市场，制订了两个宣传方案，年度销售计划为2 000万元。如果该企业通过当地电视台在每天新闻联播前后播出两次，连续播出360天，需广告费支出360万元。当然，也可以通过当地电视台在每天新闻联播前后播出两次，连续播出280天，需广告费支出280万元；通过到当地居民区现场悬挂标幅，需要宣传费支出20万元。通过该两种方式结合同样达到方案一的效果。

两种方式的综合效果如何呢？对于前者，该企业广告费超出扣除标准2 000 ×15%＝300万元，当年需要纳税调整360-300＝60万元，但可在以后年度补扣回来。而对于后者，广告费支出280+20万元正好在扣除限额，不需要纳税调整。方案一多交纳所得税60×25%＝15万元，可见后者比前者更优。

在经济增长速度持续低迷的形势下，财税〔2017〕41号文件延续对化妆品制造、医药制造和饮料制造这三个行业给予优惠政策，在增加内需、刺激消费方面增加了操作空间。增加广告和业务宣传费税前扣除未必一定能换来企业税金的减少和利润的增加，对那些竞争激烈的行业和企业，反而可能会带动广告投入的增加和竞争的进一步加剧。因此，企业在进行广告宣传支出纳税策划时，应结合每个企业所处不同行业、不同规模以及自身经营条件，根据国家相关税收政策，筛选对企业有效的广告形式和方案，切忌片面追求降低税负而顾此失彼。一个好的税收策划方案，不仅仅是纳税额最小，而应当是充分考虑了成本效益原则，且实施的广告宣传活动很好地配合了企业的发展战略，对企业的可持续发展有利。

招待费用有限额　增加基数解困惑

业务招待费是商业活动中为了经营业务的需要而支付的应酬费用。长期以来，企业滥用业务招待费的情况时有发生，不仅扩大支出，而且常常由于处理不当，增加不必要的税负。本文主要从业务招待费的列支范围、扣除基数和扣除比例等角度，对企业业务招待费节税的措施展开分析。

业务招待费税收策划的重要条件是把握真实性与合理性。业务招待费是一项比较敏感的支出，被称为各国公司税法中滥用扣除最严重的领域。作为企业，想让自己的业务招待费被税务机关认可并顺利地在税前扣除，首先必须保证业务招待费支出的真实性，即以充分、有效的资料和证据来证明这部分支出是真实的支出。而所谓的合理，就是说企业列支的业务招待费，必须是与经营活动直接相关并且是正常的和必要的，企业当期列支的业务招待费应与当期的业务成交量相吻合。

与税务部门保持良好的沟通关系是企业开展纳税策划工作的重要内容。根据税法规定，企业实际发生与取得收入有关的、合理的支出，包括成本、费用、税金、损失和其他支出，准予在计算应纳税所得额时扣除。那么在列支业务招待费时，要满足实际发生、与取得收入有关、合理这三个标准，都需要主管税务部门的认可。如果与税务机关有着良好的沟通，则企业在应付各种税收检查中将处于有利地位，并将纳税策划风险降到最低。

1．设立独立核算分支机构

业务招待费是以销售（营业）收入作为扣除基数，企业可通过下设独立核算的分支机构的方式来提高费用限额的扣除基数。例如，将销售部门设立成一个独立核算的销售公司，通过将产品销售给销售公司，再由销售公司实现对外销售，可以直接带来成倍的销售收入，费用限额扣除的基数可获得提高。设立独立核算分支机构虽可直接起到节税作用，也会给企业带来额外的管理成本，并可能影响企业的整体战略布局。因而是否要设立这样的分支机构，需要将节税利益和企业的长远效益结合起来综合决策。

2．合理运用扣除比例

《企业所得税法实施条例》第四十三条规定：企业发生与生产经营有关的业务招待费支出，按照发生额的60%扣除，但最高不得超过当年销售（营业）收入的5‰。也就是说，在这里采用的是两头卡的方式。为什么要这样设计呢？

笔者认为，对于业务招待费的发生额只允许列支60%，是为了区分业务招待费中的商业招待和个人消费，所以人为地设计一个统一的比例，将业务招待费中的个人消费部分去除，限制为最高不得超过当年销售（营业）收入的5‰，是用来防止有些企业为了不调增40%的业务招待费，就采用多找餐费发票，甚至找假发票充当业务招待费，造成业务招待费虚高的情况。

那么，如何达到既能充分使用业务招待费的限额，又可以最大可能地减少纳税调整事项呢？我们不妨设个方程式看看。设某企业当期销售（营业）收入为x，当期列支业务招待费为y，那么按照规定当期允许税前扣除的业务招待费金额为$60\%y$，同时要满足$\leqslant 5‰x$的条件，由此可以推算出，在$60\%y = 5‰x$这个点上，可以同时满足企业既能够充分使用业务招待费的限额又可以最大可能地减少纳税调整事项的要求。对上述等式变形后可以得出$8.3‰x=y$，即在当期列支的业务招待费等于销售（营业）收入的8.3‰这个临界点上时，企业就可能充分利用好上述政策。有了这个数据，企业在预算业务招待费时可以先估算当期的销售（营业）收入，然后按8.3‰的这个比例就可以大致测算出合适的业务招待费预算值了。

3．合理分流业务招待费

在实务中，业务招待费支出的动机是通过必要的招待活动，达到维护企业形象、促进销售的目的。业务宣传费也具有与此类似的动机。按照税法规定，业务宣传费的扣除限额为销售（营业）收入的15%，是业务招待费的30倍，具有更大的限额空间。企业可以考虑将原有在业务招待费的开支，分流到业务宣传费上，从而达到节税的目的。例如，企业经常向客户赠送烟酒、茶叶、土特产等礼品，这部分开支应纳入业务招待费的范畴。但如果企业改为赠送自行生产或委托加工的产品，则这些礼品起到了推广宣传的作用，可作为业务宣传费列支。由此推广开来，企业可以通过改变支出项目性质的方法，将业务招待费分流到扣除限额较大或没有扣除比率限额的项目中核算，为企业节约税负。

4. 准确核定扣除基数

国家税务总局关于《企业所得税执行中若干税务处理问题的通知》（国税函〔2009〕202号）明确，企业在计算业务招待费、广告费和业务宣传费等费用的扣除限额时，其销售（营业）额应包括条例规定的视同销售（营业）收入。销售（营业）收入包括主营业务收入、其他业务收入以及视同销售（营业）收入三大部分。国家税务总局关于《企业处置资产所得税处理问题的通知》（国税函〔2008〕828号）规定，企业将资产（自制或外购）用于市场推广或销售、交际应酬、职工奖励或福利、对外捐赠、其他改变资产所有权属的用途等移送他人的情形，应按规定视同销售确认为收入。上述的视同销售行为，应及时调增当期销售收入，以扩大当期销售（营业）收入额净额，从而提高业务招待费扣除比例。业务招待费的扣除基数为销售（营业）收入。

如何确定业务招待费的扣除基数，即销售（营业）收入的金额？税法中的销售（营业）收入与会计中确认的营业收入存在显著差异，主要表现在对视同销售收入的确认上。根据《企业所得税法实施条例》规定，企业发生非货币性资产交换，以及将货物、财产、劳务用于捐赠、偿债、赞助、集资、广告、样品、职工福利或者利润分配等用途的，应当视同销售货物、转让财产或者提供劳务。这些项目在会计核算中大多不以收入的面目存在，更多地体现在费用支付项目中。比如，用于市场推广或销售的资产，一般计入销售费用；用于对外捐赠的资产，计入营业外支出；用于职工奖励或福利的资产，计入应付职工薪酬等。将这些项目按视同销售收入，申报时加入销售（营业）收入，由于可以抵扣相应的成本，因而不会增加应纳税所得额，却有效地增加了业务招待费的计提基数。

值得注意的是，销售（营业）收入作为招待费用的扣除基数，仅为纳税人的申报数，而不包括税务机关查增的收入。因此，企业瞒报或漏报的收入也需要填入纳税调整增加额，增加本期应纳税所得，但并不扩大费用的扣除基数。因此，企业应如实申报视同销售收入，避免瞒报漏报带来的纳税风险，准确核定业务招待费的扣除基数。

5. 设置支出明细科目

在管理费用科目下设置业务招待费和业务宣传费明细科目，用于核算平时发生的业务招待费和业务宣传费，以防年终申报或在税务机关检查时对近似项目产生不必要的争议。随时将业务招待费和业务宣传费明细科目核算的费用数额与已实现的销售

（营业）收入净额（总额）比较，发现其中某一项费用超支时，及时用两者近似项目进行调整。

混合销售难分清　机构整合出效益

某机械设备制造厂现有职工450人，除生产车间外，该厂还设有机械设计室负责机械设计及建筑安装设计工作。2019年度产品销售收入为12 000万元（其中安装和调试收入为2 000万元、设计费收入为5 000万元），增值税进项税额为500万元（其中安装、调试和设计业务的进项税额仅10万元）。另外，该厂下设5个全资子公司，其中有建筑安装公司、机械设备销售公司、运输公司等，实行汇总缴纳企业所得税的方式。

由于该厂安装、调试和设计费包含在机械设备销售价格中，属于同一笔销售业务。税法规定：从事货物的生产、批发或零售的企业、企业性单位及个体经营者的混合销售行为，视为销售货物，应当征收增值税。该厂属于生产性企业，被主管国家税务机关认定为增值税一般纳税人，对其发生的混合销售行为一并缴纳增值税。该企业每年增值税销项税额为（为了分析简便，这里假设全年都按13%计算）：

$$12\ 000 \times 13\% = 1\ 560\text{（万元）}$$

实际应纳增值税税金为：

$$1\ 560-600 = 960\text{（万元）}$$

税收负担率为：

$$960 \div 12\ 000 \times 100\% = 8\%$$

政策分析：

根据《财政部 国家税务总局关于全面推开营业税改征增值税试点的通知》（财税〔2016〕36号）附件1：《营业税改征增值税试点实施办法》第四十条规定，一项销售行为如果既涉及服务又涉及货物，为混合销售。从事货物的生产、批发或者零售的单位和个体工商户的混合销售行为，按照销售货物缴纳增值税；其他单位和个体工商户的混合销售行为，按照销售服务缴纳增值税。这里所称从事货物的生产、批发或者零售的单位和个体工商户，包括以从事货物的生产、批发或者零售为主，并兼营销售服务的单位和个体工商户在内。

同时，第四十一条规定，纳税人兼营免税、减税项目的，应当分别核算免税、减税项目的销售额；未分别核算的，不得免税、减税。

《国家税务总局关于进一步明确营改增有关征管问题的公告》（国家税务总局公告2017年第11号）第四条明确，一般纳税人销售电梯的同时提供安装服务，其安装服务可以按照甲供工程选择适用简易计税方法计税。纳税人对安装运行后的电梯提供的维护保养服务，按照“其他现代服务”缴纳增值税。

《国家税务总局关于明确中外合作办学等若干增值税征管问题的公告》（国家税务总局公告2018年第42号）第六条明确，一般纳税人销售自产机器设备的同时提供安装服务，应分别核算机器设备和安装服务的销售额，安装服务可以按照甲供工程选择适用简易计税方法计税。

一般纳税人销售外购机器设备的同时提供安装服务，如果已经按照兼营的有关规定，分别核算机器设备和安装服务的销售额，安装服务可以按照甲供工程选择适用简易计税方法计税。

纳税人对安装运行后的机器设备提供的维护保养服务，按照“其他现代服务”缴纳增值税。

《财政部 税务总局关于简并增值税税率有关政策的通知》（财税〔2017〕37号）明确自2017年7月1日起简并增值税税率结构，取消13%的增值税税率。《财政部 税务总局关于调整增值税税率的通知》（财税〔2018〕32号）明确自2018年5月1日起，纳税人发生增值税应税销售行为或者进口货物，原适用17%和11%税率的，税率分别调整为16%、10%。《财政部 税务总局 海关总署关于深化增值税改革有关政策的公告》（财政部 税务总局 海关总署公告2019年第39号）自2019年4月1日起，增值税一般纳税人（以下称纳税人）发生增值税应税销售行为或者进口货物，原适用16%税率的，税率调整为13%；原适用10%税率的，税率调整为9%。

策划分析：

从目前的政策规定情况来看，如果纳税人自产机器设备并提供建筑安装业务，可以不再作为混合销售业务，而是可以分别核算、分别纳税。但是，实务操作过程中分别核算的要求比较高，纳税人往往难以做到。以前年度该企业的“分别核算”都未得到当地主管税务机关的要求，从而被“从高”适用税率计税了。

由于该厂税收负担率较高，限制了其参与市场竞争，经济效益连年下滑。为了改变现状，企业向咨询专家求助，试图对税收进行重新策划。

该企业增值税负担高出同行业水平5个百分点左右。主要原因是设计、安装、调试收入占全厂总收入的比例较高，且相应的增值税进项扣除额明显偏低。因此，要解决这一问题，必须对现行的经营业务和范围进行重组，调整核算方式。

策划建议：

具体策划思路是，将该厂机械设计室划归建筑安装公司，随之设计业务和设备安装、调试人员均划归建筑安装公司。销售机械设备时，如购买方有特定设计要求时，由建筑安装公司先行进行设计，并签订设计合同。对于设备的安装调试与售后维护，可在销售合同中注明由下属安装公司负责，同时下属公司与购买方签订一份安装调试与售后服务合同，企业内部按销售价格的合理比例确定安装调试费。这样一来，就将安装调试收入和设计费收入从产品销售收入中分离了出来，由建筑安装公司实行独立核算，并由建筑安装公司负责缴纳营业税税款。

业务计算：

通过上述策划，机械设备制造厂产品销售收入为12 000-2 000-5 000＝5 000（万元）。

增值税销项税额为：

$$5\,000 \times 13\% = 650（万元）$$

企业实际应缴纳增值税为：

$$650-（500-10）= 160（万元）$$

建筑安装公司应就机械设计费和安装、调试收入一并缴纳增值税，并选择适用简易计税方法计税。

应缴纳增值税税金为：

$$（2\,000+5\,000）\times 3\% = 210（万元）$$

企业缴纳增值税和营业税合计为：

$$160+210 = 370（万元）$$

税收负担率为：

$$370 \div （5\,000+7000）\times 100\% = 3.08\%$$

策划结论：

通过上述分析，我们可以发现通过机构调整后的税收负担率比策划前的税收负担率低了4.92个百分点，节税530万元。

专家点评：

虽然《国家税务总局关于明确中外合作办学等若干增值税征管问题的公告》（国家税务总局公告2018年第42号）第六条明确，一般纳税人销售自产机器设备的同时提供安装服务，应分别核算机器设备和安装服务的销售额，安装服务可以按照甲供工程选择适用简易计税方法计税。同时还明确，一般纳税人销售外购机器设备的同时提供安装服务，如果已经按照兼营的有关规定，分别核算机器设备和安装服务的销售额，安装服务可以按照甲供工程选择适用简易计税方法计税。

从目前的政策规定情况来看，如果纳税人自产机器设备并提供建筑安装业务，可以不再作为混合销售业务，分别纳税。这里存在一个问题：应当分别核算。

但是，实务操作过程中分别核算的要求比较高，纳税人往往难以做到。该公司以前年度虽然已经“分别核算”了，但是都未得到当地主管税务机关的认可，从而被“从高”适用税率计税了。所以，通过机构调整，将有关业务分离开来，实现简单化处理，从而有效地降低涉税风险。

第11计：特殊条款 巧妙运用

【妙计提要】

消费征税有规律，特殊事项可调节；点面结合巧安排，降低成本增效益。

【本计内容】

在涉税处理过程中经常会遇到特殊规定，而这个问题往往不被人们所理解。矛盾的普遍性和特殊性是哲学里的问题，矛盾的普遍性，一是指矛盾性质的普遍性即指矛盾的共性。二是指矛盾存在的普遍性，包括两个方面的含义：其一，是指矛盾存在于一切事物的发展过程中，即事事有矛盾；其二，每一事物的发展过程始终存在矛盾运动，即时时有矛盾。而矛盾的特殊性则是指不同事物的矛盾和矛盾的每个侧面各有其特点。一是矛盾性质的特殊性。不同的事物具有不同的矛盾。二是矛盾地位的特殊性。矛盾分为基本矛盾和非基本矛盾、主要矛盾和次要矛盾等。三是矛盾解决方式的特殊性：其一，矛盾一方克服另一方；其二，矛盾双方同归于尽；其三，矛盾双方相互融合。

不同的矛盾要用不同的方法来解决。此外，矛盾的普遍性和特殊性的关系是共性与个性的辩证统一关系。

在税收上也往往是这样：自己所从事的事项跟别人不同，因此，适用税法上也有一些差异。比如销售过程中的以物易物、债务重组……这些事项的涉税处理相对比较复杂，税务上也有其特殊的规定，而这往往也是税收策划的切入点。

此外，一些人拥有某种资源，但是由于他缺乏相应的资质，其所拥有的资源也就不能产生效益。而另一方面，一些人手中具有某种资质，但是由于其缺乏其他资源，从而使手中的资质成了一张没有用的废纸。如果我们能够将这两个互补的因素结合起来，就可以相得益彰，使双方的优势显现出来。与此相适应，税收政策也有相应的特殊规定，比如，有房地产开发资质的企业销售房地产土地增值税可以加计扣除其利息，民政福利企业可以享受安排残疾人税收优惠；通过有资质的公益性机构的捐赠能在税前列支。

【案例注释】

税收策划是一门技术性和艺术性相结合的学科，在实务第一线往往更倾向于实务操作。但是，从上述计策的内容上看，读者可能还是感觉难以理解。因此，这里我们结合实际案例对有关计策的操作原理做一个简要分析和解释。

特殊条款有乾坤　策划适当增效益

消费税是调节力度很强的一个税种，为了防止纳税人通过个别经济行为操作税收，税法给予了一些特别规定，如纳税人用于换取生产资料和消费资料，投资入股和抵偿债务等方面的应税消费品，应当以纳税人同类应税消费品的最高销售价格作为计税依据计算消费税。深入研究这些条款，我们能找到恰当的策划税收方法。

1. 以货抵债不如销售抵债

有的纳税人图省事，往往采用以货抵债的方法，将本企业的应消费品用来抵偿以前经营过程中形成的债务。这样做的税收后果如何呢？

2018年12月，当地主管税务机关对长江酿造厂的纳税情况进行检查时，发现了这个问题，于是责成长江酿酒厂将抵偿债务的500千克白酒按120元/千克的价格补缴消费税5 000元。该企业的负责人对此很不理解。

长江酿酒厂2017年12月A牌粮食白酒的销售情况是：以80元/千克的价格销售500千克，以100元/千克的价格销售1 500千克；以120元/千克的销售50千克。另外以80元/千克的价格用500千克A牌酒抵偿黄河粮食加工有限公司2014年的债务。企业在月末以80元/千克计算缴纳消费税10 500元。

税务人员指出：纳税人用于换取生产资料和消费资料，投资入股和抵偿债务等方面的应税消费品，应当以纳税人同类应税消费品的最高销售价格作为计税依据计算消费税。

策划建议：

如果长江酿酒厂要使该笔业务以较低的税收负担成交的话，就应该将其分成两笔业务来做：长江酿酒厂以80元/千克的价格和正常销售的手续将A牌白酒销售给黄河粮食加工有限公司；然后再通过有关账户调整抵减“应付账款”。这样既符合法律规定，又收到节税效果。

2. 先销售后采购

江南某市国税局稽查局对现代汽车制造有限公司进行纳税检查时，发现该企业2018年8月2日的5号凭证有如下记载：借：长期投资——飞骆物流260万元，库存商品——×××型钢材280万元，贷：库存商品——A牌小汽车280万元，银行存款260万元，其凭证的附件是投资合同以及20辆小汽车的调库单证。

对这一笔业务的处理，稽查人员感觉有点不正常，于是向有关人员进一步查证，最终发现事实的真相。

原来，现代汽车制造有限公司发现，我国的汽车制造业目前业务正处于蓬勃发展期，但是未来的物流业具有更好的发展空间，于是决定向下游行业发展。几经磋商，决定与上游企业长城钢铁公司合资共同投资成立飞骆物流有限公司。而现代汽车制造有限公司本来就与长城钢铁公司存在长期的业务合作关系，账面存在较大的业务往来记录。几经合作，双方形成关联关系。该笔业务是两个企业大量的关联业务中的一笔，双方经过协商，将各自的产品降价互相串换，财务人员有意做了一笔多借多贷的会计分录。

现代汽车制造有限公司最近三个月小汽车的销售价格有较大的起伏。以2017年8月份A牌的销售情况为例，该公司以14万元/辆的售价销售了50辆，以15万元/辆的价格销售100辆，以17万元/辆的价格销售60辆，以18万元/辆的价格销售5辆（小汽车的消费税税率为8%，增值税税率为17%，城建税7%，教育费附加3%）。

主管税务机关认定其为偷税行为，应该依法补缴相关的税费。

应缴纳消费税：

$$180\,000 \times 20 \times 8\% = 288\,000\text{（元）}$$

应该缴纳增值税：

$$180\,000 \times 20 \times 17\% = 612\,000\text{（元）}$$

应缴城建税及教育附加：

$$（288\,000+612\,000）\times（7\%+3\%）= 90\,000\text{（元）}$$

公司接到税务机关的《税务行政处罚告知书》后，立即做出陈述：公司与长城钢铁公司串换钢材的协议价格是每台小汽车14万元，而税务机关以每台18万元的价格作为计税依据不正确。

税务机关认为：税法规定，纳税人自产的应税消费品用于换取生产资料和消费资料，投资入股或抵偿债务等方面，应当按照纳税人同类应税消费品的最高销售价作为计税依据。在这项业务中，现代汽车制造有限公司虽然没有直接发生销售行为，但以汽车串换钢材，属于有偿转让应税消费品的行为，因而应当按企业销售该种汽车的最高销售价格计算缴纳消费税。

3. 先销售后入股策划消费税

某摩托车生产企业准备参股甲企业，双方商定，该企业以摩托车20辆参股，取得甲企业10万股的股权。当月对外销售同型号的摩托车时共有三种价格，以4 000元的单价销售50辆，以4 500元的单价销售10辆，以4 800元的单价销售5辆。摩托车消费税税率为10%。

该企业的投资行为在具体处理环节有几种操作方法。

如果将摩托车直接投入甲企业，税法规定，纳税人自产的应税消费品用于换取生产资料和消费资料，投资入股或抵偿债务等方面，应当按照纳税人同类应税消费品的最高销售价作为计税依据。

按税法规定，应纳消费税为：

$$4\,800 \times 20 \times 10\% = 9\,600（元）$$

如果该企业按照当月的加权平均价将这20辆摩托车销售给甲企业后再折算股权，则应纳消费税为：

$$（4\,000 \times 50+4\,500 \times 10+4\,800 \times 5）\div（50+10+5）\times 20 \times 10\% = 8\,276.92（元）$$

如此操作，企业节税额约为1 323元。

如果该企业按照当月同类产品的最低价格将这20辆摩托车销售给甲企业后再折算股权，则：

$$4\,000 \times 20 \times 10\% = 8\,000（元）$$

如果可以按这个方案操作，则企业可以节税1 600元。

策划点评：

在销售过程中，有些人觉得条条框框捆住了他们的经营手脚，也有的人习惯于既定的销售方式，以为驾轻就熟，工作好做，销售费用也比较低。殊不知在市场经济条件下，法律规范会越来越多，我们面临着一个不断变化的世界，即使其他情况不变，有关法律法规也会发生变化，从而使原来熟悉的道路被堵，反过来，即使一切都没有变化，可能你的营销方式变换一下，也就获得了新的生财之道。

企业用自产的应税消费品进行对外投资、换取生产资料和消费资料以及抵偿债务，虽然没有直接发生销售行为，但仍是一种有偿转让应税消费品所有权的行为，应当视同销售应税消费品计算缴纳消费税。按照规定，纳税人用应税消费品进行投资、换取生产资料和消费资料以及抵偿债务等，应当按纳税人销售同类应税消费品的最高销售价格作为计税依据计算缴纳消费税。

在实际操作中，当纳税人用应税消费品换取货物或者投资入股时，一般是按照双方的协议价或评估价确定的，而协议价往往是市场的平均价。如果按照同类应税消费品的最高销售价作为计税依据，显然会加重纳税人的负担。由此，我们不难看出，如果采取先销售后入股（换货、抵债）的方式，会达到减轻税负的目的。

策划难点：

在日常生产经营过程中，人们习惯于原始的操作方式。而这些交易方式的交易价格在增值税的确认上并没有特别的规定，只要不是明显偏低就行（即使处理“残次冷背”商品价格明显偏低，只要能够做出合理性的解释也可以）。但是，在处理消费税产品的过程中出现例外，这就是问题的特殊性。

所以纳税人如果不了解税法中有关“用于换取生产资料和消费资料，投资入股和抵偿债务等方面的应税消费品”，应当“以纳税人同类应税消费品的最高销售价格作为计税依据计算消费税”，就会使有关活动陷入误区。

稀有产品好节税　完税价格是手段

华厦科学技术研究所经批准欲投资3亿元建立一个新能源实验室，其中的核心设备只有西欧某国才能制造。这是一种高新技术产品，由于这种新产品刚刚走出实验室，其确切的市场价格尚未形成，华厦科学技术研究所已确认其未来的市场价格将远远高于目前市场上的类似产品。因而，开发商预计此种产品进口到中国后的售价将达到2 000万美元，经过多次友好协商，华厦科学技术研究所以1 800万美元的价格作为该国技术援助项目购得该设备，而其类似产品的市场价格仅为1 000万美元，关税税率为25%，银行美元汇率为1∶6.55。

策划分析：

在进出口货物业务中，不仅涉及增值税、消费税，而且涉及关税，关税是在进出口环节体现国家主权的主要税种。从税收策划的角度观察，关税的税收负担弹性较小，其在税目、税基、税率以及减免优惠等方面都规定得相当详尽、具体，不像所得税那样有较大的伸缩余地。

华厦科学技术研究所处于筹建期间，经费比较紧张，筹建组希望在经费上得到各方面的帮助，减免关税是他们考虑的一个重点。目前的问题是，虽然该项目是有关部门特批的，但是没有对关税减免的依据，这样，在报关环节还应该照章征收关税。

如果按照交易的实际情况进行申报，则该项设备在进口环节应缴纳的关税为：

$$1\,800 \times 6.55 \times 25\% = 2\,947.5（万元）$$

策划思路：

研究所筹建组成员觉得这个数目的关税难以承担，于是他们请来税务策划专家为他们出谋划策。上海普誉财税策划工作室的税务策划专家对该业务的情况进行了全面调研之后，为他们提出了一个申报方案：以900万美元的价格向海关申报。

当华厦科学技术研究所向当地海关进行申报时，海关认为其资料不真实，于是立案调查。

经过调查，海关当局发现与该设备相近的产品的市场价格为1 000万美元。而该设备是一种刚刚研制开发出来的新产品，其价格应当高于1 000万美元，于是，海关对这种进口新产品的完税价格进行估定。比照类似货物成交价格依法进行估价，确定其价格为1 000万美元。这样，研究所进口这套设备应当缴纳关税实际为：

$$1\ 000 \times 6.55 \times 25\% = 1\ 637.5\text{（万元）}$$

策划思路：

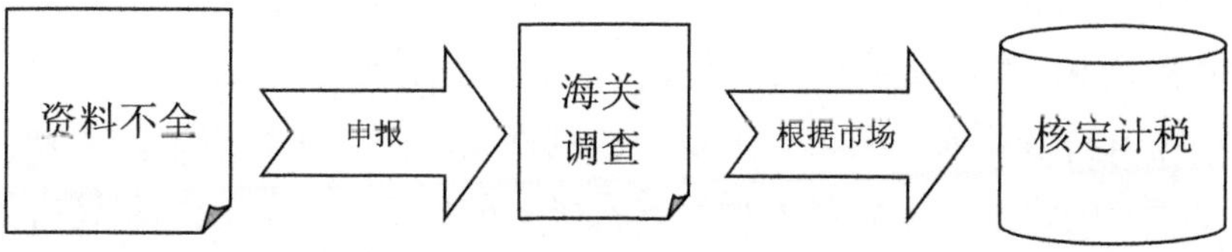

这样，华夏科学技术研究所通过税收策划，实际节约关税1 310万元。

策划点评：

对货物进出海关进行经济利益确认，反映了一个国家的主权，所以各国都在这个环节进行严格管理，防止出现漏洞。因此，各国关税的税则都制定得相当具体，相当严密。在这个环节有一个需要关注的重要问题，就是进出口货物价格的确定，也就是计税依据的确定。

我们知道，在税率固定的情况下，进出口货物完税价格的情况，直接关系到纳税人关税负担的多少。如果进出口货物在规定许可的范围内，能够制定或获取较低的完税价格，显然可以达到节约税收的目的。

纳税人对税务机关采取本条规定的方法核定的应纳税额有异议的，应当提供相关证据，经税务机关认定后，调整应纳税额。

上述规定就国内日常税务管理而言并没有问题，但是在进出口环节存在一定特殊性。进口货物以海关审定的正常到岸价格为完税价格，出口货物以海关审定的正常离岸价格扣除出口税为完税价格，到岸价格和离岸价格不能确定时，完税价格由海关估定。海关按以下次序对完税价格进行估定：相同货物成交价格法、类似货物成交价格法、国际市场价格法、国内市场倒扣法。如上述方法都不能确定，则海关用其他合理方法估定完税价格。

但是，关税完税价格确定的依据和方法各国目前并不一致，不管是采用哪一种估价规则，都会遇到许多不确定因素，从而使关税体现出一定的弹性，给纳税人从事关税策划提供了接口。利用完税价格进行关税策划的关键在于怎样充分运用海关估定完税价格的有关规定。

注意事项：

本案例是针对稀有产品（产品的特殊性）的税收策划。这里的稀有产品指的是目前市场上还没有或很少出现的产品，如高新技术、特种资源、新产品。由于这些产品进口没有确定的市场价格，而且其预期市场价格一般要远远高于通常市场类似产品的价格，这就为进口完税价格的申报留下了较大的空间。这在理论上可以说明某些策划原理是可行的，但是，在实务操作过程中，如果真的在进口环节策划税收问题，应当谨慎对待。

一是，注意研究特定通关部门的具体操作方法、流程和具体操作风格，分析在具体操作过程中的操作弹性有多大。

二是，研究策划对象的策划可行性，对不可比货物来讲，按照以上方案可能是可行的，而对于那些市场可比性较大的产品来说，其操作性也许就不存在了。

三是，应当利用外脑。由于有关税则的刚性比较强，进行类似的策划存在较大的政策风险和技术风险，所以纳税人如果存在类似的策划业务，应当聘请有关专家来具体操作，从而化解企业的相关风险。

策划难点：

笔者在《企业涉税风险的表现及规避技巧》一书中曾对部分企业的业务流程进行过研究，从而得出一个结论性意见：企业进行税收策划的操作点几乎有80%以上不在会计和财务环节。本案例就是一个典型的证明。该案例是一个综合性咨询项目，虽然其间的技术要求并不高，但是，需要大量的国际资料和国内统计资料。因此，了解策划对象的国际市场情况和有关关税细则的具体规定，是提供服务的技术难点。

背景资料：

在经济交往和国际协作日益密切的今天，关税及贸易总协定可以看作海关进出口税则的国际基本准则。各国自主订立的海关进出口税则分类型目录逐步被《海关合作理事会分类目录》所取代，包括我国在内，世界上已有150多个国家和地区以这一目录为基础制定了各自的海关税则。该分类目录为21大类、99章、1 011个税目。

融资证明见效果　是否提供有讲究

融资证明是日常经营过程中难得遇到的一件事情，对于这种特殊事项的处理，则是一门艺术，甚至还是税收策划的一个手段。为了帮助大家理解这一特殊事项的运用技巧，我们在此结合具体的业务流程，引用一些具体操作案例来做一个分析。

策划案例：

案例一：甲房地产公司2017年3月开发一处房地产，为取得土地使用权支付1 000万元，为开发土地和新建房及配套设施花费1 200万元，财务费用中可以按转让房地产项目计算分摊利息的利息支出为200万元，不超过商业银行同类同期贷款利率。对于是否提供金融机构证明，公司财务人员通过核算发现，如果不提供金融机构证明，则该公司所能扣除费用的最高额为（1 000+1 200）×10%＝220（万元）；如果提供金融机构证明，该公司所能扣除费用的最高额为200+（1 000+1 200）×5%＝310（万元）。可见，在这种情况下，公司提供金融机构证明是有利的选择。

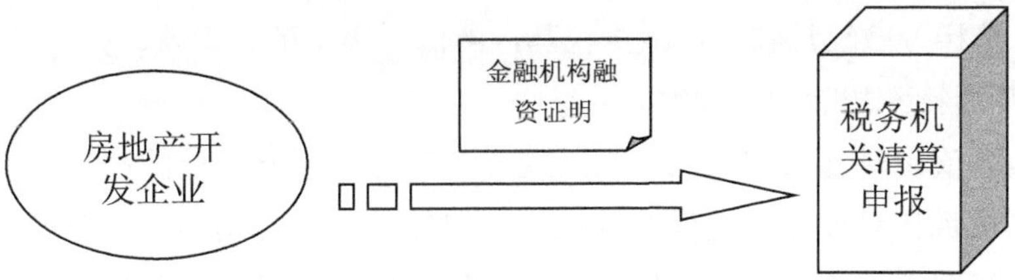

案例二：甲房地产公司2017年8月开发另一处房地产，为取得土地使用权支付1 000万元，为开发土地和新建房及配套设施花费1 200万元，财务费用中可以按转让房地产项目计算分摊利息的利息支出为80万元，不超过商业银行同类同期贷款利率。现在需要公司决定是否提供金融机构证明。同“案例一”一样，如果不提供金融机构证明，则该公司所能扣除费用的最高额为（1 000+1 200）×10%＝220（万元）；如果提供金融机构证明，该公司所能扣除费用的最高额为80＋（1 000+1 200）×5%＝190（万元）。可见，在这种情况下，公司不提供金融机构证明是有利的选择。

企业判断是否提供金融机构证明，关键在于所发生的能够扣除的利息支出占税法规定的开发成本的比例，如果超过5%，则提供证明比较有利，如果没有超过5%，则不提供证明比较有利。

案例三：某房地产开发企业进行一个房地产项目开发，取得土地使用权支付金额300万元，房地产开发成本为500万元。如果该企业利息费用能够按转让房地产项目计算分摊并提供了金融机构证明，则其他可扣除项目＝利息费用+（300+500）×5%＝利息费用+40万元；如果该企业利息费用无法按转让房地产项目计算分摊，或无法提供金融机构证明，则其他可扣除项目＝（300+500）×10%＝80万元。

对于该企业来说，如果预计利息费用高于40万元，企业应力争按转让房地产项目计算分摊利息支出，并取得有关金融机构证明，以便据实扣除有关利息费用，从而增加扣除项目金额；反之亦然。

案例点评：

对于土地增值税的策划操作而言，财务资料固然重要，但是其他相关因素也不可忽视。

（1）确定适宜的成本核算对象。

① 对房地产开发企业成本项目进行合理的控制，如加大公共配套设施投入，绿化、美化、亮化、改善住房环境，来调整土地增值税的扣除项目金额，进而减轻税负。

② 房地产开发企业可设立一家装饰装潢公司，专门为购房户装修。具体可与购房户签订两份合同，一份是房地产初步完工（毛坯房）时签订的销售合同，另一份是与装饰装潢公司签订的装修合同。房地产开发企业只就销售合同上注明房款增值额缴纳土地增值税，装修合同上注明的金额属于劳务收入，营改增以后缴纳增值税，不缴土

地增值税。这样分散经营收入，减少税基，降低税率，节省税款。

（2）巧用特殊扣除项目规定。

《土地增值税暂行条例实施细则》规定，房地产开发企业的利息支出，凡能够按转让房地产项目计算分摊并提供金融机构证明的，允许据实扣除，但最高不得超过按商业银行同类同期贷款利率计算的金额。其他房地产开发费用，按取得土地使用权所支付的金额和房地产开发成本之和的5%以内计算扣除；凡不能按转让房地产开发项目计算分摊利息支出或不能提供金融机构证明的，利息支出不能单独计算，而应并入房地产开发成本中一并计算扣除。房地产开发费用按取得土地使用权所支付的金额与房地产开发成本之和的10%以内计算扣除。

房地产企业据此可以选择：如果企业预计利息费用较高，开发房地产项目主要依靠负债筹资，利息费用所占比例较高，则可计算分摊的利息并提供金融机构证明，据实扣除；反之，主要依靠权益资本筹资，预计利息费用较少，则可不计算应分摊的利息，这样可以多扣除房地产开发费用。

（3）注意营改增后政策的特殊规定。

根据《财政部 国家税务总局关于全面推开营业税改征增值税试点的通知》（财税〔2016〕36号）附件1：《营业税改征增值税试点实施办法》第二十七条“下列项目的进项税额不得从销项税额中抵扣”（六）规定，购进的旅客运输服务、贷款服务、餐饮服务、居民日常服务和娱乐服务。同时根据该文件附件2：《营业税改征增值税试点有关事项的规定》第一条第（四）款第3项规定，纳税人接受贷款服务向贷款方支付的与该笔贷款直接相关的投融资顾问费、手续费、咨询费等费用，其进项税额不得从销项税额中抵扣。因此，在这里企业取得的贷款有关费用不得抵扣增值税。

第12计：无中生有 意外增利

【妙计提要】

李白月下独饮酒，邀月借影布局有；有人真诚来配合，意外策划降税收。

【本计内容】

道家认为，天下万物生于有，有生于无。把没有的说成有。比喻毫无事实，凭空捏造。本计出自中国古代哲学家（也有的称为道家）老子《道德经》第40章："天下万物生于有，有生于无"。老子揭示了万物中有与无相互依存、相互变化的规律。

中国古代军事家尉缭子把老子的辩证思想运用到军事上，进一步分析虚无与实有的关系。《尉缭子·战权》中说："战权在乎道之所极，有者无之，安所信之？"主张以"无"道假象迷惑敌人，乘敌人对"无"习以为常之际，化无为有，以虚为实，出其不备，打击敌人。"无中生有"计是三十六计中第七计，无中生有的基本意思是虚虚实实。孙子兵法说过："有则示其无，无则是其有"。无中生有之计蕴含深刻的哲理，其本意是指发现人们没有注意到的事物或者现象，并不带有褒贬色彩。用假想欺骗敌人，但并不是完全弄虚作假，而是巧妙地由假变真，由虚变实，以各种假想掩盖真相，造成敌人的错觉，出其不意地打击敌人。

可见，本计的特点是，制造一种假象，有意让敌人识破，使之失去警惕，然后又化无为有，化假为真，化虚为实；真的攻击敌人了，而敌人依然以为是假时，不作防备，从而为我所乘，战而胜之。

无中生有之计在税收策划中也可以发挥作用。在实践中，有时候凭空造出一个机构，从而增加企业运作的空间，也不失为一个良好的策划思路。比如有些制造企业的经营者本身就有超人的研究和开发新产品的能力，经常搞些技术创新，搞些专利或者非专利技术亦是此计表现之一。

【案例注释】

笔者自2001年在《实用税收策划》一书中提出税收策划的概念、原则和方法后，税收策划作为一门学科已经得到人们的普遍认可。后来，笔者又长期致力于税收策划的运用性研究，同时提供咨询服务，本计便是笔者实践的一个总结。读者可能对上述表述感觉难以理解。因此，这里我们结合实际案例对有关计策的操作原理做一个简要分析和解释。

“无中生有”办企业　目的为享税优惠

正因为利用税收优惠政策是税收策划的基本方法之一，所以，人们就想方设法争取。比如新办一个有税收优惠的企业，同时又是一个最简单的策划产品，于是，许多人就不断新办企业。但是，有政策还得会运筹，运作不当最终还是“竹篮打水——一场空”。

案例简介：

驰远货物配载服务公司共有职工200人，其中包括2013年12月吸纳的自谋职业的城镇退役士兵8人，管理人员12人，其余为搬运工人。2013年度该公司实现服务收入5 000万元。

在进行纳税策划之前，该公司2013年度该企业按“其他服务业”缴纳营业税，应负担的相关流转税费为275万元，其中：

（1）营业税：5 000×5%＝250（万元）。

（2）城市维护建设税、教育费附加：250×（7%+3%）＝25（万元）。

以上两项共需缴纳流转税费合计为275万元。

从2014年1月1日开始当地实行“营改增”，考虑到2013年度接受了城镇退役士兵8人，是一笔非常宝贵的人力资源，该企业的财务总监和人力资源经理经过商量和策划之后，就向公司的董事长作了汇报，建议对企业目前的组织架构进行重组。

涉税政策：

财政部 国家税务总局《关于将铁路运输和邮政业纳入营业税改征增值税试点的通知》（财税〔2013〕106号）附件3第一条第十二款第一项规定，为安置自谋职业的城镇退役士兵就业而新办的服务型企业当年新安置自谋职业的城镇退役士兵达到职工总数30%以上，并与其签订1年以上期限劳动合同的，经县级以上民政部门认定、税务机关审核，其提供的应税服务（除广告服务外）3年内免征增值税。这里所说的自谋职业的城镇退役士兵，是指符合城镇安置条件，并与安置地民政部门签订《退役士兵自谋职业协议书》，领取《城镇退役士兵自谋职业证》的士官和义务兵。

策划预案：

驰远货物配载服务公司分立甲公司和乙公司，然后将管理人员和城镇退役士兵转移至甲公司，将其余180名搬运工人转移至乙公司。甲公司专门从事配载业务的联系和具体协调工作，然后将货物的搬运和配送劳务分包给乙公司。

测算分析：

假设2014年度的经营情况与上年度持平，营业收入仍然维持在5 000万元。但是，按照策划预案有关业务作如下分配：甲公司取得货物配载收入4 000万元，乙公司取得分包搬运配送劳务1 000万元。那么，有关业务的税收情况计算如下。

1．甲公司应缴纳流转税费

（1）实行“营改增”以后，甲公司应当按“物流辅助服务”缴纳增值税：4 000×6%＝240（万元）。

（2）城市维护建设税、教育费附加：240×（7%+3%）＝24（万元）。

以上两项共需缴纳流转税费合计为264万元。但是，由于甲公司安置自谋职业的城镇退役士兵的比例已经超过30%，因此，可免征增值税。

2．乙公司应缴纳流转税费

（1）由于乙公司提供的是装卸搬运服务，具体的是使用装卸搬运工具或人力、畜力将货物在运输工具之间、装卸现场之间或者运输工具与装卸现场之间进行装卸和搬运的业务活动。因此，实行“营改增”以后，乙公司应当按“物流辅助服务”缴纳增值税：1 000×6%＝60（万元）。

（2）城市维护建设税、教育费附加：60×（7%+3%）＝6（万元）。

以上两项共需缴纳流转税费合计为66万元。

3.由于甲公司免征增值税，所以甲、乙两公司的税费负担合计为66万元（0+66）。

策划效果：

税费负担减少了209（275-66）万元。

税务稽查：

但是，2018年3月18日当地主管税务稽查对该企业2014至2017三个年度的纳税情况进行检查时，发现了上述问题，不仅责令该企业对上述业务进行了补税处理，而且，还对该企业处以1倍的处罚。

专家点评：

上述纳税策划方案的当事人本想通过“无中生有”之计来做策划的，从表面上看是天衣无缝，但是，如果结合有关政策分析，我们就可以发现该案例是一个失败的策划案例。因为，财税〔2013〕106号附件3第一条第十二款第二项下还对“新办的服务型企业”做出了具体规定，是指《国务院办公厅转发民政部等部门关于扶持城镇退役士兵自谋职业优惠政策意见的通知》（国办发〔2004〕10号）下发后新组建的企业。原有的企业合并、分立、改制、改组、扩建、搬迁、转产以及吸收新成员、改变领导或隶属关系、改变企业名称的，不能视为新办企业。

这里需要提醒纳税人注意的是，《财政部 国家税务总局关于全面推开营业税改征增值税试点的通知》（财税〔2016〕36号）对（财税〔2013〕106号）文件规定进行了调整，其附件3第三条第（一）项对退役士兵创业就业的涉税政策重新进行了规定。

（1）对自主就业退役士兵从事个体经营的，在3年内按每户每年8 000元为限额依次扣减其当年实际应缴纳的增值税、城市维护建设税、教育费附加、地方教育附加和个人所得税。限额标准最高可上浮20%，各省、自治区、直辖市人民政府可根据本地区实际情况在此幅度内确定具体限额标准，并报财政部和国家税务总局备案。

纳税人年度应缴纳税款小于上述扣减限额的，以其实际缴纳的税款为限；大于上述扣减限额的，应以上述扣减限额为限。纳税人的实际经营期不足一年的，应当以实际月份换算其减免税限额。换算公式为：减免税限额＝年度减免税限额÷12×实际经营月数。

纳税人在享受税收优惠政策的当月，持《中国人民解放军义务兵退出现役证》或《中国人民解放军士官退出现役证》以及税务机关要求的相关材料向主管税务机关备案。

（2）对商贸企业、服务型企业、劳动就业服务企业中的加工型企业和街道社区具有加工性质的小型企业实体，在新增加的岗位中，当年新招用自主就业退役士兵，与其签订1年以上期限劳动合同并依法缴纳社会保险费的，在3年内按实际招用人数予以定额依次扣减增值税、城市维护建设税、教育费附加、地方教育附加和企业所得税优惠。定额标准为每人每年4 000元，最高可上浮50%，各省、自治区、直辖市人民政府可根据本地区实际情况在此幅度内确定具体定额标准，并报财政部和国家税务总局备案。

本条所称服务型企业是指从事《销售服务、无形资产、不动产注释》中“不动产租赁服务”、“商务辅助服务”（不含货物运输代理和代理报关服务）、“生活服务”（不含文化体育服务）范围内业务活动的企业以及按照《民办非企业单位登记管理暂行条例》（国务院令第251号）登记成立的民办非企业单位。

纳税人按企业招用人数和签订的劳动合同时间核定企业减免税总额，在核定减免税总额内每月依次扣减增值税、城市维护建设税、教育费附加和地方教育附加。纳税人实际应缴纳的增值税、城市维护建设税、教育费附加和地方教育附加小于核定减免税总额的，以实际应缴纳的增值税、城市维护建设税、教育费附加和地方教育附加为限；实际应缴纳的增值税、城市维护建设税、教育费附加和地方教育附加大于核定减免税总额的，以核定减免税总额为限。

纳税年度终了，如果企业实际减免的增值税、城市维护建设税、教育费附加和地方教育附加小于核定的减免税总额，企业在企业所得税汇算清缴时扣减企业所得税。当年扣减不足的，不再结转以后年度扣减。

计算公式为：企业减免税总额＝∑每名自主就业退役士兵本年度在本企业工作月

份÷12×定额标准。

企业自招用自主就业退役士兵的次月起享受税收优惠政策，并于享受税收优惠政策的当月，持下列材料向主管税务机关备案：

① 新招用自主就业退役士兵的《中国人民解放军义务兵退出现役证》或《中国人民解放军士官退出现役证》。

② 企业与新招用自主就业退役士兵签订的劳动合同（副本），企业为职工缴纳的社会保险费记录。

③ 自主就业退役士兵本年度在企业工作时间表。

④ 主管税务机关要求的其他相关材料。

（3）上述所称自主就业退役士兵是指依照《退役士兵安置条例》（国务院、中央军委令第608号）的规定退出现役并按自主就业方式安置的退役士兵。

（4）上述税收优惠政策的执行期限为2016年5月1日至2016年12月31日，纳税人在2016年12月31日未享受满3年的，可继续享受至3年期满为止。

按照《财政部 国家税务总局 民政部关于调整完善扶持自主就业退役士兵创业就业有关税收政策的通知》（财税〔2014〕42号）规定享受营业税优惠政策的纳税人，自2016年5月1日起按照上述规定享受增值税优惠政策，在2016年12月31日未享受满3年的，可继续享受至3年期满为止。

通过这个案例分析，我们应当能够举一反三，学会在各地利用税收政策。事实上，税收优惠政策利用是有讲究的，既要注意相关政策的衔接和配合，还要注意政策的差异。

税收优惠政策详解：

税收优惠政策是指税法对某些纳税人和征税对象给予鼓励和照顾的一种特殊规定。比如，免除其应缴的全部或部分税款，或者按照其缴纳税款的一定比例给予返还等，从而减轻其税收负担。税收优惠政策是国家利用税收调节经济的具体手段，国家通过税收优惠政策，可以扶持某些特殊地区、产业、企业和产品的发展，促进产业结构的调整和社会经济的协调发展。

1. 税收优惠的差异

相比较而言，发达国家的税收优惠与发展中国家的税收优惠差异主要体现在优惠的范围、优惠的重点和优惠的方法三个方面。

一般来说，发达国家对税收鼓励的范围选择较为慎重，覆盖面较小，针对性较强。而发展中国家的税收鼓励范围相对要广泛得多，为了吸引外资，引进先进技术，增加出口，经常对某个地区或某些产业、行业给予普遍优惠。全世界525个经济特区中，有347个（占总数的2/3）分布在68个发展中国家，比如巴拿马科隆、泰国曼谷、巴西玛瑙斯、菲律宾巴丹，这些地区都实行十分广泛的税收优惠措施。

税收优惠的重点有所区别。发达国家重点放在促进高新技术的开发、能源的节约、环境的保护和充分就业上，而发展中国家的税收优惠重点往往不够明确和集中，有些国家甚至对那些技术落后、能源消耗大、资源使用效率低的所谓困难企业也给予优惠照顾。

税收优惠的方法也有差异。发达国家较多使用与投入相关的间接性鼓励方法，如加速折旧、投资抵免、再投资免税，而很少使用直接性的减免税，如有使用，也往往加以严格控制。而发展中国家经常采用一般性的减税期或免税期，如泰国曼谷中转区实行所得税头3年免征、后5年半征收，韩国马山出口加工区头5年免征、后5年减半，中国台湾省新竹市免征5年所得税。

2．税收优惠差异的原因

发达国家与发展中国家在税收优惠上为什么会出现上述差别呢？如果进行深层次分析，就可以从治税原则和经济现实条件两个方面找到原因。

发达国家强调税收的中性原则，主张尽量减少税收对经济的干预，使市场机制可以在资源配置中更充分地发挥基础作用。这就是所谓的运用市场“看不见的手”。而税收优惠措施，不论涉及什么税种，无非都是运用政府“看得见的手”。在现实环境中，“看得见的手”废弃不用固然是一个不切实际的想法，但是滥用税收优惠、把税收对经济的调节作用夸大到万能的程度，显然也是错误的，它必将妨碍市场机制基础性作用的发挥，造成资源配置的扭曲。发展中国家由于市场发育程度比较差，超市场的宏观调控和政府干预相对要多一些，税收中性原则就不能像发达国家那样摆在突出的位置。发展中国家在一定时期内实行广泛的减免税，体现了轻税原则，这对发展民族经济有一定好处。

国家政府实施税收优惠是通过给纳税人提供一定的税收利益而实现的，但不等于纳税人可以自然地得到资本回收实惠。因为许多税收优惠是与纳税人的投资风险并存，比如发展高新技术，往往投资额大、回收期限长，而且失败的可能性较大，政府对此实行税收优惠可以起到鼓励作用，但不等于投资者都可以“十拿九稳，只盈不亏”。资本效益如不落实，再好的优惠政策也不能转化为实际收益。

在投资者眼里，税收利益的取得基本来源于两个方面：一方面，是通过政府提供税收优惠政策取得；另一方面，是通过纳税人对税收方案的选择取得。共同的特点是风险与收益并存，在税收策划中必须进行仔细的权衡和慎重的决策。

3．税收优惠与税收利益

对于税收优惠与税收利益，人们往往理解为“同义词”。其实，二者之间的内涵是不同的。税收优惠是国家税制的一个组成部分，是政府为了达到一定的政治和经济目的，而对纳税人实行的税收鼓励。税收鼓励反映了政府行为，它是通过政策导向影响人们的生产与消费偏好来实现的，所以也是国家调控经济的重要杠杆。无论是经济发达国家还是发展中国家，无不把实施这样或那样的税收优惠政策作为引导投资方向、调整产业结构、扩大就业机会、刺激国民经济增长的重要手段加以利用。

“无中生有”设站点　企业节税又增效

春江肠衣制品有限公司（以下简称“肠衣公司”）是一家2018年9月底成立的生物制品专业生产企业，营业三个月，取得了较好的经济效益。这个结果使投资人的信心大增，准备在新的一年里大干一场。

公司的销售部对下一年度的经营情况进行了预测。经过综合分析，预计2019年可以实现销售36 000万元。肠衣公司的销售总监对该企业的生产经营流程进行了销售策划，形成一套完整的业务流程，具体操作过程是：从全国各地生物收购站采购新鲜猪小肠，其收购额为27 100万元，集中到生产基地进行加工，制成肠衣制品。其产品主要销售给国内各大医药公司，然后由医药公司再销售给医院。

这个方案于2019年1月10日得到了董事会的一致通过。

问题提出：

但是，2019年1月20日财务部负责人给董事长送来一份财务测算报告：2019年度的经营成果为微利。为什么经营毛利率近20%的产品不赚钱呢？财务分析报告指出：其原因主要是增值税的税收负担较高。

肠衣公司的当家人、董事长王春江通过对同行业的税收负担情况比较，感觉本企业的税收负担确实要比其他企业高出许多。税收负担比较高的原因在哪里呢？这是困惑该企业领导的一个难题。于是，董事会决定请教税务策划专家。上海普誉财税策划工作室的税务专家李明哲对该公司的经营情况进行解剖和分析。

现行运行机制条件下，肠衣公司与医药公司之间销售额为3.6亿元，医药公司与医院之间的销售额为3.96亿元。

肠衣公司应纳增值税：

$$36\ 000 \times 16\% - 1\ 512 = 4\ 248\text{（万元）}$$

医药公司应纳增值税：

$$39\ 600 \times 16\% - 36\ 000 \times 16\% = 576\text{（万元）}$$

在既定销售机制下，由于肠衣公司从国内生物收购站采购的猪肠无法取得增值税专用发票，因而原材料无法获得增值税进项税额抵扣，企业可以列入抵扣的进项税额只有水费、电费及修理用配件等少量外购项目，可取得增值税进项税额1 512万元。因为医药公司一般都是增值税一般纳税人，要求肠衣公司销售产品开具16%的增值税专用发票。经测算，2019年企业应缴纳增值税4 248万元，在这样的情况下，两公司就肠衣业务合计缴纳税收为4 824万元。

肠衣公司的增值税税收负担高达11.8%。

策划思路：

税务专家认为肠衣公司的经营流程不合理，于是提出了两个策划方案：一是，设立农产品收购站，规范收购行为，增加企业的增值税进项税额的抵扣。二是，减少流转环节，即通过策划和协调，减少货物的流通环节。

策划分析：

董事会认为，企业的生产流程刚刚建立起来，如果新的操作方案对公司利益影响不大就不要调整。为了说服各位董事，实施新的操作方案，李明哲为大家做了如下分析：

方案一：在各地设立猪肠收购站。

在各地设立猪肠收购站，规范其收购行为，在当地税务机关申请领取农副产品收购凭证收购农副产品。收购站将收购的猪肠再销售给肠衣公司。在这个运行机制条件下，主要涉及肠衣公司与各地肠衣收购站两个方面。如果工作到位，肠衣公司的增值税进项税额可以大大增加。

肠衣公司可以取得增值税进项税额：

$$27\ 100 \times 10\% = 2\ 710（万元）$$

肠衣公司应缴纳增值税：

$$36\ 000 \times 16\% - 2\ 710 - 1\ 512 = 1\ 538（万元）$$

医药公司应缴纳增值税：

$$39\ 600 \times 16\% - 36\ 000 \times 16\% = 576（万元）$$

在这样的情况下，两公司就肠衣制品业务合计缴纳税收为：

$$1\ 538 + 576 = 2\ 114（万元）$$

在这样的情况下，肠衣公司比原来的操作方案节约税收2 710万元（4 824−2 114）。

方案二：减少流转环节。

采取减少流转环节的办法就是通过协调，肠衣公司将产品直接销售给各医院，公司按程序申请改按3%的简易征税办法，使肠衣公司增值税税负大幅度下降。至于医药公司的利益不变，但是将进销差价转变为佣金。这样，原来按进销（均不含税）差价的16%缴纳增值税改为按进销差价的6%缴纳增值税。

在新的运行机制下，肠衣公司绕过医药公司，直接将发票开具给医院，即肠衣公司根据医药公司提供的医院名单及价格开具发票给医院，肠衣公司仍根据约定给医药公司的售价结算，对于开给医院的价格超过结算价的部分，全部支付给医药公司。

根据现行税法规定，医药公司取得的佣金应缴纳6%的增值税。

肠衣公司应纳增值税：

$$39\ 600 \times（1+16\%）\div（1+3\%）\times 3\% = 1\ 337.94（万元）$$

肠衣公司应支付给医药公司佣金额：

39 600×（1+16%）−36 000×（1+16%）= 4 176（万元）

肠衣公司账务处理如下。

借：营业费用——佣金	41 760 000	
贷：银行存款		41 760 000

医药公司账务处理如下。

借：银行存款	41 760 000	
贷：其他业务收入——佣金收入		41 760 00

医药公司应纳增值税：

4 176÷（1+6%）×6% = 236.38（万元）

在这样的情况下，两公司就肠衣制品业务合计缴纳税收为：

1 337.94+236.38 = 1 574.32（万元）

实施方案二之后，肠衣公司节省增值税：

4 248−1 337.94 = 2 910.06（万元）

医药公司节税额：

576−236.38 = 339.62（万元）

两公司合计节约税收3 249.68万元。

策划结论：

经过税务专家的计算和分析，公司董事会认为，这两个方案都能为公司带来较大的经济利益，相比较而言，方案二更省税，于是肠衣公司董事会决定，采纳第二个方案。

策划点评：

本案例体现了“无中生有”的策划技巧，即“无中生有”设站点、“无中生有”做流程等等。

我国的税法对不同的行业制定了不同的税收政策。我国是一个农业大国，发展农业生产，鼓励对农产品进行深度加工是我国的产业导向，所以我国的税收法规对农业生产给予较大的优惠和鼓励。对于利用新鲜猪肠制造生物产品，就涉及两个税收优惠政策，具体利用哪个优惠政策，对于具体的企业、具体的产品和具体的运行操作方法不同，其中得到的实惠也不一样。作为企业的决策者要有充分利用税收优惠政策的意识，在可能的情况下，利用专家工作，对本企业的生产经营情况做一个综合性的分析，从而有的放矢地开展有针对性的活动，就可以获得最大的收益。

当然，在具体的策划过程中应该注意，以上两个策划方案各有千秋。

对于方案一的操作思路，其操作难点是要在各地设立符合当地税务机关要求的收购机构，并且要对各个收购站进行规范化建设。对此，肠衣公司要花费一定的时间和精力，同时也会发生费用，并且费用较大。

对于方案二的操作思路，公司应征得医药公司的接受和理解，如果需要，可以与医药公司签订协议，协议中明确肠衣公司必须信守商业道德，不得私下与医药公司提供的客户进行交易，否则肠衣公司应承担违约责任，从而维护正常的运行秩序，维护相关利益主体的原有利益。本方案的操作难点在于与有关单位的具体协调，如果得不到相关单位的配合和支持，这个方案是难以落实的。

策划难点：

对于法治经济而言，税收是可以策划的。从我国目前的情况来看，企业家阶层正在形成，但是还很不成熟。技术型企业家较多，而战略型企业家较少。而现在的技术型企业家多数是以自己的智慧起家的，所以他们比较自信，而不懂运用外脑发展生产，增加盈利。所以许多企业存在大量的税收策划潜力，当然，也是发展税收策划业务的难点所在。

本案是一个系统性税收策划问题。对于一个大型制造企业来讲，其机构的设置、生产和经营业务流程的安排，对企业的生产经营管理影响较大，这是多数企业家都意识到的，而这些因素对税收的影响却是他们没有意识到的。这是本案例所提示的问题之一。与此相关的其他问题，读者可参阅《纳税策划实战精选百例》等专著。

钻研技术税负重　技术转让人轻松

甲公司是一家汽车配件生产企业，2017年度实现企业收入20 590万元，缴纳增值税1 338.35万元，实现利润4 320万元，缴纳企业所得税1 080万元。该公司的董事长感觉自己的税收负担比其他同类型企业高出很多，于是，聘请咨询专家为其提供诊断服务。

现场诊断：

咨询专家到现场，对该企业的组织架构、生产和经营情况进行了具体分析和诊断。了解到以下几个情况。

（1）该公司是一家家族型企业，企业的投资人都是创始人的兄弟。

（2）该公司的董事长是一个技术型专家，而不是经营和管理型专家，他热衷于技术研究和开发。

（3）该企业生产的产品跟国外几家大型汽车厂商配套。

（4）该公司的产品毛利率比其他同类型企业要高出很多。

策划建议：

于是，咨询专家设想通过技术转让的形式进行策划。

策划分析：

技术转让是技术贸易的一种主要类型，技术市场上的技术转让是指技术成果由一方转让给另一方的经营方式。所转让的技术包括获得专利权的技术、商标，以及非专利技术，如专有技术、传统技艺生物品种、管理方法等。

技术转让是技术市场的主要经营方式和范围。技术转让是指技术商品从输出方转移到输入方的一种经济行为。对输出方来说是技术转让，对输入方来说技术市场是技术引进。以技术转让与引进为主要内容的技术贸易已成为国际上传播技术的重要方式。

技术转让是指拥有技术的当事人一方将现有技术有偿转让给他人的行为。尚未研究开发出的技术成果不属于技术转让范畴。

由于引进世界先进的技术和设备，可以使引进方的生产力发展从更高的起点起飞，节省了研制费用，赢得了时间，从而使技术引进活动在全世界范围内，尤其是在发展中国家受到普遍重视和广泛应用。

技术转让和引进主要形式有以下几种：采用成套设备引进和转让、合作生产、补偿贸易及合资经营四种形式。此外，技术商品的转让和引进还有租赁设备、工程承包、技术培训等多种方式。

由于转让技术的权利化程度和性质不同，技术转让又可分为四种基本类型。

（1）专利权转让。专利权转让是指专利人作为让与方，将其发明创造专利的所有权或持有权移交给受让方的技术转让形式。

（2）专利申请权转让。专利申请权转让是指让与方将其特定的发明创造申请专利的权利移交给受让方的技术转让形式。

（3）专利实施许可。专利实施许可是指专利权人或者授权人作为让与方，许可受让方在约定的范围内实施专利的技术转让形式。

（4）非专利技术转让。非专利技术（技术秘密）转让是指让与方将其拥有的非专利技术成果提供给受让方，明确相互之间非专利技术成果的使用权、转让权的技术转让形式。

注意事项：

为扶持技术创新，发展高新科技，国家就技术转让出台了一系列税收优惠政策。享受这些优惠政策涉及技术范围的认定、营业额或者所得额的计算、资料的报送等许多复杂问题，企业在理解和享受税收优惠时注意以下七个关键点。

第一，高新技术企业技术转让收入超过500万元的，按25%税率而非15%税率减半缴纳企业所得税。根据《国家税务总局关于进一步明确企业所得税过渡期优惠政策执行口径问题的通知》（国税函〔2010〕157号）第一条第（三）项的规定，居民企业取得企业所得税法实施条例第八十六条、第八十七条、第八十八条和第九十条规定可减半征收企业所得税的所得，是指居民企业应就该部分所得单独核算并依照25%的法定税率减半缴纳企业所得税。这意味着，如果一家居民企业被认定为高新技术企业，同时企业发生可以享受优惠的技术转让所得，该部分转让所得超过500万元的部分应按照25%的税率减半缴纳企业所得税，而不能按15%的优惠税率减半缴纳。

第二，技术转让所得，不是会计所得而是纳税调整后的所得。《国家税务总局关于技术转让所得减免企业所得税有关问题的通知》（国税函〔2009〕212号）第二条规定，符合条件的技术转让所得计算方法为：技术转让所得＝技术转让收入-技术转让成本-相关税费。同时应单独核算技术转让所得，合理分摊企业的期间费用。这里提到的所得是税收口径的所得，相关的收入、成本、费用是按照税收政策规定经过纳税调整后归属于该项目的税收所得，不是该项目的收入、成本、期间费用的账载数据简单加减后的会计所得。因此，在进行年度纳税申报时，企业先按税法规定将相关收入、成本、费用进行纳税调整的金额填入“纳税调整明细表”，然后再按项目分解确认归属于相关优惠项目且经过纳税调整后的收入、成本、费用金额计算出技术转让所得。

第三，技术转让合同需提供科技部门的认定证明。企业备案享受技术转让所得企业所得税优惠，应向主管税务机关提供科技部门的合同认定证明。科技部门认定的技术合同通常分为四类，分别是技术转让合同、技术咨询合同、技术服务合同和技术开发合同，其中技术转让合同又分为专利技术转让合同和非专利技术转让合同（专有技术转让合同）。从2008年1月1日起，对于企业享受技术转让所得的技术合同的认定部分已经提到省级以上的科技、商务部门，省级以下的科技、商务部门的认定将得不到税务机关的认定。

第四，未按规定办理手续不得享受减免税。企业发生技术转让，应在纳税年度终了后至报送年度纳税申报表以前，向主管税务机关办理减免税备案手续。技术转让、技术开发业务和与之相关的技术咨询、技术服务业务取得的收入免征增值税，同样需要向主管税务机关办理备案减免手续。企业未按规定程序进行优惠事项的备案，不得享受减免税。主管税务机关在事后跟踪管理过程中，如果发现企业存在上述情况，将要求纳税人调整申报并补缴已减免的税款。

第五，非技术性收入、单独的技术咨询、服务、培训等收入属于非技术转让收入，不得享受税收优惠。技术转让收入是指当事人履行技术转让合同后获得的价款，不包括销售或转让设备、仪器、零部件、原材料等非技术性收入。不属于与技术转让项目密不可分的技术咨询、技术服务、技术培训等收入，不得计入技术转让收入。与技术转让、技术开发相关的技术咨询、技术服务业务是指转让方根据技术转让或开发合同的规定，为帮助受让方掌握所转让的技术，而提供的技术咨询、技术服务业务，而且这部分技术咨询、技术服务的价款与技术转让的价款是开在同一张发票上的。

第六，并非一切技术转让收入都可享受企业所得税优惠。《财政部 国家税务总局关于居民企业技术转让有关企业所得税政策问题的通知》（财税〔2010〕111号）第一条规定，享受优惠的技术转让的范围，包括居民企业转让专利技术、计算机软件著作权、集成电路布图设计权、植物新品种、生物医药新品种，以及财政部和国家税务总局确定的其他技术。其中，专利技术，是指法律授予独占权的发明、实用新型和非简单改变产品图案的外观设计。同时，技术转让必须是居民企业转让其拥有符合条件的特定技术的所有权或5年以上（含5年）全球独占许可使用权的行为。这一规定明确界定了技术转让的范围。企业发生的技术服务、技术咨询、非专利技术的转让所得不得享受企业所得税的减免税优惠。那些认为只要企业提供了科技部门的技术认定证明就可以享受优惠的认识是片面的。

第七，未单独核算技术转让收入的不得享受税收优惠。纳税人兼营免税、减税项目的，应当单独核算免税、减税项目的营业额；未单独核算营业额的，不得免税、减税。因此，享受技术转让所得减免增值税和企业所得税优惠的企业，应单独计算技术转让所得，并合理分摊企业的期间费用；没有单独计算的，不得享受技术转让所得企业所得税优惠。

政策背景：

国家税务总局关于技术转让所得减免企业所得税有关问题的通知（国税函〔2009〕212号）

根据《中华人民共和国企业所得税法》（以下简称企业所得税法）及其实施条例和相关规定，现就符合条件的技术转让所得减免企业所得税有关问题通知如下：

一、根据企业所得税法第二十七条第（四）项规定，享受减免企业所得税优惠的技术转让应符合以下条件：（一）享受优惠的技术转让主体是企业所得税法规定的居民企业；（二）技术转让属于财政部、国家税务总局规定的范围；（三）境内技术转让经省级以上科技部门认定；（四）向境外转让技术经省级以上商务部门认定；（五）国务院税务主管部门规定的其他条件。

二、符合条件的技术转让所得应按以下方法计算：

技术转让所得＝技术转让收入-技术转让成本-相关税费

技术转让收入是指当事人履行技术转让合同后获得的价款，不包括销售或转让设备、仪器、零部件、原材料等非技术性收入。不属于与技术转让项目密不可分的技术咨询、技术服务、技术培训等收入，不得计入技术转让收入。

技术转让成本是指转让的无形资产的净值，即该无形资产的计税基础减除在资产使用期间按照规定计算的摊销扣除额后的余额。

相关税费是指技术转让过程中实际发生的有关税费，包括除企业所得税和允许抵扣的增值税以外的各项税金及其附加、合同签订费用、律师费等相关费用及其他支出。

三、享受技术转让所得减免企业所得税优惠的企业，应单独计算技术转让所得，并合理分摊企业的期间费用；没有单独计算的，不得享受技术转让所得企业所得税优惠。

四、企业发生技术转让，应在纳税年度终了后至报送年度纳税申报表以前，向主管税务机关办理减免税备案手续。

（一）企业发生境内技术转让，向主管税务机关备案时应报送以下资料：

1.技术转让合同（副本）；

2.省级以上科技部门出具的技术合同登记证明；

3.技术转让所得归集、分摊、计算的相关资料；

4.实际缴纳相关税费的证明资料；

5.主管税务机关要求提供的其他资料。

（二）企业向境外转让技术，向主管税务机关备案时应报送以下资料：

1.技术出口合同（副本）；

2.省级以上商务部门出具的技术出口合同登记证书或技术出口许可证；

3.技术出口合同数据表；

4.技术转让所得归集、分摊、计算的相关资料；

5.实际缴纳相关税费的证明资料；

6.主管税务机关要求提供的其他资料。

五、本通知自2008年1月1日起执行。

财政部 国家税务总局关于居民企业技术转让有关企业所得税政策问题的通知（财税〔2010〕第111号）

根据《中华人民共和国企业所得税法》（以下简称企业所得税法）及《中华人民共和国企业所得税法实施条例》（国务院令第512号，以下简称实施条例）的有关规定，现就符合条件的技术转让所得减免企业所得税有关问题通知如下：

一、技术转让的范围，包括居民企业转让专利技术、计算机软件著作权、集成电路布图设计权、植物新品种、生物医药新品种，以及财政部和国家税务总局确定的其他技术。

其中：专利技术，是指法律授予独占权的发明、实用新型和非简单改变产品图案的外观设计。

二、本通知所称技术转让，是指居民企业转让其拥有符合本通知第一条规定技术的所有权或5年以上（含5年）全球独占许可使用权的行为。

三、技术转让应签订技术转让合同。其中，境内的技术转让须经省级以上（含省级）科技部门认定登记，跨境的技术转让须经省级以上（含省级）商务部门认定登记，涉及财政经费支持产生技术的转让，需省级以上（含省级）科技部门审批。

居民企业技术出口应由有关部门按照商务部、科技部发布的《中国禁止出口限制出口技术目录》（商务部、科技部令2008年第12号）进行审查。居民企业取得禁止出口和限制出口技术转让所得，不享受技术转让减免企业所得税优惠政策。

四、居民企业从直接或间接持有股权之和达到100%的关联方取得的技术转让所得，不享受技术转让减免企业所得税优惠政策。

五、本通知自2008年1月1日起执行。

第13计：栈道跑道 各有其要

【妙计提要】

筹资融资多渠道，精心选择很重要；栈道跑道有差异，策划各有其奥妙。

【本计内容】

“栈道”又称“栈阁之道”，是古代交通史上一大发明。人们为了在深山峡谷通行，且平坦无阻，便在河水隔绝的悬崖绝壁上用器物开凿一些棱形的孔穴，孔穴内插上石桩或木桩，上面横铺木板或石板，可以行人和通车。为了防止这些木桩和木板被雨淋变朽而腐烂，又在栈道的顶端建起房亭（亦称廊亭），这就是阁，亦称栈阁。连贯的称呼就叫“栈阁之道”，简称“栈道”。中国在战国时即已修建栈道。秦惠王始建陕西褒城褒谷至郿县（今眉县）斜谷的褒斜栈道，长235千米。秦伐蜀时修了金牛道，被后世称为南栈道，长247.5千米。现代公路已经成网，但在交通闭塞的山区，仍有类似的栈道供人、畜通行。

跑道指运动场上用于赛跑、速滑、赛车等比赛用路，也指机场上长条形的道路，用来供航空器起飞或着陆。跑道可以是铺有沥青或混凝土，或者是弄平的草、泥或碎石地面。

栈道和跑道的基本功能相同，但是，实现其功能的效率相差很大。同样的道理，纳税人在投资和生产经营过程中进行融资，采用什么样的筹资方式，在税收上的利益也往往不同。

随着我国市场经济体制的不断完善，我国的金融市场日益发达，企业的筹资渠道也越来越多。就目前的情况看，我国企业通常采用的筹资渠道主要有四个：一是争取投资，包括争取直接投资，如有限责任公司增加股东投资等；争取间接投资，如发行股票或增发股票等，利用税后盈余再投资。二是向金融部门借贷，包括长期借款和短期借款等，向其他企业借款，向社会公众或企业内部员工集资借款，如发行债券。三是租赁，包括短期的经营性租赁和长期的融资性租赁。四是利用商业信用以及本企业的优势地位占用他人的资金作短期的周转等。

【案例注释】

税收策划是一门技术性和艺术性相结合的学科，在实务第一线往往更倾向于实务操作。在实务过程中，往往又需要策划人员拥有哲学的思维能力，全方位、多角度地进行策划。为了说明相关问题，这里结合实际案例对有关计策的操作原理做一个简要分析和解释。

租赁贷款利不同　操作不当存风险

某企业因生产需要增设一条流水线，价值1 000万元，每年可增加利润400万元，残值50万元。该企业有两种选择方案，一是向固定资产租赁公司融资租赁，年折旧（租金）200万元（融资租赁不能在税扣除租金，但是可以计提折旧，我们假设折旧期限为6年，按直线法计提折旧，这时折旧正好等于租金。下同），租赁期6年；二是向银行贷款，期限6年，年利率为10%，分期付息一次还本。设备折旧情况相同，在此可不予考虑。（复利现值系数：*PVIF*10%,6＝0.565；年金现值系数：*PVIFA*10%,5＝3.791；年金现值系数：*PVIFA*10%,6＝4.355）。

融资年租金为 200 万元和贷款年利率为 10% 的利益对照表（表一）　（单位：万元）

计算项目	融资租赁	银行贷款	
	第 1 ～ 6 年	第 1 ～ 5 年	第 6 年
税前息前利润	400	400	450
折旧（租金）/ 利息	200	100	100
税前利润	200	300	350
所得税（25%）	50	75	87.5
税后利润	150	225	262.5

从上表可知，通过融资租赁，其税后利润的现值和为：

$$150 \times 4.355 = 653.25\text{（万元）}$$

向银行贷款，其税后利润的现值和为：

$$225 \times 3.791 + 262.5 \times 0.565 = 1\,001.287\,5\text{（万元）}$$

表面上看，后者的现值要大于前者，但实际上后者因为第6年要支付1 000万元的贷款，所以银行贷款的现值应为436.282 5万元（1 001.287 5−1 000×0.565）。相比之下，企业采用融资租赁方式更合算。

策划分析：

如果融资租赁的租金或者银行贷款的利率发生变化，结果就会发生变化。

下面我们假设融资租赁的利息不变，而银行贷款的利率从10%下调至5%，看情况如何？

该设备的价值1 000万元，每年可增加利润400万元，残值50万元。该企业有两种选择方案：一是向固定资产租赁公司融资租赁，年折旧（租金）200万元，租赁期6年；二是向银行贷款，期限6年，年利率为5%，分期付息一次还本。设备折旧情况相同，在此可不予考虑。（复利现值系数：*PVIF*5%,6＝0.746；年金现值系数：*PVIFA*5%,5＝4.329；年金现值系数：*PVIFA*5%,6＝5.075）。

融资年租金为200万元和贷款年利率为5%的利益对照表（表二）　　**单位：万元**

计算项目	融资租赁	银行贷款	
	第1～6年	第1～5年	第6年
税前息前利润	400	400	450
折旧（租金）/利息	200	50	50
税前利润	200	350	400
所得税（25%）	50	87.5	100
税后利润	150	262.5	300

从上表可知，通过融资租赁，其税后利润的现值和为：

$$150 \times 5.075 = 761.25（万元）$$

向银行贷款，其税后利润的现值和为：

$$262.5 \times 4.329 + 300 \times 0.746 = 1\ 360.162\ 5（万元）$$

通过以上分析我们可以发现，虽然银行利率下调，使企业通过银行贷款筹资经营实现的利润现值有所增加，但是当银行利率为5%时，该企业归还银行贷款后的利润净现值为614.162 5万元（1 360.162 5−1 000×0.746）。相比之下，企业采用融资租赁方式仍然比较合算。

如果融资租金发生变化情况又如何？下面我们假设融资租赁的租金由200万元变为250万元，而银行贷款的利率为5%。

该设备的价值1 000万元，每年可增加利润400万元，残值50万元。该企业有两种选择方案：一是向固定资产租赁公司融资租赁，年租金（折旧）250万元，租赁期6年；二是向银行贷款，期限6年，年利率为5%，分期付息一次还本。设备折旧情况相同，在此可不予考虑。（复利现值系数：*PVIF*5%,6＝0.746；年金现值系数：*PVIFA*5%,5＝4.329；年金现值系数：*PVIFA*5%,6＝5.075）。

融资年租金为250万元和贷款年利率为5%的利益对照表（表三）　　**单位：万元**

计算项目	融资租赁	银行贷款	
	第1～6年	第1～5年	第6年
税前息前利润	400	400	450
租金（折旧）/利息	250	50	50
税前利润	150	350	400

续上表

计算项目	融资租赁	银行贷款	
所得税（25%）	37.5	87.5	100
税后利润	112.5	262.5	300

从上表可知，通过融资租赁，其税后利润的现值和为：

$$112.5 \times 5.075 = 570.937\,5\text{（万元）}$$

向银行贷款，其税后利润的现值和为：

$$262.5 \times 4.329 + 300 \times 0.746 = 1\,360.162\,5\text{（万元）}$$

策划点评：

通过以上分析我们可以发现，银行因为第6年要支付1 000万元的贷款，所以银行贷款的现值为614.162 5万元（1 360.162 5−1 000×0.746）。由于融资租赁业务的租金（折旧）成本增加对企业的税后利润有所影响，其税后利润的现值比银行贷款方式少一些，因此，在这样的情况下，企业采用银行贷款方式更合算。

售后回购为融资　操作不当税赋重

售后回购作为融资业务的一种，已经被越来越多的投资人所使用。对于售后回购业务的涉税处理，多数人认为，根据“企业采用售后回购方式销售商品的，销售的商品按售价确认收入，回购的商品作为购进商品处理。有证据表明不符合销售收入确认条件的，如以销售商品方式进行融资，收到的款项应确认为负债，回购价格大于原售价的，差额应在回购期间确认为利息费用”的规定，从企业利益的角度考虑应当不作销售处理。这样操作是否真的对相关企业有利，其中是否存在涉税风险？在这里我们结合上海普誉财税策划工作室提供的有关资料作一个分析和说明。

甲公司为增值税一般纳税人，适用的增值税率为17%。2016年12月1日，甲公司与乙公司签订协议，向乙公司销售一批商品，销售价格为1 000万元，成本为800万元。协议规定，甲公司应在2017年5月1日将该批商品购回，回购价为1 200万元，款项已收到。该公司发生的业务销售价款均为不含税价，2016年会计利润为100万元，假定2016年和2017年所得税税率为25%，无其他纳税调整事项。分析该企业当年应如何作相关的税收处理。

会计处理：

售后回购交易是一种特殊形式的销售业务，它是指销货方在销售商品的同时，与购货方签订合同，并按照合同条款（如回购价格等内容），将售出的商品重新买回的一种交易方式。售后回购方式下是否按销售、回购两项业务分别处理，主要看其是否符合收入确认的条件。

《企业会计准则》及《企业会计制度》对收入的实现都作了原则性的规定，销售商品收入同时满足下列条件的，才能予以确认：一是企业已将商品所有权上的主要风险和报酬转移给购货方；二是企业既没有保留通常与所有权相联系的继续管理权，也没有对已售出的商品实施有效控制；三是收入的金额能够可靠地计量；四是相关的经济利益很可能流入企业；五是相关的已发生或将发生的成本能够可靠地计量。

对照这五个条件，在销货方没有回购选择权的前提下，分两种情况讨论：第一，当销货方在回购商品时，如果回购价格是以当日的市场价格为基础确定，这种情况下商品价格变动产生的风险和报酬都转移到买方，但买方无权对该商品进行处置，商品的控制权仍在卖方；第二，销货方在销售商品后的一定时间内回购，且回购价格在合同中订明，这种情况下商品价格变动产生的风险和报酬都由卖方所有或控制，且卖方仍对售出的商品实施控制。通过以上分析，售后回购业务与收入确认的第二个条件不符，同时如果回购价格在合同中订明，则与第一个条件也不符。所以，一般而言，售后回购并不能确认收入，其实质上是一种融资行为。会计核算中，该项业务不作收入处理，体现了实质重于形式的原则。

当然，如果销货方有回购选择权，并且回购价以回购当日的市场价格为基础确定，同时回购的可能性很小，那么也可在售出商品时确认收入的实现。

《企业会计准则——应用指南》规定，采用售后回购方式销售商品的，收到的款项应确认为负债。回购价格大于原售价的，差额应在回购期间按期计提利息，计入财务费用。有确凿证据表明售后回购交易满足销售商品收入确认条件的（即定价公允），销售的商品按售价确认收入，回购商品作为购进商品处理。

政策分析：

在税收上应当考虑增值税和企业所得税两个方面。根据增值税相关法规规定，售后回购已涉及有形动产所有权的转移，应在销售环节确认收入并核算销项税金，实际回购环节核算进项税金，增值税款通过发票载明金额进行计算。根据国家税务总局《关于确认企业所得税收入若干问题的通知》（国税函〔2008〕875号）的规定，采用售后回购方式销售商品的，销售的商品按售价确认收入，回购的商品作为购进商品处理。也就是说，税法上对于售后回购一般作为两个环节处理：销售和购回，企业销售的商品按售价确认收入，回购的商品作为购进商品处理。

综合上述规定，增值税相关法规与会计规定、所得税相关法规就确认收入的售后回购不存在差异。

但是，有一种情况例外。根据国家税务总局《关于确认企业所得税收入若干问题的通知》（国税函〔2008〕875号）的规定，有证据表明不符合销售收入确认条件的，如以销售商品方式进行融资，收到的款项应确认为负债，回购价格大于原售价的，差额应在回购期间确认为利息费用。也就是说，企业认为售后回购不符合收入确认的条件，这样就形成了可抵扣暂时性差异，需要确认递延所得税资产。在这样的情况下，对于会计规定、所得税相关法规不确认收入的售后回购，实际执行中可能会有一定难度，增值税相关法规要求按照公允价值作为销售处理，对于这一部分交易，企业应按公允价值开具或收到相应发票，尽管会计规定和所得税相关法规方面允许不确认收入，而是作为融资行为处理，实际上也要求在确认融资收益或利息支出时参照公允价值标准进行确定。

实例解析：

在具体操作环节，企业在“有证据表明不符合销售收入确认条件”的情况下，应当如何处理才既符合法律规定，又对企业涉税利益更划算呢？目前许多媒体上发表文章陈述了解决问题的办法和观点，这里我们先做一个归纳。

甲公司采用售后回购方式销售商品的，收到的款项应确认为负债，通过“其他应付款”核算；回购价格大于原价格的，差额应在回购期间按期计提利息，计入财务费用。有确凿证据表明售后回购交易满足销售商品收入确认条件的，销售的商品按售价确认收入，回购的商品作为购进商品处理。对于回购期间的财务费用摊销，会计作为财务费用处理，而税法把这部分费用作为回购产品的成本核算，当期需要进行纳税调增处理；转回的时候将回购的产品再次出售。

分析甲公司的业务情况，可以用两种方式处理：第一种情况是商品已经发出，增值税专用发票没有开出；第二种情况是商品已经发出，增值税专用发票已经开出。以上操作方法落实到会计处理上，根据不同的政策依据又可以进一步细分为三种方法。

方法一：假定商品已发出，也没有开具增值税专用发票。

甲公司与乙公司达成“售后回购”协议，甲公司将商品或者货物移交给乙公司，但是不开具体发票。其业务操作流程如下图所示。

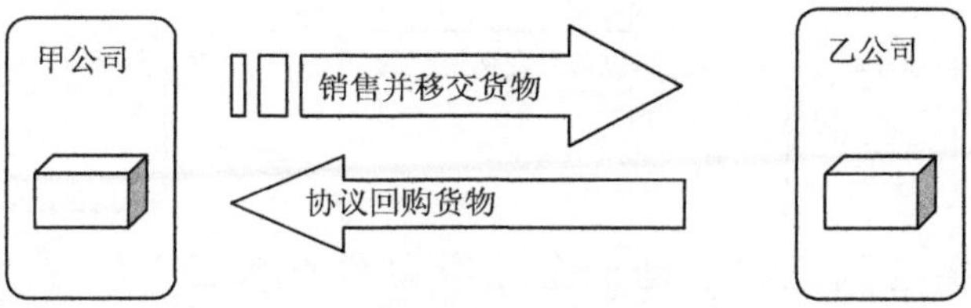

根据《企业会计准则第18号——所得税》的规定处理，售后回购中会计上不确认收入，税法上要确认收入，形成的是可抵扣的暂时性差异。

2016年12月的会计处理如下。

借：银行存款	11 700 000	
贷：其他应付款		10 000 000
应交税费——应交增值税（销项税）		1 700 000

根据《企业会计准则第18号——所得税》的规定，企业对于可抵扣暂时性差异可能产生的未来经济利益，应以很可能取得用来抵扣可抵扣暂时性差异的应纳税所得额为限，确认相应的递延所得税资产，并减少所得税费用。对于可抵扣暂时性差异可能产生的未来经济利益，应以很可能取得用来抵扣可抵扣暂时性差异的应纳税所得额为限，确认相应的递延所得税资产。

递延所得税资产＝可抵扣暂时性差异×所得税税率＝（1 000-800）×25%＝50（万元）。

借：递延所得税资产	500 000	
贷：所得税费用		500 000

财务费用＝（1 200-1 000）×1÷5＝40（万元），2016年12月及以后4个月的会计处理如下。

借：财务费用	400 000	
贷：其他应付款		400 000
借：递延所得税资产	（400 000×25%）100 000	
贷：所得税费用		100 000

2017年5月1日将该批商品购回。

借：其他应付款	12 000 000	
贷：银行存款		12 000 000

方法二：假定商品未发出，也没有开具增值税专用发票。

甲公司与乙公司达成“售后回购”协议，但是甲公司未将商品或者货物移交给乙公司，也不开具体发票。其业务操作流程如下图所示。

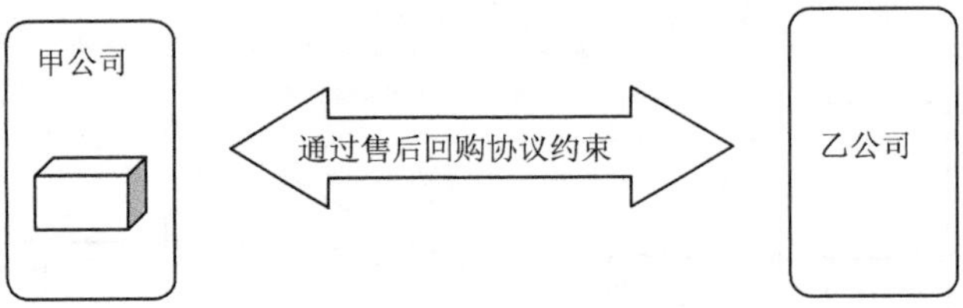

根据国家税务总局《关于确认企业所得税收入若干问题的通知》（国税函〔2008〕875号）规定，采用售后回购方式销售商品的，有证据表明不符合销售收入确认条件的，如以销售商品方式进行融资，收到的款项应确认为负债，回购价格大于原售价的，差额应在回购期间确认为利息费用。即（国税函〔2008〕875号）文件发布后，对于售后回购本质上是融资业务的，企业所得税收入确认条件与《企业会计准则》趋于一致，两者都注重权责发生制原则和实质重于形式原则，则会计与税法不会产生任何差异，不产生递延所得税。

售后回购中会计上不确认收入，税法上也不确认收入，不计算缴纳增值税和所得税。

2016年12月会计处理如下。

借：银行存款	10 000 000	
贷：其他应付款		10 000 000

2016年12月及以后4个月的会计处理如下。

借：财务费用	400 000	
贷：其他应付款		400 000

2017年5月1日将该批商品购回。

借：其他应付款	12 000 000	
贷：银行存款		12 000 000

方法三：假定商品已发出，并开具了增值税专用发票。

甲公司与乙公司达成“售后回购”协议，甲公司将商品或者货物移交给乙公司，同时开具体发票。其业务操作流程如下图所示。

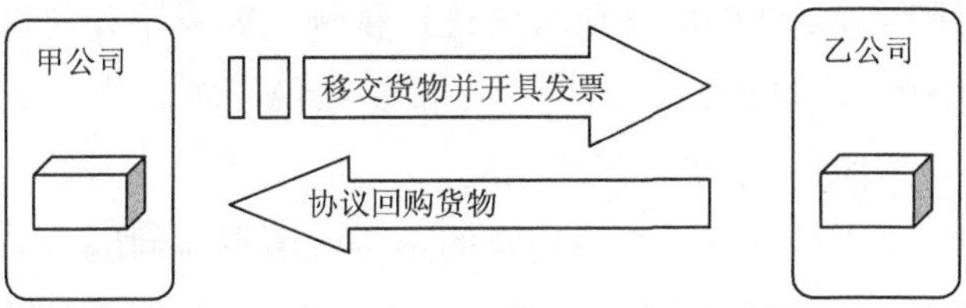

甲公司用售后回购的方式处理该批商品，在交付和回收商品环节都开具增值税专用发票。企业以销售商品方式进行融资处理。

2016年12月会计处理如下。

借：银行存款	11 700 000	
贷：其他应付款		10 000 000
应交税费——应交增值税（销项税）		1 700 000
借：发出商品	8 000 000	
贷：库存商品		8 000 000
借：财务费用	400 000	
贷：其他应付款		400 000

2016年确认递延所得税资产＝（200+40）×25%＝60（万元），税法上当期应缴所得税＝（100+240）×25%＝85（万元）。会计处理如下。

借：递延所得税资产	600 000	
所得税费用	250 000	
贷：应交税费——应交所得税		850 000

2017年5月1日甲公司以1 200万元的价格将该批商品购回，同时取得增值税专用发票，那么，取得的进项税额抵减了前面缴纳的增值税，而发票上注明的商品价格则构成采购成本，抵减了前面产生的企业所得税。

操作点评：

售后回购的主旨是为企业筹集资金。这种交易方式使销售方将实物资产转化为货币资金，出售时可以取得全部价款，从而获得了所需的资金，而购货方也找到了一个风险小，回报有保障的投资机会。但是，当发生"售后回购"业务时，增值税专用发票已经开具，并且与资产相关的经济利益已经流入企业，在应税收入的确认上，税法更侧重于以交易的法律形式作为判断标准。这时，税法将售后回购视同销售和采购两个环节进行处理。

笔者认为，上述业务处理方法都存在欠妥之处。

第一，如果企业发生销售核算销项税，但是，不开具和取得增值税专用发票，有关企业的售后回购业务将可能出现多缴增值税问题。甲公司在第一种处理方法下处理售后回购业务，一个非常明显的问题就是这批商品在销售环节发生增值税销项税额170万元，而在购进环节无法提取增值税的进项税额。如果甲公司以后将该批商品再销售，那么还需要再缴一次增值税。这就存在重复缴税问题。作为受让方未取得有关商品实质性的所有权，同样也存在经营性风险。

第二，国税函〔2008〕875号文件规范的是企业所得税问题，与增值税无关。企业发生销售不核算销项税，与增值税有关规定相悖，存在少缴增值税的问题，如果有关企业按此方法操作，将受到主管国税机关的处罚。

第三，如果企业发出商品的同时开具增值税专用发票，在会计上不做销售处理，同时注意核算会计与税法的差异，这在理论上不存在问题，但是，在实践过程中存在一定的难度：一是容易与税务机关的管理发生矛盾，因为（国税函〔2008〕875号）文件规定"有证据表明不符合销售收入确认条件的"才可以如此操作，而这里的"有证据表明"需要有关企业提供，这里容易产生与税务机关确认的标准不一致的问题，从而产生涉税风险。二是对于商品出让方来说，也是不经济的。因为，如果有关企业将商品出售按规定进行核算，作主营业务收入处理，那么，有关企业在计算招待费用、广告和业务宣传费用等方面都可以获得好处。

此外，在具体业务处理上，还需要考虑其他因素。售后回购一般有四种情况：一是卖方在销售商品后的一定时间内必须回购；二是卖方有回购的选择权；三是买方有要求卖方回购的选择权；四是收购价格按照市场价还是按照合同价格等。

企业在采用售后回购的方式进行融资时，如果合同中规定的回购价以回购当日的市场价为基础确定，表明该商品增值或贬值直接和买方有关，但卖方企业仍对售出的商品实施控制。如果在合同中已经将回购价订明，那么商品价格变动产生的风险和报酬均和卖方企业相关，与买方企业无关。售后回购其实是一种融资行为，相当于企业将商品质押在另一方企业中，然后获得融资，并在一定期限内将其赎回。因此一般情况下售后回购不作为销售处理。

按照新会计制度的规定，对于售后回购业务，企业应当设置“待转库存商品差价”科目，核算发出商品的销售价格与实际成本及相关税费之间的差额。企业在发出商品时，按实际收到或应收的价款，借记“银行存款”或“应收账款”等，按库存商品的实际成本，或固定资产账面价值，贷记“库存商品”“固定资产清理”等，按增值税发票上的增值税额，或销售不动产、无形资产应交的营业税，贷记“应交税费——应交增值税（销项税额）”、“应交税费-营业税”等；根据计算的有关税金和附加后，借记“待转库存商品差价”，贷记“应交税费一应交城建税”“其他应交款——教育费附加”，按借、贷方差额，贷记或借记“待转库存商品差价”。如果回购价格大于原售价，还应在销售与回购期内，按回购价格大于原售价的差额计提利息费用，借记“财务费用”，贷记“待转库存商品差价”。如果回购价格小于原售价，根据谨慎性原则，则不能计提财务费用。企业日后重新购回该商品时，根据对方开据的增值税专用发票，借记“物资采购”或“库存商品”“应交税费——应交增值税（进项税额）”等，贷记“银行存款”“应付账款”等；同时，将“待转库存商品差价”科目的余额冲减或增加购回商品的成本。

例如，A、B企业均为增值税一般纳税人，A公司于2017年1月1日将一批商品销售给B公司，售价为500万元，成本为400万元，已经收到B公司的货款。A、B两公司相互商定，于2017年6月1日由A公司将这批商品购回，购回价以回购当日的市场价为基础确定。如果A公司与B公司约定，到期按照合同中的价格将商品购回，回购价为530万元。这等于A公司向B公司借款500万元，借款期限为5个月，支付利息30万元。

会计上对售后回购业务的核算，根据实质重于形式的原则，企业一般将售后回购业务视同融资业务进行会计处理，并通过“待转库存商品差价”科目核算，计算企业在附有购回协议的销售方式下，发出商品的实际成本（或进价）与销售价格以及相关税费之间的差额。如果回购价大于售价，作为融资费用，分期确认“财务费用”的同时计入“待转库存商品差价”。

但是，当发生售后回购业务时，增值税专用发票已经开具，并且与资产相关的经济利益已经流入企业，在应税收入的确认上，税法更侧重于以交易的法律形式作为判断标准，这时，税法将售后回购视同销售和采购两个环节进行处理。所以，企业应在发出商品并收到销售款的当天，确认为销售收入，计算缴纳企业所得税。

1. 回购价以回购当日的市场价为基础确定

A公司销售商品时会计处理如下。

借：银行存款	5 850 000	
贷：库存商品		4 000 000
待转库存商品差价		1 000 000
应交税费——应交增值税（销项税额）		850 000

假设A公司预计2017年6月1日该商品的市场价值为540万，则A公司分期确认融资费用，按5个月算。

借：财务费用	80 000	
贷：待转库存商品差价		80 000

如果到期时，市场上A公司的产品实际价格为580万，则A公司就会以580万的价格将其购回。

借：库存商品	4 000 000	
应交税费——应交增值税（进项税额）	986 000	
财务费用	400 000	
待转库存商品差价	1 400 000	
贷：银行存款		6 786 000

2. A公司根据约定按照合同中的价格将商品购回

A公司销售商品时会计处理如下。

借：银行存款	5 850 000	
贷：库存商品		4 000 000
待转库存商品差价		1 000 000
应交税费——应交增值税（销项税额）		850 000

A公司将售价与回购价之间的差额30万元，按照5个月进行摊销，记入当期损益。

借：财务费用	60 000	
贷：待转库存商品差价		60 000

到期时，A公司将商品回购，支付款项530万元。

借：库存商品	4 000 000	
应交税费——应交增值税（进项税额）	901 000	
待转库存商品差价	1 300 000	
贷：银行存款		6 201 000

这里需要注意售后回购业务中会计处理与税务处理的差异。售后回购业务在会计核算时，按照"实质重于形式"的要求，视同融资做账务处理，但在税收上不承认这种融资，而视为销售和采购两项经济业务。销售方的销售实现时要按照规定开具发票

并收取价款，从税法上讲，这本身已经构成计税收入的实现。因此，甲公司在销售商品时，应按规定的税率计征增值税的同时，计算城建税、教育费附加和企业所得税。

分析结论：

通过售后回购进行融资的企业，应当综合分析相关政策对企业所产生的综合影响，如果企业日常发生招待费用、广告和业务宣传等费用较多，就应当将售后回购业务按正常销售来处理：在商品发出的同时，开具增值税专用发票，并通过“主营业务收入”核算销售处理。回购商品的同时索取增值税专用发票，按正常商品购进核算相关业务。

政策背景：

国家税务总局关于确认企业所得税收入若干问题的通知（国税函〔2008〕第875号）

根据《中华人民共和国企业所得税法》（以下简称企业所得税法）及《中华人民共和国企业所得税法实施条例》（以下简称实施条例）规定的原则和精神，现对确认企业所得税收入的若干问题通知如下：

一、除企业所得税法及实施条例另有规定外，企业销售收入的确认，必须遵循权责发生制原则和实质重于形式原则。

（三）采用售后回购方式销售商品的，销售的商品按售价确认收入，回购的商品作为购进商品处理。有证据表明不符合销售收入确认条件的，如以销售商品方式进行融资，收到的款项应确认为负债，回购价格大于原售价的，差额应在回购期间确认为利息费用。

租赁筹资需比较　背景不同利益异

甲公司系商品流通企业，兼营融资业务（未经中国人民银行批准）。2018年1月份，甲公司按照乙公司所要求的规格、型号、性能等条件购入一台大型设备，取得的增值税发票上注明的价款是1 000万元，增值税额170万元，该设备的预计使用年限为10年（城市维护建设税适用税率7%、教育费附加3%）。

方案一：租期10年，租赁期满后，设备的所有权归乙公司，租金总额2 000万元，乙公司于每年年初支付租金200万元。

方案二：租期8年，租赁期满，甲公司将设备残值收回，收回设备的可变现净值为400万元，租金总额1 600万元，乙公司于每年年初支付200万元。

策划分析：

租赁业务分融资租赁和经营租赁两种。融资租赁是指具有融资性质和所有权转移特点的设备租赁业务。即出租人根据承租人所要求的规格、型号、性能等条件购入设备租赁给承租人，合同期内设备所有权属于出租人，合同期满付清租金后，承租人有权按残值购入设备，以拥有设备的所有权。

《财政部 国家税务总局关于全面推开营业税改征增值税试点的通知》（财税〔2016〕36号）附件2《营业税改征增值税试点有关事项的规定》第一条第（三）款就融资租赁和融资性售后回租业务明确：

（1）经人民银行、银监会或者商务部批准从事融资租赁业务的试点纳税人，提供融资租赁服务，以取得的全部价款和价外费用，扣除支付的借款利息（包括外汇借款和人民币借款利息）、发行债券利息和车辆购置税后的余额为销售额。

（2）经人民银行、银监会或者商务部批准从事融资租赁业务的试点纳税人，提供融资性售后回租服务，以取得的全部价款和价外费用（不含本金），扣除对外支付的借款利息（包括外汇借款和人民币借款利息）、发行债券利息后的余额作为销售额。

（3）试点纳税人根据2016年4月30日前签订的有形动产融资性售后回租合同，在合同到期前提供的有形动产融资性售后回租服务，可继续按照有形动产融资租赁服务缴纳增值税。

继续按照有形动产融资租赁服务缴纳增值税的试点纳税人，经人民银行、银监会或者商务部批准从事融资租赁业务的，根据2016年4月30日前签订的有形动产融资性售后回租合同，在合同到期前提供的有形动产融资性售后回租服务，可以选择以下方法之一计算销售额。

①以向承租方收取的全部价款和价外费用，扣除向承租方收取的价款本金，以及对外支付的借款利息（包括外汇借款和人民币借款利息）、发行债券利息后的余额为销售额。

纳税人提供有形动产融资性售后回租服务，计算当期销售额时可以扣除的价款本金，为书面合同约定的当期应当收取的本金。无书面合同或者书面合同没有约定的，为当期实际收取的本金。

试点纳税人提供有形动产融资性售后回租服务，向承租方收取的有形动产价款本金，不得开具增值税专用发票，可以开具普通发票。

②以向承租方收取的全部价款和价外费用，扣除支付的借款利息（包括外汇借款和人民币借款利息）、发行债券利息后的余额为销售额。

（4）经商务部授权的省级商务主管部门和国家经济技术开发区批准的从事融资租赁业务的试点纳税人，2016年5月1日后实收资本达到1.7亿元的，从达到标准的当月起按照上述第（1）、（2）、（3）点规定执行；2016年5月1日后实收资本未达到1.7亿元但注册资本达到1.7亿元的，在2016年7月31日前仍可按照上述第（1）、（2）、（3）点规定执行，2016年8月1日后开展的融资租赁业务和融资性售后回租业务不得按照上述第（1）、（2）、（3）点规定执行。

财税〔2016〕47号第三条第（三）项规定：一般纳税人2016年4月30日前签订的不动产融资租赁合同，或以2016年4月30日前取得的不动产提供的融资租赁服务，可以选择适用简易计税方法，按照5%的征收率计算缴纳增值税。

现将以上两种租赁方式应负担的税收做如下比较。

方案一：租赁期满后，设备的所有权转让。若甲公司为增值税一般纳税人，按规定，该设备的进项税额应允许抵扣。

甲公司应纳增值税＝销项税额－进项税额＝2000÷（1+17%）×17%－170＝120.60（万元）

应纳城市维护建设税及教育费附加＝120.60×（7%+3%）＝12.06（万元）

由于征收增值税的融资租赁业务（未经中国人民银行批准）实质上只是一种购销业务，应按照购销合同征收万分之三的印花税。

应纳印花税＝2 000×3÷10 000＝0.6（万元）

甲公司获利2 000÷（1+17%）－1 000－12.6－0.6＝696.74（万元）。

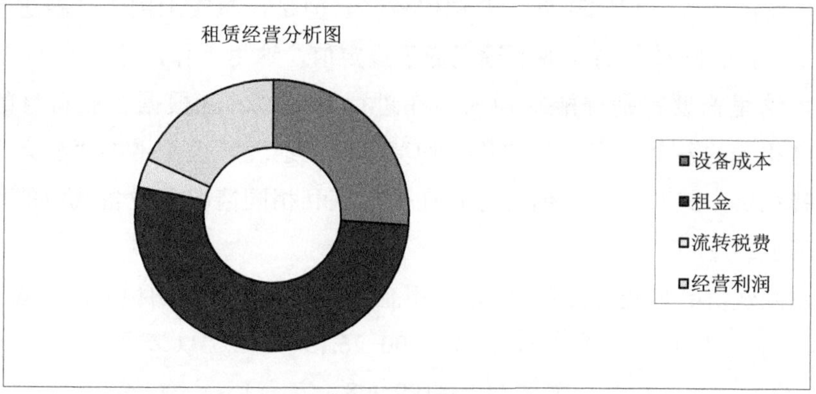

方案二：租赁期满，甲公司将设备残值收回。

租期8年，租赁期满，甲公司将设备残值收回，收回设备的可变现净值为200万元，租金总额1 800万元，乙公司于每年年初支付225万元。

由于该公司所从事的融资租赁业务未经中国人民银行批准，所以，其业务只能按一般规定处理，以其向承租者收取的全部价款和价外费用按17%的适用税率计算缴纳增值税。

应纳增值税＝1 800÷（1+17%）×17%＝261.54（万元）

应纳城市维护建设税及教育费附＝261.54×（7%+3%）＝26.15（万元）

另外，按照现行税法的规定，对银行及其他金融组织的融资租赁业务签订的融资租赁合同，应按借款合同征收印花税，对其他企业的融资租赁业务不征印花税。

假设8年后，甲公司收回设备的可变现净值为400万元，那么，甲公司获利应该是：

1 800÷（1+17%）+200－1 000－26.15＝712.31（万元）

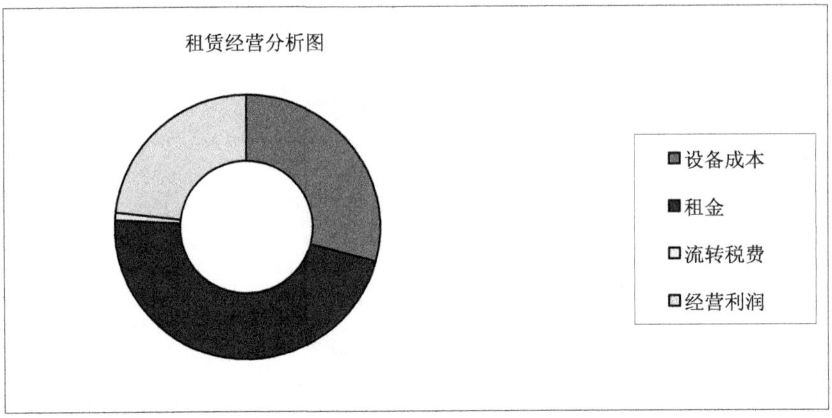

这里需要说明两点：一是上述计算过程中，由于在两种租赁方式下，企业发生的费用变化不大，故在计算企业获利时未考虑费用的减除；二是在计算缴纳营业税时，是假定收回设备的可变现净值为200万元，在这种情况下，通过比较我们不难发现，选择第二种方案的税收负担比较低，获利比较高。但是，事实上由于科技进步，设备老化，客观上会使收回设备的变现值远远低于设定值，这里不作讨论。

因此，这里需要特别提醒纳税人，在进行策划时，应根据企业自身的情况，综合考虑与之相关的各个因素再作定论，切莫简单化地理解理论上的“剩余”价值，因此，在选择租赁方式时，应当通过寻找在企业获利相同情况下设备残值的可变现净值临界点来确定。

假定收回残值的可变现净值为X，当甲企业为增值税一般纳税人时，设：

$$1\,800\div(1+17\%)+X-1000-26.15=712.31\text{（万元）}$$

$$\text{解之得}X=199.998\text{（万元）}$$

租赁筹资方案分析表 单位：万元

筹资方案	租期	设备成本	租金	流转税费	经营利润
方案一	10	1 000	2 000	133.26	696.74
方案二	8	1 000	1 800	287.69	712.31

策划结论：

由此可见，当收回残值的可变现净值超过199.998万元时，甲公司应选择方案二，反之则应选择方案一。

策划点评：

租赁企业筹资的一个重要渠道，也是企业用以减轻税负的重要方法。对承租人来说，租赁可获取双重好处：一是可以避免因长期拥有机器设备而承担的负担和风险；二是可以在经营活动中，以支付租金的方式冲减企业的利润、减少税基，从而减少所得税额，并为企业今后继续从事这种无本赢利的经营方式奠定基础。对出租人来说，租赁也给他带来好处，他不必为如何使用或利用这些设备及如何从事经营活动而操心，可以轻而易举地获得租金收入。此外出租人的租金收入要比一般性经营利润收入享受较多的税收优惠待遇。

在实际操作中，企业应将以上两套租赁方案与承租方分别洽谈，按照对方提供的条件，结合预计可收回设备残值的可变现净值，然后再计算税负的高低来比较其优劣。此外，对上述甲公司为增值税一般纳税人的情况，由于企业的进项税额可一次性抵扣，而计算销项税额则按年分别计算，是否考虑时间价值因素，应根据各个企业的应纳增值税的不同情况来定。

在一个大的企业集团，租赁可以使其下属两个分主体之间分别为出租人和承租人而直接、公开地将资产从一个企业转移给另一企业。同一利益集团中一个甲公司出于某种税收目的，将赢利的生产项目连同设备以租赁方式转租给另一个乙公司，并按照有关规定收取足够高的租金，最终使该利益集团所享受的税收待遇最为优惠，税负最低。这是较典型的租赁节税效应。这样操作，可以使控股公司像操作分公司一样在两个或更多的独立核算企业之间做调节利润的工作，从而使集团公司的利益最大化，当然最终也就实现了股东利益的最大化。

上海普誉财务咨询公司曾策划过这样一个案例：康达集团公司有若干个下属子公司，其中预计子公司甲在2018年盈利1 000万元，而子公司乙预计2018年将亏损800万元。集团公司在咨询专家的策划下，做了经营性调整，将公司甲的一条有年盈利800万元能力的生产流水线（正好是一个独立的车间）出租给公司乙，并向公司乙收取200万元的租赁费。

策划前，甲公司应交所得税（假设甲、乙公司的所得税均为25%）：

$$1\ 000 \times 25\% = 250\text{（万元）}$$

乙公司亏损800万元，不交所得税。

策划后，甲公司应交所得税：

$$(1\ 000-800+200) \times 25\% = 100\text{（万元）}$$

通过策划，该集团公司在这笔租赁业务上，减轻了税收负担：

$$250-100 = 150\text{（万元）}$$

租赁产生的节税效应，并非只能在同一利益集团内部实现，即使在专门租赁公司提供租赁设备的情况下，承租人仍旧可以获得税收上的好处。就这一点而言，租赁与筹资中的其他一些内容有共通之处。比如可以使承租者马上进行正常生产经营活动，并很快获得收益。

注意事项：

（1）租赁设备的成本确定。这里注意设备折旧与租赁费用的关系。从表面上看，经营租赁节税是将承租人经营所得利润的一部分，以支付租金的形式转移出去，从而降低承租人的利润所得，进而实现降低税收负担的目的。然而经营租赁有一个问题比较麻烦，即租赁设备的折旧处理。对出租者和承租者来说，折旧额的多少会直接冲减利润收入或租金收入。一般的做法是：折旧费由出租者提取，由承租者承担。无论折旧由什么形式提取，折旧期限怎样确定是十分重要的。

（2）注意租赁业务操作的规范化。在确定采用租赁的方式筹资时，拟订一份规范的租赁合同也非常重要。在经济活动中，经济主体之间的交易行为往往会通过订立合同来确定，我国《经济合同法》规定，签订的经济合同内容必须合法才是有效合同。所以企业与其他经济主体签订合同时，应该关注税法，有意识地遵循法律规定，这样不仅可以大大降低风险，提高管理质量，而且最终还会为企业带来长远的利益。

为了加强对租赁经营企业所得税的征收管理，国家税务总局《关于企业租赁经营有关税收问题的通知》（国税发〔1997〕8号）对内资企业租赁经营的有关税收问题，做出了明确规定，其中有一项是“企业全部或部分被个人、其他企业、单位承租经营，但未改变被承租企业名称，未变更工商登记的，并仍以被承租企业名义对外从事生产经营活动，不论被承租企业与承租方如何分配经营成果，均以被承租企业为企业所得税纳税义务人，就其全部所得征收企业所得税。”这项规定在具体操作过程中，被承租企业若处理不当，会使企业处于不利的位置。

有这样的实例：华天商场在2017年初承租给刘某经营，在承租合同中规定，商场每年向承租人刘某收取12万元承包费后，其他一切经营事宜及经营成果归刘某所有。刘某未改变该工业品商场的名称，也未变更工商登记，仍以该商场的名义对外从事经营活动。

该商场在一年中一直未进行所得税申报纳税，2018年初，主管税务机关根据上述条款对华天商场（被承租企业）发出了限期纳税通知书。当华天商场接到限期纳税通知书后，十分不理解，声称：当初承租合同中已经明确规定，商场除收取承包费外对一切事宜概不负责。刘某承租了企业，纳税应由刘某负责。但税务机关指出，承租合同中的规定不能改变被承租企业是所得税纳税义务人的身份。这样，被承租企业处在一个不利的位置上，一是合同订立时很难确定具体应由对方承担的所得税款；二是若是承租方违反税法经营的话，还会将这一违法风险转嫁到被承租方身上。最后，以刘某主动付给华天商场应承担的2017年所得税款将问题解决了。

但从这一事件中，华天商场认识到应根据税法的有关规定重新斟酌一下与刘某签订的合同。于是，他们聘请注册税务师和律师一起研究。研究后，他们认识到企业租赁经营大多是承包经营，这样承租方按合同（协议）规定只向发包方交纳一定的费用，其余事项和经营成果归承包方，在很多情况下，不利于被承租企业，因此被承租企业在签订承租合同时，应坚持以下几条原则：

一是，不宜在订立合同时预先确定租赁费用总额，应考虑经营期间内的所得税税款支出。

二是，需设立相关条款，用以控制承租方经营中违反企业所得税法的活动。

三是，在难以与承租方进行有效协调的情况下，可以建议承租方承租企业后重新进行工商登记和税务登记。

后来，华天商场在这些原则指导下重新规范了刘某的承租合同，降低了该企业因改变经营方式引起的税收风险。

显然，作为利用租赁方式盘活自有资产的企业和其他纳税人应从中受到某些启发。

第14计：经营搞促销 税收有奥妙

【妙计提要】

价格打折或返利，商场促销常操持；补血操作若不当，涉税风险紧随之。

【本计内容】

销售是投资人实现投资目的的重要环节，无论是商品零售商还是制造商，抑或是服务业务提供商，都在想方设法扩大销售额。但是，销售业务中蕴藏着税收问题。在日常财务处理过程中销售额的确定是一个问题，销售返租、销货退回、现金折扣、折扣销售、销售折扣与折让以及视同销售等各种业务的处理，税收与会计政策存在差异。所有这些问题都是困扰企业领导和财务人员的重要环节。不仅如此，投资人还可能通过促销的方式推销产品或者扩大企业的知名度。促销形式多样："打折销售""送券促销""买一送一"等，不同的促销方式下如何处理税收业务也是一个问题。此外，经营方式有多种：专卖店、连锁经营等。销售方式也有组合的套餐，如混合销售、兼营、平销业务。在这些业务中都存在复杂的税收问题，同时也存在很大的税收策划空间。

目前的市场已经成为买方市场，所以，各路商家总是想方设法来推销自己的商品，"打折销售""送券促销"等手段是多数商业企业经常使用的促销方法。但是，从税收的角度讲，在销售商品的同时，赠送货物，属于视同销售行为，应当将赠送的货物按实计算缴纳增值税。所以，在具体操作的时候就需要当事人综合分析了。

【案例注释】

销售环节的涉税问题很多，本计只是笔者实践的一个总结。读者可能对上述表述感觉难以理解，因此，这里我们结合实际案例对有关计策的操作原理做一个简要分析和解释。

让利送券和返利　谁对管理更有利

洋洋时装经销公司是一家服装专业零售企业，一般纳税人。公司以几个世界名牌服装的零售为主，2018年度实现销售收入48 650万元，在当地拥有一定的知名度。2018年劳动节很快就要到了，公司的销售部准备开展一次促销活动，以提升该企业的盈利能力。

对于这个活动，公司的决策层很重视，他们给出活动的价格区间，经测算，如果将商品打八折让利销售，并且获得一定的销售量，企业可以维持在计划利润的水平上。因此，公司决定本次促销活动的目标销售额是5 000万元。

在促销活动的酝酿阶段，公司主管、市场部和财务部在具体促销方案上存在分歧：市场部经理认为采用赠送优惠券的方式可以增加销售量；财务部主管则认为如果采用让利销售的方式可以使企业少缴税；而公司总经理主张采用返还现金的方式进行促销。

由于大家从不同的角度考虑问题，而且讲得都有道理，彼此互不相让，谁也说服不了谁，最后没有达成一致意见。董事长觉得这个问题是一个专业性和政策性都很强的业务，因此，决定向上海普誉财税策划工作室的税务专家进行咨询。

策划预案：

上海普誉财税策划工作室派的税务专家认为：对于一个促销活动而言，在其他因素不变的条件下，税收成本的支出是活动成败的一个重要因素，所以，经营者应该充分考虑活动的涉税问题。但是，一项策划活动是否成功，其衡量的标准应当是与企业的发展目标结合起来。为了帮助该企业了解销售环节的涉税问题，并就促销活动的具体方法做出决策，咨询专家提出了三个操作方案，并且以10 000元销售额为一个单元做基数进行了分析和测算。

（1）让利（折扣）20%销售，即企业将10 000元的货物以8 000元的价格销售，或者企业的销售价格仍为10 000元，但在同一张发票上反映折扣额为2 000元。

（2）赠送20%的购物券，即企业在销售10 000元货物的同时，另外再赠送2 000元的购物券，持券人还可以凭购物券购买商品。

（3）返还20%的现金，即企业销售10 000元货物的同时，向购货人赠送2 000元现金。

策划分析：

这三种方案是目前多数企业通常采用的促销方法，那么从税收的角度讲，各种促销方法的税收待遇如何？哪一种方法对企业更有利呢？税务专家在此具体计算分析如下（参与该次活动的商品的购进成本为含税价6 000元。经测算，公司每销售10 000元商品发生可以在企业所得税前扣除的工资和其他费用600元）。

税负测算：

为了简便起见，这里仅分析增值税、企业所得税等两个主要税种。

1. 增值税的税收负担分析

增值税属于价外税，但是构成企业的现金流出项目，对企业的经营同样会产生影响。

方案一：让利20%销售商品。

因为让利销售是在销售环节将销售利润让渡给消费者，让利20%销售就是将计划作价为10 000元的商品以8 000元的价格销售出去。假设在其他因素不变的情况下，企业的税利情况如下。

应纳增值税额为：

$$(8\,000-6\,000)\div(1+13\%)\times 13\% = 230.09（元）$$

方案二：赠送价值20%的购物券。

消费者每购买10 000元商品，商场赠送2 000元购物券，可在商场购物，实际上是商场赠送给消费者价值2 000元的商品（其购进价格为1 200元）。根据增值税暂行条例规定，这种赠送属于“视同销售货物”，应按规定计算缴纳增值税。该业务比较复杂，将其每个环节做具体的分解，计算缴税的情况如下。

（1）公司销售10 000元商品时，应纳增值税为：

$$10\,000\div(1+13\%)\times 13\%-6\,000\div(1+13\%)\times 13\%=1\,150.44-690.27=460.17（元）$$

（2）赠送2 000元的商品，按照现行税法规定，应作视同销售处理，应纳增值税为。

$$2\,000\div(1+13\%)\times 13\%-1\,200\div(1+13\%)\times 13\% = 230.09-138.05 = 92.04（元）$$

合计应纳增值税为：

$$460.17+92.04 = 552.21（元）$$

方案三：返还20%的现金。

应纳增值税额为：

$$[(10\,000-6\,000)\div(1+13\%)]\times 13\% = 460.18（元）$$

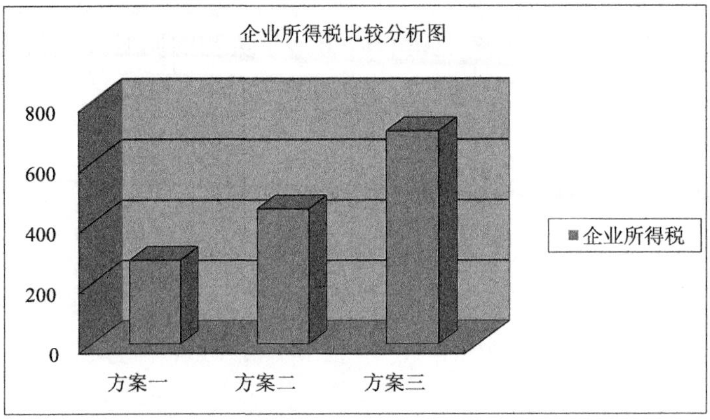

将以上计算进行汇总分析，我们可以得出“方案一”增值税的税收负担最低的结论。那么，方案一是不是最佳方案呢？显然，此时就做出结论是不适合的。

2. 企业所得税的税收负担分析

我们假设将洋洋时装经销公司的促销活动单独进行企业所得税分析。

方案一：让利20%销售商品。

企业应纳企业所得税：

[（8 000−6 000）÷（1+13%）−600] × 25% = 292.48（元）

方案二：赠送价值20%的购物券。

根据企业所得税法规定，对于企业以“买一赠一”等方式组合销售本企业商品的，不属于捐赠，其成本可以在企业所得税前扣除。所以，公司应缴纳企业所得税：

[（10 000−6 000−1 200）÷（1+13%）−600] × 25% = 469.47（元）

方案三：返还20%的现金。

消费者每购买10 000元的商品，商场赠送2 000元现金。应把其作为应税所得的调增额，所以，公司应缴纳企业所得税：

[（10 000−6 000）÷（1+13%）−600] × 25% = 734.96（元）

将以上计算进行汇总分析，我们可以得出“方案一”企业所得税的税收负担最低的结论。

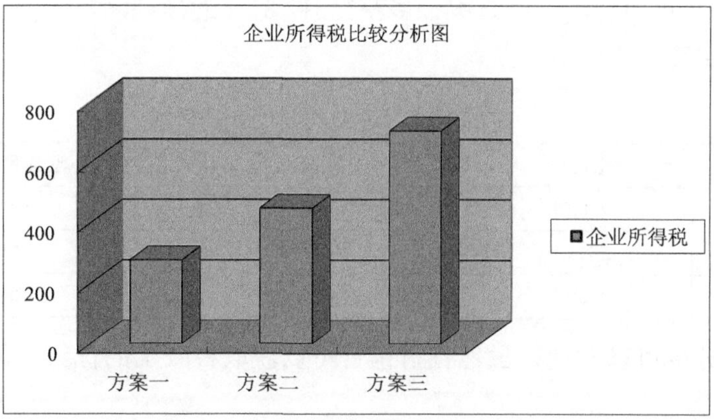

将上述三个方案的税收负担情况进行综合分析，可得出“方案一”增值税和企业所得税最少的结论。

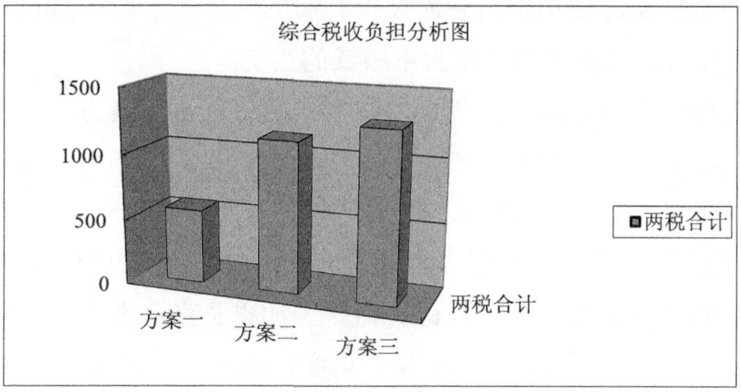

到这里，是不是就可以得出应当选择方案一的结论呢？事实上还不行，我们需要对投资的实际净收益进行具体分析。

3. 企业税后利润分析

方案一：让利20%销售商品。

在方案一所设定的条件下，企业的税后净利润额为：

$$(8\,000-6\,000)\div(1+13\%)-600-292.48=877.43\text{（元）}$$

方案二：赠送价值20%的购物券。

在方案二所设定的条件下，企业的税后净利润额为：

$$(10\,000-6\,000-1\,200)\div(1+13\%)-600-469.47=1\,408.41\text{（元）}$$

方案三：返还20%的现金。

在方案三所设定的条件下，企业税后净利润额为：

$$(10\,000-6\,000)\div(1+13\%)-600-2\,000-734.96=204.86\text{（元）}$$

策划结论：

在规范操作的前提下，通过对照相关政策进行具体测算，我们不难发现各种方案的优劣。方案二中，企业销售10 000元商品实际支出价值12 000元的货物，企业可以获得1 344.87元的税后净利润；比方案一多获得512.82元的净利润，我们可以得出方案二企业的税后利润最多的结论。

各方案的税收负担及利润比较表 单位：元

方案	增值税	企业所得税	企业税后利润
方案一	230.09	292.48	877.43
方案二	552.21	469.47	1 408.41
方案三	460.18	734.96	204.86

从上面的分析可以发现，虽然打折销售可以获取税收上的优势，但是并不是最优选择。

综合分析：

通过调查发现，多数企业经常采用以让利销售和返利销售为实质内容的各种促进销售方式，目的是想通过增加销售额而获得利润的同步增长。但是，其中的税收因素很少有人顾及，以致许多企业做了出力不赚钱的买卖。

是不是在任何情况下，赠送购物券促销方式都比打折促销方式更为有利呢？如果考虑其他情况的结果又将如何？其实，企业的促销活动，除了需要考虑促销的目的以外，还要考虑与盈利活动有直接关系的相关因素。

洋洋时装经销公司从事的是服装经销业务，一般来说，服装经营的毛利率都比较高，特别是那些品牌服装就更是如此。但是，如果是商品毛利比较低的企业进行促销，其结果又将如何呢？下面我们不妨换个角度，对这个问题做进一步分析。

假设该公司参加促销活动商品的购进成本上升1 000元（成本由6 000元变为7 000元，其他条件不变），仅对打折销售和赠送购物券两种情况做一个分析。

第一，打折销售。

假设商场每销售10 000元的商品，其成本为7 000元，商场为增值税一般纳税人，其所得税率为25%。在促销过程中以8折销售，也就是说消费者每购买10 000元商品，实际支付8 000元，商场实现8 000元的销售收入，其纳税情况和获利情况如下：

（1）企业应缴增值税：

$$（8\ 000-7\ 000）÷（1+13\%）×13\%=115.04（元）$$

（2）企业应纳企业所得税：

$$[（8\ 000-7\ 000）÷（1+13\%）-600]×25\%=71.24（元）$$

（3）企业可以获得税后净利润：

$$（8\ 000-7\ 000）÷（1+13\%）-600-71.24=213.72（元）$$

第二，赠购物券销售。

消费者每购买10 000元商品，商场赠送2 000元购物券，可在商场购物，实际上是商场赠送给消费者价值2 000元的商品（其成本为1 400元）。根据增值税暂行条例规定，这种赠送视同销售货物，应缴纳增值税，并且根据企业所得税法规定，对于非公益性捐赠行为，其捐赠支出不得在企业所得税前扣除，即应把其作为应税所得的调增额，其纳税情况和获利情况如下。

（1）企业应缴增值税：

$$（10\ 000+2\ 000-7\ 000-1\ 400）÷（1+13\%）×13\%=414.16（元）$$

（2）企业应缴所得税：

$$[（10\ 000-7\ 000-1\ 400）÷（1+13\%）-600]×25\%=203.98（元）$$

（3）企业可以获得税后净利润：

$$（10\ 000-7\ 000-1\ 400）÷（1+13\%）-600-203.98=611.95（元）$$

各方案的税收负担及利润　　单位：元

方案	增值税	企业所得税	企业税后利润
打折销售	115.04	71.24	213.72
赠购物券	414.16	203.98	611.95

进货成本为7 000元的情况下企业每销售10 000元商品，采用打折销售方式比赠购物券的方式少盈利398.23元（611.95-213.72）。这比进货成本为6 000元的情况下，采用打折销售方式比赠购物券的方式少盈利530.98元（1 408.41-877.43）。也就是说，随着进货成本的增加，赠购物券方式的优势将越来越少。

策划结论：

企业进行促销，在一般情况下送券可以扩大销售量，扩大企业的影响，提高企业商品的市场占有率。但是，与此有关的税金和费用也随之增加。如果考虑盈利为目的，以下的策划思路是可以考虑的。

（1）购销差价是税收策划需要考虑的重点问题。如果商品的购进成本较高，购销差价比较小，那么，采用打折销售就比较合算，因为这种方式操作简单，运营成本相对较低；反之，如果商品的购销差价比较大，则采用赠送购物券的方式比较讨巧。

（2）个人所得税代扣代缴问题影响企业的经营业绩。如果促销商品需要代扣代缴个人所得税，而个人所得税的适用税率较高，则对企业的经营成果产生较大的影响。

（3）进行促销活动的税收策划需要关注促销活动的最终目的。商品零售企业在选择促销方式时，切不可只考虑节税效益，而要从企业整体的盈利能力方面加以考察。在实务中，纳税越少并不意味着获利越大，进行让利促销方式的选择，务必要从企业的实际情况出发，事先做好策划，选择较优的促销方式，这样才能确保企业利益较大化。

策划难点：

笔者在《企业涉税风险的表现及规避技巧》一书中曾对部分企业的业务流程进行过研究，从而得出一个结论性意见：企业的涉税风险几乎80%以上不是在会计和财务环节产生的。销售活动就是如此，对于销售环节的一项活动，就可能影响该企业的所有税种的税收负担，而销售环节的具体活动又往往是企业的销售人员或者普通职工来进行的，而他们往往缺乏起码的税收策划意识，从而导致一个良好的促销活动，由于税收问题增加了企业的负担而收不到预期效果。

政策链接：

财政部 税务总局关于调整增值税税率的通知（财税〔2018〕32号）

为完善增值税制度，现将调整增值税税率有关政策通知如下：

一、纳税人发生增值税应税销售行为或者进口货物，原适用17%和11%税率的，税率分别调整为16%、10%。

二、纳税人购进农产品，原适用11%扣除率的，扣除率调整为10%。

三、纳税人购进用于生产销售或委托加工16%税率货物的农产品，按照12%的扣除率计算进项税额。

四、原适用17%税率且出口退税率为17%的出口货物，出口退税率调整至16%。原适用11%税率且出口退税率为11%的出口货物、跨境应税行为，出口退税率调整至10%。

财政部 税务总局 海关总署关于深化增值税改革有关政策的公告（财政部 税务总局 海关总署公告2019年第39号）

为贯彻落实党中央、国务院决策部署，推进增值税实质性减税，现将2019年增值税改革有关事项公告如下：

一、增值税一般纳税人（以下称纳税人）发生增值税应税销售行为或者进口货物，原适用16%税率的，税率调整为13%；原适用10%税率的，税率调整为9%。

二、纳税人购进农产品，原适用10%扣除率的，扣除率调整为9%。纳税人购进用于生产或者委托加工13%税率货物的农产品，按照10%的扣除率计算进项税额。（加计扣除1%）

三、原适用16%税率且出口退税率为16%的出口货物劳务，出口退税率调整为13%；原适用10%税率且出口退税率为10%的出口货物、跨境应税行为，出口退税率调整为9%。

财政部 国家税务总局《关于企业促销展业赠送礼品有关个人所得税问题的通知》（财税〔2011〕第050号）

根据《中华人民共和国个人所得税法》及其实施条例有关规定，现对企业和单位（包括企业、事业单位、社会团体、个人独资企业、合伙企业和个体工商户等，以下简称企业）在营销活动中以折扣折让、赠品、抽奖等方式，向个人赠送现金、消费券、物品、服务等（以下简称礼品）有关个人所得税问题通知如下：

一、企业在销售商品（产品）和提供服务过程中向个人赠送礼品，属于下列情形之一的，不征收个人所得税：

1.企业通过价格折扣、折让方式向个人销售商品（产品）和提供服务；

2.企业在向个人销售商品（产品）和提供服务的同时给予赠品，如通信企业对个人购买手机赠话费、入网费，或者购话费赠手机等；

3.企业对累积消费达到一定额度的个人按消费积分反馈礼品。

二、企业向个人赠送礼品，属于下列情形之一的，取得该项所得的个人应依法缴纳个人所得税，税款由赠送礼品的企业代扣代缴：

1.企业在业务宣传、广告等活动中，随机向本单位以外的个人赠送礼品，对个人取得的礼品所得，按照“其他所得”项目，全额适用20%的税率缴纳个人所得税。

2.企业在年会、座谈会、庆典以及其他活动中向本单位以外的个人赠送礼品，对个人取得的礼品所得，按照“其他所得”项目，全额适用20%的税率缴纳个人所得税。

3.企业对累积消费达到一定额度的顾客，给予额外抽奖机会，个人的获奖所得，按照“偶然所得”项目，全额适用20%的税率缴纳个人所得税。

三、企业赠送的礼品是自产产品（服务）的，按该产品（服务）的市场销售价格确定个人的应税所得；是外购商品（服务）的，按该商品（服务）的实际购置价格确定个人的应税所得。

促销奖励定制度　操作不当出事故

最近，芳华服装有限公司因商业折扣问题受到当地税务机关的处罚。情况是这样的：该公司是生产短裤的专业企业，其产品主要销往日本以及其他东南亚国家。考虑到外销的产品利润水平较低，近年来着力开拓国内市场。扩大内销的方法主要通过各地的代理商进行，并对代理商实行业务激励，具体方法是将代理商的销售业绩与商业折扣结合起来。

企业情况：

从2017年开始，公司规定在以月结算的条件下，月销售短裤20 000条（不含20 000条，下同）以下的，月度折扣为0.4元/条；月销售20 000～40 000条的月度折扣为0.6元/条。年销售短裤在300 000条以下的，年终折扣为0.5元/条；年销售短裤在300 000～500 000条的，年终折扣为0.6元/条等。

该方法在经营实践中收到较好的效果，很快打开国内市场，2015年内销实现4 656万元。到年底与代理商进行结算时，支付商业折扣300万元（以产品的形式）。该公司的财务人员将该折扣汇总结算后，以红字发票的形式直接冲减2016年12月的销售收入。

稽查意见：

税务稽查人员认为：该企业的这种操作方法不符合有关政策，冲减的销售额应当并入该企业的销售总额计算缴纳增值税。同时依照税收征管法对该企业进行处罚。

在实际操作过程中，由于年初，短裤生产企业不知道每家代理商到年底究竟能销售多少条短裤，也就不能确定每家代理商应享受的折扣标准。这自然形成了一对矛盾：不给商业折扣或给的比例不合适，会影响业务开拓；给商业折扣，如果不能在同一发票上体现，增值税、消费税、所得税及相应的附加税费的征收使企业税收负担大大加重。

政策分析：

怎样才能兼顾二者的关系，做到既满足税法要求，又便于市场管理呢？上海普誉财税策划工作室的税务专家提出如下三种方法：

1. 以预计核算反映折扣

根据代理商以前几个月或者以往年度的销售情况平均计算确定一个适当的折扣率。如某代理商2017年1月至5月销售短裤量分别是20 000条、24 000条、16 000条、18 000条和22 000条，当该代理商于6月上旬来公司提货时，会计人员在开具发票过程中就可以按平均数20 000条的折扣率进行计算折扣，然后在一定的期间再进行结算。

这种方法的优点是：能够反映代理商的折扣情况，及时结算商业折扣。缺点是对业务不稳定、销售波动比较大的客户的折扣情况难以把握。

2. 以递延方式反映折扣

月度折扣推迟至下一个月来反映，年度折扣推迟到下一个年度来反映。假如某代理商2017年1月销售短裤24 000条，其享受的折扣额为0.6元/条，那么该客户1月应享受的月度折扣为14 400元，待该客户2月来开票时，便将其上月应享受的月度折扣14 400元在票面予以反映，客户按减除折扣后的净额付款。如果客户上月应结折扣大于当月开票金额，则可分几次在票面上予以体现。年度折扣主要目的是为了加强对市场网络的管理，如无非常特殊情况，一般推迟到次年的3月进行结算，其处理方法与月度折扣一样，在次年3月开票时在票面上反映出来即可。

这种方法的优点是：操作非常简便。缺点是：如果月份间和年度间销量和折扣标准差异较大，不能较为真实地反映当月和本年度实际的经营成果，而且12月和年终折扣在进行所得税汇算清缴时可能会遇到一些障碍。适用于市场比较成熟、稳定，月份和年度间销量的折扣标准变化不大的企业。

3. 采取现场结算和递延结算相结合的方法

现场结算和递延结算相结合的办法，即是说，日常开票时企业可设定一个现场结算折扣的最低标准，比如0.4元/条，所有的客户都按照这一标准来结算，并在发票上予以体现，客户按减除折扣后的净额付款，月末计算出当月应结给客户的折扣总额，减去在票面上已经反映了的折扣额即为尚应结付的折扣额，将该差额在下月的票面上予以反映，年度折扣仍然放在下一个年度去。

接上例，2017年6月1日该代理商来提20 000条短裤，价款40 000元（不考虑其他因素），根据现场结算其折扣的额度8 000元，在票面上予以体现，那么票面上价款为40 000元，折扣为8 000元，净额为32 000元，记入“主营业务收入”账户，客户本次付款当然为32 000元，月末该代理商实际销售了30 000条，那么，根据实际销量确定其折扣标准为0.6元/条，计算该客户应享受的折扣额为18 000元，已经结付8 000元，尚余10 000元在2月该客户来开票时，在其票面上反映，自然冲减了主营业务收入。

这种方法的优点是缓解了客户的资金压力，操作也相对简便。缺点是：因部分月度折扣放在下一个月，年度折扣放在下一个年度去了，如果销量起伏太大，便不能真实地反映月度和年度的经营成果。这种方法适用于客户资金有一定压力或有特殊要求的企业。

策划点评：

随着市场经济的进一步发展，企业的经营形式也呈现出多样化的趋势。我们在确定销售额时应特别注意几种特殊销售方式下销售额的确认：一是，以折扣方式销售货物根据具体情况确定销售额。这里涉及商业折扣（或称价格折扣）、现金折扣和销货退回与价格折让等几种处理方式。商业折扣是企业为鼓励购买者多买货物而采取的一种价格折让优惠政策，即买得越多，价格越低。具体处理是在购买环节在价格上直接按打折以后的价格计算销售额；现金折扣则是销售货物的企业为促使购买者尽快偿还货款而采取的一种折让优惠政策，对于销售企业而言是一种理财费用，其折扣额如果不是在同一张发票上反映的，就不能冲减销售额；而销货退回与价格折让则是在发生质量问题或者部分退货，并取得购买方主管税务机关签章的《开具红字增值税专用发票通知单》的情况下对销售额进行冲减。二是，在以旧换新销售方式下，应注意不能在销售额中扣减旧货收回的价格。三是，在还本销售方式下，不能扣减还本额。四是，在以物易物销售方式下，应注意将其分解成销售货物与采购商品两个环节来处理，同时，价格必须在合理的范围。

不难看出，商业折扣的作用在于：首先能充分调动代理商的积极性，鼓励多销，销得越多所获报酬也越高，代理商的规模大了，公司相应也提高了市场占有率，最终提高了企业的经济效益；其次使经济杠杆的作用发挥得淋漓尽致。

在许多企业的销售活动中，要测算给代理商的商业折扣率，并且对这个折扣率要进行适当的处理。一般以月份和年度折扣的方式来进行。

目前，新政策对类似的策划已经得到进一步认可，纳税人销售货物并向购买方开具增值税专用发票后，由于购货方在一定时期内累计购买货物达到一定数量，或者由于市场价格下降等原因，销货方给予购货方相应的价格优惠或补偿等折扣、折让行为，销货方可按现行《增值税专用发票使用规定》的有关规定开具红字增值税专用发票。

政策链接：

国家税务总局《关于纳税人折扣折让行为开具红字增值税专用发票问题的通知》（国税函〔2006〕第1279号）

纳税人销售货物并向购买方开具增值税专用发票后，由于购货方在一定时期内累计购买货物达到一定数量，或者由于市场价格下降等原因，销货方给予购货方相应的价格优惠或补偿等折扣、折让行为，销货方可按现行《增值税专用发票使用规定》的有关规定开具红字增值税专用发票。

"买一赠一"经常用　方法不同税有别

某纺织品商场举行2017年假日促销活动，与厂家联合推出一系列促销活动。2017年采用"买一赠一"的方式搞促销活动三次，通过促销活动增加销售额35 690万元，同时赠送小商品2 910万元。

2018年2月26日，当地主管国税机关对该企业2016年度的纳税情况进行了检查，发现该企业在促销活动中作为礼品赠送出去的小商品没有按税法规定作视同销售处理，应补增值税：

$$2\,910 \div (1+17\%) \times 17\% = 422.82（万元）$$

应补缴城市维护建设税及教育费附加合计：

$$422.82 \times (7\%+3\%) = 42.28（万元）$$

当地主管地税机关对企业促销活动的涉税情况也进行了处理，应缴企业所得税：

$$2\,910 \div (1+17\%) \times 25\% = 621.79（万元）$$

在促销过程中，企业应代扣代缴个人所得税，未代扣代缴的企业应该赔缴。该业务企业应赠缴个人所得税额为：

$$2\,910 \div (1-20\%) \times 20\% = 727.5（万元）$$

对于促销活动，企业共补各税合计：

$$422.82+42.28+621.79+727.5 = 1\,814.39（万元）$$

对这笔业务进行补税，该企业的财务负责人李志鸿表示不理解，于是他请来了上海普誉财税策划工作室的专家小方。

小方对该企业促销活动的具体操作过程进行了全面了解。原来，该企业在促销活动中进行了不适当的操作。以销售服装为例，凡购买一套某品牌西服便赠送该品牌领带一条，两种产品实际对外销售价格分别是488元和68元（均为含税价）。该商场的具体操作方法为：对客户出具的发票是填写西服一套，价格为488元，同时以领料单的形式（主要起签字备查的作用）领出领带一条，客户付款当然是488元，在账务处理上其销售收入为417.09元（488/1.17），增值税销项税额为79.91元。对于赠送的领带则按实际进货成本予以结转，进入当期“经营费用”科目核算。

当税务机关进行纳税检查时，便将上述赠送的领带价值68元视同销售计算增值税销项税额9.88元。处理根据是《中华人民共和国增值税暂行条例实施细则》的规定：将自产、委托加工或购买的货物无偿赠送他人，应视同销售计算缴纳增值税。这样，此项销售活动每人次最终涉及增值税销项税额为89.79元。同时补缴相应的企业所得税和个人所得税。

对商场而言，搞赠送本身旨在借这样的销售活动吸引顾客，提高市场占有率，其结果呢？却加重了企业的税收负担，进一步增加了企业的现金流出，降低了企业的效益。

小方指出：为了避免这种情况，商场可以采取以下两种办法来处理。

一是，降低销售价格，实行捆绑式销售。降低销售价格，实行捆绑式销售，即将西服和领带价格分别下调，使其销售价格的合计数等于488元，并将西服和领带联袂销售。这样，也能达到促销和节税的目的。

二是，将赠送货物为销售折让来对待。将促销的主要商品按正常销售来对待，同时把赠送货物按其价值以销售折扣的形式返还给客户。即在普通发票（因直接对消费者销售货物只能开具普通发票）上填写西服一套价格488元，同时填写领带一条，价格68元，同时以折扣的形式将68元在发票反映，直接返还给客户，发票上净额为488元，客户实际付款为488元，这样便达到促销的目的。折扣额68元能够冲减商场的销售收入，即此项活动的不含税销售收入为417.09元，增值税的销项税额为79.91元，从而减少了增值税销项税额9.88元。同时也避免了企业所得税和个人所得税的问题。

策划点评：

“买一赠一”促销方式是目前商业企业采用得比较多的促销形式，但是“买一赠一”促销方式影响到企业的计税销售额，如果操作不当，就有可能形成偷税之嫌。通过以上操作处理，不仅达到了促销的目的，而且还规避了税收负担人为地上升。

这样操作之所以在法律上能够通过，是因为商场在商品的销售定价上有自主权，给客户（无关联关系）的折扣也有自主权。就该项促销活动来看，其销售净价也不会出现明显偏低的现象，这是因为首先商场在促销时一般都采取适当提高相应商品对外销售价格的策略，并且，商品的价格在市场经济条件下作必要的调整是正常的，也是必须的；其次，具体操作方法符合有关法律要求。税法规定，纳税人采取折扣方式销售货物，如果销售额和折扣额在同一张发票上分别注明的，可按折扣后的销售额征收增值税；如果将折扣额另开发票，不论其在财务上如何处理，均不得从销售额中减除折扣额。根据这个规定，如果折扣额与销售额在同一张发票上进行了反映，就可以认可企业对销售额的扣减。

背景资料：

“买一赠一”促销方式在操作过程中影响到税收的计税依据。对于纳税人销售货物的计税依据，国家税务总局关于《增值税若干具体问题的规定》（国税发〔1993〕154号）中明确：

（一）纳税人为销售货物而出租出借包装物收取的押金，单独记账核算的，不并入销售额征税。但对因逾期未收回包装物不再退还的押金，应按所包装货物的适用税率征收增值税。

（二）纳税人采取折扣方式销售货物，如果销售额和折扣额在同一张发票上分别注明的，可按折扣后的销售额征收增值税；如果将折扣额另开发票，不论其在财务上如何处理，均不得从销售额中减除折扣额。

（三）纳税人采取以旧换新方式销售货物，应按新货物的同期销售价格确定销售额。纳税人采取还本销售方式销售货物，不得从销售额中减除还本支出。

（四）纳税人因销售价格明显偏低或无销售价格等原因，按规定需组成计税价格确定销售额的，其组价公式中的成本利润率为10%。但属于应从价定率征收消费税的货物，其组价公式中的成本利润率，为《消费税若干具体问题的规定》中规定的成本利润率。

第15计：经营有模式 税负各不同

【妙计提要】

企业开门做生意，生产经营必言利；运营模式做调整，税费结果可商议。

【本计内容】

经营模式是企业根据经营宗旨，为实现企业所确认的价值定位而采取某一类方式方法的总称。其中包括企业为实现价值定位所规定的业务范围，企业在产业链的位置，以及在这样的定位下实现价值的方式和方法。

根据经营模式的定义，企业首先有价值定义。在现有的技术条件下，企业实现价值是通过直接交易，还是通过间接交易？是直接面对消费者，还是间接面对消费者？处在产业链中的不同的位置，实现价值的方式也会不同。根据在产业链中的位置、企业的业务范围、企业实现价值的不同方式，我们可以区分出不同的经营模式。

一是，以产业链位置确定经营模式。产业链的位置可以分为设计活动、营销活动、生产活动和其他辅助活动，其中最重要的是信息服务部门。根据对产业链位置的不同选择，可以得出八种不同的组合，也就是可以得出八种不同的经营思想和模式：销售型、生产（代工、纺锤型）型、设计型、销售+设计（哑铃型）型、生产+销售型、设计+生产型、设计+生产+销售（全方位）型和信息服务型。

二是，以业务范围确定经营模式。业务范围的确定也是产品和服务的确定，它始于产品或者服务给企业带来价值的大小，以及新的产品和服务对原有产品和服务的影响。根据业务范围我们可以划分两类经营模式：单一化经营模式和多元化经营模式。

三是，以实现价值方式确定经营模式。实现价值的方式一方面借助于战略来实现，因此实现价值的竞争战略也是一种经营模式，此类经营模式主要有成本领先、差别化、目标集聚三种。除此之外，企业实现价值的方式还有其他途径，通过这些途径可以解决如资本、空间障碍等其他问题。因此，从实现价值解决资本的角度可以分为独资和合资两种经营模式；从解决空间障碍角度可以分为跨国经营和区域经营两种模式。

不同经营模式对税收产生直接的影响。在日常生活中，如果我们注意观察可以发现一个现象：同样的设备可以采取不同的经营模式或者方式。仅以汽车经营为例，有的企业提供纯出租业务，有些企业则提供运输服务业务（即以自己的汽车和员工将客户送达指定的地点）。从税收的角度讲，根据现行税收政策规定，如果为客户提供纯汽车出租，让其自驾游，那么，就按有形动产出租征收16%的增值税；如果利用企业的汽车及员工将客户送到目的地，则为交通运输服务按10%计算缴纳增值税。由此可见，企业的经营模式决定了税收负担水平。

【案例注释】

税收策划是一门技术性和艺术性相结合的学科，在实务第一线往往更倾向于实务操作。但是，从上述计策的内容上看，读者可能还是感觉难以理解。因此，这里我们结合实际案例对有关计策的操作原理做一个简要分析和解释。

设备运营有模式　纳税方法受约束

春江建筑服务有限公司成立于2016年5月，在成立初期就申请认定为一般纳税人，主要从事塔吊以及其他建筑设备的经营活动。目前，公司已经拥有大型塔吊400多台，此外还有钢模脚手架等建筑专用设备。有关设备都是通过融资租赁的方式采购的，其增值税进项税都可以按期抵扣。

2019年6月1日，该公司接到一笔塔吊经营业务，初步商定合作标的为含税价1 000万元，其他合作项目也在沟通过程中，预计在未来的三个月中可以签署价值1亿元的合同。

对于塔吊经营业务应当如何纳税问题，目前社会上争议很多，这也让许多企业人士产生疑惑，这个企业也不例外。于是，他们向咨询专家求助。

政策分析：

咨询专家到达该公司进行现场调研后认为，该公司的建筑施工设备，从目前的经营模式来看可能有三种：一是将设备直接出租给他人，由承租方操作和使用；二是建筑施工设备出租给他人并配备操作人员为其操作；三是使用建筑施工设备（如装卸搬运工具）或者人力、畜力将货物在运输工具之间、装卸现场之间或者运输工具与装卸现场之间进行装卸和搬运的业务活动。

营改增以后，税法对上述不同的经营模式做了不同的规定。

一是，《财政部 国家税务总局关于全面推开营业税改征增值税试点的通知》（财税〔2016〕36号）附件1：《营业税改征增值税试点实施办法》第十五条第（三）款明确，提供有形动产租赁服务，税率为17%。

二是，《财政部 国家税务总局关于明确金融 房地产开发 教育辅助服务等增值税政策的通知》（财税〔2016〕140号）第十六条明确，纳税人将建筑施工设备出租给他人使用并配备操作人员的，按照“建筑服务”缴纳增值税。

三是，《财政部 国家税务总局关于全面推开营业税改征增值税试点的通知》（财税〔2016〕36号）附件1：《营业税改征增值税试点实施办法》附：《销售服务、无形资产、不动产注释》第一条第（六）款第4项明确解释：物流辅助服务，包括航空服务、港口码头服务、货运客运场站服务、打捞救助服务、装卸搬运服务、仓储服务和收派服务。其中，装卸搬运服务，是指使用装卸搬运工具或者人力、畜力将货物在运输工具之间、装卸现场之间或者运输工具与装卸现场之间进行装卸和搬运的业务活动。

综上所述，对于建筑施工设备，从现行政策来看，可能按3种税率缴纳增值税，即按有形动产出租17%计算缴纳增值税、按“建筑服务”11%计算缴纳增值税、按“现代服务”下“物流辅助服务”装卸搬运适用6%计算缴纳增值税。可见，不同的经营方式纳税方法也不同，其税收负担相差很大。

四是，增值税适用税率三次调整。《财政部 税务总局关于简并增值税税率有关政策的通知》（财税〔2017〕37号）明确，自2017年7月1日起简并增值税税率结构，取消13%的增值税税率。《财政部 税务总局关于调整增值税税率的通知》（财税〔2018〕32号）明确自2018年5月1日起，纳税人发生增值税应税销售行为或者进口货物，原适用17%和11%税率的，税率分别调整为16%、10%。《财政部 税务总局 海关总署关于深化增值税改革有关政策的公告》（财政部 税务总局 海关总署公告2019年第39号）自2019年4月1日起，增值税一般纳税人（以下称纳税人）发生增值税应税销售行为或者进口货物，原适用16%税率的，税率调整为13%；原适用10%税率的，税率调整为9%。

业务分析：

对于春江建筑服务有限公司来说，应当如何安排自己的纳税方案呢？我们不妨以其一笔业务，按上述不同的服务模式结合相关政策作一个简要分析（因为该企业的增值税进项税额为10万元，这里仅计算其销项税额。为了便于分析，保留两位小数）。

方案一：直接出租。企业将设备直接出租给他人，由承租方操作和使用，因此，应当按有形动产出租17%计算缴纳增值税销项税：

$$1\ 000 \div (1+13\%) \times 13\% = 115.04（万元）$$

方案二：提供“建筑服务”。企业将设备出租给建筑施工单位并配备操作人员为其操作，应当按“建筑服务”11%计算缴纳增值税销项税：

$$1\ 000 \div (1+9\%) \times 9\% = 82.57（万元）$$

方案三：提供装卸搬运服务。对于塔吊等部分装卸搬运设备而言，如果企业使用设备（如塔吊和其他装卸搬运工具）或者人力、畜力将货物在运输工具之间、装卸现场之间或者运输工具与装卸现场之间进行装卸和搬运的业务活动，按“现代服务”下

“物流辅助服务”装卸搬运适用6%计算缴纳增值税销项税：

$$1\,000 \div (1+6\%) \times 6\% = 56.60\text{（万元）}$$

策划结论：

在增值税进项税额既定的前提下，其销项税额越多，那么，税收负担就越重。通过上述分析我们可以发现，如果企业的设备属于塔吊和其他装卸搬运工具，则可以用提供装卸搬运服务的方式计税，其税收负担最低。在单笔含税价为1 000万元的条件下，提供装卸搬运服务比提供建筑服务少缴增值税42.50万元；比提供出租服务少缴增值税97.70万元。如果单从服务公司的角度讲，其策划效益是明显的。

策划分析比较表 单位：万元

操作方案	销项税额	进项税额	应纳税额	策划结果
方案一	115.04	10	105.04	0
方案二	82.57	10	72.57	32.47
方案三	56.60	10	46.60	58.44

策划点评：

实施“营改增”以后，征税原理发生了变化，有些企业会发生“水土不服”问题，有些企业还会“过头”策划。有关企业应当注意以下几点：

一是自身的经营模式。企业的经营模式决定了税收负担水平，仅以汽车经营为例，出租汽车给客户，让其自驾游，那么，就按有形动产出租征收17%的增值税；如果利用企业的汽车及员工将客户送到目的地，则为“交通运输服务”按11%计算缴纳增值税。同样的道理，直接出租机器设备、提供建筑服务和提供装卸搬运服务三种模式的差异也十分明显，税务人员结合有关企业的业务合同、企业用工方式和会计核算事项就可以判断出来。

二是企业自身的状态。《财政部 国家税务总局关于全面推开营业税改征增值税试点的通知》（财税〔2016〕36号）附件2：《营业税改征增值税试点有关事项的规定》第一条第（六）款第三项明确，一般纳税人发生电影放映服务、仓储服务、装卸搬运服务、收派服务和文化体育服务等应税行为可以选择适用简易计税方法计税。因此，如果企业利用旧设备（比如营改增之前采购的设备未抵扣增值税），在增值税可抵扣进项税额较少的前提下，作为一般纳税人提供“装卸搬运服务”，还可以选择简易征收办法按3%计算缴纳增值税。但是，选择简易征收办法不能抵扣进项税。如果有充分的进项税额，选择简易征收办法按3%计税，其增值税的税负率未必就低。

三是企业的市场地位。虽然同样是建筑运输设备，其选择服务方式不同，税收负担会有所不同，但是，如果企业缺乏话语权，如果考虑合作的可能性，其税收策划的机会也可丢失。（《中国税务报》2017年3月10日《税收策划》版）。

注意事项：

这里需要提醒从事塔吊经营业务的纳税人注意的是，在财税〔2016〕36号文件与财税〔2016〕140号文件并存的条件下，税务人员当然会下意识地按照财税〔2016〕140号文件对相关业务征收11%的增值税。怎样将自己的业务策划成非建筑业务呢（装卸搬运服务）？

这里问题的关键是合作协议书中不能出现“出租”字样，可以考虑签署业务承包协议。

农业产品税让利　公司流程加农户

投资人王秋华看到农产品深加工的潜力，于是，在2019年6月底注册成立了秋华菊花饮品有限公司，准备专门生产菊花饮品。王秋华预计，下半年直接收购农户生产的菊花，需要支付600万元，上门收购需要支付运输费用50万元，蒸制、杀青和干制成菊花饼耗用人工费等发生不得抵扣进项税额的费用95万元，预计电费等支出29.4万元，可抵扣进项税额5万元，生产菊花饮品耗用电费、辅助材料等进项税额17万元，销售菊花饮品可望取得收入1 000万元。

对于秋华菊花饮品有限公司而言，应当如何策划涉税事项呢？

策划分析：

为了在规避涉税风险的前提下，取得节税收益，该公司的董事长王秋华专门到书店购买了《纳税策划实战精选百例》和《纳税策划大败局》回来认真阅读，发现自己的企业在税收上需要认真对待，于是决定请税务专家为公司进行策划。上海普誉财税策划工作室的税务专家到企业现场进行了考察。

菊花饮品的生产流程如下图所示。

根据菊花饮品的生产情况，税务专家对增值税和企业所得税提出相应的操作思路。在增值税方面有两种方案可供选择。

方案一：直接收购农户生产的菊花。

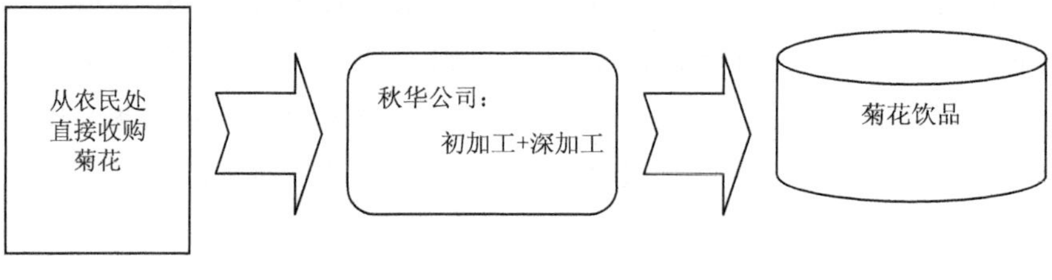

如果2019年秋华公司直接收购农户生产的菊花，支付600万元，上门收购支付运输费用50万元，蒸制、杀青和干制成菊花饼耗用人工费等不得抵扣进项税额的费用95万元，电费等支出29.4万元，可抵扣进项税额5万元，生产菊花饮品耗用电费、辅助材料等进项税额17万元，销售菊花饮品取得收入1 000万元。其应纳增值税额及税收负担率计算如下。

（1）增值税销项税额：

$$1\,000 \times 13\% = 130（万元）$$

（2）允许抵扣的进项税额：

$$600 \times 9\%+50 \times 9\%+5+17 = 54+4.5+5+17 = 80.5（万元）$$

（3）应缴纳增值税额：

$$130-80.5 = 49.5（万元）$$

（4）增值税负担率为：

$$49.5 \div 1\,000 \times 100\% = 4.95\%$$

方案二：公司收购农户生产的菊花饼。

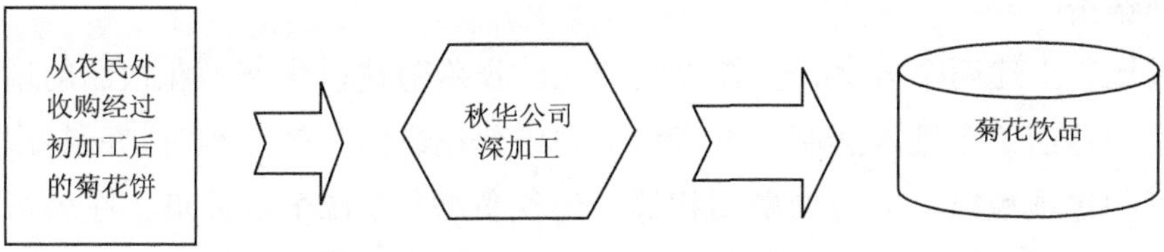

如果2019年下半年秋华公司收购农户生产的菊花饼共支付724.4万元，上门收购运输费用50万元，生产菊花饮品耗用电费、辅助材料等进项税额17万元，销售菊花饮品取得收入1 000万元。其应纳增值税额及税收负担率计算如下。

（1）增值税销项税额为：

$$1\,000 \times 13\% = 130（万元）$$

（2）允许抵扣的进项税额为：

$$724.4 \times 9\%+50 \times 9\%+17 = 65.20+4.5+17 = 86.7（万元）$$

（3）应缴纳增值税额为：

$$130-86.7 = 43.3（万元）$$

（4）增值税负担率为：

$$43.3 \div 1\,000 = 4.33\%$$

企业所得税方面也有两种方案可供选择。

方案一：直接收购农户的菊花。

假设2019年下半年秋华公司直接向农户收购菊花，然后进行加工，2019年下半年取得利润400万元，根据《企业所得税法》相关规定，公司上半年应纳企业所得税100万元（400×25%）。

方案二：委托农户按公司的要求种植菊花。

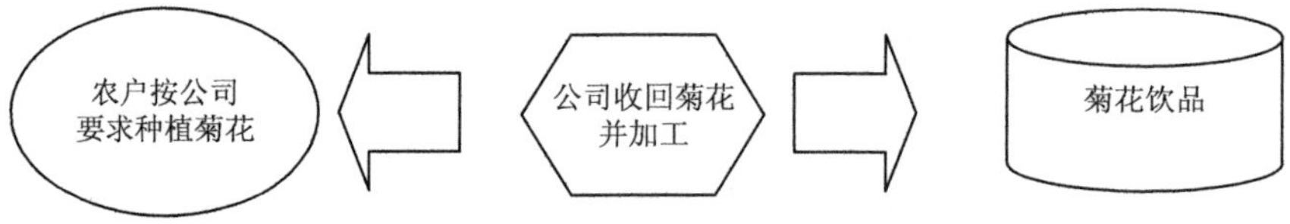

秋华公司委托农户按公司的要求种植菊花，也就是说，采取“公司+农户”经营模式，2019年下半年取得利润400万元，根据《企业所得税法》和2号公告相关规定，公司上半年应纳企业所得税50万元（400×25%×50%），减少税款50万元。

策划结论：

通过比较上述两个方案，直接收购菊花比收购菊花饼生产菊花饮品的增值税负担率高，原因是当工序进入蒸制、杀青和干制成菊花饼的生产流程时，所耗用的人工费等无法抵扣进项税额，支付的费用相等，但税负增加1.12个百分点。在公司简单加工成本与支付给农户加工成本相等的情况下，收购成本越低，税负将会越高。直接收购菊花加工比委托农户生产菊花再收购加工的企业所得税负担要重一些。

对于企业所得税问题，该公司采用“公司+农户”经营模式，则可以减少企业所得税50万元。

策划点评：

随着企业的发展，企业的经济链也相应发生了变化，从事加工业的企业向种植、养殖业发展，从事种植、养殖业的企业向加工业延伸，企业此时应注意国家税收政策的有关规定。企业设立形式、核算方式不同，税收负担也不一样。而“公司+农户”是目前税收策划中一个比较成熟的思路，关键在于公司如何将部分农产品的生产或简单加工业务前移给农户，通过其饲养、种植或手工作坊进行生产或加工制作成农业初级产品，再将农业初级产品收购过来，达到抵扣增值税进项税额、享受企业所得税减免优惠的目的。

对企业采取“公司+农户”经营模式从事牲畜、家禽的饲养企业所得税优惠，此次总局以公告形式予以发布。针对公司与农户签订委托养殖合同，向农户提供畜禽苗、饲料、兽药及疫苗等（所有权〈产权〉仍属于公司），农户将畜禽养大成为成品后交付公司回收情况，鉴于采取“公司+农户”经营模式的企业，虽不直接从事畜禽的养殖，但系委托农户饲养，并承担诸如市场、管理、采购、销售等经营职责及绝大部分经营管理风险，公司和农户是劳务外包关系，公告明确规定，对此类以“公司+农户”经营模式从事农、林、牧、渔业项目生产的企业，可以按照《企业所得税法实施条例》第八十六条的有关规定，享受减免企业所得税优惠政策。这从政策层面上解决了“公司+农户”经营模式的企业税收问题，为农产品深度加工提供了一定的策划空间。

政策背景：

《财政部 税务总局关于简并增值税税率有关政策的通知》（财税〔2017〕37号）明确，自2017年7月1日起简并增值税税率结构，取消13%的增值税税率。《财政部 税务总局关于调整增值税税率的通知》（财税〔2018〕32号）明确自2018年5月1日起，纳税人发生增值税应税销售行为或者进口货物，原适用17%和11%税率的，税率分别调整为16%、10%。《财政部 税务总局 海关总署关于深化增值税改革有关政策的公告》（财政部 税务总局 海关总署公告2019年第39号）自2019年4月1日起，增值税一般纳税人（以下称纳税人）发生增值税应税销售行为或者进口货物，原适用16%税率的，税率调整为13%；原适用10%税率的，税率调整为9%。

国家税务总局关于“公司+农户”经营模式企业所得税优惠问题的公告（国家税务总局公告〔2010〕第002号）鉴于采取“公司+农户”经营模式的企业，虽不直接从事畜禽的养殖，但系委托农户饲养，并承担诸如市场、管理、采购、销售等经营职责及绝大部分经营管理风险，公司和农户是劳务外包关系。对此类以“公司+农户”经营模式从事农、林、牧、渔业项目生产的企业，可以按照《中华人民共和国企业所得税法实施条例》第八十六条的有关规定，享受减免企业所得税优惠政策。

本公告自2010年1月1日起施行。

国家税务总局《关于制种行业增值税有关问题的公告》（国家税务总局公告〔2010〕第017号）

制种企业在下列生产经营模式下生产销售种子，属于农业生产者销售自产农业产品，应根据《中华人民共和国增值税暂行条例》有关规定免征增值税。

一、制种企业利用自有土地或承租土地，雇佣农户或雇工进行种子繁育，再经烘干、脱粒、风筛等深加工后销售种子。

二、制种企业提供亲本种子委托农户繁育并从农户手中收回，再经烘干、脱粒、风筛等深加工后销售种子。

本公告自2010年12月1日起施行。

屋顶光伏来发电　运营模式定税收

大力开发新能源，是利国利民的大好事儿。比如光伏发电在税收上也有扶持政策，当然，好事也需要策划好，这里我们引用部分资料，给大家做一个参考。

模式分析：

光伏发电是清洁能源，具有广泛的应用前景。其中，分布式光伏发电正以强劲势头在国内广泛推广开来。目前，分布式光伏发电通常有两种运营模式。

一是企业、居民社区、个人家庭在屋顶安装光伏发电系统，自发自用，余量上网。

二是光伏电站租用企业、居民社区的屋顶，安装光伏设备，由电站销售电力。

纳税分析：

上述两种模式在具体操作上有明显的差异，由于两种运营模式不同，在税收政策上也存在差异。

1．自发自用余量上网如何纳税

企业自发自用余量上网，屋顶光伏发电系统设备以及所产生的电力所有权都归属企业自身。

电力是有形动产，将多余的电力并网销售给电站，要缴纳增值税。增值税一般纳税人适用增值税率17%。《财政部 税务总局关于简并增值税税率有关政策的通知》（财税〔2017〕37号）明确自2017年7月1日起简并增值税税率结构，取消13%的增值税税率。《财政部 税务总局关于调整增值税税率的通知》（财税〔2018〕32号）明确自2018年5月1日起，纳税人发生增值税应税销售行为或者进口货物，原适用17%和11%税率的，税率分别调整为16%、10%。《财政部 税务总局 海关总署关于深化增值税改革有关政策的公告》（财政部 税务总局 海关总署公告2019年第39号）自2019年4月1日起，增值税一般纳税人（以下称纳税人）发生增值税应税销售行为或者进口货物，原适用16%税率的，税率调整为13%；原适用10%税率的，税率调整为9%。小规模纳税人则按3%征收率纳税。

光伏发电有税收优惠。根据《财政部 国家税务总局关于光伏发电增值税政策的通知》（财税〔2013〕66号）规定，自2013年10月1日至2015年12月31日，对纳税人销售自产的利用太阳能生产的电力产品，实行增值税即征即退50%的政策。后来，《财政部 国家税务总局关于继续执行光伏发电增值税政策的通知》（财税〔2016〕81号）又明确，自2016年1月1日至2018年12月31日，对纳税人销售自产的利用太阳能生产的电力产品，实行增值税即征即退50%的政策。文到之日前，已征的按本通知规定应予退还的增值税，可抵减纳税人以后月份应缴纳的增值税或予以退还。2019年以后是否还有增值税优惠？我们将试目以待。

光伏发电系统需要购进相应设备，增值税一般纳税人购进货物可以抵扣进项税额。此外，光伏发电的一个缺陷是受天气影响比较大，天气条件恶劣时则需要从电站购电，购电可以抵扣进项税额。

如果企业光伏电力富余时并网输给电站，不足时从电站输入电力，输入与输出相抵，以差额结算电费，实际上就是以物易物，应该双方都做销售处理，分别抵扣进项，分别计缴增值税。

居民社区自发自用余量上网，通常情况是开发商在建房时就把屋顶或外墙安装好光伏发电设备，然后移交给物业公司运营。电力归属权属于物业公司。如果居民社区规模不大，其屋顶面积不多，光伏发电的电力必将有限，当月销售电力收入小于10万元时，则根据《财政部 税务总局关于实施小微企业普惠性税收减免政策的通知》（财税〔2019〕13号）明确，2019年1月1日至2021年12月31日对月销售额10万元以下（含本数）的增值税小规模纳税人，免征增值税。

《财政部 国家税务总局关于财政性资金 行政事业性收费 政府性基金有关企业所得税政策问题的通知》（财税〔2008〕151号）规定，在缴纳企业所得税时，增值税免税额、即征即退额都要计入应纳税所得额。

个人家庭自发自用余量上网，多余电力销售额基本达不到增值税起征点3万元的标准，所以免缴增值税。

2. 光伏电站租用屋顶如何纳税

光伏电站租用企业、居民社区的屋顶，屋顶光伏发电系统设备以及产生的电力所有权都归属光伏电站。

根据《财政部 国家税务总局关于全面推开营业税改征增值税试点的通知》（财税〔2016〕36号）附件2《营业税改征增值税试点有关事项的规定》第一条第九款就不动产经营租赁服务明确：

一是，一般纳税人出租其2016年4月30日前取得的不动产，可以选择适用简易计税方法，按照5%的征收率计算应纳税额。纳税人出租其2016年4月30日前取得的与机构所在地不在同一县（市）的不动产，应按照上述计税方法在不动产所在地预缴税款后，向机构所在地主管税务机关进行纳税申报。

二是，一般纳税人出租其2016年5月1日后取得的、与机构所在地不在同一县（市）的不动产，应按照3%的预征率在不动产所在地预缴税款后，向机构所在地主管税务机关进行纳税申报。

三是，小规模纳税人出租其取得的不动产（不含个人出租住房），应按照5%的征收率计算应纳税额。纳税人出租与机构所在地不在同一县（市）的不动产，应按照上述计税方法在不动产所在地预缴税款后，向机构所在地主管税务机关进行纳税申报。

四是，其他个人出租其取得的不动产（不含住房），应按照5%的征收率计算应纳税额。

五是，个人出租住房，应按照5%的征收率减按1.5%计算应纳税额。

因此，2016年5月1日以后出租屋顶楼面，出租方要按照财税〔2016〕36号文件的规定计算缴纳增值税。如果出租方是工商企业，应对出租屋顶收入单独核算。

有些屋顶出租方不收取租金，而是以获得优惠电价或一定数量的免费电力作为回报。这种情况要分解成正常租赁和正常售电两个业务。国税机关将依照增值税暂行条例实施细则第十六条规定，按同期光伏电价调整光伏电站的销售额；地税机关将依照营业税暂行条例实施细则第二十条规定，按同期同类屋顶出租行情核定其营业额。营业额即租金收入，作为征收增值税的计税依据。

光伏电站如果超过年销售收入500万元的标准，须认定增值税一般纳税人。适用增值税税率13%。

电站建设属于公共基础设施项目，根据企业所得税法第二十七条第（二）项和企业所得税法实施条例第八十七条规定，从事国家重点扶持的公共基础设施项目，自项目取得第一笔生产经营收入所属纳税年度起，可享受企业所得税“三免三减半”优惠。《公共基础设施项目企业所得税优惠目录（2008年版）》（财税〔2008〕116号）中列入了“太阳能发电新建项目”，但前提条件为“由政府投资主管部门核准”。因此，光伏电站要先经核准然后才能享受优惠。

《财政部关于分布式光伏发电实行按照电量补贴政策等有关问题的通知》（财建〔2013〕390号）和《国家发展改革委关于发挥价格杠杆作用促进光伏产业健康发展的通知》（发改价格〔2013〕1638号）规定，分布式光伏发电项目经过备案，建成投产且完成并网验收后，将获得财政补贴，补贴标准为每千瓦时0.42元，获得的补贴应当计入当期应纳税所得额。

第16计：代理销售 方法多样

【妙计提要】

专业生产请营销，代理服务有一套；服务买断方式变，合理选择乐逍遥。

【本计内容】

目前代理活动在日常生活中十分广泛，在经营过程中的代理是代企业打理生意，不是买断企业的产品，而是厂家给额度的一种经营行为，货物的所有权属于厂家，而不是商家。他们不是自己用产品，而是代企业转手卖出去。所以“代理商”，一般是企业。

代理在其他服务业中也十分常见，如货代等。货代从字面来看是货运代理的简称。从工作内容来看是接受客户的委托完成货物运输的某一个环节或与此有关的环节，涉及这方面的工作都可以直接或间接找货代来完成，以节省资本。根据货物不同也有海外代理。货运代理是在流通领域专门为货物运输需求和运力供给者提供各种运输服务业务的总称。它们面向全社会服务，是货主和运力供给者之间的桥梁和纽带。

货运代理，英文为freight forwarding，是货主与承运人之间的中间人、经纪人和运输组织者。在中国，国际货运代理是指一种新兴的产业，“是处于国际贸易和国际货物运输之间的‘共生产业’或‘边缘产业’（货代就是代理报关企业）”。

随着市场经济的发展程度越来越成熟，企业的销售方式也越来越多，越来越复杂，其中代理销售就是目前企业经常采用的一个销售形式。而在代理销售方式下，又有多种变化形式，如果利用得当，就可以给纳税人带来经济上的实惠。

以前一笔货物的代销业务涉及营业税和增值税两个税种，营改增之后，代理服务改增值税，那么，在此情况下企业应当如何做出选择？

【案例注释】

代销业务既有会计处理方面的难处，又有涉税事项界定方面的要求。读者可能对上述表述感觉难以理解。这里我们结合实际案例对有关计策的操作原理做一个简要分析和解释。

代销方式怎么定　税收负担有影响

宇宙时装公司是全国知名的服装生产企业（以下简称“宇宙公司”），主要生产西服和各种高档时装。2017年生产甲品牌高档时装全部委托分布在全国30多个大中城市的代理商销售。为了宣传自己的品牌，提高本企业产品的市场占有率，该企业采取薄利多销的策略，在与各代理商签订销售合同时，就与其明确甲品牌时装每套含税销售价格为1 000元，代理手续费为每套含税价格100元。

通过各种销售方式和销售渠道扩大自己产品的销售量，尽可能扩大市场的占有率，是目前企业营销活动的重点。根据《增值税暂行条例实施细则》第四条规定，企业将货物交付他人代销，应视同销售货物，按规定计算缴纳增值税。同时规定：“委托其他纳税人代销货物，在收到代销单位的代销清单的当天确认收入”。因此，当宇宙公司发出时装时，会计分录可表述如下。

借：发出商品
　　贷：库存商品（产成品）

收到代理商转来的代销清单时，企业以合同约定的销售价格记账。

借：银行存款（或应收账款等科目）
　　贷：主营业务收入
　　　　应交税费——应交增值税（销项税额）

企业向代销单位支付代销手续费时：

借：销售费用
　　应交税费——应交增值税（进项税额）
　　贷：银行存款

2018年1月底，上海普誉财税策划工作室的咨询专家小方应该企业聘请，为其2017年度纳税情况进行安全性诊断。经检查，小方对该企业税收的会计核算情况给予认可，但对时装经营的具体操作方式提出自己的策划建议。他指出，新会计制度把代销收入分为两种方式来处理：一是收取手续费的方式；二是视同买断方式。从税收的角度讲，两种方式的经营效果是不一样的。

第一种方式：收取手续费。

即受托方根据所代销的商品数量按协议约定向委托方收取一定比例的手续费，这是受托方的一种劳务收入。它的主要特点是：受托方通常按照委托方制订的价格标准销售货物，受托方自己无权决定商品的价格，在这种销售方式下，委托方在受托方将商品销售后，按受托方提供的代销清单确认销售收入；受托方在商品销售后，按协议约定的比例收取手续费确认收入。

目前宇宙公司正是采用这种代销方式销售自己的产品的。2017年该企业发出甲品牌时装12 000套，至12月底结账时，收到代销单位的代销清单合计销售10 000套，则宇宙公司2017年度应按销售清单确认销售收入8 547 008.55元，计算增值税的销项税额为1 452 991.45元。公司在进行账务处理的过程中做如下分录。

借：应收账款	10 000 000	
贷：主营业务收入		8 547 008.55
应交税费——应交增值税（销项税额）		1 452 991.45

支付手续费1 000 000元时，企业做会计分录如下。

借：营业费用	943 396.23	
应交税费——应交增值税（进项税额）	56 603.77	
贷：银行存款		1 000 000

第二种方式：视同买断。

即由委托方和受托方签订协议，委托方按合同价收取代销的货款，实际售价由受托方在委托方确定的指导价格范围内自主决定，实际售价与合同价的差额归受托方所有，委托方不再支付代销手续费。在这种情况下，委托方在交付商品时不确认收入，受托方也不作为购入商品处理，只在备查账中登记商品规格数量等。受托方将商品销售后，按实际的售价确认收入，并向委托方开具代销清单。委托方按代销清单确认销售收入。

如果宇宙公司采用这种代销方式，则与代理商签订代销协议时，宇宙公司以销售价格每套1 000元扣减代销手续费100元，即以每套900元的价格作为合同代销价格，代理商仍以每套含税价格1 000元销售出去。假设销售数量仍为10000套，那么，宇宙公司在收到代理商转来的代销清单时，确认销售收入并计算增值税销项税额。

借：应收账款	9 000 000	
贷：主营业务收入		7 692 307.69
应交税费——应交增值税（销项税额）		1 307 692.31

通过以上计算和分析我们发现，采用买断方式代销这批时装，对委托方和受托方都有好处。

对于宇宙公司，由于无须再支付手续费，压缩了增值税销项税额计税依据，节约增值税支出145 299.14元（1 452 991.45−1 307 692.31）。同时也节约支出城市维护建设税及教育费附加14 529.91元（城市维护建设税7%，教育费附加3%）。两项合计减少支出159 829.05元。

对于代理商来说，虽改变了服务方式而多缴了增值税88 695.37元（由于原来的代理服务是按6%缴纳增值税，而货物销售则为17%纳税，即145 299.14−56 603.77（元），但是，取得了销售货物的定价权，可以使其根据代销货物在当时的价格水平，随行就市促销，从而提升自己的盈利水平。

策划分析：

1．从宇宙公司的角度讲，两种经营方式，哪个更好呢？这里需要做具体分析和研究。

（1）收取手续费方式。

增加主营业务收入8 547 008.55元[1 000万元/（1+17%）]，增值税销项税额为1 452 991.45元[1 000万元/（1+17%）×17%]。假设该公司销售10 000套服装，制造成本为650万元，能够取得增值税进项税额95.45万元，那么，宇宙公司通过支付手续费方式销售服装10 000套，就应当缴纳增值税为：

1 452 991.45−954 500−56 603.77 = 441 887.68（元）

可见，在收取手续费方式条件下税收负担率为5.17%。

应缴城建税和教育费附加合计为：

441 887.68 ×（7%+3%）= 44 188.77（元）

宇宙公司取得税后净利润为：

（8 547 008.55−6 500 000−943 396.23−44 188.77）×（1−25%）= 1 059 423.55 ×（1−25%）= 794 567.66（元）

（2）买断代销方式。

宇宙公司以销售含税价格每套1 000元扣减代销手续费含税价100元，假设销售数量仍为10 000套，那么，宇宙公司取得主营业务收入7 692 307.69元[900万元/（1+17%）]，增值税销项税额1 307 692.31元[900万元/（1+17%）×17%]，制造成本为650万元，能够取得增值税进项税额105.45万元，那么，宇宙公司就应当缴纳增值税为：

1 307 692.31−954 500 = 353 192.31（元）

可见，在采用买断代销方式条件下税收负担率为4.59%。

应缴城建税和教育费附加合计为：

253 192.31 ×（7%+3%）= 35 319.23（元）

宇宙公司取得税后净利润为：

（7 692 307.69−6 500 000−35 319.23）×（1−25%）= 1 156 988.46 ×（1−25%）= 867 741.35（元）

宇宙公司经营情况分析表　　　　单位：元

销售方案	增值税	城建及教育费附加	税后利润	利润比较
手续费方式	441 887.68	44 188.77	794 567.66	0
买断代销方式	353 192.31	35 319.23	867 741.35	73 173.69

2．从代理公司的角度讲，两种经营方式，哪个更好呢？这里需要做具体研究和分析。

（1）采用收取手续费方式，代理商取得含税价收入100万元，根据《财政部 国家税务总局关于全面推开营业税改征增值税试点的通知》（财税〔2016〕36号）规定，属于现代服务业范围的商务辅助服务（包括企业管理服务、经纪代理服务、人力资源服务、安全保护服务），应缴纳增值税：

1 000 000 ÷ 1.06 × 6% = 56 603.77（元）

应缴城建税及教育费附加合计：

56 603.77 ×（7%+3%）= 5 660.38（元）

假设完成该笔业务需要人工及其他办公费用50万元，那么，该笔业务可实现税后利润为：

（943 396.23−500 000−5 660.38）×（1−25%）= 437 735.85 ×（1−25%）= 328 301.89（元）

（2）采用视同买断的代销方式，双方的收入和应缴税金情况如下（暂不考虑所得税）。

如果双方采用买断代销方式，宇宙公司以销售含税价格每套1 000元扣减代销手续费含税价100元，假设销售数量仍为10 000套，那么，宇宙公司取得主营业务收入8 547 008.55[1 000万元/（1+17%）]，增值税销项税额为1 452 991.45元[1 000万元/（1+17%）×17%]。采购成本为7 692 307.69元[900万元/（1+17%）]，取得增值税进项税额1 307 692.31元[900万元÷（1+17%）×17%]。应缴增值税为：

1 452 991.45−1 307 692.31 = 145 299.14（元）

应缴城建税及教育费附加合计：

145 299.14 ×（7%+3%）= 14 529.91（元）

假设完成该笔业务需要人工及其他办公费用50万元，那么，该笔业务可实现税后利润为：

（8 547 008.55−7 692 307.69−500 000−145 299.14）×（1−25%）= 209 402.06 ×（1−25%）= 157 051.55（元）

代销公司经营情况分析表

单位：元

销售方案	增值税	城建及教育附加	税后利润
手续费方式	56 603.77	5 660.38	328 301.89
买断代销方式	145 299.14	14 529.91	157 051.55

策划结论：

对于宇宙公司来说，在视同买断方式下要比支付手续费方式节约增值税8 8695.37元，但是少赚73 173.69元（税后净利润）；而从代理商的角度讲，以收取手续费方式要比买断方式少缴增值税88 695.37元，多赚171 250.34元。

由此可见，在营改增以后，流转税存在一个相互作用的过程。并且，如果代理商没有相当的市场运作能力，选择代理销售的方式，可以稳稳当当地获得经济利益。

策划点评：

通过以上案例分析，我们意识到不同的委托代销方式对纳税的影响，在实际办税工作中，根据企业自身的具体情况，选择适当的委托代销方式，同时综合考虑其他各方面的税收、非税收影响因素，可以不违法地减轻税收负担。

企业通过委托代销的形式销售商品，可以提高销售量，这对生产企业扩大市场占有率，促进产品的销售具有十分重要的意义。因此，代销这种销售形式为多数生产性企业运用。

在具体的销售活动中，代销又分收取代销手续费的形式代销和买断式代销两种形式，从税收的角度讲，两者所产生的效果是不同的。

由于两种销售行为的方式不同，与其相对应，其适用的税收依据也不同，从而出现税收负担的不同，这也是进行税收策划的空间之所在。

但是，在这里我们必须提醒读者，本案例有点纸上谈兵的味道，在实际运用过程中操作的难度很大。在这里我们是将问题抽离出来，对其中的税收问题拿出来讨论，如果将依据销售额附征的其他规费结合到一起来分析，问题就会复杂起来，在那样的情况下，可能就在会得出不一样的结论。

策划背景：

《中华人民共和国增值税暂行条例》（2017年11月19日第二次修订）第十九条规定，增值税纳税义务发生时间：

（一）发生应税销售行为，为收讫销售款项或者取得索取销售款项凭据的当天；先开具发票的，为开具发票的当天。

（二）进口货物，为报关进口的当天。

增值税扣缴义务发生时间为纳税人增值税纳税义务发生的当天。

《中华人民共和国增值税暂行条例实施细则》（财政部 国家税务总局〔2008〕第50号）第三十八条条例第十九条第一款第（一）项规定的收讫销售款项或者取得索取销售款项凭据的当天，按销售结算方式的不同，具体为：

（一）采取直接收款方式销售货物，不论货物是否发出，均为收到销售款或者取得索取销售款凭据的当天；

（二）采取托收承付和委托银行收款方式销售货物，为发出货物并办妥托收手续的当天；

（三）采取赊销和分期收款方式销售货物，为书面合同约定的收款日期的当天，无书面合同的或者书面合同没有约定收款日期的，为货物发出的当天；

（四）采取预收货款方式销售货物，为货物发出的当天，但生产销售生产工期超过12个月的大型机械设备、船舶、飞机等货物，为收到预收款或者书面合同约定的收款日期的当天；

（五）委托其他纳税人代销货物，为收到代销单位的代销清单或者收到全部或者部分货款的当天。未收到代销清单及货款的，为发出代销货物满180天的当天；

（六）销售应税劳务，为提供劳务同时收讫销售款或者取得索取销售款的凭据的当天；

（七）纳税人发生本细则第四条第（三）项至第（八）项所列视同销售货物行为，为货物移送的当天。

代销业务有疑问　仔细分析揭风险

分析目前企业的销售形式，工业企业委托他人为自己代销商品，而商业企业为他人代销，是目前的一种重要经营模式。从商业企业而言，采用代销方式销售商品是一种明智的选择，这样自己没有风险，同时又可以取得经营利润。但是落实到具体的代销活动过程中，代销作为一种经营方式，又存在自身的特点。

代销业务看似简单，但是，在实务操作过程中就会变得复杂起来，以致部门纳税人不能把握问题的实质，从而陷入偷税的危险。笔者就曾经遇到一个咨询案例：某市宏源供电公司下属的一个热电厂从2017年1月1日起实现企业产权制度改革，实行了独立财务会计核算，进行了独立申报纳税。作为热电厂发的电不直接并网，由宏源供电公司对外统一销售，因此，宏源供电公司以代销的方式作账务处理，所卖电款全部移交给热电厂，没有任何附加值，由热电厂自己纳税。当税务机关对宏源供电公司的所得税进行评析时，发现该公司2016年度的销售收入比2015年度下降了1.287亿元，下降幅度较大，怀疑宏源供电公司有偷税的可能。于是，市国税局稽查局于2018年8月18日对该公司2017年度纳税情况进行了检查。

他们关注的重点是宏源供电公司负责代销业务的市区用电服务中心具体业务处理情况。通过对电脑中的销售台账检查，发现2017年度市区用电服务中心共使用宏源供电公司的发票（包括普通发票和增值税专用发票）为热电厂代销电力3.52亿度，销售价款为1.287亿元。市国税局稽查人员通过进一步调查和审理，认定该公司为热电厂代销电力应作视同销售处理申报纳税，未作销售申报纳税，按偷税论处，同时，认定农村电网维护费应分担的税额120万元应作进项税额转出处理。

宏源供电公司的财务人员对此不理解：一是，热电厂只是公司的下属企业，资金由公司提供，人员、人事均由公司负责任免，其实只是一个“老子”与“儿子”的关系。况且在这项代销电力业务中，宏源供电公司只是按热电厂指定的价格销售即平价销售，没有产生任何增加值，为什么要补缴增值税呢？即使要宏源供电公司补缴增值税，也应该允许该公司抵扣代销的进项税额，最终结果还不是0吗？况且，热电厂已经按税法规定申报缴税，如果再让宏源供电公司缴这笔税，这岂不是一笔交易要缴两次税吗？

分析解答：

纳税人在进行具体的经营运作过程中应当理清有关法律关系。从宏源供电公司的实际情况来看，尽管热电厂只是宏源供电公司的一家下属企业，但是，热电厂和宏源供公司是两个不同的经济实体，在财务上实行独立核算，实际上是两个独立的纳税人，根据《中华人民共和国增值税暂行条例实施细则》第四条第二项规定，单位或个体经营者销售代销货物的行为，视同销售货物。因此，热电厂销售电力，宏源供电公司代销电力，双方就都要分别纳税。

目前，代销商品的具体运行方式主要有两种，一是视同买断方式代销。即由委托方和受托方签定协议，委托方按协议支付所代销的货款，实际售价可由受托方自定，实际售价与受托协议价之间的差额归受托方所有。二是收取手续费方式代销。即受托方根据所代销的商品价格和数量向委托方收取手续费，受托方应按照委托方规定的价格销售，不得自行改变价格。两种代销方式的税收负担有区别。

宏源供电公司在代销电力过程中尽管未收取任何手续费，但应属于上述第二种代销方式。热电厂将电力提供给公司代销时，就应向宏源供电公司开具增值税专用发票，由宏源供电公司抵扣进项税额，宏源供电公司对外销售时开具发票，作销售处理，按规定计提销项税。而热电厂则在收到代销清单时作销售处理，按规定交税。这样，宏源供电公司在代销电力过程中只按增值部分缴纳增值税。

纳税人取得的2017年6月30日前开具的增值税扣税凭证，仍按《国家税务总局关于调整增值税扣税凭证抵扣期限有关问题的通知》（国税函〔2009〕617号）的规定，“……应在开具之日起180日内到税务机关办理认证，并在认证通过的次月申报期内，向主管税务机关申报抵扣进项税额”执行。

但是，根据《国家税务总局关于进一步明确营改增有关征管问题的公告》（国家税务总局公告2017年第11号）第十条规定：自2017年7月1日起，增值税一般纳税人取得的2017年7月1日及以后开具的增值税专用发票和机动车销售统一发票，应自开具之日起360日内认证或登录增值税发票选择确认平台进行确认，并在规定的纳税申报期内，向主管国税机关申报抵扣进项税额。

增值税一般纳税人取得的2017年7月1日及以后开具的海关进口增值税专用缴款书，应自开具之日起360日内向主管国税机关报送《海关完税凭证抵扣清单》，申请稽核比对。纳税人申请抵扣上述其他期限内的防伪税控专用发票，应于上述规定报主管税务机关认证，纳税人认证通过的防伪税控专用发票，应在认证通过的当月按照增值税有关规定核算当期进项税额并申报抵扣，否则不予抵扣进项税额。由于宏源供电公司未取得合法的抵扣凭证，宏源供电公司代销电力所含的增值税进项税额就不允许抵扣了。

宏源供电公司应按会计制度和税法的规定进行正确的会计处理，宏源供电公司接受代销电力时，借记受托代销商品1.1亿元，贷记代销商品款1.1亿元。

实际销售电力时，借记银行存款 1.287亿元，贷记主营业务收入1.287亿元，贷记应交税费——应交增值税（销项税额）0.187亿元；借记主营业务成本1.1亿元，贷记受托代销商品1.1亿元。

借记代销商品款1.1亿元，借记应交税费——应交增值税（进项税额）0.187亿元，贷记应付账款——热电厂1.287亿元。

通过以上会计分析发现，热电厂将电力提供给供电公司代销时，按照这个程序处理，就不会不明就里地缴纳这1 870万元的增值税和935多万元的罚款了。在代销过程中，宏源供电公司不仅未取得合法的抵扣凭证，开具宏源供电公司的发票，而且未进行纳税申报，从而造成偷税的事实，因此，税务机关的处理是正确的。

复合模式来销售　联营扣点理思路

目前的市场经营思路变化繁多，经营方式越来越复杂，对这些经营方式进行税收分析，无论是税务机关还是纳税人都有必要。在这里我们就目前出现的“联营扣点”、“联营返点”等销售方式做一个简要分析。

深圳某大型综合性零售企业，主要经营三个综合销售商场，2017年度实现销售收入543 700万元，其销售额比上年增长30%。其经营效益也有了明显的提高，2017年度实现税后利润43 850万元，比上年增长35.6%。该公司之所以取得如此好的经营业绩，就是因为他们采用了新的经营模式。在具体经营过程中，该公司一方面自营，另一方面将部分柜台出租给厂家，由他们派人组织销售活动，该公司只负责现场管理。这种经营方式使得公司既降低了经营风险，又提升了经营效益。但是，在第二年的纳税检查过程中，税务人员却对他们说不！这是为什么呢？

基本案情：

2018年1月28日，当地主管国税局稽查局的税务人员对该公司2017年度的经营情况进行了全面检查，他们发现该公司存在两方面问题。

问题一：该公司在2017年度的“其他业务收入”存在问题，认为公司从10月开始通过“联营扣点”形式取得的租金收入4 720万元，应当按17%计算缴纳增值税。对此该公司很不理解，明明因为出租柜台而取得的收入，为什么需要按17%计算缴纳增值税呢？

税务人员认为：在具体操作过程中，他们采用的“联营扣点”操作模式属于应当计算缴纳增值税的销售行为。该公司与生产厂家签署租赁合同，规定了如下内容（以某笔租赁业务为例）：

（1）商场出租200平方米的柜台给厂商作为销售产品的场地。

（2）厂商自派员工到商场销售和管理自己的商品。

（3）厂商每月向商场支付销售额的18.5%（但是不得低40万元）作为租金。

（4）厂商的销售额由商场统一收取，月末结算时租金直接在销售额坐扣。

（5）商场向厂商每月收取16万元的进场费和宣传费。

问题二：收取手续费方式代销（加价销售）未缴增值税。如商场和该公司均为增值税一般纳税人，2017年12月初，甲公司委托B公司销售电视机20台，代销合同约定，每台电视机销售价格为4 680元（不含税价为4 000元），每销售一台，甲公司支付B公司200元代销手续费。B公司将每台电视机的销售价格擅自提高到4 880元（含税价），即将每台电视机的零售价提高了200元。至12月末，B公司销售20台电视机并向甲公司开具了收取2 000元手续费的结算发票，同时将扣除手续费后的销货款44 800元汇至甲公司。

政策分歧：

企业人士认为：根据现行税收法规，出租柜台，应当按租金收入计算缴纳增值税，代销商品也应当按现代服务缴纳增值税。为什么要按17%计算缴纳增值税呢？要知道，两者相差6个百分点，对于该公司来说，可是一个不小的数据啊！于是，他们请来了税务专家。上海普誉财税策划工作室的税务专家到该公司，为该公司提供了专业咨询服务。

业务分析：

在日常的生产和经营活动中出现的涉税问题，表面上是在财务环节多缴了税，但是其症结往往不在会计和财务环节。所以，解决涉税问题更多的是需要从业务流程中去找原因。

随着市场经济的进一步发展，在商品流通环节不断出现一些新的生产方式和经营形式，“联营扣点”、“联营返点”就是最近几年才出现的一种新型经营合作方式。“联营扣点”、“联营返点”等合作经营方式一般在生产商与零售店之间进行。根据上海普誉财税策划工作室的税务专家所进行的市场调查和了解，目前“联营扣点”、“联营返点”的操作形式很多，但从实质上讲，不外乎以下三种基本形式。

一是，零售店给生产厂商提供柜台或者其他经营场所，零售店仅在生产厂商将商品入店时进行核查和登记数量，统计其销售价格，销售和收款等经营活动都由生产厂商自己负责，生产厂商的商品销售结束后，零售店按一定的比例，计算收取柜台或者其他经营场所的租金。

二是，双方的业务运行流程与上述相同，但在租金的收取上，零售店实行“保底定额加扣点（返点）”或“定额与扣点孰高确定租金”的形式，即零售店出租柜台或者其他经营场所时，先收取一定数额的租金，期末再根据厂商的销售额计算收取一定的租金；或者先行确定一个定额基数，如果期末按销售额乘以一个商定的比例（扣点）计算出来的结果小于先行确定的基数，厂商则按先行确定的基数向零售店支付租金，如果根据扣点计算的结果高于基数，厂商则按扣点计算的结果支付租金。

三是，零售店给生产厂商提供柜台或者其他经营场所，零售店在生产厂商将商品入店时不核查和登记数量，生产厂商派人参与商品的销售，但销售活动由商场统一管理，商品销售的款项也由商场统一收取，生产厂商的商品销售结束后（或者双方约定一个结算期间），零售店按一定的比例，计算收取柜台或者其他经营场所的租金。

对于“联营扣点”和“联营返点”合作方式的征税问题，应当根据具体情况作具体分析。就上述第一和第二形式的合作模式，从交易过程和交易实质来分析，实际上是一种柜台（场地）出租行为。现行税法明确，对承租或承包的企业、单位和个人，有独立的生产、经营权，在财务上独立核算，并定期向出租者或发包者上缴租金或承包费的，应作为增值税纳税人按规定缴纳增值税。在具体操作过程中存在两种情况，一是如果生产厂商从企业生产经营所在地主管税务机关开具了《外出经营许可证明单》，并经经营地主管税务机关确认的，厂商的销售额可以回企业所在地申报纳税。二是厂商在经营地领取了营业执照，并进行税务登记，厂商在零售商场的经营行为属于自营行为，其实现的纳税义务应当由其自己申报纳税。在以上两种模式下，零售商场所取得的租金收入应通过“其他业务收入”科目核算，按不动产租赁业务收入计算缴纳增值税。

对于第三种情况，即生产厂商提供商品或派人参与商品的销售，而销售活动由商场统一管理，商品销售的款项也由商场统一收取的行为，事实上是商场的一种销售行为，从具体的运作过程来分析，其运行活动是一种代销行为。以该公司的业务运作情况为例作如下分析。

从生产厂商的角度来分析，厂商将货物运至商场，但具体商品由厂商负责管理，在这个环节其商品的所有权没有发生转移，商场对商品没有所有权。但是，如果该商品实现销售，由商场为其开票并收取货款，商场在月底（或者双方约定的其他结算期限）则按“销售清单”（实现销售的部分）记载的数量与厂商进行销售结算，厂商的纳税义务也在同时发生，这个过程事实上就是一个完整的委托代销售过程。

而从另一个纳税人商场的角度来看，厂商通过商场完成了销售过程，其商品销售成为商场销售收入的组成部分，而商场所取得的收入，从业务合同（形式）看，商场取得的收入是场地使用权价值的实现，而从实际经济运行过程（内容）看，商场取得的收入却是商品销售的差价，也就是商品在流转环节的增值额。对于这样的经营业务，商场应当按货物销售收入额计算缴纳增值税，而不是按不动产租赁收入计算缴纳增值税。

当然，对于作为增值税一般纳税人的零售商而言，在具体运作过程中应当规范操作手段，在具体结算的过程中，应当向厂商按其收入额索取增值税专用发票，否则，商场没有增值税的进项抵扣，就会多缴税。

策划难点：

在代销模式下，商业企业可以在不支付现金的条件下实现商业利润，而根据现行政策，制造商在委托代销商品方面存在较大的操作空间，即企业可以通过委托代销的方式将商品销售的时间无限期拉长，从而将纳税义务向后推移。但是在实际操作环节问题不断出现。分析其原因，虽然在此环节税收政策相对比较简单，但是，如果相关的业务流程操作不当，就会滑入税收陷阱。比如，对于加价代销模式的加价部分是应当按17%计算缴纳增值税，还是应当按6%计算缴纳增值税？在税务管理机关看来，不能一概而论，而要看具体的业务流程，简单地说，要看其参与合作的双方是如何签署代销合同的。

但是，在实务操作过程中，具体负责签署合同的销售人员不了解有关税收政策，而了解税收政策的财务人员并不一定掌握销售活动的有关知识，对于某个具体的企业来说，这两方面人员的合作又未必很好，这种运行机制就决定了纳税人的业务操作存在一定的涉税风险。

第17计：
税负转嫁 市场操作

【妙计提要】

经营税款由谁缴，表现形式不重要；关键负担谁承担，税负转嫁策划妙。

【本计内容】

某些税收的最初纳税人，并不一定是该税收的最后承担者，他可以把所纳税款部分或全部转嫁给其他人负担。这种纳税人将所缴纳的税款转移给他人负担的过程就叫税负转嫁。税负转嫁结果最终有人承担，最终承担税负的人称负税人，税负最终落到负税人身上的过程称税负归宿。税负转嫁和税负归宿是一个问题的两个方面。可见，在税负转嫁的条件下，纳税人和真正的负税人是可以分离的，纳税人只是法律意义上的纳税主体，负税人是经济意义上的承担主体。

典型的税负转嫁或狭义的税负转嫁是指商品流通过程中，纳税人通过提高商品销售价格或压低商品购进价格的方法，将税负转移给商品购买者或商品供应者。

通常人们往往在比较宏观的层面上研究税负转嫁，其实，税负转嫁现象在微观经营活动中的策划也比较常见，尤其是在全面“营改增”的前提下。比如，销售货物的过程中适当安排运输费用，可以转嫁税收负担；改变服务模式，也可以将价外费用的税率适当降低；通过纳税方案设计策划混合销售业务的涉税问题，等等。

【案例注释】

税收策划是一门技术性和艺术性相结合的学科，这个特点在税负转嫁的策划上更显其艺术的真功夫。为了帮助大家理解其中的奥妙，这里我们结合实际案例对有关计策的操作原理做一个简要分析和解释。

微观环节搏利益 上下转嫁有技巧

长江公司是一家生产水泥的企业，系增值税一般纳税人。2017年1月5日与购货方签订销售水泥10万吨的销售合同，销售价格为每吨280元，其中包含运输费用35元。

对于销售过程中发生的运费问题，该公司的董事长李哲听说存在税收策划的机会，于是，决定请专家对该业务进行咨询论证。

政策分析：

2017年1月10日，该企业的税务顾问上海普誉财税策划工作室的首席策划专家老庄应约来到长江公司。

咨询专家首先对有关政策进行了解读。

《增值税暂行条例实施细则》第十二条明确，条例第六条第一款所称价外费用，包括价外向购买方收取的手续费、补贴、基金、集资费、返还利润、奖励费、违约金、滞纳金、延期付款利息、赔偿金、代收款项、代垫款项、包装费、包装物租金、储备费、优质费、运输装卸费以及其他各种性质的价外收费。但下列项目不包括在内：

（一）受托加工应征消费税的消费品所代收代缴的消费税；

（二）同时符合以下条件的代垫运输费用：

1.承运部门的运输费用发票开具给购买方的；

2.纳税人将该项发票转交给购买方的。

（三）同时符合以下条件代为收取的政府性基金或者行政事业性收费：

1.由国务院或者财政部批准设立的政府性基金，由国务院或者省级人民政府及其财政、价格主管部门批准设立的行政事业性收费；

2.收取时开具省级以上财政部门印制的财政票据；

3.所收款项全额上缴财政。

（四）销售货物的同时代办保险等而向购买方收取的保险费，以及向购买方收取的代购买方缴纳的车辆购置税、车辆牌照费。

业务分析：

咨询专家在政策解读的基础上，对有关业务的日常操作进行了分析。在实际操作过程中，运输业务一般有两种运作方法。

一是供货方外购运输业务（或者自备车辆提供送货上门），其运输费用合并在货款中收回。在业务流程上，承运单位将运输发票开给销售方，销售方在送货上门的同时，索取包含货款和运输费用在一起的增值税专用发票，销货方应按价外费用随着货物的适用税率缴纳增值税（我们可以将其称为“一票制”）。

二是供货方代购货方寻找运输单位并代垫运费。在业务流程上，供货企业以正常的产品价格与购货方签订产品购销合同，并商定：供货方帮助购货方寻找运输公司，运输公司的运输发票抬头直接开给购货方，并由供货方将该运输发票转交给购货方，供货方为购货方代垫运费。营改增以后，购货方接受增值税一般纳税人提供的运输服务，取得相应的增值税专用发票可以抵扣11%的进项税额（我们可以称之为“两票制”）。

对于销货方来说，其支付的代垫运费在财务上作“其他应收款”处理，收到购买方交来的运费冲减“其他应收款”科目，不用缴纳增值税（由承运单位缴纳）。另一方面，销货单位与运输公司签订代办运输合同，运输单位负责运输指定货物，购货企业在货物运到后向销货单位支付代垫运费。

策划分析：

在这两个操作模式中，哪个操作方案更好呢？接着，咨询专家跟公司董事长李哲一起对这笔业务进行了具体分析。

（1）在“一票制”操作模式下。

经测算，长江公司生产这批水泥可取得进项税额为180万元（不含运输发票可抵扣的进项税额），取得运输发票可抵扣进项税额39.64万元。企业应纳增值税为：

240 × 10 × 17%+40 × 10 ÷ （1+17%） × 17%–（180+39.64） = 466.12–219.64 = 246.48（万元）

（2）在“两票制”操作模式下。

在不考虑运输业务的情况下，销货企业将运费从销售价格中分离出来，水泥每吨价格从280元降为240元。在这样在情况下，长江公司应缴纳增值税为：

240 × 10 × 17%–180 = 228（万元）

策划结论：

如果将两个策划方案操作的结果作一个比较，可得246.48–228＝18.48（元）

可见，在方案二模式下，企业的利润并未减少，却可节约税金支出18.48万元。换言之，企业可以节省运费收入6%的税金（17%–11%）。

于是董事长决定将运输公司的合作改为以代垫运费的方式签订运输合同，每吨价格为40元，将运费从销售价格中分离出来，水泥每吨价格从280元降为240元。

举一反三：

该案例是从销售方的角度去分析和运筹的。经了解，长江公司是附近最大的一家水泥生产企业，而且产品质量稳定，在当地的品牌影响比较好，这就给该企业进行运输费用的策划提供了支撑。但是，这样的策划，是不是在其他企业也适用呢？

我们再以东方服装有限公司的服装销售为例来进行深入分析和说明，该公司2016年度所发生的运费金额含税合计为200万元，如果2017年度保持这个水平，该公司产品的增值税适用税率为17%，那么，也有两个操作方案。

（1）采用代垫运费的方式。

（2）采用外购运输服务或者由自备车辆提供运输服务。

如果采用第二种方法，则需要纳税。

应纳增值税差税额＝200÷（1+17%）×17%–200÷（1+11%）×11%＝29.06–19.82＝9.24（万元）

显然，代垫运费要比外购运费合算得多。

但是，作为东方服装有限公司的客户，由于在购买服装时取得的是只能抵扣11%的增值税专用发票，而不是能抵扣17%的增值税专用发票，其取得的增值税进项税额由原来的抵扣率为17%变为11%，下降了6%。显然不会接受。

专家点评：

对于销售方来说，是采用自备车辆给购买方送货上门，还是由购买方过来取货好？如果仅从税收的角度讲，两者的税收负担是不同的。

我国现行增值税，形成环环相扣的一个完整链条，在这个链条上的企业是互相牵制的，所以，如果从一对合作方的角度分析，存在此消彼涨的关系，换一句话说，增值税的税收负担在合作方可以转嫁。

典型的税负转嫁或狭义的税负转嫁是指商品流通过程中，纳税人通过提高商品销售价格或压低商品购进价格的方法，将税负转移给商品购买者或商品供应者。

运输服务不可少　向谁购买更讨巧

对于增值税一般纳税人企业来说，采购货物环节进行涉税策划是降低企业采购成本的重要内容。在这个环节，企业需要注意尽可能多地取得合法有效的增值税进项抵扣额，从而有效地降低流转环节的税收负担。但是，在实践过程中存在大量认识误区和政策理解错误，从而给有关企业带来很大的涉税风险。

策划案例：

某市光明海棉有限公司是增值税一般纳税人，主要生产大型建筑设备。2016年企业实现销售收入为18 000万元，申报缴纳增值税280万元。

风险应对：

税务机关通过决策监控系统数据平台的比对分析发现，该企业的增值税税负率只有1.5%，属于明确偏低。于是，对该企业的负责人进行约谈。

通过约谈和现场实地核查，风险应对专业人员发现该企业的运输费用明显偏高，达1 850万元，超过销售额的10%，便怀疑其接受虚开代开的增值税专用发票，于是责令其自查补税，企业则感到十分委曲。

企业咨询：

为了打破僵局，该企业请来上海普誉财税策划工作室的咨询专家。

咨询专家到现场，对该企业的生产和经营情况进行了诊断，了解到由于该企业的产品价值低，体积大，产品的销售半径比较大，并且当地的产品只能通过汽车运输出去，发生较大的运输费用，有其合理性。

同时，咨询专家对该企业运输业务情况进行了具体分析，发现该企业的合作对象主要是个体工商户，所取得的运输发票几乎都是通过税务机关代开的，最后鉴定，该企业不仅不存在少缴增值税的问题，而且还多缴了税。这个结论让该企业的负责人感到十分意外。

为什么会出现这种情况呢？

业务分析：

为了帮助该企业改善经营，在签署了策划协议之后，咨询专家对相关业务进行了分析。

原来，该业务存在两个可供选择的操作方案。一是向小规模纳税人采购运输服务；二是向一般纳税人采购运输服务。具体的结果又将如何呢？这里我们不妨做一个简要的分析：

方案一：向小规模纳税人采购运输服务。

在向小规模纳税人采购运输服务的操作模式下，企业取得的增值税进项税额为：

$$1\,850 \times 3\% = 55.5\text{（万元）}$$

方案二：向一般纳税人采购运输服务。

如果企业将跟一般纳税人合作，从接受服务方的角度来看，根据税法有关规定，购进或销售货物所发生的运输费用可以取得适用税率为11%的增值税进项税额。在这样的方式下企业可以抵扣增值税：

$$1\,850 \times 11\% = 203.5\text{（万元）}$$

两种方式相比，后者比前者可以多抵扣增值税进项税额148万元。

策划结论：

光明海棉有限公司向小规模纳税人采购运输服务，可以取得的增值税进项税额为55.5万元；但是，如果向一般纳税人采购运输服务，可以抵扣增值税203.5万元。由此可见，该多缴增值税148万元。

纳税情况对比表

单位：万元

操作方案	销项税	运费进项税	其他进项税	应纳税额
方案一	3 060	55.5	2 734.5	270
方案二	3 060	203.5	2 734.5	122

税费转嫁纳税人　国家利益未动摇

2018年3月19日，某银行因机构收缩，决定撤销某县原支行。在处置该县原支行闲置房产及土地（为2000年1月8日取得的划拨土地）时，根据与购买方签订的合同约定：处置房产、土地所有的应交各项税费（包括销售不动产增值税、土地出让金等）一律由购买方承担，合同成交价为97万元（房产及土地原始成本价为90万元）。购买方在办理产权手续时，向土地管理部门缴纳土地出让金20万元。

政策分析：

根据《税收征管法实施细则》第三条规定：“纳税人应当依照税收法律、行政法规的规定履行纳税义务；其签订的合同、协议等与税收法律、行政法规相抵触的，一律无效。”所以，对银行发生的转让无形资产和销售不动产行为，其纳税主体应当是银行本身，税务机关只能针对银行征税。至于该税收最终由谁负担的问题，在市场经济条件下，交易双方可以自行协商。

《财政部 国家税务总局关于全面推开营业税改征增值税试点的通知》（财税〔2016〕36号）附件2《营业税改征增值税试点有关事项的规定》第一条第三款第（八）项对销售不动产的规定：

（1）一般纳税人销售其2016年4月30日前取得（不含自建）的不动产，可以选择适用简易计税方法，以取得的全部价款和价外费用减去该项不动产购置原价或者取得不动产时的作价后的余额为销售额，按照5%的征收率计算应纳税额。纳税人应按照上述计税方法在不动产所在地预缴税款后，向机构所在地主管税务机关进行纳税申报。

（2）一般纳税人销售其2016年4月30日前自建的不动产，可以选择适用简易计税方法，以取得的全部价款和价外费用为销售额，按照5%的征收率计算应纳税额。纳税人应按照上述计税方法在不动产所在地预缴税款后，向机构所在地主管税务机关进行纳税申报。

（3）一般纳税人销售其2016年5月1日后取得（不含自建）的不动产，应适用一般计税方法，以取得的全部价款和价外费用为销售额计算应纳税额。纳税人应以取得的全部价款和价外费用减去该项不动产购置原价或者取得不动产时的作价后的余额，按照5%的预征率在不动产所在地预缴税款后，向机构所在地主管税务机关进行纳税申报。

（4）一般纳税人销售其2016年5月1日后自建的不动产，应适用一般计税方法，以取得的全部价款和价外费用为销售额计算应纳税额。纳税人应以取得的全部价款和价外费用，按照5%的预征率在不动产所在地预缴税款后，向机构所在地主管税务机关进行纳税申报。

（5）小规模纳税人销售其取得（不含自建）的不动产（不含个体工商户销售购买的住房和其他个人销售不动产），应以取得的全部价款和价外费用减去该项不动产购置原价或者取得不动产时的作价后的余额为销售额，按照5%的征收率计算应纳税额。纳税人应按照上述计税方法在不动产所在地预缴税款后，向机构所在地主管税务机关进行纳税申报。

（6）小规模纳税人销售其自建的不动产，应以取得的全部价款和价外费用为销售额，按照5%的征收率计算应纳税额。纳税人应按照上述计税方法在不动产所在地预缴税款后，向机构所在地主管税务机关进行纳税申报。

（7）房地产开发企业中的一般纳税人，销售自行开发的房地产老项目，可以选择适用简易计税方法按照5%的征收率计税。

（8）房地产开发企业中的小规模纳税人，销售自行开发的房地产项目，按照5%的征收率计税。

（9）房地产开发企业采取预收款方式销售所开发的房地产项目，在收到预收款时按照3%的预征率预缴增值税。

（10）个体工商户销售购买的住房，应按照附件3《营业税改征增值税试点过渡政策的规定》第五条的规定征免增值税。纳税人应按照上述计税方法在不动产所在地预缴税款后，向机构所在地主管税务机关进行纳税申报。

（11）其他个人销售其取得（不含自建）的不动产（不含其购买的住房），应以取得的全部价款和价外费用减去该项不动产购置原价或者取得不动产时的作价后的余额为销售额，按照5%的征收率计算应纳税额。

业务分析：

在本案例中，按照税法的规定，销售不动产和转让无形资产的增值税等应属银行承担，但合同约定由购买方代为支付，并且计征增值税的营业额为含税收入额，所以应将不含税收入换算为含税收入。但土地出让金按法律规定究竟应当是哪一方承担？

根据土地出让金征收的有关规定：对原通过行政划拨获得土地使用权的土地使用者，将土地使用权有偿转让，应按规定补交土地出让金。并且规定：用地者无权处理，必须要报政府审批，由转让关系中的受让方来办理土地使用权出让手续，并按规定交纳土地使用权出让金。但土地出让金的法定缴费义务人应当是原无偿取得土地使用权的一方，并且由其在转让时依法补缴土地出让金。所以，土地出让金也仍然是属销售方应当承担的费用，该费用应当组成销售方的计税收入。

另外，根据财税〔2016〕36号文件的规定，组成银行的计税收入应当为：

$$(97+20)\div(1-5.4\%)=123.68\text{（万元）}$$

案例点评：

这是一则引用案例。通过这个案例分析我们可以发现，在微观操作环节，增值税可能在不同的纳税人之间流动和转嫁，但是增值税的征收基础没有发生实质性的变化。

第18计：临界点 细分析

【妙计提要】

经济政策存差异，利益权衡需细议；策划理论有讲究，平衡点里选距离。

【妙计详解】

平衡的词义有多种解释，如物理学的解释为衡器两端承受的重量相等，或者说两个或两个以上的力作用于一个物体上，各个力互相抵消，使物体成相对静止的状态。亦泛指平稳，稳定。从哲学的角度说，平衡是指事物处在量变阶段所显现的面貌，是绝对的、永恒的运动中所表现的暂时的、相对的静止。

而临界点则是物理学名词，是指物体由一种状态转变成另一种状态的条件。如气体在某一温度时，加上一定的压力就能转化为液体，这种温度和压力即该气体的临界点。亦借指事情性质发生变化的关节。

上述概念也可以拿来在经济生活中使用。

税收的法律界限非常明确，达不到法律规定的标准，就不需要承担有关法律所规定的法律义务，一旦达到标准，就需要承担必要的责任。税收的征收率是通过法律形式确定下来的，有其内在的规定性而不能随意变更，但是经济活动却是千变万化的，有些时候一项适用较高税率的经济事项，经过合理的规划，就可能变为适用较低税率的经济事项，从而有效地减小企业的税收负担。

比如，是选择增值税一般纳税人，还是小规模纳税人？是采用一般计税方法，还是选择简易计税方法……所以，在临界点上需要进行策划，其中的操作的可能性很大，技术性很强。有关临界点的策划，是税收策划的一个重要方面。

（一）临界点策划原理

利用临界点策划税收是“质量互变”原理的最好体现，因为在税法上有明确的边界规定，从而形成众多的临界点，当突破某些临界点（或高于或低于）时，由于所适用的税率就可能发生变化，进而出现利益差异，这便是临界点策划的工作原理。

利用临界点进行策划是税收策划的重要部分，其有着自身的规律，归纳起来主要有：

1. 具有技术性。临界点策划的技术性很强，完全是依据税法规定的政策边界——临界点而进行的一种策划。这些临界点，是立法者有意识设定的，而且是十分明确，目的是体现税收公平和效率原则。临界点策划税收策划当事人主动接受政策的引导，从而实现税收利益最大化，其性质应属于节税范畴。如在2018年1月1日到2020年12月31日，为了享受小微企业税收优惠政策，需要将年计税利润控制在100万元以下。这里有时间的临界点和利润的临界点，但是，只符合这一个条件还不够，还有其他指标要求，即从事国家非限制和禁止行业，并符合下列条件的企业：（一）工业企业，年度应纳税所得额不超过100万元，从业人数不超过100人，资产总额不超过3 000万元；（二）其他企业，年度应纳税所得额不超过100万元，从业人数不超过80人，资产总额不超过1 000万元。而这些指标还有具体要求，如从业人数，包括与企业建立劳动关系的职工人数和企业接受的劳务派遣用工人数。

从业人数和资产总额指标，应按企业全年的季度平均值确定。具体计算公式如下：

季度平均值 =（季初值+季末值）÷2

全年季度平均值 = 全年各季度平均值之和 ÷4

年度中间开业或者终止经营活动的，以其实际经营期作为一个纳税年度确定上述相关指标。

2. 策划的公开性。由于税法是经过一定的立法流程完成的涉税游戏规则，是要求所有人都必须遵守的，而其中的税目、税基、税率等都是一一对应的，全体纳税人都可以创造条件，利用临界点策划原理来争取降低税率，享受税收优惠，获得优惠，增加收益。

3. 简便易行。临界点税收策划的原理比较明确，具有一讲就懂，简便易行的特点，这是与其他税收策划活动所不同的地方。

（二）临界点策划的分类

临界点策划的基础是临界点，所以其分类的基础依据也是以临界点为标准。临界点可分为税基临界点和优惠临界点两大类。前者主要有起征点、税率跳跃临界点；后者主要有时间临界点、人员临界点、优惠对象临界点等。

案例分析：

平衡点的原理是经济学中一个普遍性原理之一，这里将其引入税收策划里作为一个计策，在税收策划操作过程中，同样也具有普遍性意义。临界点的税收策划包括多方面的内容，在增值税、土地增值税、企业所得税和个人所得税等税种中都有体现。在不同时期的政策所对应的临界点也有所不同。因此，这里我们结合实际案例对有关计策的操作原理做一个简要分析和解释。

采购供应有主体　价格分析藏税收

在企业采购过程中，根据供应商的增值税纳税人类别，企业采购业务可以分为两种渠道，一种是从增值税一般纳税人处采购，另一种是从增值税小规模纳税人处采购。近期政策几经调整，企业应及时进行税收策划，合理地选择供应商，以提高企业净收益。这里通过比较从一般纳税人处采购货物和从小规模纳税人处采购货物对企业收益的影响，帮助企业正确选择供应商，使得企业降低税负，提高收益。

一．采购价格临界点概述

政策调整后，供应商的身份将直接影响企业收益。假设在价格和质量相同的情况下，从一般纳税人处采购货物可以取得增值税专用发票，进项税额可以抵扣；从小规模纳税人处采购货物，如果小规模纳税人开具增值税普通发票，进项税额不得抵扣，如果通过小规模纳税人从主管税务机关代开增值税专用发票，进项税额可以抵扣。在价格相同的条件下，即使从小规模纳税人处取得增值税专用发票，纳税人抵扣的进项税额较一般纳税人少，所以，纳税人不会选择从小规模纳税人处采购货物，这样小规模纳税人将无法生存。若要在市场中生存，小规模纳税人必然要降低价格，才能与一般纳税人同市场竞争。当小规模纳税人价格降低到一定程度时，此时企业不管是选择一般纳税人还是小规模纳税人作为供应商，企业收益相等，这一价格点就是采购价格临界点。只有当从小规模纳税人处采购货物价格低于采购价格临界点，纳税人从小规模纳税人处采购货物收益才会高于从一般纳税人处采购货物收益，纳税人才会选择小规模纳税人作为供应商；当从小规模纳税人处采购货物价格高于采购价格临界点，纳税人从一般纳税人处采购货物收益会高于从小规模纳税人处采购货物收益，纳税人会选择一般纳税人作为供应商。

二．采购价格临界点的计算

在实际工作中，纳税人从小规模纳税人处采购货物可以取得两种发票：增值税专用发票和增值税普通发票，笔者从这两种情形出发，推导在这两种情形下的采购价格临界点。

（一）从小规模纳税人索取的增值税专用发票。假定纳税人的含税销售额为S，适用的增值税税率为T0，从一般纳税人购货的含税购进额为P，适用的增值税税率为T1，在采购价格临界点从小规模纳税人购进货物的含税额与从一般纳税人购进货物的含税额的比率为Rc，小规模纳税人适用的税率为T2。因生产加工费用与原材料的来源关系不大，所以纳税人收益为不含税销售收入扣除不含税购进成本的差，则：

从一般纳税人索取专用发票的收益＝S÷（1+T0）−P÷（1+T1）

从小规模纳税人索取专用发票的收益＝S÷（1+T0）－（P×Rc）÷（1+T2）

当两者的收益相等时：

$$S \div (1+T0) - P \div (1+T1) = S \div (1+T0) - (P \times Rc) \div (1+T2)$$

推导出：Rc＝（1+T2）÷（1+T1）×100%

（二）从小规模纳税人索取的增值税普通发票。

从一般纳税人索取专用发票的收益＝S÷（1+T0）－P÷（1+T1）

从小规模纳税人索取增值税普通发票的收益＝S÷（1+T0）－P×Rc

当两者的收益相等时：

$$S \div (1+T0) - P \div (1+T1) = S \div (1+T0) - P \times Rc$$

推导出：Rc＝1÷（1+T1）×100%

（三）结论

采购价格临界点的比率Rc，仅与供应商的增值税税率（即T1、T2）有关，与纳税人的增值税税率（T0）、纳税人的含税销售额（S）无关。纳税人选择供应方的身份策略是：首先，纳税人计算从小规模纳税人购进货物的含税额与从一般纳税人购进货物的含税额的实际比率R；然后纳税人比较实际比率R和在采购价格临界点的比率Rc的大小：当R小于Rc时，选择小规模纳税人作为供应商；当R大于Rc时，选择一般纳税人作为供应商；若R等于Rc，两者的收益相同，应当从其他角度考虑选择供应商。

总之，从采购定价而言，纳税人如果选择小规模纳税人作为供应商时，其货物含税价格应当略低于或等于一般纳税人货物含税价格的Rc倍。

三．采购价格临界点的应用

（一）政策调整后，增值税税率的规定。根据《中华人民共和国增值税暂行条例》以及《财政部 税务总局 海关总署关于深化增值税改革有关政策的公告》（财政部 税务总局 海关总署公告2019年第39号）自2019年4月1日起，增值税一般纳税人（以下称纳税人）发生增值税应税销售行为或者进口货物，原适用16%税率的，税率调整为13%；原适用10%税率的，税率调整为9%。这样，目前一般纳税人适用的税率分别是13%、9%和6%三档，小规模纳税人征收率是3%。

一般纳税人的税率具体规定是：适用13%基本税率的范围包括纳税人销售或者进口货物（除使用低税率和零税率的外）、提供加工、修理修配劳务、有形动产租赁服务；适用9%低税率的范围包括农业产品、食用植物油、自来水、暖气、冷气、热水、煤气、石油液化气、天然气、沼气、居民用煤炭制品、图书、报纸、杂志、音像制品、电子出版物、饲料、化肥、农药、农机、农膜、农机整机、以及交通运输业、邮政业、提供基础电信服务；适用6%低税率的范围包括研发和技术服务、信息技术服务、文化创意服务、物流辅助服务、鉴证咨询服务、广播影视服务、提供基础电信服务。

（二）采购价格临界点的案例分析

甲公司是服装生产企业，为一般纳税人，预计年营业额为6 000 000元，需要租入10台设备。现有A、B两个公司，其中A公司为增值税一般纳税人，从A公司可以索取税率为13%的增值税专用发票，B公司为增值税小规模纳税人，从B公司可以索取由税务机关代开的征收率为3%的增值税专用发票。A、B两个公司所提供的设备相同，但是收费却不同，A公司每台设备租金30 000元、B公司每台设备租金28 000元（以上金额为含税金额）。甲公司是选择A公司还是选择B公司作为供应商？

分析：在不考虑其他因素的前提下，选择A公司作为供应商，甲公司收益为：

6 000 000 ÷ 1.13−30 000 ÷ 1.13 × 10 = 5 309 734.51−265 486.73 = 5 044 247.78（元）

选择小规模纳税人B公司作为供应商，甲公司收益为：

6 000 000 ÷ 1.13−28 000 ÷ 1.03 × 10 = 5 309 734.51−271 844.66 = 5 037 889.85（元）

将两者的收益做比较：

5 044 247.78−5 037 889.85 = 6 357.93（元）

可见，选择A公司比选择B公司作为供应商，甲公司收益提高6 357.93（元）。因此，选择A公司作为供应商，甲公司收益较高。

小微企业难生存　税收优惠来帮衬

在现实生活中，有些人在账面会计利润增加了一元钱，但是最后却少赚了150 000元。比如甲企业2018年度实现应纳税所得额为100万元，乙企业2018年度实现应纳税所得额为100.000 1万元。试问这是为什么呢？

案例分析：

甲企业2018年度实现应纳税所得额为100万元，根据《财政部 税务总局关于进一步扩大小型微利企业所得税优惠政策范围的通知》（财税〔2018〕77号）的规定：

1．自2018年1月1日至2020年12月31日，将小型微利企业的年应纳税所得额上限由50万元提高至100万元，对年应纳税所得额低于100万元（含100万元）的小型微利企业，其所得减按50%计入应纳税所得额，按20%的税率缴纳企业所得税。

前边所称小型微利企业，是指从事国家非限制和禁止行业，并符合下列条件的企业：

（1）工业企业，年度应纳税所得额不超过100万元，从业人数不超过100人，资产总额不超过3 000万元；

（2）其他企业，年度应纳税所得额不超过100万元，从业人数不超过80人，资产总额不超过1 000万元。

2．本通知第一条所称从业人数，包括与企业建立劳动关系的职工人数和企业接受的劳务派遣用工人数。

所称从业人数和资产总额指标，应按企业全年的季度平均值确定。具体计算公式如下：

季度平均值 =（季初值+季末值）÷ 2

全年季度平均值 = 全年各季度平均值之和 ÷ 4

年度中间开业或者终止经营活动的，以其实际经营期作为一个纳税年度确定上述相关指标。

如果该企业符合小型微利企业所得税优惠的条件，当应纳税所得额恰好为100万元时，可以享受优惠。那么，甲企业应缴纳企业所得税为：

1 000 000 × 50% × 20% = 100 000（元）

甲企业可以获得的税后净利润为

1 000 000−100 000 = 900 000（元）

乙企业2018年度实现应纳税所得额为1 000 001元，则该企业不符合小型微利企业所得税优惠的条件，应当按正常政策计算企业所得税。那么，甲企业应缴纳企业所得税为：

1 000 001 × 25% = 250 000.25（元）

甲企业可以获得的税后净利润为

1 000 001−250 000.25 = 750 000.75（元）

两个企业缴纳企业所得税后净利润比较：

900 000−750 000.75 = 149 999.25（元）

对上述两家企业的纳税情况做一个比较我们可以发现，乙企业比甲企业多赚了1元，而企业所得税却要多缴150 000.25元（250 000.25−100 000）；换句话说，企业多赚了1元利润，就要多缴企业所得税15万元。

为什么会出现这种情况呢？其原因就是国家为了扶持小微企业，对“年应纳税所得额低于100万元的小型微利企业，其所得减按50%计入应纳税所得额，按20%的税率缴纳企业所得税。”在这个前提下，企业的会计利润与税后净利出现了背离。

当然，这种情景只会在一定的区间存在。

当企业的会计利润达到一定程度，即到政策平衡的临界点时，其净利润就会超过享受小型微利企业优惠政策的上限。这里我们假设这个临界点的所得额为m，则m−m×25%＝100−100×50%×20%，即m＝120万元。也就是说：

当企业的会计利润为120万元以上时，会计利润越多，税后净利润越多；

当企业的会计利润为100万元以下时，会计利润越低，税后净利润越低；

而当企业的会计利润超过100万元低于120万元时，其会计利润额与税后净利润成反比关系。也就是说企业赚得多，获取的净利润反而少。

专家点评：

在通常情况下，企业的会计利润越多（这里假设企业的会计利润等于应纳税所得额），投资人最终赚的钱也会越多（税后净利润）。但是，有些时候会出现例外。也正因为如此，有关企业应当做好利润目标的控制。可以采取如下措施：

其一、加大市场推广力度。通常情况下，小微企业往往处于成立初期，市场占有份额相对较小，因此建议开展促销活动，降低商品或服务价格，或者给客户适当的折扣、折让等。企业在季度末就应对企业未来经营情况做一次测算，如果估计当年应纳税所得额接近50万元，就可以通过上述手段适当减少利润和所得，充分利用税收红利促进企业的发展。

其二、加大技术研发力度，强化业绩考核。为进一步激励中小企业加大研发投入，支持科技创新，《财政部 税务总局 科技部关于提高科技型中小企业研究开发费用税前加计扣除比例的通知》（财税〔2017〕34号）提高了科技型中小企业研究开发费用（以下简称研发费用）税前加计扣除的比例，明确科技型中小企业开展研发活动中实际发生的研发费用，未形成无形资产计入当期损益的，在按规定据实扣除的基础上，在2017年1月1日至2019年12月31日期间，再按照实际发生额的75%在税前加计扣除；形成无形资产的，在上述期间按照无形资产成本的75%在税前摊销。《国家税务总局关于企业工资薪金和职工福利费等支出税前扣除问题的公告》（国家税务总局公告2015年第34号）规定，企业在年度汇算清缴结束前向员工实际支付的已预提汇缴年度工资薪金，准予在汇缴年度按规定扣除。因此，12月计提的工资奖金，即使未实际发放，只要在汇算清缴结束前支付到位，也不影响企业所得税的计算。

但是，上述工资奖金的安排一定要合理，发放额度合理，发放程序规范，并及时代扣代缴个人所得税，否则会产生税收风险。

其三、正确适用固定资产加速折旧政策。现行政策对部分专用设备的会计处理给企业较大选择权，比如《国家税务总局关于固定资产加速折旧税收政策有关问题的公告》（国家税务总局公告2014年第64号）规定，企业持有的固定资产，单位价值不超过5 000元的，可以一次性在计算应纳税所得额时扣除。因此，企业当期采购单价低于5 000元的固定资产，如果存在可以享受加速折旧政策而未享受的，年度可以考虑调整会计政策。这既可以达到少缴当期企业所得税的目的，又有可能让所得额减少到50万元以下，从而享受小型微利企业减半的优惠政策。

其四、适当选择销售方法。增值税暂行条例实施细则第三十八条明确，纳税人纳税义务实现的时间按销售结算方式的不同，具体为：（一）采取直接收款方式销售货物，不论货物是否发出，均为收到销售款或者取得索取销售款凭据的当天；（二）采取托收承付和委托银行收款方式销售货物，为发出货物并办妥托收手续的当天；（三）采取赊销和分期收款方式销售货物，为书面合同约定的收款日期的当天，无书面合同的或者书面合同没有约定收款日期的，为货物发出的当天；（四）采取预收货款方式销售货物，为货物发出的当天，但生产销售生产工期超过12个月的大型机械设备、船舶、飞机等货物，为收到预收款或者书面合同约定的收款日期的当天；（五）委托其他纳税人代销货物，为收到代销单位的代销清单或者收到全部或者部分货款的当天。未收到代销清单及货款的，为发出代销货物满180天的当天；（六）销售应税劳务，为提供劳务同时收讫销售款或者取得索取销售款的凭据的当天；（七）纳税人发生视同销售货物行为，为货物移送的当天。因此，纳税人可以根据年度收入情况对销售方式提前做出安排。

当然，在这里需要强调的是，以上操作的前提是业务必须真实，千万不能通过隐瞒收入、虚列成本费用等方式来减少利润，这样做涉嫌偷税等违法行为，将面临补税、加收滞纳金、罚款等税收风险，并要承担相应的法律责任。

举一反三：

对于临界点的策划在税收上运用，万变不离其宗，可以归纳为两个大的方面，即税基临界点策划方法和优惠临界点策划方法。这里我们引用资料对相关问题做一个简要分析：

1. 税基临界点策划方法

起征点与免征额不同，免征额是在征税对象的全部数额中给予免税的数额，而起征点则意味着对达到或超过起征点（即临界点）的全部数额进行征税，所以，起征点上下部分税负变化很大。例如，假定某地规定，若月销售额大于等于2万元，即开征3%的增值税，也就是说起征点为2万元，税率为3%。如甲取得的应税收入恰好是20 100元，乙取得的收入是19 900元，于是甲需要缴纳585.44元增值税，缴税后的收入为19 514.56元，而乙无需缴税，净收入也就是19 900元，结果是比乙少取得收入385.44。此处，甲的策划非常简单，只需在应税收入上减少收入100元，就会多获得380多元的净收入。

税率跳跃临界点在许多类应税商品、应税行为中出现。比如由于价格，应税行为的变化而导致税率跳档。例如，我国甲类卷烟消费税税率为50%（注：据了解，国家对卷烟消费者税征税办法和税率已作了调整，但未正式公布，故此处仍用旧的税率）。乙类卷烟税率为40%，丙类卷烟税率为25%，三类卷烟的税率差别很大，适用什么税率取决于卷烟的类别，而类别的划分在一定程度上根据的是卷烟的价格。三类卷烟价格的分界点便成了税率跳跃变化的临界点。如卷烟价格在分界点附近，纳税人可以主动降低价格，使卷烟类别发生变化，从而适用较低税率。

2. 优惠临界点策划方法

在我国，由于国情的限制，税收优惠政策普遍存在，优惠临界点也很多，所以应用范围非常广泛。优惠临界点分为三类，即时间临界点、人员临界点和优惠对象临界点。

时间临界点主要集中在办厂时间的限制上，主要税种是企业所得税。例如，我国税法规定：一是，2018年1月1日后投资新设的集成电路线宽小于130纳米，且经营期在10年以上的集成电路生产企业或项目，第一年至第二年免征企业所得税，第三年至第五年按照25%的法定税率减半征收企业所得税，并享受至期满为止。二是，2018年1月1日后投资新设的集成电路线宽小于65纳米或投资额超过150亿元，且经营期在15年以上的集成电路生产企业或项目，第一年至第五年免征企业所得税，第六年至第十年按照25%的法定税率减半征收企业所得税，并享受至期满为止。三是对于按照集成电路生产企业享受本通知第一条、第二条税收优惠政策的，优惠期自企业获利年度起计算；对于按照集成电路生产项目享受上述优惠的，优惠期自项目取得第一笔生产经营收入所属纳税年度起计算。四是享受本通知第一条、第二条税收优惠政策的集成电路生产项目，其主体企业应符合集成电路生产企业条件，且能够对该项目单独进行会计核算、计算所得，并合理分摊期间费用。五是2017年12月31日前设立但未获利的集成电路线宽小于0.25微米或投资额超过80亿元，且经营期在15年以上的集成电路生产企业，自获利年度起第一年至第五年免征企业所得税，第六年至第十年按照25%的法定税率减半征收企业所得税，并享受至期满为止。六是2017年12月31日前设立但未获利的集成电路线宽小于0.8微米（含）的集成电路生产企业，自获利年度起第一年至第二年免征企业所得税，第三年至第五年按照25%的法定税率减半征收企业所得税，并享受至期满为止。实际上，时间临界点还存在许多情况，如优惠办法起止日期临界点，国际税收中属人原则对外国公民居住期限的规定等。

人员临界点在有关增值税和企业所得税的法规中都有所体现。为安置随军家属就业而新开办的企业，随军家属占企业总人数的60%（含）以上，并有军（含）以上政治和后勤机关出具的证明的，自领取税务登记证之日起，其提供的应税服务3年内免征增值税。对安置残疾人的单位和个体工商户（除盲人按摩机构外，以下称纳税人）月安置的残疾人占在职职工人数的比例不低于25%（含25%），并且安置的残疾人人数不少于10人（含10人）的可以享受限额（月最低工资标准的4倍）即征即退增值税的办法。

控制增值分水岭　政策界限要分清

苏瑞房地产开发有限责任公司是一家2010年底注册兴办的，以开发、转让土地及房产为主要业务的小型公司。2019年1月初，苏瑞公司根据“安居工程”的统一安排，按当地一般民用住宅标准建造了一座住宅楼，目前该工程已经完工，并准备以市场价格进行销售。

在这个住宅楼开发项目中，苏瑞公司共发生如下费用：取得土地使用权需支付12 000万元，房地产开发成本6 800万元，其他扣除额为5 500万元，可以取得增值税进项税额合计为2 000万元。经过市场调研，苏瑞公司估计该住宅楼销售收入为30 000万元左右。公司财务人员对这笔业务的主要税收情况进行了测算：

我们假设上述都是不含税价格，那么，应缴纳增值税

30 000 × 10%−2 000 = 1 000（万元）

城建税及教育费附加合计（城建税7%、教育费附加3%）为：

1 000 ×（7%+3%）= 100（万元）

应缴纳的土地增值税计算如下：

扣除金额为：

12 000+6 800+5 500+100 = 24 400（万元）

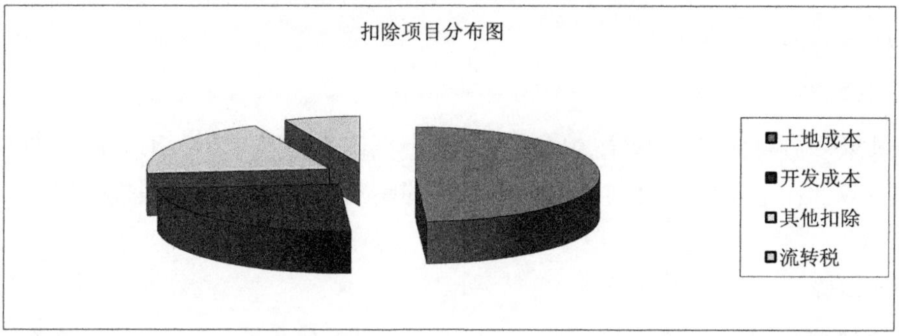

增值额为：

30 000−24 400 = 5 600（万元）

土地增值率为：

（30 000−24 400）÷ 24 400 = 22.95%

取得房地产转让收入30 000万元，应缴纳土地增值税额为：

（30 000−24 400）× 30% = 1 680（万元）；

以上各税合计为：

1 000+100+1 680 = 2 780（万元）

策划分析：

对于这笔销售收入，该公司是否存在税收策划的可能呢？我们不妨对此作一个分析：在本案例中，苏瑞公司按一般民用住宅标准建造普通标准住宅，在这一点上符合《暂行条例》规定的可以享受免税待遇的第一种情况，按扣除项目金额的20%计算，能够享受免税条件的最大增值额应为：

24 400 × 20% = 4 880（万元）

然而该公司产生的增值额为5 600万元。实际增值额仅仅超过了税法规定可以免税

的标准720万元，如果按照上述方案进行销售，该公司就应全额按30%的税率缴纳土地增值税。

如果公司财务人员熟悉这项优惠政策，在该项销售业务销售收入还未进行的情况下（扣除项目金额已经确定），可以计算出享受优惠政策的最大增值额，并就此在实际增值额接近的时候进行适当的调整，使其不超过但很接近最大增值额的限度。

策划操作：

我们假设该项业务最终收入为29 300万元，增值额为4 800万元，没有超过4 900万元的最大限额，可以享受免征土地增值税的优惠。

应缴纳增值税：

$$29\,300\times 10\%-2\,000=930\text{（万元）}$$

城建税及教育费附加合计（城建税7%、教育费附加3%）为：

$$930\times（7\%+3\%）=93\text{（万元）}$$

流转税合计1 023万元。

策划结论：

通过策划可以比原来多得980万元[29 300-（30 000-1 680）]的利润。而且，苏瑞公司适当降低住宅售价，有利于缩短住宅楼的销售时间，加快收回投资成本，减少资金占用。

策划点评：

土地增值税是超率累进税制，所以，增值额十分重要。当然，控制增值“分水岭”，从销售价格的角度来操作比较容易，但是许多人往往看不到这一点而在价格上“吃了亏”。

一个朋友给笔者讲了这样一个有趣的故事：有位房地产开发商最近卖了两套相同条件的普通标准住房，卖25万元的那套赚了41 000元，而卖26万元的那套只得到35 700元的利润，同样的商品贵卖10 000元，却少赚了5 300元。原因何在？

原来，根据现行土地增值税的有关政策，纳税人建造普通标准住宅出售的，增值额未超过扣除项目金额20%的，免纳土地增值税，达到或超过20%的，全额计征土地增值税。正是因为缴纳的土地增值税不同，造成了多卖少赚的现象。

其中扣除项目金额包括：（1）取得土地使用权所支付的金额。（2）开发土地、新建房及配套设施的成本和费用。（3）已使用过的旧房及建筑物的评估价格。（4）与转让房地产有关的税金，包括转让房地产时缴纳的营业税、印花税、城市维护建设税，以及视同税金扣除的教育费附加。（5）财政部确定的其他扣除项目，目前规定对从事房地产开发的纳税人允许按取得土地使用权时所支付的金额和房地产开发成本之和的20%加计扣除。

该房地产开发公司建造这套普通标准住宅时，取得土地使用权所支付的金额为5万元，房地产开发成本为10万元，按规定允许扣除的房地产开发费用为5.9万元。笔者给他们做了如下计算：

（一）在售价为25万元，则按以上规定扣除项目计算的允许扣除金额为20 875元。

增值额为：25-20.9 = 4.1（万元）

增值率为：4.1 ÷ 20.9 = 19.61%

增值额未超过扣除项目金额20%，免纳土地增值税，该公司净赚4.1万元。

（二）若售价为26万元，则按以上规定扣除项目计算的允许扣除金额为20.9万元。

增值额为：26-20.9 = 5.1（万元）

增值率为：5.1 ÷ 20.913 = 24.4%

增值额大于扣除项目金额20%，全额计征土地增值税，应纳土地增值税为：

5.1 × 30% = 1.53（万元）

公司净赚5.1-1.53＝3.57（万元）；

虽然售价比（一）高出1万元，公司却少赚了5 300元。

通过以上讨论，我们可以发现，有一些处于政策平台的转换点附近的商品，在销售时就应该充分考虑商品价格对税收档次爬升的影响。

土地增值税除了从销售价格的角度进行策划以外，还可以在项目开发的各个可扣除项目中考虑。

第19计：纳税申报 很有讲究

【妙计提要】

规模不大账不全，定税协商需调研；综合成本细推敲，申报毛利是关键。

【本计内容】

纳税申报是指纳税人按照税法规定的期限和内容向税务机关提交有关纳税事项书面报告的法律行为，是纳税人履行纳税义务、承担法律责任的主要依据，是税务机关税收管理信息的主要来源和税务管理的一项重要制度。

纳税人、扣缴义务人的纳税申报或者代扣代缴、代收代缴税款报告表的主要内容包括：税种、税目、应纳税项目或者应代扣代缴、代收代缴税款项目、适用税率或者单位税额、计税依据、扣除项目及标准、应纳税额或者应代扣代缴、代收代缴税额、税款所属期限等。纳税申报是指纳税人、扣缴义务人在发生法定纳税义务后，按照税法或税务机关相关行政法规所规定的内容，在申报期限内，以书面形式向主管税务机关提交有关纳税事项及应缴税款的法律行为。

在进行纳税申报的过程中，有许多策划方法就蕴涵在其中了。比如小型企业或者个体户的所得税核定征收的申报、个人所得税六项扣除项目的申报……

税务机关在对未建账或者建账不全的小规模纳税人和个体工商户进行核定征收时，往往需要对其生产和经营情况进行调研摸查，通过核定成本法来了解有关纳税人的生产和经营情况。以保本为起点，通过量本利测算原理分析纳税人的经营情况。

在测算过程中，税务机关其实并不完全掌握纳税人实际的生产和经营情况，税务机关了解和掌握某一个特定纳税人的生产和经营情况，是从分析和研究该纳税人申报资料开始的。以一个刚开业的个体工商业户为例。个体开业经营，如果税务机关对该业户采取核定征收方式，那么，税务机关就要对其核定税款。税务机关如何对其核定税款呢？

就一般情况而言，税务机关会先让纳税人申报其生产经营的具体情况，如果了解了业主的生产经营情况以后，其税收负担基本上也就确定下来了。如果税务机关采用成本法来核定，那么，纳税人申报的毛利率就十分关键。

【案例注释】

如果说税收策划是一门技术性和艺术性相结合的学科，那么，进行纳税申报就是其中的一个小环节。但是，从上述计策的内容上看，读者可能还是感觉难以理解。因此，这里我们结合实际案例对有关计策的操作原理做一个简要分析和解释。

隐瞒利润不足取　如实申报可得利

2017年2月26日，笔者在成都的安国酒店做讲座。课间休息时有一个人向我咨询："税务机关确定的税收我们无法承受怎么办？"

当时笔者要求对方将具体情况作一个介绍时，对方只是告诉我：他们是成都的一批下岗职工，大家出资建立了一个纸制品责任有限公司，开业后税务机关对其进行核定税款太多，他们无力承受。为了帮助他们解决问题，讲座结束以后，笔者就到该公司去考察。

企业情况：

原来，某街道办企业在改制过程中裁减了一批年龄偏大的职工。其中五个人有点儿手工技术，大家一合计，就联合出资兴办了一个纸制品企业，主要从事焚化品的制作和经营业务。

税负测评：

由于企业规模小，盈利能力差，没有请专职会计，也没有按税务机关的要求进行财务管理，所以当地主管税务机关在确定他们的税收情况时，就按照成本法进行测算的。

该企业的经营用房的租金合同表明为5 000元，职工的工资核定为平均每人每月为600元，水电以及其他费用核定平均每月为500元。

该企业以生产和制作为主。

由于在当地经营花圈等焚化品的商家很少，在该社区仅有这一家，业务可比性不强，而且，对该行业的业务核定也没有权威性的意见可供参考。所以，税务机关在具体核定营业情况时，往往是根据业户的自报为基础。

该业户在申报经营情况时，如实提供了有关成本和费用的数据，但在讲到收入情况时，一再陈述企业所经营的项目不赚钱。据五个职工介绍，销售100块钱只有5元钱左右的毛利，也就是说，毛利率只有5%，但是当地税务机关将该企业的毛利率确定为10%。

税负核定：

根据业户的申报情况，当地税务机关计算出该业户的经营情况（这里只分析流转税和企业所得税）：

该业户的月销售额为：

（5 000+500+600×5）÷10%=85 000（元）

全年合计销售额为：

85 000×12=1 020 000（元）

以85 000元的销售额作为计税依据，则企业每月应缴纳增值税额为：

85 000÷1.03×3%=2 475.73（元）

应缴纳城建税（7%）及教育费附加（3%）合计：

2 475.73×（7%+3%）=247.57（元）

以10%核定其应缴纳税所得额：

1 020 000×10%=102 000（元）

所得税以20%的税率计算，则该企业每月应缴纳企业所得税：

102 000×20%÷2÷12=850（元）

该企业一年实际缴纳各种合计为：

（2 475.73+247.57+850）×12=42 879.6（元）

策划分析：

显然，这是与实际经营情况不相符的。

事实上，该类行业平时的业务并不多，但毛利率大。于是笔者建议他们将实际生产和经营情况进行分析，通过对不同的品种进行分类计算，最终测算出该企业的生产及经营的综合经营毛利率为50%。

于是，建议其向当地税务机关提出申请，要求对企业的生产经营情况进行重新进行纳税评估和税负测评（当时，笔者与该企业的负责人一起与当地主管税务机关就该企业的成本利润率指标分析问题进行了交流）。

税负调整：

当地主管税务机关对企业的申请十分重视，经过进一步测算后，对该企业的产品销售额进行了重新核定。则调整后该企业每月的销售额核定为：

（5 000+500+600×5）÷50%=17 000（元）

全年合计销售额为：

17 000×12=204 000（元）

该企业每月应纳增值税额为：

17 000÷1.03×3%=495.15（元）

应缴纳城建税及教育费附加合计为：

495.15×（7%+3%）=49.52（元）

以10%核定其应缴纳税所得额：

204 000×10%=20 400（元）

所得税以20%的税率计算，则该企业每月应缴纳企业所得税：

$$20\,400 \times 20\% \div 2 \div 12 = 170\text{（元）}$$

该企业一年实际缴纳各种合计为：

$$(495.15+49.52+170) \times 12 = 8\,576.04\text{（元）}$$

策划结论：

通过税收策划，企业按实际情况进行纳税申报，从而节约流转税和企业所得税合计34 303.56元（这里未考虑小微企业增值税优惠政策）。

为支持小微企业发展，根据《财政部 税务总局关于延续小微企业增值税政策的通知》（财税〔2017〕76号），国家税务总局在《关于小微企业免征增值税有关问题的公告》（国家税务总局公告2017年第52号）中明确，增值税小规模纳税人应分别核算销售货物或者加工、修理修配劳务的销售额和销售服务、无形资产的销售额。增值税小规模纳税人销售货物或者加工、修理修配劳务月销售额不超过3万元（按季纳税9万元），销售服务、无形资产月销售额不超过3万元（按季纳税9万元）的，自2018年1月1日起至2020年12月31日，可分别享受小微企业暂免征收增值税优惠政策。

策划点评：

该企业的销售毛利率由10%上升到50%，而应纳税额则由42 879.6元下降到8 576.04元，税收负担只是原来的六分之一，两者的差别很大！

从以上情况的介绍，我们可以发现营业额确定非常重要，其中毛利率的确定又是十分关键的。

在个人和小型企业从事生产经营活动过程中进行税收策划，对毛利率的掌握和申报往往是非常关键的问题。有的人不了解税务机关对个体工商业户核定税收的原理，当税务人员来调查、了解其生产经营情况的时候，总是少不了给税务人员“道苦经”，往往是把自己生产经营的盈利情况说得很低，结果却反而吃了亏。

殊不知，税务机关确定对个体工商业户征税的多少，并不是或者主要不是以纳税人的毛利来确定的，流转税的核定就更是如此。它是以纳税人实现的销售额或营业额作为计税依据，再以法定的税率和征收率计算出来的。一般的情况下，对纳税人的营业额的核定有以下五种方法：

（一）按照耗用的原材料、燃料、动力等推（测）算核定；

（二）按照成本加合理的费用和利润核定；

（三）按照清产核资盘点库存核定；

（四）核实收入凭证测算实际收入核定；

（五）省级税务机关根据当地情况规定的其他方法核定。

其中以成本倒轧法也就是第（二）条按照成本加合理的费用和利润核定营业额的方法是使用得最普遍的。在这里，成本和费用都是非常明确的，而利润额的确定难度比较大，尽管有关法规规定掌握10%的毛利率，但在实际核定税款过程中采用不多，而根据当地同行业的盈利水平估算一个恰当的毛利率，推算出应纳税营业额作为计税依据。毛利率越高，计算出来的营业额越小，毛利率越低，计算出来的应纳税营业额就越高。这在增值税、消费税的核定过程中的原理是一致的。至于所得税，按照现行规定，当地主管税务机关一般都是采用简易办法征收。所谓简易办法，就是根据应纳税营业额乘以当地税务机关核定的毛利率测算出应纳税所得额，计算缴纳所得税。而更多的地方，则采用更简便的方法征收所得税，即根据营业额乘以附征率直接计算出应纳所得税额。

操作难点：

如何与主管税务机关的协调是一个难点，因为在早先税务机关进行核定税营业额的过程中，纳税人未如实进行申报，从而导致税负过重，主要责任不在税务机关，况且，目前进行评税调整各地税务机关都存在一定的程序，如何顺利地启动这个程序是策划人需要考虑的问题。

如果纳税人在开业之际就有策划意识，也就不存在这个问题。

经营业务搞核定　盈亏平衡需弄清

从事香烟批发生意的个体工商业户张某在年初与国税局管理分局的税务人员就核定税款问题发生了争执。张某认为自己做批发生意（实际上也兼做少量零售生意）赚不到钱，因此税不能定得太高。而税务人员认为所定税额是依据纳税人申报情况依法核定的。

在税款核定过程中，张某陈述：自己在非商业中心的街区承租了两间店面，月租金30 000元，夫妻俩苦心经营，也只能维持个正常生活。当税务人员了解其经营及费用情况时，张某提供了以下数据：平均销售100元商品大约有3元的差价，运费平均每月1 000元，其他杂费平均每月大约2 000元。张某在日常经营过程中未按税务机关的规定建账建制。税务人员同时了解到：当地职工平均月收入为4 000元，商业平均毛利率大约为10%。于是，根据《税收征管法》第三十五条第二款之规定，酌情考虑纳税人的实际情况，核定了张某全年的应纳税额为60 000元。

策划分析：

张某面对那繁重的税收负担连声叫苦，但是无济于事。其实，如果按照张某提供的情况，税收负担还要高出许多。下面我们不妨根据当时的情况作一个测算和分析。

1. 根据张某的陈述，按小规模纳税人的征税规定应作如下计算

张某全年发生的主要费用：

$$（30\ 000+4\ 000\times 2+1\ 000+2\ 000）\times 12=492\ 000（元）$$

以3%的毛利率返算全年的销售额：

$$492\ 000 \div 3\% = 16\ 400\ 000（元）$$

那么，张某全年应缴纳增值税为：

$$16\ 400\ 000 \div（1+3\%）\times 3\% = 477\ 669.90（元）$$

2．根据当地商业企业的平均利润率计算

张某全年发生的主要费用为492 000元；

以10%的利润率返算全年的销售额：

$$492\ 000 \div 10\% = 4\ 920\ 000（元）$$

那么，张某全年应缴纳增值税为：

$$4\ 920\ 000 \div（1+3\%）\times 3\% = 143\ 300.97（元）$$

两者比较，我们可以发现，税收负担水平相差很大。假如张某的实际利润率达到10%的话，张某说假话，反而将自己推进重税负的深渊（理论测算多缴税款334 368.12元）。在这样的情况下，张某只有如实申报毛利率，实事求是地配合税务机关查清经营情况，才能将自己的税收负担降到最低状态。其实，如果张某按照税务机关的要求建账建制，如实申报，税收负担就会大大降低。如果张某没有说假话，那么，他更应该按照有关法规的要求完善会计核算，然后申请认定为一般纳税人。税收负担还会大大地降低。

3．如果用一般纳税人的征收方法计算

税法规定，从事货物生产或提供应税劳务的纳税人以及从事货物生产或提供应税劳务为主，并兼营货物批发零售的纳税人，年应税销售额在500万元以上的，应该向主管税务机关申请认定为一般纳税人。

在假设其他非主要因素可以不作考虑的情况下，我们可以对张某全年应纳增值税额作出如下估算：

$$1\ 640 \times 3\% \times 13\% = 6.396（万元）$$

作为一般纳税人，张某可以少缴税款413 709.9元。如果将运费、经营管理费用和其他与税法规定可扣除的项目的进项税金都计算进去，可以肯定，税收负担还将进一步下降。

策划结论：

当然，以上的分析和计算只是大略性的，许多细节性情况没有考虑进去，纳税人在进行具体的税收策划时要有对性地作具体分析。但是无论如何，作为从事批发业务为主的纳税人，在全年销售额达到500万元以上、销售毛利率比较低的条件下，进行建账建制，完善管理，申请作为一般纳税人管理，从税收的角度讲是有利可图的。

业务项目分不清　税务机关来调整

铝合金门窗制售企业的税收问题，历来是征纳双方争论的热点问题之一，因此，也是税务机关的管理部门进行重点管理的进行纳税评估的重点地带。下面是一个典型的案例。

某市华源装璜安装工程有限公司成立于2012年3月18日，注册地址在市东环二路××号，法定代表人：王某，经济类型为私营有限责任公司，经营范围为建筑装潢施工，水电安装；承接铝合金门窗、塑钢门窗的工程业务及发外生产与加工；建筑装潢材料的购销业务。

企业开业初期，就企业所得税问题向当地主管国税机关进行了申报，经批准，企业所得税征收方式为查账征收。2019年5月28日，主管国税机关对该企业2018年度的企业所得税申报情况进行纳税评估。在具体的分析和评估过程中，税务评估人员对纳税人的申报资料进行了归类和整理。该企业的财务报表和纳税申报资料显示：2018年度该企业实现销售收入2 327 975.04元，其中，装璜以及建筑安装劳务收入1 591 800元，其他业务收入736 175.04元，企业的会计利润为-101 215.58元，汇算清缴调整后应纳税所得额-12 072.39元。

在评估过程中，评估人员对企业的流转税的纳税申报情况也进行了分析。

评估人员在该企业的纳税申报资料中没有找到向主管国税机关申报货物销售缴纳增值税的数据。于是发现了疑点：

其一、存在费用列支不实的问题。该企业是一家大型集体所有制房地产开发企业的“第三产业”，据了解有关业务都是来自于这个房地产开发企业的几个工程，本应获得丰厚的利润，但是该企业却存在亏损。通过对年报中职工人数的核查，报表显示职工人数为52人，是否存在虚列职工人员的嫌疑？

其二、业务项目可能存在划分不当问题。就一般情况而言，多数从事建筑装潢的企业都存在销售铝合金门窗销售业务，而该企业申报表中存在铝合金销售收入，但是没有按货物销售适用税率申报增值税的数据。为什么该企业没有发生铝合金门窗销售业务呢？评估人员推测，该企业报表中的其他业务收入应为铝合金门窗销售收入。

针对这些问题，评估人员按照有关法定程序向该单位发出《约谈说明通知书》，要求该单位法人或法人授权的其他人员就有关流转税纳税申报过程中存在的问题予以说明或提供书面证明材料。

在约谈过程中，评估人员根据报表所列示的内容与纳税人进行了约谈交流：

装潢公司是某房地产开发企业的关联企业，事实上也是房地产开发企业的一个

“小金库”，为什么却出现账面亏损？针对这个问题，评估人员重点进行了税法宣传，明确指出纳税评估，从某种意义上说是一个纳税辅导的过程，在这个环节解决问题，属于企业自查自纠。通过交流，该负责人发现税务人员对有关情况比较了解，政策分析也入情入理，承认了公司存在虚报职工人数列支费用的问题。

但是，对于有关项目应当按货物销售缴纳增值税，还是按建筑安装业务缴纳增值税的问题，双方却存在不同的意见。纳税评估人员认为：公司的主营业务为建筑装潢施工，水电安装；承接铝合金门窗、塑钢门窗的工程业务及发外生产与加工；建筑装潢材料的购销业务。目前同行业都是既有铝合金门窗销售，又有建筑安装业务，为什么本公司会发生如此特殊的情况？而该企业的负责人解释，在他们从事的业务中都是甲供材料。并且一再强调有关事项在企业成立初期就曾与有关税务机关进行过深入的讨论的，有关业务已经按建筑安装业务申报缴纳了增值税。

评估人员意识到，如果拿不到有说服力的证据材料，王某是不会认账的。考虑到该企业的具体业务的复杂性，评估人员要求纳税人提供企业施工业务合同。

该企业所提供的建筑安装业务合同显示：该公司2018年为三个工程提供了铝合金门窗以及水电设备的安装业务。合同约定：提供铝合金门窗的制作并安装业务175万元（其中包括材料的购置费用），提供水电安装设备的安装业务60万元，同时合同约定以最后工程竣工决算数额为结算的依据。

根据《财政部 国家税务总局关于全面推开营业税改征增值税试点的通知》（财税〔2016〕36号）附件1：《营业税改征增值税试点实施办法》第四十条 一项销售行为如果既涉及服务又涉及货物，为混合销售。从事货物的生产、批发或者零售的单位和个体工商户的混合销售行为，按照销售货物缴纳增值税；其他单位和个体工商户的混合销售行为，按照销售服务缴纳增值税。本条所称从事货物的生产、批发或者零售的单位和个体工商户，包括以从事货物的生产、批发或者零售为主，并兼营销售服务的单位和个体工商户在内。

附件2：《营业税改征增值税试点有关事项的规定》第一条第（七）款就建筑服务进行了具体明确：

1．一般纳税人以清包工方式提供的建筑服务，可以选择适用简易计税方法计税。

以清包工方式提供建筑服务，是指施工方不采购建筑工程所需的材料或只采购辅助材料，并收取人工费、管理费或者其他费用的建筑服务。

2．一般纳税人为甲供工程提供的建筑服务，可以选择适用简易计税方法计税。

甲供工程，是指全部或部分设备、材料、动力由工程发包方自行采购的建筑工程。

3．一般纳税人为建筑工程老项目提供的建筑服务，可以选择适用简易计税方法计税。

建筑工程老项目，是指：

（1）《建筑工程施工许可证》注明的合同开工日期在2016年4月30日前的建筑工程项目；

（2）未取得《建筑工程施工许可证》的，建筑工程承包合同注明的开工日期在2016年4月30日前的建筑工程项目。

结合税收政策的有关规定，评估人员与王某一起分析了企业施工过程中与甲方签署的合同的有关条款，我们发现该企业2018年度不存在甲供材料业务，其业务既有铝合门窗的制作和销售，又提供建筑和安装，其货物销售所占的比重为50%以上，其业务属于税法规定的混合销售，销售收入应当按货物销售申报缴纳增值税。

面对税收政策和评估人员的耐心辅导，王某终于承认其公司存在操作上的错误。

第20计：节外生枝 帮人利己

【妙计提要】

柳风吹来送春意，万物转绿树生枝；企业经营若破局，策划新事可增利。

【本计内容】

“节外生枝”的意思是本不应该生枝的地方生枝。比喻在原有问题之外又岔出了新问题。多指故意设置障碍，使问题不能顺利解决。

这里我们借用这个成语的字面意思来作正面理解，有些时候适当地做些“节外生枝”的事情，可能在帮助别人的同时，还为自己增加意外的利益。比如有些产品附加值比较大的制造企业，如果能够根据生产和经营的实际情况适当吸纳一些残疾人员或者其他弱势人群来单位上班，在解决社会问题的同时，还可能享受税收优惠……

【案例注释】

税收策划许多场合不能就事论事，需要在充分了解纳税人业务背景的前提下，从多角度进行运作，“节外生枝”之计就是这样。读者可能对上述的表述感觉难以理解。因此，这里我们结合实际案例对有关计策的操作原理做一个简要分析和解释。

安置残疾有优惠　节外生枝用政策

2019年3月15日，某国税局稽查局对该市的昌源机械实业有限公司进行纳税检查时发现如下问题：该企业2018年度应缴纳增值税1 813 130元，缴纳增值税588 130元，同时申报即征即退增值税122.5万元（35 000×35）。经审理，该企业不具备享受即征即退增值税条件，于是，责令补缴所退税款，根据《税收征管法》第六十三条规定，主管税务机关对该企业给予罚款一倍的行政处罚。

案情分析：

当接到税务机关的《行政处罚决定书》之后，昌源机械实业有限公司的经理于桂生很不服气。他认为：其企业严格按照税收法规办事，不存在偷税行为，于是他决定请律师与税务机关打官司。

当他与律师事务所的律师联系之后，才知道这事儿还需要税务专家的帮助。于是请来了××财税策划工作室的税务专家小方。

小方对企业的经营情况进行了全面的了解。昌源机械实业有限公司是一家私营企业，属于一般纳税人，主要从事来料设计加工五金业务，兼营起重设备的制造。2017年度实现销售收入5 450万元，现有职工95人。为什么会出现截留税款的情况呢？事情的原委是这样的：该公司的老板于桂生于2014年年底出过一次车祸，造成左腿残疾，从此他十分理解残疾人的生活状态，于是，从2017年年初开始，他就招用社会上有一技之长的残疾人到自己的公司上班。由于他对残疾人实行人性化管理，工资水平也比较高，月平均工资在2 500元。所以，当地的残疾人都慕名而来，截至2017年底，该公司已经录用了35名残疾人。

后来，于桂生了解到，企业录用残疾人有税收优惠，于是，他便要求会计按照每人每年35 000元的标准享受了税收优惠。

企业的操作流程：

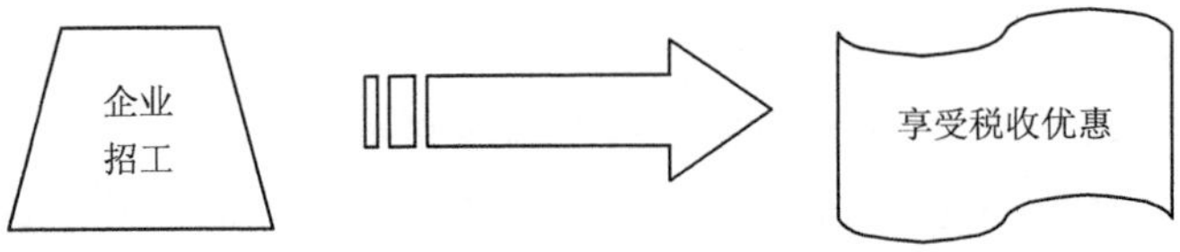

企业问题：

税务专家了解到这个情况之后，知道该公司在执行政策方面出了问题。于是他便与公司领导一起学习了相关政策。

残疾人是指身体功能上存在一定缺陷的人，如视力残疾、听力残疾、言语残疾、肢体残疾、智力残疾、精神残疾的人员等。上述人员以及残疾军人应当到当地主管机关和部门申请取得《中华人民共和国残疾人证》和《中华人民共和国残疾军人证（1至8级）》。税法规定可以享受税收优惠政策的残疾人是指持有《中华人民共和国残疾人证》上注明属于视力残疾、听力残疾、言语残疾、肢体残疾、智力残疾和精神残疾的人员和持有《中华人民共和国残疾军人证（1至8级）》的人员（以下简称残疾人）。

安置残疾人的单位，包括税务登记为各类所有制企业（包括个人独资企业、合伙企业和个体经营户）、事业单位、社会团体、民办非企业单位和工疗机构。这里的工疗机构，指集就业和康复为一体的福利性生产安置单位，通过组织精神残疾人员参加适当生产劳动和实施康复治疗与训练，达到安定情绪、缓解症状、提高技能和改善生活状况的目的，包括精神病院附设的康复车间、企业附设的工疗车间、基层政府和组织兴办的工疗站等。

享受税收优惠政策单位首先需要通过资格认定。国家税务总局民政部中国残疾人联合会《关于促进残疾人就业税收优惠政策征管办法的通知》（国税发〔2007〕第067

号）具体明确了享受税收优惠政策单位资格认定的具体要求。

申请享受财政部国家税务总局《关于促进残疾人就业税收优惠政策的通知》（财税〔2007〕92号）规定的税收优惠政策的符合福利企业条件的用人单位，安置残疾人超过25%（含25%），且残疾职工人数不少于10人的，在向税务机关申请减免税前，应当先向当地县级以上地方人民政府民政部门提出福利企业的认定申请。在具体提出申请时还需要注意两点：

一是允许将精神残疾人员计入残疾人人数享受国税发〔2007〕第067号文件规定的税收优惠政策，仅限于工疗机构等适合安置精神残疾人就业的单位。具体范围由省级税务部门会同同级财政、民政部门及残疾人联合会规定。

二是单位安置的不符合《中华人民共和国劳动法》（主席令第二十八号）及有关规定的劳动年龄的残疾人，不列入税法规定的安置比例计算退税、减税限额。

盲人按摩机构、工疗机构等集中安置残疾人的用人单位，在向税务机关申请享受财政部国家税务总局《关于促进残疾人就业税收优惠政策的通知》（财税〔2007〕92号）规定的税收优惠政策前，应当先向当地县级残疾人联合会提出认定申请。

申请享受财政部国家税务总局《关于促进残疾人就业税收优惠政策的通知》（财税〔2007〕92号）规定的税收优惠政策的其他单位，可直接向税务机关提出申请。

民政部门、残疾人联合会按照财政部国家税务总局《关于促进残疾人就业税收优惠政策的通知》（财税〔2007〕92号）规定的条件，对前项所述单位安置残疾人的比例和是否具备安置残疾人的条件进行审核认定，并向申请人出具书面审核认定意见。《中华人民共和国残疾人证》和《中华人民共和国残疾军人证》的真伪，分别由残疾人联合会、民政部门进行审核。

小方指出，昌源机械实业有限公司目前具备税法规定享受税收优惠的条件，但是，该企业目前的信用等级为C级，不得享受限额即征即退增值税优惠政策。

政策解读：

对安置残疾人的单位，实行由税务机关按单位实际安置残疾人的人数，限额即征即退增值税或减征营业税的办法。实际安置的每位残疾人每年可退还的增值税或减征的营业税的具体限额，由县级以上税务机关根据单位所在区县（含县级市、旗，下同）适用的经省（含自治区、直辖市、计划单列市，下同）级人民政府批准的最低工资标准的6倍确定，但最高不得超过每人每年3.5万元。

但是，自2016年5月1日起应当根据财税〔2016〕52号文件和《国家税务总局关于发布〈促进残疾人就业增值税优惠政策管理办法〉的公告》（国家税务总局公告2016年第33号）有关规定执行。

（一）税收优惠政策

对安置残疾人的单位和个体工商户（以下称纳税人），实行由税务机关按纳税人安置残疾人的人数，限额即征即退增值税的办法。

安置的每位残疾人每月可退还的增值税具体限额，由县级以上税务机关根据纳税人所在区县（含县级市、旗，下同）适用的经省（含自治区、直辖市、计划单列市，下同）人民政府批准的月最低工资标准的4倍确定。

昌源机械实业有限公司所在地2018年度月最低工资的标准为1 600元/月。该单位如果符合享受税收优惠政策的条件，那么，每安置一个残疾人，即可以享受退还增值税具体限额为6 400元/月，一年则可以退还增值税76 800元。

残疾人个人提供的加工、修理修配劳务，免征增值税。

（二）享受税收优惠政策的条件

安置残疾人就业的单位（包括福利企业、盲人按摩机构、工疗机构和其他单位），同时符合条件并经过有关部门的认定后，均可申请享受税收优惠政策。这里的条件分为安置残疾人的条件和企业涉税管理条件两个方面：

1. 安置残疾人及待遇的条件

（1）纳税人（除盲人按摩机构外）月安置的残疾人占在职职工人数的比例不低于25%（含25%），并且安置的残疾人人数不少于10人（含10人）；

盲人按摩机构月安置的残疾人占在职职工人数的比例不低于25%（含25%），并且安置的残疾人人数不少于5人（含5人）。

（2）依法与安置的每位残疾人签订了一年以上（含一年）的劳动合同或服务协议。

（3）为安置的每位残疾人按月足额缴纳了基本养老保险、基本医疗保险、失业保险、工伤保险和生育保险等社会保险。

（4）通过银行等金融机构向安置的每位残疾人，按月支付了不低于纳税人所在区县适用的经省人民政府批准的月最低工资标准的工资。

2. 企业涉税管理条件

（1）可退税项目。

享受限额即征即退增值税优惠政策仅适用于生产销售货物，提供加工、修理修配劳务，以及提供营改增现代服务和生活服务税目（不含文化体育服务和娱乐服务）范围的服务取得的收入之和，占其增值税收入的比例达到50%的纳税人，但不适用于上述纳税人直接销售外购货物（包括商品批发和零售）以及销售委托加工的货物取得的收入。

纳税人应当分别核算上述享受税收优惠政策和不得享受税收优惠政策业务的销售额，不能分别核算的，不得享受本通知规定的优惠政策。

该政策旨在鼓励残疾人为社会创造价值，对由残疾人参与劳动程度比较深，通过残疾人的劳动创造较大附加值的行业实施退税，允许退税的项目包括生产销售货物，提供加工、修理修配劳务，以及提供营改增现代服务、生活服务税目（不含文化体育服务和娱乐服务）等四个范畴的经营项目。因此该条款设定上述四个范畴的增值税销售额占纳税人全部增值税销售额不低于50%。比如，某汽车服务中心80%的职工为残疾人，2018年5月份提供汽车美容服务的增值税销售额为20万元，同时兼营销售外购的汽车饰品18万元，该汽车服务中心提供营改增现代服务业的销售额占整体销售额的比重为20/（20+18）＝52.6%，符合文件设定的比例，但是值得注意的是，只有汽车美容项目对应的增值税才可以退税。确有兼营的企业，建议剥离销售业务，避免复杂的会计核算及退税计算。

（2）计算退税方法。

促进残疾人就业即征即退政策须按月判断各月份是否符合退税条件，按月计算退税额。建议纳税人按月检查当月是否符合财税〔2016〕52号文件的全部条件，不符合条件的月份，不得申请退税。

（3）纳税信用等级。

纳税人中纳税信用等级为税务机关评定的C级或D级的，不得享受限额即征即退增值税优惠政策。换言之，促进残疾人就业即征即退政策与纳税人信用等级挂钩，建议纳税人加强涉税风险管理，确保纳税信用等级在A级或者B级。

（4）纳税人的退税备案资料。

纳税人首次申请享受税收优惠政策，应向主管税务机关提供以下备案资料：一是《税务资格备案表》；二是安置的残疾人的《中华人民共和国残疾人证》或者《中华人民共和国残疾军人证（1至8级）》复印件，注明与原件一致，并逐页加盖公章。安置精神残疾人的，提供精神残疾人同意就业的书面声明以及其法定监护人签字或印章的证明精神残疾人具有劳动条件和劳动意愿的书面材料。三是安置的残疾人的身份证明复印件，注明与原件一致，并逐页加盖公章。

注意事项：

《财政部 国家税务总局关于促进残疾人就业增值税优惠政策的通知》（财税〔2016〕52号）规定，对安置残疾人的纳税人实行按安置残疾人的人数限额即征即退增值税的办法。国家税务总局《促进残疾人就业增值税优惠政策管理办法》的公告（国家税务总局公告2016年第33号）明确，纳税人首次申请享受税收优惠政策实行备案管理，而不需要对享受税收优惠的各项条件实行年审，简化了程序，方便了纳税人，但也相应增加了涉税风险。

法定操作流程：

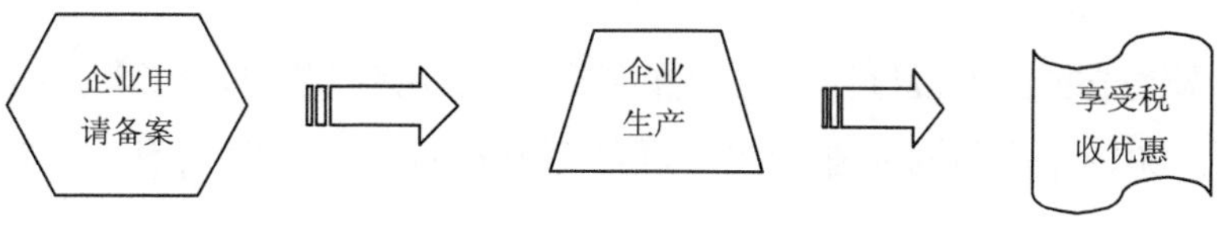

1．及时履行备案的程序

取消享受优惠政策条件年审，并不等于无须履行相应的程序。以往，纳税人能否享受税收优惠，是否符合税收优惠条件，应该如何进行财务和纳税核算，需要报送或补齐哪些资料，由税务机关事前一一把关，纳税人据此操作就行，涉税风险相对较小。取消税务机关对符合残疾人就业享受税收优惠条件的年审，纳税人无须再向税务机关办理申请手续，也无须等待税务机关对享受税收优惠许可的批复，只要自行判断是否符合享受税收优惠的条件，自行向主管税务机关提交备案资料即可。如上述公司，虽然符合相应的条件，但要对照规定的条件和程序自行判断、自行报备、自行申报，如果判断不准确、程序不到位，将可能导致能够享受税收优惠的因没有履行备案程序而不能享受，不符合条件的虽然向税务机关申请备案但也不能享受税收优惠，遭受不必要的税收损失。

2．注意资料的完整性

主管税务机关受理备案后，应将全部《中华人民共和国残疾人证》或者《中华人民共和国残疾军人证（1至8级）》信息以及所安置残疾人的身份证明信息录入征管系统。如有缺失，纳税人应补充报送备案资料，补录信息。纳税人提供的备案资料发生变化的，应于发生变化之日起15日内就变化情况向主管税务机关办理备案。如果纳税人提交的资料不齐全、不完整，税务机关将告知纳税人补充材料，完善其审核程序。但在纳税检查中，发现纳税人的备案资料存在瑕疵，则可能取消享有的税收优惠。

3．注意操作的合规性

纳税人申请享受残疾人就业税收优惠备案的，需要向税务机关提交申请资料，证明自身符合享受税收优惠待遇的条件，同时对报送资料的真实性和合法性承担法律责任。取消享受税收优惠条件的年审后，纳税人可以直接办理税收优惠适用的备案，并直接享受税收优惠。如果纳税人以虚假资料进行的备案，或报送的备案及留存备查资料不真实、不合法，或未按照税务机关的规定办理相关事项，事后税务机关发现的，则可能被认定为逃税，要受到相关处理、处罚，如补缴税款、滞纳金及罚款，情节严重的可能承担刑事责任。

总之，享受促进残疾人就业增值税优惠政策的纳税人，简化备案程序在给纳税人更多便利的同时，也对纳税人提出了更高的要求，并伴随着更大的风险。建议纳税人在享受相应的税收待遇时更加谨慎，从程序和实体方面严格审查，避免涉税风险。

公司服务有个性　招聘司机有讲究

投资人李光于2014年1月1日成立的光明旅游服务有限公司，经营了4年后，取得了丰厚的收益。2018年底他对企业的生产和经营情况综合分析时发现，他的公司从2019

年开始税收负担将会有明显的增长，因为公司开办时购进汽车的进项税已经抵扣完毕，折旧（按4年计提）也提完了，投资成本也收回了……按照正常的技术分析，公司的小汽车还能够使用4年，那么，如何降低未来4年的税收负担呢？

尽职调查：

为了提高决策的科学性，李光聘请普誉财税策划工作室的专家为其服务。咨询专家根据《税收策划业务规则（试行）》（中税协发〔2017〕004号）规定的业务流程，首先进行了尽职调查。

咨询专家对该公司的历史资料进行了综合考察和分析，该公司在过去的4年时间里，每辆车出勤率平均为每年350天，出租公司配司机的出租汽车开展“环岛自驾游”活动，每辆每天的服务费用为700元。汽车出租公司的设备都取得了合法有效的增值税专用发票，每辆每天的平均汽油、修理服务、办公用品及其他损耗能够取得增值税专用发票的价格为200元（按4年为一个经营周期）。

1. 增值税申报情况

该企业购买设备的增值税进项税总额为：

$$20 \times 500 \times 13\% = 1\,300（万元）$$

4年里汽油、修理服务、办公用品及其他损耗能够取得增值税进项税总额为：

$$0.02 \times 500 \times 350 \times 4 \times 13\% = 14\,000 \times 13\% = 1\,820（万元）$$

4年里出租公司可以实现销售总额为：

$$0.07 \div（1+11\%）\times 500 \times 350 \times 4 = 44\,144.14（万元）$$

4年里出租公司合计申报缴纳增值税：

$$44\,144.14 \times 9\% - 1\,700 - 1\,820 = 3\,972.97 - 1\,700 - 1\,820 = 452.97（万元）$$

缴纳城建税及教育费付加合计：

$$852.97 \times（7\%+3\%）= 85.30（万元）$$

2. 企业所得税申报情况

资料显示，该公司发生场地租赁费用及管理费用合计为1 000万元，融资成本及相关费用合计为300万元，车辆按4年计提折旧（按4年为一个经营周期，为分析简便，这里假设无残值），另外，财产保险费用预计1 000万元。

该公司获得的利润总额为：司机的工资为50 000元/年，与工资有关的其他保险及费用12 000元/年，人数与汽车的比例为1：1.1，另外，发生场地租赁费用及管理费用合计为1 000万元，融资成本及相关费用合计为300万元，车辆按4年计提折旧（按4年为一个经营周期，为分析简便，这里假设无残值），另外，财产及意外伤害保险费用合计2 000万元。

$$44\,144.14-14\,000-100.54-1\,000-1\,000-300-（5+1.2）\times 500 \times（1+10\%）\times 4-2\,000-85.30 = 44\,144.14-14\,000-100.54-1\,000-1\,000-300-13\,640-2\,000-85.30$$

= 12 018.30（万元）

汽车出租服务公司经营4年，缴纳企业所得税合计：

$$12\ 018.30 \times 25\% = 3\ 004.58（万元）$$

投资人李光成立汽车出租服务公司经营4年获得税后净收益：

$$12\ 018.30-3\ 004.58 = 9\ 013.72（万元）$$

业务分析：

公司从2019年开始税收负担将会有明显的增长，因为公司开办时购进汽车的进项税已经抵扣完毕，折旧（按4年计提）也提完了，投资成本也收回了……按照正常的技术分析，公司的小汽车还能够使用4年，那么，如何降低未来4年的税收负担呢？

政策分析：

首先进行政策解读。咨询专家结合有关政策法规的出台背景、执行对象、执行条件以及执行流程，对政策法规内容进行了深入研究分析之后，跟投资人李光一起交流了《财政部国家税务总局关于全面推开营业税改征增值税试点的通知》（财税（2016）36号）的有关内容，一般纳税人发生财政部和国家税务总局规定的特定应税行为，可以选择适用简易计税方法计税，但一经选择，36个月内不得变更。

一般纳税人发生公共交通运输服务应税行为可以选择适用简易计税方法计税。这里的公共交通运输服务，包括轮客渡、公交客运、地铁、城市轻轨、出租车、长途客运、班车。这里的班车，是指按固定路线、固定时间运营并在固定站点停靠的运送旅客的陆路运输服务。

为扶持退役士兵创业就业，解决特殊人群再就业问题，《财政部 税务总局 民政部关于继续实施扶持自主就业退役士兵创业就业有关税收政策的通知》（财税〔2017〕46号）和《财政部税务总局人力资源社会保障部关于继续实施支持和促进重点群体创业就业有关税收政策的通知》（财税〔2017〕49号）对相优惠政策进行了明确。

对商贸企业、服务型企业、劳动就业服务企业中的加工型企业和街道社区具有加工性质的小型企业实体，在新增加的岗位中，当年新招用自主就业退役士兵，与其签订1年以上期限劳动合同并依法缴纳社会保险费的，在3年内按实际招用人数予以定额依次扣减增值税、城市维护建设税、教育费附加、地方教育附加和企业所得税优惠。定额标准为每人每年4 000元，最高可上浮50%，各省、自治区、直辖市人民政府可根据本地区实际情况在此幅度内确定具体定额标准，并报财政部和国家税务总局备案。

对商贸企业、服务型企业、劳动就业服务企业中的加工型企业和街道社区具有加工性质的小型企业实体，在新增加的岗位中，当年新招用在人力资源社会保障部门公共就业服务机构登记失业半年以上且持《就业创业证》或《就业失业登记证》（注明“企业吸纳税收政策”）人员，与其签订1年以上期限劳动合同并依法缴纳社会保险费的，在3年内按实际招用人数予以定额依次扣减增值税、城市维护建设税、教育费附加、地方教育附加和企业所得税优惠。定额标准为每人每年4 000元，最高可上浮30%，各省、自治区、直辖市人民政府可根据本地区实际情况在此幅度内确定具体定额标准，并报财政部和国家税务总局备案。

经营测算：

咨询专家对企业2019年1月1日～2022年12月31日的经营情况进行了具体测算和分析。投资人李光成立的汽车出租公司购进汽车的进项税已经抵扣完毕，折旧（按4年计提）也提完了，投资成本也收回了……按照正常的技术分析，每辆每天的平均汽油、修理服务、办公用品及其他损耗能够取得增值税专用发票的价格为250元。

未来4年里汽油、修理服务、办公用品及其他损耗能够取得增值税进项税总额为：

$$0.025 \times 500 \times 350 \times 4 \times 13\% = 17\,500 \times 13\% = 2\,275（万元）$$

在此前提下，咨询专家结合常见的两种经营模式进行具体分析（计算时保留两位小数）。

未来4年里出租公司合计缴纳增值税：

$$0.07 \div（1+11\%）\times 500 \times 350 \times 4 \times 9\% - 2\,275 = 44\,144.14 \times 9\% - 2\,275 = 1\,697.97（万元）$$

缴纳城建税及教育费附加合计：

$$1\,697.97 \times（7\%+3\%）= 169.80（万元）$$

策划分析：

咨询专家结合公司的具体情况，给出两个操作建议：一是在增值税上选择适用简易计税方法计税；二是招聘退役士兵。这样操作的结果将如何呢？下面做具体分析：

方案一、在增值税上选择适用简易计税方法计税。

根据对未来4年的经营情况进行测算，我们已经知道，该公司未来4年里出租公司合计缴纳增值税1 697.97万元，则未来4年里出租公司增值税的税收负担率为：

$$1\,697.97 \div 44\,144.14 = 3.85\%$$

在这样的情况下，如果向当地主管税务机关申报申请按简易征收，存在操作的空间。如果申请获得批准，则该公司未来4年里出租公司合计缴纳增值税：

$$0.07 \div（1+3\%）\times 500 \times 350 \times 4 \times 3\% = 45\,794.39 \times 3\% = 1\,427.18（万元）$$

缴纳城建税及教育费附加合计：

$$1\,427.18 \times（7\%+3\%）= 142.72（万元）$$

方案二、招聘退役士兵。

如果招聘当地退役士兵中有驾驶证的人员到公司，并与其签订1年以上期限劳动合同并依法缴纳社会保险费。

那么，在3年内按实际招用人数予以定额依次扣减增值税、城市维护建设税、教育费附加、地方教育附加和企业所得税优惠。定额标准为每人每年4 000元，最高可上浮50%（当地确认按6 000元，并报财政部和国家税务总局备案）。如果该公司在未来的

3年内每年平均录用40人，那么，3年内可以扣减增值税72万元（0.6×40×3）。该公司增值税策划结果如下表所示。

汽车出租公司增值税策划方案比较表 单位：万元

操作方案	增值税	城建及附加	流转税合计	策划成果
策划前	1 697.97	169.80	1 867.77	0
方案一	1 427.18	142.72	1 511.21	356.56
方案二	1 697.97	162.60	1 788.57	72

策划结论：

根据对未来4年的经营情况进行测算，该公司未来4年里出租公司合计缴纳增值税1 697.97万元，增值税的税收负担率为3.85%。因此，可以申请按简易办法计税，如果获得批准，该公司可以节税356.56万元。由于公司属于劳动服务性企业，因此，也可以招聘退役士兵，在3年内按实际招用人数予以定额依次扣减增值税、城市维护建设税、教育费附加、地方教育附加和企业所得税优惠。当地确认按6 000元扣减，如果该公司在未来的3年内每年平均录用40人，那么，3年内可以扣减增值税72万元（0.6×40×3）。

策划点评：

对于一个企业而言，在不同的阶段，其涉税策划的重点是不同的。投资人李光于2014年初成立的企业，经过4年的经营取得了丰厚的收益。到2019年底企业发展到中期，因为公司开办时购进汽车的进项税已经抵扣完毕，折旧也提完了，投资成本也收回了……公司未来的收负担将会有明显的增长，那么，如何降低未来4年的税收负担呢？

咨询专家在防病职调查的基础上，提出可以申请按简易办法计税；也可以招聘退役士兵。其实，在实务过程中，这两个方案还可以同时使用。

政策背景：

一、计税方法的选择

财税（2016）36号文件明确，增值税的计税方法，包括一般计税方法和简易计税方法。一般纳税人发生应税行为适用一般计税方法计税。一般纳税人发生财政部和国家税务总局规定的特定应税行为，可以选择适用简易计税方法计税，但一经选择，36个月内不得变更。

一般纳税人发生公共交通运输服务应税行为可以选择适用简易计税方法计税。这里的公共交通运输服务，包括轮客渡、公交客运、地铁、城市轻轨、出租车、长途客运、班车。这里的班车，是指按固定路线、固定时间运营并在固定站点停靠的运送旅客的陆路运输服务。

二、退役士兵创业就业税收优惠

对于退役军人创业就业，税收上有鼓励和扶持政策，存在两个阶段的政策差异，一是2017年1月1日至2019年12月31日；二是2019年1月1日至2021年12月31日。纳税人注意政策的衔接。

（一）2017年1月1日至2019年12月31日的扶持政策

1．对自主就业退役士兵从事个体经营的，在3年内按每户每年8 000元为限额依次扣减其当年实际应缴纳的增值税、城市维护建设税、教育费附加、地方教育附加和个人所得税。限额标准最高可上浮20%，各省、自治区、直辖市人民政府可根据本地区实际情况在此幅度内确定具体限额标准，并报财政部和税务总局备案。

纳税人年度应缴纳税款小于上述扣减限额的，以其实际缴纳的税款为限；大于上述扣减限额的，以上述扣减限额为限。纳税人的实际经营期不足一年的，应当以实际月份换算其减免税限额。换算公式为：减免税限额＝年度减免税限额÷12×实际经营月数。

纳税人在享受税收优惠政策的当月，持《中国人民解放军义务兵退出现役证》或《中国人民解放军士官退出现役证》以及税务机关要求的相关材料向主管税务机关备案。

2．对商贸企业、服务型企业、劳动就业服务企业中的加工型企业和街道社区具有加工性质的小型企业实体，在新增加的岗位中，当年新招用自主就业退役士兵，与其签订1年以上期限劳动合同并依法缴纳社会保险费的，在3年内按实际招用人数予以定额依次扣减增值税、城市维护建设税、教育费附加、地方教育附加和企业所得税优惠。定额标准为每人每年4 000元，最高可上浮50%，各省、自治区、直辖市人民政府可根据本地区实际情况在此幅度内确定具体定额标准，并报财政部和税务总局备案。

本条所称服务型企业是指从事《销售服务、无形资产、不动产注释》（《财政部 国家税务总局关于全面推开营业税改征增值税试点的通知》——财税〔2016〕36号附件）中“不动产租赁服务”“商务辅助服务”（不含货物运输代理和代理报关服务）、“生活服务”（不含文化体育服务）范围内业务活动的企业以及按照《民办非企业单位登记管理暂行条例》（国务院令第251号）登记成立的民办非企业单位。

纳税人按企业招用人数和签订的劳动合同时间核定企业减免税总额，在核定减免税总额内每月依次扣减增值税、城市维护建设税、教育费附加和地方教育附加。纳税人实际应缴纳的增值税、城市维护建设税、教育费附加和地方教育附加小于核定减免税总额的，以实际应缴纳的增值税、城市维护建设税、教育费附加和地方教育附加为限；实际应缴纳的增值税、城市维护建设税、教育费附加和地方教育附加大于核定减免税总额的，以核定减免税总额为限。

纳税年度终了，如果企业实际减免的增值税、城市维护建设税、教育费附加和地方教育附加小于核定的减免税总额，企业在企业所得税汇算清缴时扣减企业所得税。当年扣减不完的，不再结转以后年度扣减。

计算公式为：企业减免税总额＝∑每名自主就业退役士兵本年度在本企业工作月份÷12×定额标准。

企业自招用自主就业退役士兵的次月起享受税收优惠政策，并于享受税收优惠政策的当月，持下列材料向主管税务机关备案：（1）新招用自主就业退役士兵的《中国人民解放军义务兵退出现役证》或《中国人民解放军士官退出现役证》；（2）企业与新招用自主就业退役士兵签订的劳动合同（副本），企业为职工缴纳的社会保险费记录；（3）自主就业退役士兵本年度在企业工作时间表；（4）主管税务机关要求的其他相关材料。

3．本通知所称自主就业退役士兵是指依照《退役士兵安置条例》（国务院、中央军委令第608号）的规定退出现役并按自主就业方式安置的退役士兵。

4．本通知的执行期限为2017年1月1日至2019年12月31日。本通知规定的税收优惠政策按照备案减免税管理，纳税人应向主管税务机关备案。税收优惠政策在2019年12月31日未享受满3年的，可继续享受至3年期满为止。

对《财政部 国家税务总局关于全面推开营业税改征增值税试点的通知》（财税〔2016〕36号）附件3第三条第（一）项政策，纳税人在2016年12月31日未享受满3年的，可按现行政策继续享受至3年期满为止。

5．如果企业招用的自主就业退役士兵既适用本通知规定的税收优惠政策，又适用其他扶持就业的专项税收优惠政策，企业可选择适用最优惠的政策，但不能重复享受。

（二）2019年1月1日至2021年12月31日的扶持政策

根据《财政部 税务总局 退役军人部关于进一步扶持自主就业退役士兵创业就业有关税收政策的通知》（财税〔2019〕21号），有关退役士兵创业和就业的政策如下：

1．自主就业退役士兵从事个体经营的，自办理个体工商户登记当月起，在3年（36个月，下同）内按每户每年12 000元为限额依次扣减其当年实际应缴纳的增值税、城市维护建设税、教育费附加、地方教育附加和个人所得税。限额标准最高可上浮20%，各省、自治区、直辖市人民政府可根据本地区实际情况在此幅度内确定具体限额标准。

纳税人年度应缴纳税款小于上述扣减限额的，减免税额以其实际缴纳的税款为限；大于上述扣减限额的，以上述扣减限额为限。纳税人的实际经营期不足1年的，应当按月换算其减免税限额。换算公式为：减免税限额＝年度减免税限额÷12×实际经营月数。城市维护建设税、教育费附加、地方教育附加的计税依据是享受本项税收优惠政策前的增值税应纳税额。

2．企业招用自主就业退役士兵，与其签订1年以上期限劳动合同并依法缴纳社会保险费的，自签订劳动合同并缴纳社会保险当月起，在3年内按实际招用人数予以定额依次扣减增值税、城市维护建设税、教育费附加、地方教育附加和企业所得税优惠。定额标准为每人每年6 000元，最高可上浮50%，各省、自治区、直辖市人民政府可根据本地区实际情况在此幅度内确定具体定额标准。

企业按招用人数和签订的劳动合同时间核算企业减免税总额，在核算减免税总额内每月依次扣减增值税、城市维护建设税、教育费附加和地方教育附加。企业实际应缴纳的增值税、城市维护建设税、教育费附加和地方教育附加小于核算减免税总额的，以实际应缴纳的增值税、城市维护建设税、教育费附加和地方教育附加为限；实际应缴纳的增值税、城市维护建设税、教育费附加和地方教育附加大于核算减免税总额的，以核算减免税总额为限。

纳税年度终了，如果企业实际减免的增值税、城市维护建设税、教育费附加和地方教育附加小于核算减免税总额，企业在企业所得税汇算清缴时以差额部分扣减企业所得税。当年扣减不完的，不再结转以后年度扣减。

自主就业退役士兵在企业工作不满1年的，应当按月换算减免税限额。计算公式为：企业核算减免税总额＝Σ每名自主就业退役士兵本年度在本单位工作月份÷12×具体定额标准。

城市维护建设税、教育费附加、地方教育附加的计税依据是享受本项税收优惠政策前的增值税应纳税额。

3．本通知所称自主就业退役士兵是指依照《退役士兵安置条例》（国务院中央军委令第608号）的规定退出现役并按自主就业方式安置的退役士兵。

本通知所称企业是指属于增值税纳税人或企业所得税纳税人的企业等单位。

三、自主就业退役士兵从事个体经营的，在享受税收优惠政策进行纳税申报时，注明其退役军人身份，并将《中国人民解放军义务兵退出现役证》《中国人民解放军士官退出现役证》或《中国人民武装警察部队义务兵退出现役证》《中国人民武装警察部队士官退出现役证》留存备查。

企业招用自主就业退役士兵享受税收优惠政策的，将以下资料留存备查：1.招用自主就业退役士兵的《中国人民解放军义务兵退出现役证》《中国人民解放军士官退出现役证》或《中国人民武装警察部队义务兵退出现役证》《中国人民武装警察部队士官退出现役证》；2.企业与招用自主就业退役士兵签订的劳动合同（副本），为职工缴纳的社会保险费记录；3.自主就业退役士兵本年度在企业工作时间表（见附件）。4.企业招用自主就业退役士兵既可以适用本通知规定的税收优惠政策，又可以适用其他扶持就业专项税收优惠政策的，企业可以选择适用最优惠的政策，但不得重复享受。

四、本通知规定的税收政策执行期限为2019年1月1日至2021年12月31日。纳税人在2021年12月31日享受本通知规定税收优惠政策未满3年的，可继续享受至3年期满为止。《财政部 税务总局 民政部关于继续实施扶持自主就业退役士兵创业就业有关税收政策的通知》（财税〔2017〕46号）自2019年1月1日起停止执行。

退役士兵以前年度已享受退役士兵创业就业税收优惠政策满3年的，不得再享受本通知规定的税收优惠政策；以前年度享受退役士兵创业就业税收优惠政策未满3年且符合本通知规定条件的，可按本通知规定享受优惠至3年期满。

包装方法讲技巧　节外生枝有奥妙

江河酿酒有限公司是一家酒类产品生产企业，是增值税一般纳税人，2018年实现销售24 245万元。2019年春节临近，为了进一步扩大销售，江河酿酒有限公司根据不同消费者的需求采取多样化生产经营策略，既生产税率为20%的粮食白酒，又生产税率为10%的药酒，还生产上述两类酒的小瓶装礼品套装。

由于该企业是一家从私营企业发展而来的中型企业，虽然近几年企业发展较快，销售规模每年都有大幅提高，但是，企业的管理机制没有随着企业的规模而发展和变化——目前仍然是一家典型的家族型企业。该公司目前只有一个财务经理和一个助理会计师，所以，企业内部管理流程十分简单，生产成本和产品销售都实行综合管理：将各种酒放在一起进行统一销售、统一核算。

企业问题：

该企业的董事长李鸣是一个有头脑的人，2018年11月18日他参加了一个EMBA学习班。在这个班的第二课堂，他学习到税收策划这门新学科，并且专门到书店购买了《纳税策划实战精选百例》和《纳税策划大败局》回来，比照书上演示的范例做演习，从而建立的初步的税收策划意识。

通过学习，董事长李鸣意识到税收策划对于企业发展的重要性。他发现公司在税收上可能存在不尽合理的地方，但是，具体什么问题，他当然也无法说得清楚。2018年底，他请来普誉财税策划工作室的税务专家王丽娜，要跟专家讨论2019年的税务规划问题。

王丽娜到现场以后，没有简单地进行纸上谈兵，而是首先对其“望、闻、问、切”。通过对江河酿酒有限公司进行纳税风险评估，王丽娜发现该公司销售环节将各种酒放在一起进行“统一销售、统一核算”。于是指出，该公司在销售环节存在多缴税的问题。董事长李鸣感到十分纳闷：怎么会多缴税呢？我们已经按照这个方法操作了很多年了呀！

为了帮助李鸣认识到其中的问题，税务专家王丽娜以2019年1月份江河酿酒有限公司设在甲城区的一个销售点的销售计划为例进行了个案解剖。该公司对外销售12 000瓶粮食白酒，单价28元/瓶；销售8 000瓶药酒，单价58元/瓶；销售700套套装酒，单价120元/套，其中白酒3瓶、药酒3瓶，均为半斤装。对于这样的业务，有几种纳税方案呢？哪种方案才最优呢？

策划分析：

对于江河酿酒有限公司来说，存在三种经营方式，与此相适应，也存在三种会计核算方式（考虑到白酒的从量计征消费税不受营销方式和会计核算方式等因素的影响，故在此不作分析）。

方案一：统一销售、综合核算。

从生产经营的角度讲，进行“一揽子”管理模式，不分酒的品种、价格，由一个部门扎口经营和管理；在会计上也不分别单独核算，这是该公司目前采用的管理模式。在这种情况下，按照税法规定应采用税率从高的原则，该企业应纳消费税税额为：

（28×12 000+58×8 000+120×700）×20%＝（336 000+464 000+84 000）×20%＝176 800（元）

方案二：组合包装，分别核算。

根据市场的需求组织生产，形成单纯产品和组合包装两大类。在会计核算方面作适当的改进，根据市场销售形式进行相应的会计核算，即按照白酒、药酒和套装酒三类酒单独核算。

该企业应纳消费税税额为：

单销白酒：28×12 000×20%＝67 200（元）

单销药酒：58×8 000×10%＝46 400（元）

混销套装酒：120×700×20%＝16 800（元）

合计应纳消费税额为：67 200+46 400+16 800＝130 400（元）

方案三：分类包装销售，分别核算。

在生产上实行专业化操作，同时将销售流程作适当改进，先将产品分别销售，然后再进行售后服务，帮助消费者完成组合包装。在会计核算方面也作进一步的改进。即当消费者拿到相应的产品后，企业的销售人员再帮助客户将所需要的产品组成成套商品，会计上分类核算：

单销白酒：28×12 000×20%＝67 200（元）

单销药酒：558×8 000×10%＝46 400（元）

改单销白酒：14×3×700×20%＝5 880（元）

改单销药酒：29×3×700×10%＝6 090（元）

合计应纳消费税额为：67 200+46 400+5 880+6 090＝125 570（元）

分析比较：

对于江河酿酒有限公司来说，不同的方案会产生不同的税收待遇。通过以上计算我们可以对三种方案进行直接的比较：

方案二比方案一节税：

$$176\,800-130\,400=46\,400\text{（元）}$$

方案三比方案一节税：

$$176\,800-125\,570=51\,230\text{（元）}$$

方案三比方案二节税：

$$130\,400-125\,570=4\,830\text{（元）}$$

上述计算和分析仅是以一个销售点一个月的生产计划为样本进行分析的，如果以后11个月都按照这个生产和销售计算操作，那么一年可以实现少缴消费税为：

$$51\,230\times12=614\,760\text{（元）}$$

策划结论：

江河酿酒有限公司目前有此类销售点20个，也就是说，通过策划，江河酿酒有限公司一年就可以少缴消费税1 229.5万元。

于是，该公司接受咨询专家的建议，外聘专家强化管理，建立健全内部管理流程和会计核算流程。这样虽然增加了100多万元的管理费用支出，但是，换来了降低税收风险，更主要的是换来了1 000多万元节税收益。

专家点评：

不算不知道，一算吓一跳。李鸣根本没有想到，五年来，自己还以为十分精明，谁知道糊里糊涂地多缴税几千万还没有人表扬说自己好。

咨询专家认为，对于该公司的经营情况来说，可以通过节外生枝的策划思路来安排，企业兼营不同税率应税消费品时，能单独核算的，最好单独核算，没有必要成套销售的，最好单独销售。当然，这里需要内部管理机制的完善和配套。

第21计：加计扣除 业务复杂

【妙计提要】

技术创新靠科研，税收支持增效益；多个税种有优惠，流程管理是关键。

【本计内容】

指按照税法规定在实际发生数额的基础上，再加成一定比例，作为计算应纳税额时的扣除数额的一种税收优惠措施。

加计扣除的政策在我国的多个税种都有出现。例如，企业所得税法规定，研发费用可实行50%加计扣除政策（科技型中小企业研究开发费用税前加计扣除比例为75%），那么如果企业当年开发新产品研发费用实际支出为100元，就可按150元（100×150%）数额在税前进行扣除，以体现鼓励研发政策。安置残疾人员和国家鼓励安置的其他就业人员所支付的工资，可以在计算应纳税所得额时加计扣除。

加计扣除的税收优惠在增值税和土地增值税也有出现，这就为纳税人策划税收提供了多个空间的机会。

【案例注释】

加计扣除就是在原来扣除的基础上再增加一定比例的扣除，在实务过程中人们往往不知道利用这个政策为自己创收，从上述计策的内容上看，读者可能还是感觉难以理解。因此，这里我们结合实际案例对有关计策的操作原理做一个简要分析和解释。

开发资格是资源　扣除政策是金牌

金飞机械制造实业公司是2015年成立的一家综合实业开发企业，注册资本5 000万元，成立当年实现销售额为12 000万元。到2018年底，公司已经实现销售15亿元。税后净利润25 000万元。为了回报员工，也是为了将来的进一步发展，该公司决定征用一批土地建设职工宿舍楼，无偿奖励给有贡献的员工。2018年1月在当地市郊征用了100亩土地，随后就先期建造一栋小住宅楼。该住宅楼建筑面积8 000平方米，2018年3月12日动工，2012年10月20日完工，12月18日分配给员工个人。2018年12月28日，当地主管税务机关的税务管理人员到该公司进行纳税评估发现该问题，要求该企业宿舍楼视同销售计算缴纳各项税费。

税务人员根据当地同类产品的销售价格，核定其收入金额为1 500万元，当年取得土地时实际支付地价款200万元，房地产开发成本500万元，开发费用200万元，相关税金90万元，则其扣除项目金额990万元，增值额510万元，增值率52%，应纳土地增值税510×40%-990×5%＝154.5（万元，这里不考虑与开发房地产有关的其他政策性问题）。

策划分析：

税收筹划专家认为：金飞机械制造实业公司开发宿舍楼的做法是不经济的。这是为什么呢？下面来作一个简要分析：

计算土地增值税是以增值额与扣除项目金额的比率即增值率的大小按照相适用的税率累进计算征收的，增值率越大，适用的税率越高，缴纳的税款就越多。合理的增加扣除项目金额可以降低增值率，使其适用较低的税率，从而达到降低税收负担的目的。

税法准予纳税人从转让收入额减除的扣除项目包括五个部分：取得土地使用权所支付的金额；房地产开发成本；房地产开发费用；与转让房地产有关的税金；财政部规定的其他扣除项目，主要是指从事房地产开发的纳税人允许扣除取得土地使用权所支付金额和开发成本之和的20%。其中房地产开发费用中的利息费用如何计算，《土地增值税暂行条例实施细则》中做了明确规定，房地产企业可以选择适当的利息扣除标准进行税收策划。税法规定利息支出凡能够按转让房地产项目计算分摊并提供金融机构证明的，允许据实扣除，但最高不得超过按商业银行同类同期贷款利率计算的金额。其他房地产开发费用，按取得土地使用权所支付的金额和房地产开发成本之和的5%以内计算扣除；凡不能按转让房地产开发项目计算分摊利息支出或不能提供金融机构证明的，房地产开发费用按取得土地使用权所支付的金额与房地产开发成本之和的10%以内计算扣除。房地产企业据此可以选择：如果企业预计利息费用较高，开发房地产项目主要依靠负债筹资，利息费用所占比例较高，则可计算分摊的利息并提供金融机构证明，据实扣除；反之，主要依靠权益资本筹资，预计利息费用较少，则可不计算应分摊的利息，这样可以多扣除房地产开发费用，对实现企业价值最大化有利。下面举例说明。

假设某房地产开发企业进行一个房地产项目开发，取得土地使用权支付金额300万元，房地产开发成本为500万元。那么：

如果该企业利息费用能够按转让房地产项目计算分摊并提供了金融机构证明，则：

房地产开发费用＝利息费用+（300+500）×5%＝利息费用+40万元

如果该企业利息费用无法按转让房地产项目计算分摊，或无法提供金融机构证明，则：

房地产开发费用 =（300+500）× 10% = 80（万元）

对于该企业来说，如果预计利息费用高于40万元，企业应力争按转让房地产项目计算分摊利息支出，并取得有关金融机构证明，以便据实扣除有关利息费用，从而增加扣除项目金额；反之，如果企业预计利息费用低于40万元的话，那么就不必按转让房地产项目计算分摊利息支出，也不必提供有关金融机构证明，以便多扣除房地产开发费用，达到增加扣除项目金额的目的。

由此可见，房地产企业充分加计土地增值税扣除项目合理策划税收是一个重要的操作点，在具体实施过程中注意把握以下两个要点：

1. 充分计列利息费用及其他费用支出

现行土地增值税制度对房地产开发中作为财务费用的利息支出有两种列支方法：一是在商业银行同类同期贷款利息范围内据实扣除，同时对其他房地产开发费用按取得土地使用权所支付的金额和房地产开始成本之和（以下简称“合计数”）的5%计算扣除；二是对不能按转让房地产项目计算分摊利息支出或不能提供金融机构证明的，可按上述“合计数”的10%计算扣除包括利息在内的全部费用支出。

在实际操作中，以上两种方法计算的“房地产开发费用”必然存在差异。因为第一种方法中允许“据实扣除”的利息和第二种方法中“合计数”的5%（即因包括利息费用而增加的部分）不一定相等。如果企业进行纳税策划，就要比较这两者的高低，选择其中扣除利息较高者对应的方法，作为企业的最后选择。如果允许“据实扣除”的利息费用较高，应选用第一种方法，单独计算利息支出；否则，应选用后一种方法，按“合计数”的10%扣除全部费用。

2. 充分利用对房地产开发企业的附加扣除实施税务策划

《土地增值税实施细则》规定，对从事房地产开发的企业，可按“合计数”的20%加计扣除项目金额，其他企业从事房地产开发的，不享受此项费用扣除。此举的主要目的是为了抑制对房地产的炒买炒卖行为。因此，当非房地产开发企业欲进入房地产业时，不宜作为其非主营项目，而应考虑重新设立一家独立核算的、专门从事房地产开发和交易的关联企业。这样，不仅可以在房地产开发业务中享受前述附加扣除，实现土地增值税的纳税策划，而且可以在今后的各纳税年度中利用企业的关联关系实现其他税收的纳税策划。比如，通过双方的销售收入分列，可使双方各自扣除业务招待费（或交际应酬费）时适用较高的扣除率，进而实现企业所得税（或外商投资企业和外国企业所得税）的纳税策划。

总之，由于《土地增值税暂行条例实施细则》规定，对从事房地产开发的纳税人，可按照为取得土地使用权所支付的金额和房地产开发成本之和，加计20%的扣除。这样，纳税人是不是从事房地产开发，成为能否享受此项优惠政策的分水岭，直接决定了应纳土地增值税的多寡。

策划操作：

如果金飞机械制造实业公司是房地产开发企业，其他条件相同，则扣除项目金额＝990+（200+500）×20%＝1 130（万元），增值额＝1 500−1 130＝370（万元），增值率为33%，应纳土地增值税＝370×30%＝111（万元）。

企业类型不同，扣除金额则不同，如下图所示。

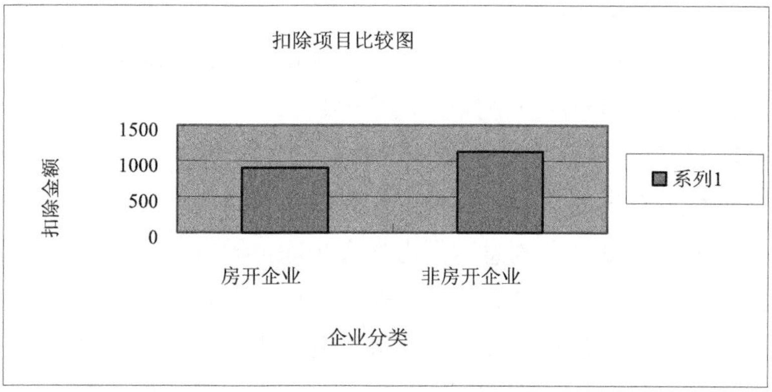

策划结论：

一样的收入，相同的成本费用和税金，由于纳税人的身份不同，导致从事房地产开发的纳税人较非从事房地产开发的纳税人少缴土地增值税43.5万元（154.5−111），从税率和税基两方面降低税负，再次印证了资质是纳税策划不可忽视的重要资源。

注意事项：

对于房地产开发企业需要注意政策的调整，国家税务总局在《关于土地增值税清算有关问题的通知》（国税函〔2010〕220号）和《关于加强土地增值税征管工作的通知》（国税发〔2010〕53号）中，对加强土地增值税征收管理（清算）提出了更高的要求，这就说明，房地产开发企业在未来的经营过程中风险越来越大。在这里，我们结合有关资料对纳税人提出如下注意的问题。

1. 统一规定并适当提高预征率

税法规定，土地增值税清算前要实行按收入的一定比例预征，该预征率由各地自行确定。但大多数地方规定的预征率偏低，导致大部分房地产开发商不愿意进行清算补税。因此，本次国税发〔2010〕53号文件提出要科学合理制定预征率，并直接确定最低预征率。文件规定，除保障性住房外，东部地区省份预征率不得低于2%，中部和东北地区省份不得低于1.5%，西部地区省份不得低于1%，各地要根据不同类型房地产确定适当的预征率（地区的划分按照国务院有关文件的规定执行）。

2．核定征收比例提高

土地增值税的计征办法有查账清算和按收入的固定比例核定征收两种方式，采取核定征收方式的，无论开发项目利润是多少，都按固定比例纳税。因此，部分房地产企业为了少缴土地增值税，以各种理由选择核定纳税。国税发〔2010〕53号文件第四条要求规范核定征收，堵塞税收征管漏洞。文件指出，核定征收必须严格依照税收法律法规规定的条件进行，任何单位和个人不得擅自扩大核定征收范围。凡擅自将核定征收作为本地区土地增值税清算主要方式的，必须立即纠正。对确需核定征收的，要严格按照税收法律法规的要求，从严、从高确定核定征收率。为了规范核定工作，核定征收率原则上不得低于5%，各省级税务机关要结合本地实际，区分不同房地产类型制定核定征收率。

3．按售房合同金额确认收入

土地增值税清算时，有些房地产公司迟迟不给购房者开具发票，从而影响对收入的确认。鉴于此，国税函〔2010〕220号文件在收入确认方面规定，土地增值税清算时，已全额开具商品房销售发票的，按照发票所载金额确认收入。未开具发票或未全额开具发票的，以交易双方签订的销售合同所载的售房金额及其他收益确认收入。销售合同所载商品房面积与有关部门实际测量面积不一致，在清算前已发生补、退房款的，应在计算土地增值税时予以调整。

4．未取得发票的开发成本不得扣除

土地增值税清算一般在项目完工并大部分销售后，因此，计提的以及未开具发票的成本费用不得计入扣除项目，即使是扣留的质量保证金部分也是如此。国税函〔2010〕220号文件第二条规定，房地产开发企业在工程竣工验收后，根据合同约定，扣留建筑安装施工企业一定比例的工程款，作为开发项目的质量保证金，在计算土地增值税时，建筑安装施工企业就质量保证金对房地产开发企业开具发票的，按发票所载金额予以扣除。未开具发票的，扣留的质量保证金不得计算扣除。

5．房地产开发费用按比例计算扣除

房地产开发费用只包括管理费用、销售费用和财务费用。财务费用中的利息费用，扣除独立计算，已经计入房地产开发成本的利息支出，应调整至财务费用中计算扣除。即不计入开发成本中扣除，不实行加计扣除。国税函〔2010〕220号文件规定，（1）财务费用中的利息支出，凡能够按转让房地产项目计算分摊并提供金融机构证明的，允许据实扣除，但最高不能超过按商业银行同类同期贷款利率计算的金额。其他房地产开发费用，按照“取得土地使用权所支付的金额”与“房地产开发成本”金额之和的5%以内计算扣除。（2）凡不能按转让房地产项目计算分摊利息支出或不能提供金融机构证明的，房地产开发费用按“取得土地使用权所支付的金额”与“房地产开发成本”金额之和的10%以内计算扣除。全部使用自有资金，没有利息支出的，按照以上方法扣除。对此，部分省市明确规定，没有利息支出的，只能按规定在5%之内计算扣除。

6. 拆迁安置房既算收入也算扣除

房地产企业的拆迁补偿支出，在计算土地增值税时，计入开发成本。但如果房地产企业用自行开发建造的房产项目安置回迁户，安置用房视同销售处理，按照《国家税务总局关于房地产开发企业土地增值税清算管理有关问题的通知》（国税发〔2006〕187号）第三条第一项的规定确认收入，同时，将此确认为房地产开发项目的拆迁补偿费。房地产开发企业支付给回迁户的补差价款，计入拆迁补偿费。回迁户支付给房地产开发企业的补差价款，应抵减本项目拆迁补偿费。如开发企业采取异地安置，异地安置的房屋属于自行开发建造的，房屋价值也要按规定计算收入，同时计入本项目的拆迁补偿费。异地安置的房屋属于购入的，以实际支付的购房支出计入拆迁补偿费。对于货币安置拆迁的，企业应凭合法有效凭据计入拆迁补偿费。

国税函〔2010〕220号文件同时规定，房地产开发企业逾期开发缴纳的土地闲置费不得扣除。

研发产品有操作　税收因素是关键

长城科技发展有限公司（以下简称长城公司）2019年准备开发一则专利产品，预计开发费用1 000万元。在具体操作过程中，公司决策机构获得两个产品开发的方案：一是不成立技术研发部；二是另外再成立一个独立核算的企业专门从而技术研发，然后将研发的产品对外销售。

根据预测，该产品如果对外销售，可以取得收入500万元，长城公司当年税前利润2 500万元，研究开发费用已全部计入当期损益，没有其他纳税调整。

策划分析：

对于方案一：长城公司内部成立技术研发部，2018年该部门全年研究开发费用1 000万元，技术转让收入500万元，甲公司当年税前利润2 500万元，研究开发费用已全部计入当期损益，没有其他纳税调整。

有关税务处理为：按税法规定，技术转让收入免征增值税；所得税前除可扣除实际发生的技术开发费1 000万元外，还加计扣除500万元，2018年长城公司应交企业所得税：

$$(2\ 500-500)\times 25\% = 500（万元）$$

对于方案二：如果长城公司将研发部门独立出来成立一家全资的高新技术企业或研发企业A公司。

不考虑成立新公司新增的管理费用，则A公司技术转让收入500万元，技术开发成本1 000万元，企业实际发生亏损500万元。

所以，A公司无需缴纳企业所得税，享受不到企业所得税的税收优惠。

从长城公司来说，如果将研发部门独立出来后，其1 000万元的研发费用将不再发生，换一句话说，就是该企业增加税前利润1 000万元。那么，长城公司的税前利润变为：

$$2\,500+1\,000-500=3\,000（万元）$$

长城公司应交企业所得税：

$$3\,000\times 25\%=750（万元）$$

两家公司合计应交企业所得税750万元。

不同方案策划分析如下图所示。

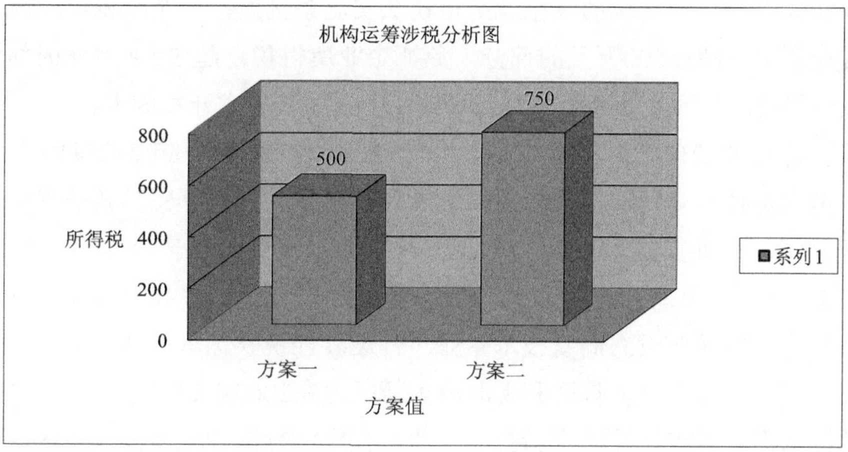

策划结论：

在研发产品的销售收入为500万元的条件下，长城公司内部设立研发部更节税，少交250万元（750-500）。

策划点评：

对于研发费用的涉税策划问题，这里引用普誉财税策划工作室提供的一个资料进行分析，试图证明技术能力必须是内生的，企业的技术创新必须加强自主研究开发。我国为激励企业技术创新，特别是对专门从事技术研究开发的高新技术企业出台了一系列税收优惠政策。对企业的研究开发业务，可以在企业内部设立研发部，也可以将此业务独立出来设立全资子公司，这样就给企业研究开发业务带来了纳税策划空间。

如果估计其开发产品的市场价值较大，其价值远远大于开发成本，则思路跟以上分析正好相反，可以考虑将企业的研发部门分离出来。

根据《财政部 国家税务总局关于全面推开营业税改征增值税试点的通知》（财税〔2016〕36号）附件3《营业税改征增值税试点过渡政策的规定》第一条第二十六款规定，纳税人提供技术转让、技术开发和与之相关的技术咨询、技术服务免征增值税。

1．技术转让、技术开发，是指《销售服务、无形资产、不动产注释》中“转让技术”“研发服务”范围内的业务活动。技术咨询，是指就特定技术项目提供可行性论证、技术预测、专题技术调查、分析评价报告等业务活动。

与技术转让、技术开发相关的技术咨询、技术服务，是指转让方（或者受托方）根据技术转让或者开发合同的规定，为帮助受让方（或者委托方）掌握所转让（或者委托开发）的技术，而提供的技术咨询、技术服务业务，且这部分技术咨询、技术服务的价款与技术转让或者技术开发的价款应当在同一张发票上开具。

2．备案程序。试点纳税人申请免征增值税时，须持技术转让、开发的书面合同，到纳税人所在地省级科技主管部门进行认定，并持有关的书面合同和科技主管部门审核意见证明文件报主管税务机关备查。

根据2008年1月1日实施的《企业所得税法实施条例》，一个纳税年度内，居民企业技术转让所得不超过500万元的部分，免征企业所得税；超过500万元的部分，减半征收企业所得税。技术转让所得，即技术转让收入减去技术开发成本。

如果估计企业的研发部门能够分离出来认定为国家需要重点扶持的高新技术企业，可以考虑将技术开发部门独立出来设立高新技术企业，享受高新技术企业的税收优惠。根据新《企业所得税法》，自2008年1月1日起，国家需要重点扶持的高新技术企业，减按15%的税率征收企业所得税。根据国发〔2007〕40号《国务院关于经济特区和上海浦东新区新设立高新技术企业实行过渡性税收优惠的通知》，对深圳、珠海、汕头、厦门和海南经济特区和上海浦东新区内在2008年1月1日（含）之后完成登记注册的国家需要重点扶持的高新技术企业，在经济特区和上海浦东新区内取得的所得，自取得第一笔生产经营收入所属纳税年度起，第一年至第二年免征企业所得税，第三年至第五年按照25%的法定税率减半征收企业所得税。

企业内部设研发部的税收优惠。2008年1月1日实施的《企业所得税法》和《实施条例》规定，开发新技术、新产品、新工艺发生的研究开发费用可以在计算应纳税所得额时加计扣除。研究开发费用，未形成无形资产计入当期损益的，在按照规定据实扣除的基础上，按照研究开发费用的50%加计扣除；形成无形资产的，按照无形资产成本的150%摊销。2008年12月10日，为了配合《企业所得税法》及其《实施条例》的实施，进一步规范企业研究开发费用的税务管理，国家税务总局下发了国税发〔2008〕116号《关于印发企业研究开发费用税前扣除管理办法（试行）的通知》，该通知对“研究开发活动”做出明确定义和具体范围，重新划定了“研究开发费用”的开支范围，细化了加计扣除的规定。该通知规定，企业根据财务会计核算和研发项目的实际情况，对发生的研发费用进行收益化或资本化处理的，可按下述规定计算加计扣除：（1）研发费用计入当期损益未形成无形资产的，允许再按其当年研发费用实际发生额的50%，直接抵扣当年的应纳税所得额。（2）研发费用形成无形资产的，按照该无形资产成本的150%在税前摊销。除法律另有规定外，摊销年限不得低于10年。

从以上税收优惠政策看出，对研究开发业务，软件企业实行增值税即征即退政策，技术有关收入免征营业税，所以税收策划主要是所得税的策划。

（注：更多的企业所得税策划案例，请参阅笔者的《所得税纳税策划实战案例精选》。）

研发费用重归结　加计扣除有风险

目前，国家对研发费用加计扣除优惠的享受条件已大大放宽，企业享受优惠的深度与便捷度都得到极大的提升。但由此带来的税收风险也给税务机关带来了极大的考验。如何建立健全后续管理制度，保障优惠政策的顺利落实，是摆在税务机关面前的一大难题。这里引用一则案例来做具体分析：

案例分析：

A市Z地税分局所辖B公司，2010年2月1日登记成立股份有限公司，主营范围为增值电信业务经营，计算机研发、销售，软件开发、销售，信息技术咨询服务。A市地税局在2018年度执法专项评估时发现，B公司2018年度研发费用共加计扣除1 498.2万元，但不征税收入230万元用于研发费用的部分未在计算加计扣除的时候予以减除。涉嫌超额享受研发费用加计扣除。

评估组通过调取B公司研发费用加计扣除优惠备案的备查资料和企业年度汇算清缴资料，发现该公司于2018年分两次获得了市科技局对于研发费用的专项补助共计230万元，市科技局补助文件中明确表示“补助范围为企业在研发过程中产生的人员人工、直接投入、折旧费用与长期待摊费用、设计费、装备调试费、无形资产摊销、委托外部研究开发费用及其他费用”。A公司在企业所得税年度申报时已将该笔补助作不征税收入处理，但在《研发费用加计扣除优惠明细表》中未填写“作为不征税收入处理的财政性资金用于研发部分”，而研发费用已全部费用化，未予资本化。

经约谈，企业确认事实，Z局也确认未建立后续管理机制，未进行实地核查。此外，B公司仅提供了研发项目的企业立项文件，评估组对部分研发项目如“××专题活动策划管理系统的开发”是否符合加计扣除项目规定无法把握，经约谈Z分局税务人员，其亦无法判定，也未及时转请上级相关部门出具鉴定意见。

专家点评：

研发费用加计扣除政策是激励企业加大研发投入，提高企业自主创新能力，加快经济发展方式转变的有效举措。自实施以来，通过直接减免企业税负，增加了企业的留存利润，有利于企业进一步加大研发投入力度。同时，通过要求对研发项目进行立项并准确归集研发费用、设置研发项目辅助明细账等，使企业对其研发活动情况有了更加清晰明确的掌握，有利于提升其研发创新管理能力。

2018年11月2日，财政部、国家税务总局和科技部联合出台了《关于完善研究开发费用税前加计扣除政策的通知》（财税〔2015〕119号），扩大了研发费用加计扣除的享受范围，包括研发活动范围与费用范围的增加，同时简化了对研发费用的归集和核算管理，要求企业在现有会计科目基础上，按照研发支出科目设置辅助明细账。此外，文件大大简化了研发费用加计扣除优惠政策享受的备案程序，企业仅凭备案表与立项文件即时备案，其余相关资料留存备查。这无疑提高了企业的优惠享受程度，也便利了企业享受优惠。但目前税务机关在研发费用加计扣除优惠管理方面仍存在诸多问题。

对于本案例所暴露出来的问题，部分专业人士认为目前税务机关存在三个“跟不上”问题：

后续管理跟不上。财税〔2015〕119号要求“税务部门应加强研发费用加计扣除优惠政策的后续管理，定期开展核查，年度核查面不得低于20%”，但实际操作中，受执法意识规范与进户执法的影响，税务机关往往会忽略依职权进行管理的事项，备案完成即视为优惠享受完结，后续风险较大。

纳税服务跟不上。新政实施以来，企业对研发项目诸如辅助明细账的设置、研发费用的分摊与归集尚存在操作与处理上的难度，尤其容易忽略文件中没有明示或明确的事项，如不征税收入用于研发形成的支出与费用等问题。而税务机关受其业务能力与辅导力度的局限，无法有效帮助企业正确归集研发费用，从而正确享受该优惠。

部门协作跟不上。研发项目的立项涉及面较为专业，光凭税务机关的业务能力无法有效判定立项的准确性。目前不少地方税务机关尚未建立起与科技部门的协作机制，无法及时、有效地传递立项的异议与意见，后续监管往往不了了之，十分疲软。

从上述案例不难看出，国家对研发费用加计扣除优惠的扩大是建立在完善的后续管理基础之上，而现实操作中，各地税务局未能有效地开展后续管理来保证优惠的准确享受。部分专业人士认为需要完善“三大机制”，全力保障优惠政策顺利实施。

一是建立与完善研发费用加计扣除后续管理机制。进一步明确后续管理的方式与形式，如进行纳税评估或下户核查等，及时掌控企业的优惠享受情况，避免税收管理陷入被动，从源头上减少应享受未享受、超额享受的现象。

二是完善纳税辅导机制。将企业所得税优惠项目享受纳入纳税辅导体系，以制度带动操作，尤其对新实施的政策，明确通过纳税人学堂、专项培训或税收政策发布会等形式告知和辅导纳税人，加强其对政策的把握，提高纳税遵从度。

三是探索与科技部门的合作机制。如税务机关对研发项目有疑问或异议，可通过与科技部门的联合平台即时实现，或可直接由科技部门负责认定，将立项作为前置事项，科技部门直接向纳税人出具《企业研究开发项目鉴定表》，税务机关凭表备案，切实减少执法风险。

第22计：
流动非流动 税收各不同

【妙计提要】

税收征管有税境，经营结果存亏盈；资产流动好选择，人员流动亦消停。

【本计内容】

从养生的角度讲，生命在于运动；而从税收策划的角度讲，亦是如此。纳税人一旦“静下来”，就成为当地税务管理的对象，而一旦“动起来”，甚至来无影，去无踪，谁也不会管你，谁也管不了你，税收成本不就自然降下来了吗？

当然话又说回来了，“谁也管不了”也只是说说而已，但是，利用税收政策的区域差异其中尤其是国际差异进行避税，却是许多大型跨国企业和知名人士常用的手段之一。这里参照一些资料对流动策划手段做一个简要介绍。

1. 人的流动与资金的流动

人员与资金的流动是指自然人或法人连同其全部所得来源及资产一同移居国外的行为。当纳税人连同其收入来源或资产一并转移到国外时，常常可以达到完全避税的目的（即完全躲避纳税人本国的税收）。但是，如果纳税人本国按国籍课税（比如，实行公民管辖权的美国与罗马尼亚），而且该纳税人又是拥有本国国籍的出国人（无论是自然人还是法人）时，该纳税人只能躲避部分国内税收，如某一纳税法人在国外短期经营且其雇员均拥有本国国籍，并且该纳税法人在本国登记注册，那么该跨国纳税人尽管在国外经营期可以躲避国内某些流转税、财产税，但在所得和收益方面就难以躲避国内的征税要求。在这种情况下，只有彻底的移居国外（即改变国籍），或符合跨国纳税人本国有关豁免国内税的法律规定，才可免除其有关税负。

当然，移居国外者未能带走而遗留下来的所得源泉或资产，其本国可依据租税条约的规定办理，或依其国内税法规定将其列为非居民并按非居民有关规定征税。

一般认为资产就是所得源泉，但有些资产却并不能产生所得。同时，虽然收入的源泉就是资产，但有些所得是来自无法转让且无法出售的权利。因此，人员与资金的流动在形式上有一定差异。实行人员或资金流动避税的一个重要先决条件是纳税人及其拥有的资本、财物等有充分或一定的流动自由，所受限制甚少。在国家管制甚严，自由度不高的国家，此种方法的适用度比较小。

2. 人的流动与资金的非流动

当纳税人在不同国度之间来去自由，而其处得源泉或财产保留在某一国境内时，就构成人的流动与资金的非流动。这种方法的好处在于，纳税人可将其所得来源或资产安置于某一低税国或低税区；同是纳税人又可将其活动安排在低消费区或低费用（价格）区。这样纳税人不仅可以获得人员流动的好处，而且还可以获得资产、财产非流动的好处。例如，某一跨国纳税自然人移居到国外，但仍在原移出国去工作，这样就可以躲避原移出国的部分税收管辖。特别是当躲避这部分税收管辖十分必要时，这种作法尤其有效。当然这种避税方法知用的范围比较小，只有当纳税人有可能选择低税住宅区和低税财源地的情况下才有可能。

3. 人的非流动与资金的流动

这是一种十分重要的跨国避税方法，它的内容主要有两种：一是纳税人通过转移利润或收入的方式避税，二是纳税人通过建立“基地公司”的方式避税。

收入、利润、资本的跨国转移和流动是当今经济发展的一个十分普遍的现象。收入、利润、资本从一国流向另一国，从一个地区移到另一个地区，已构成企业和经济组织最基本生产经济活动的组成部分。从本质上讲，收入、利润、资本的跨国流动与跨国避税并没有什么本质上的联系，没有哪个国家或地区把这两者等同起来。然而在事实上，这种收入、利润、资本的跨国移动确实为跨国避税创造了条件。譬如收入、利润、资本从高税区转移到低税区或从纳税地区转移到国际避税区、自由港，这种转移都构成了事实上的避税。此外，纳税人还可以通过一些管理上的技巧，给主管税务当局造成来自当地收入最少的印象。例如，企业为扩大规模和发展生产而进行的经济性跨国移动，很难被税务当局认为是出于避税目的的移动。这样公司和企业的利润收入以及缴纳的税款会有很大变化。

“基地公司”与跨国移动不同，它是指在一个对国外收入不征税或少征税的国家（或地区）建立公司，该公司的主要业务并不发生在该国，而是以公司分支机构或子公司的名义在国外（第三国）从事其主要经营活动，当其国外收入汇回该公司时，可以减少乃至免除其纳税义务。

这里的第三国经营，包括通过代理人或分支机构进行的营业和借助于控股公司仅仅是为了收取外国子公司支付的股息、利息、或特许权使用费这两方面的活动。因为基地公司的基本特点是它被在基地国之外的企业合法地加以利用，这个企业既可能是在其股东或其他权益所有人生活的母国之外，也可能就在母国之内。从实践中看，基地公司已成为避税地或低税国的代名词。下面以两个简单的图例来说明基地公司的定义：

其一、“典型”基地公司：通过在第二国的基地公司在第三国投资。如下图所示。

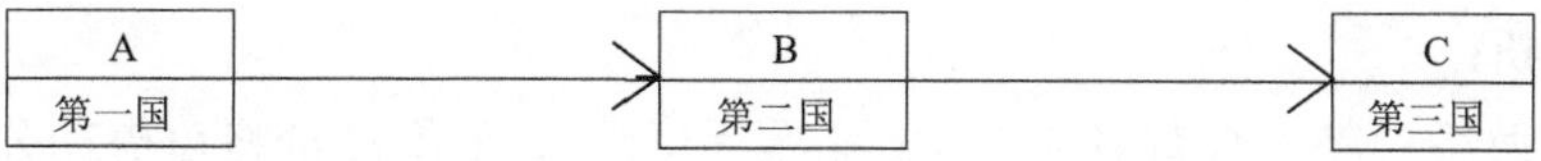

其二、“非典型”基地公司；对第一国的再投资通过第二国的基地公司进行，如下图所示。

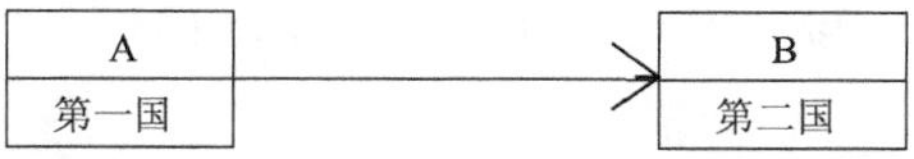

在以上两图中：

A = 资本投资者或再投资者所在国

B = 基地国

C = 投资国

这种典型与非典型基地公司的区别常见于一些文献中。以上两图分别涉及外国投资及“母”国投资。从税收理论观点看，这个区别有时是恰当的，有时可能被税收立法所承认。

典型基地公司与非典型基地公司的区分只是基地公司的一种分类。事实上存在着许多种基地公司。有些只有单一职能，有的具有数种职能，有些则把基地公司职能与“正常”的工业或商业活动结合起来了。

4. 人的非流动与资金的非流动

这种结合的存在，必定是以有前三种情况意义上的一次较早的流动为前提。这一较早的流动必须不是出于避税的动机，而且最初被认为是暂时性的。但是通过它们已经流动的这一事实，现在可以获得纳税好处。例如，纳税人可能临时在国外工作并取得国外收入。纳税人通过不必返回他的居住国或直到财政年度终了或直到这个收入来源被确认已不存在，因而不再是居住国的课税客体时为止，不必寄回他的资金，可以获得纳税好处。人和资金的非流动，是一个由其性质决定的难以制止的节税方式。

【案例注释】

资金需要运动起来才能创造利润，纳税人有的时候运动起来也能创造税收上的利益，本计便是笔者实践的一个总结。读者可能对上述的表述感觉难以理解，因此，这里我们结合实际案例对有关计策的操作原理做一个简要分析和解释。

常规思维大家做　逆向避税一招鲜

美国的税率为50%，中国的税率为20%，美国福泰电子公司到中国开办了一家合营企业可梅勒公司，并负责原材料进口和产品的出口。对于这样的政策环境，作为美国福泰电子公司会如何操作？

业务分析：

按一般做法，美方合营者应向中国转移利润，如采用高价将可梅勒公司的产品卖给福泰电子公司，或采用低价从福泰电子公司购买原材料。

事情往往会发生意外。在一般的国际避税中，纳税人常常是尽可能避免高税管辖权，而进入低税管辖权，以进行国际避税。但是，客观上也存在着另一种避税现象，即跨国纳税人避免低税管辖权，而进入高税管辖权。

由于避免高税管辖权而进入低税管辖权所进行的国际避税是顺向的，而避免低税管辖权进入高科管辖权则正好相反，所以称之为逆向避税。逆向避税这一概念可以表述为跨国纳税人借助避免低税管辖权而进入高税管辖权，以最大限度地谋求所需利益的行为。

逆向避税除了在方向上与顺向避税相反外，还在谋利上有以下几个特点：一是谋利上的间接性。从表面上看，逆向避税并不能减轻国际纳税义务，反而会加重国际纳税义务，这似乎不可理解。但是，借助这种方法却能达到最大限度地谋求利益的目的，具有极大的隐蔽性，往往不易引起人们的注意。二是谋利的非税性。逆向避税不仅不能直接谋取税收利益，而且还要牺牲税收利益。但通过牺牲税收利益，将带来所需的更大的非税收利益，它已不只是一个税收问题。三是谋利的多样性。逆向避税所要谋求的利益随具体情况而变，有时为了实现净利润最大化；有时是为有效地实现某项必要的经营策略；有时在当期不能谋利，但对将来有利。

实务操作：

根据普誉财税策划工作室的咨询专家利用相关资料对此进行的综合分析，进行逆向避税的方式很多，最常见的大致有三种。

（1）以谋求即期净利润最大化为目标。

对于可梅勒公司来说，该公司应实现应税所得100万元，向中国纳税20万元，税后利润80万元，但由于外方合营者的操纵，可梅勒公司仅实现利润50万元，向中国纳税10万元，税后利润为40万元；而福泰电子公司多实现应税所得50万元，多向美国纳税25万元，同时增加税后利润25万元，福泰电子公司因独享所增加的利润25万元，将会实现净利润最大。假设税后利润对半分配，则有40×50%+25＞80×50%。在这个过程中，中国减少税收10万元（即20-10），美国增加税收25万元，跨国纳税人多纳15万元（即25+10-20），而本国合营者少得利润20万元（即80×50%-40×50%）。

这种逆向避税，以谋求即期利润最大化为目标，故与一般的国际避税较接近。

（2）以有效实现某项必要的经营策略为目标。企业从事生产和经营，规避税收固然十分重要，但是，有时还得考虑其他战略目标的实现。

这里有一个案例。

中国斋善食品公司在泰国开办了一家子公司孟丹食品公司，2007年斋善食品公司因缺乏资本，需从孟丹食品公司补充，但由于泰国采取了较为严格的外汇管制措施，斋善食品公司难以从孟丹食品公司直接取得资本。

为了方便说明问题，我们假设中国的所得税率为30%，泰国的所得税税率为20%。这时，可通过转让定价的方式使孟丹食品公司少实现应税所得100万元，而斋善食品公司多实现应税所得100万元。这样，跨国纳税人共需多纳税10万元（即100×30%-100×20%），其中泰国减少税收20万元（即100×20%），中国增加税收30万元（即100×30%），但跨国纳税人借助税收损失10万元而有效地实现了资本转移70万元（即100-30）。虽然以损失一定的即期税收利益为代价，但有效地实现了所需的资本转移，预期会带来更大的利益。

（3）以逃避预期风险为目标。

这里的预期风险主要是指政治方面而非经营方面的，因而是一种政治性的逆向避税。例如，一国现行税率很低，但政局不稳或政策多变，跨国纳税人会因存在预期风险（没收财产，大幅度提高税率），而借助逆向避税以实现逃避预期风险的目标。跨国纳税人会采用种种手段尽可能将所得转走，以谋求预期最大利益。

一般来说，对于第一类型的逆向避税，纳税人是主动运用的；对于后两种类型的逆向避税，却是纳税人迫不得已而为之。

不管李逵和李鬼　税负降低真可为

德国莱希德公司贷款给美国克林娜公司，每年克林娜公司需向莱希德支付200万美元的利息。对于这笔业务应当如何操作？

业务分析：

这笔看似一笔十分简单的业务，但是，由于发生在两个国家之间，就让其复杂起来，同时，也正值因为问题的复杂性，就给有关企业提供了涉税策划的机会。

处理这个问题首先需要对与该业务有关的涉税政策进行分析。

目前多数国家对汇出国外的股息、利息都要征收一道预提税。美国的税法规定，对汇出境外的股息、利息等所得须征收20%的预提税；法国税法则规定对汇出境外的股息、利息等所得征收30%的预提税。同时，为协调美、法两国税收利益，两国签订税收协定，规定发生在两国之间的同类所得只征收5%的预提税。

策划操作：

为减轻预提税负，莱希德公司在法国租用一个邮箱，冒充法国居民，使利息的预提税税率由20%降为5%。

策划结论：

这是利用邮箱方式滥用税收协定避税的一种方式，按莱希德公司在两国的正常身份，200万美元利息应预提税40万美元；冒充法国居民后，仅负担预提税10万美元。

策划点评：

从上个世纪中后期起，一些国家和地区为了吸引外国资本的流入，繁荣本国或本地区的经济，弥补自身资本的不足和改善国际收支状况，或引进国外先进技术提高本国或本地区的技术水平，吸引国际民间投资，纷纷以立法的形式，培育出一些特别宽松的经济区域，允许非本国的居民或者法人在这些经济区域内成立公司，并在其领土之外的地区经营运作，这些区域被称为离岸法域。由于离岸法域最突出的政策特色，表现在税收的豁免或者优惠上，在国际税收领域，它又被称为避税天堂、避税地、避税港、离案中心。这些区域大多是资源匮乏的发展中微型岛国，主要依靠低税收政策大力发展离岸金融业来大量吸引逃避本国税收的外国资本，以增加收入，振兴经济。

事实上，在当今世界已出现为数众多、形形色色的避税港的情况下，很难用一个简单的定义来加以表述、概括。2000年6月，OECD在其发布的一份题为《认定和消除有害税收行为的进程》的报告中，列出了判断避税地的标准。它们有：①没有有效税率或者只有名义上的实际税率；②缺乏有效的税收情报交换；③税收制度缺乏透明度；④没有实质性经营活动的要求。根据OECD的判断标准，我们可以从狭义和广义两个角度来认识避税港。狭义的避税港是指那些不课征某些所得税和一般财产税，或者虽课征所得税和一般财产税但税率远低于国际一般负担水平的国家和地区。广义的避税港是指那些能够为纳税人提供某种合法避税机会的国家和地区。以下所说的避税港指的是完全或者实际上不征收所得税和虽然征收所得税但税率很低或者对离岸业务或境外收入给予减免税优惠，从而纳税人可以通过其避免或者减轻居住国所得税的国家和地区。

离岸公司指的就是非当地的投资者在避税港（离岸法域）成立的有限责任公司和股份有限公司。由于避税港对离岸公司的设立和运营的法律限制很少，加之没有外汇管制，公司的注册资料及文件高度保密，避税港政府当局对离岸公司的监管处于真空状态，这在给离岸公司运作带来巨大便利的同时，也给避税地的经济安全带来了威胁。因此，为了保障避税地的经济安全，避税港的离岸公司法一般禁止离岸公司在本地区开展经营活动；如果要开展本地业务，必须纳入本地公司范围接受监管，其在避税港的许多税收优惠也就不再享有。因而，离岸公司具有彻底的非本土化的特点，相对于离岸公司的注册地避税港本身而言，离岸公司虽在离岸本土设立，其对离岸本土只有形式意义，没有实质意义；因而，离岸公司也被称为“信箱公司”。

在本案例中，法国虽然算不上是什么避税地，但是，由于其相对美国的企业而言，预提税率只有5%，所以就有了避税地性质，设定为减轻预提税负，莱希德公司在法国租用一个邮箱，冒充法国居民，从而可以适用低税率，最终实现了税收利益。

专家评述：

通过流动的策划方式进行税收策划，实际上是利用了国际避税原理。通过将资产在不同税境之间的流动，利用政策差异进行避税。而在国内，则需要考虑其业务操作的合理性，具体分析如下：

人员流动法

人员流动包含了极其广泛的内容，并不仅仅限于自然人或法人的国际迁移。一个人在一国中设法将其居民身份改为非居民身份，或者是避免成为该国的居民，这类做法都属于人员流动。

另外，有一点需要强调，这里所说的“流动”是指跨越“税境”而言，不一定非得跨越国境不可。这里涉及到“税境”与国境的区别问题。税境一词的内含义是指税收管辖权的界限，流动是指跨越税境从一个税收管辖权向另一个税收管辖权范围内转移。国境是一国领土的疆界。税境没有固定的一道有形的界线。由于各国奉行的税收原则和政策不同，税境与国境的大小对比关系可有以下三种情形：

第一，在严格实行属地主义原则，坚持收入来源地管辖权的国家，税境可能会等于国境，不过总的说来，税境与国境刚好相等的情况比较少见。

第二，当一国出于某种考虑，在国内设立完全免税的无税区时，则会形成税境小于国境的局面。

第三，当有关国家奉行属人主义原则，坚持公民与居民管辖权，则会出现税境大于国境的局面。在这种情况下，居民（或公民）负有全球纳税义务，他的全球收入都处于该类国家税收管辖之内。这类公民只要保留其公民身份不变，无论他走到那儿，都走不出该国的税境。例如，一个罗马尼亚人去美国工作，虽然已远离罗马尼亚，但仍在罗马尼亚负有纳税义务，仍在罗马尼亚税境之内。

一、个人居所避免

（一）财政住所的避免

我们知道，居民管辖权是世界各国广泛行使的管辖权之一。发达国家尤其注重居民管辖权的行使，因为发达国家对外投资多，实行该种税收管辖权有利于维护本国权益。实行居民管辖权时，居民负有全球纳税义务，而对非居民仅就其来源于本国的所得征税，即非居民负有有限纳税义务。确定居民身份的标准有多种，其中有无居所是重要的判定标准，凡在法国境内有永久性住所或经常性住所的人，均为法国税收上的居民，从而将负有无限纳税义务，即其来源于国内外的所得都要纳税。瑞士税法确定无限纳税义务的自然人居民标准是：

（1）在国内有永久性住所；

（2）在该国停留6个月以上或在国内占有自己的住宅3个月以上；

（3）不论停留时间长短，在国内从事谋利活动。

只要具备上述条件之一，即为该国居民。日本税法的规定是：在国内有住所或者有连续居住一年以上的居所的个人为税收上的居民。其中，居住满五年的为永久居民，对其在全世界范围取得的所得都征税；居住满一年而未满五年的，为非永久居民，只对其来源于日本的所得征税。据我国的个人所得税法，一个纳税年度在中国境内居住满一年的个人，即为中国税收上的居民。

通过避免使其有资格成为一国财政居民，个人可以试图减转或消除其全球范围所得所负的纳税义务。在实行居民管辖权的国家，一个纳税人若想方设法避免了居所也就不会成为该国的居民，从而推卸了就其全球范围所得所负的无限纳税义务，而仅就其来源于该国的所得负有有限纳税义务。

各国确定财政住所时所用的标准不同，这点从上面几个国家的情况即可看出。一般说来，是根据纳税人在本国是否拥有永久住所或停留时间连续或累计达到一定天数，或要求一些更多的经济或社会联系，来判断纳税人的居民身份。一些居住在高税率国家的纳税人，为了减轻或逃避税负，移居到低税或无税的国家和地区，或者通过缩短在一国的居住时间来避免成为该国的居民。比如，通过在各国间的旅游，在不同国家的旅馆只停留不长的时间，有甚至在船上或游艇上，逃避所在国行驶的居民管辖权，以达到少纳税的目的。国外的一些文献中，把这些财政性无国籍的人，称之为“税收难民”，把那些出于税收原因，而迁移到另一税收管辖权范围的行为，称为“税收逃亡”。

（二）居所转移

有些人生活在具有较高的所得税、遗产和赠与税，在某些情况下还具有较高的净财富税的税收管辖权之下，在这种情况下，可以通过移居到另一个合适的低税国这一方式来避税。

当然，“真正”或“完全”的迁移不能被当作“非法”的避税，即使这类迁移的唯一的或者是重要的动机是税收动机。这儿“真正”或“完全”的迁移是指对一地区所有依附条件的终结，而对该地区的这些依附即构成了一个给国家的财政性住所。然而，在许多国家中，这些百分之百彻头彻尾的迁移者通常被称作“税收流亡者”。在大多数情况下，“真正”的迁移可能会是退休后的那些迁移（例如，退休后移居到避税地国家，或者移居到法国、意大利等代税国家）。不过，在一居住生活（如比利时）而在另一国家（例如荷兰）工作从原则上说也是人们处理自己纳税事务的合法方式。在大多数国家，要想进行财政性迁移，要克服两个障碍：首先，要支付现存的已查定的税款；其次，就一定的资本收入承担支付所得税。例如，对某些企业财产来说，这些利得或收入在迁移之年就变成了财政性收入。

通过改变居所（彻底的、百分之百的改变）来避免所得税不需要复杂的法律手段。但是，若想规避遗产税、赠与税或者不动产税，一般就需要复杂的法律程序，比如在避税地建立公司或信托等。

从财政性迁移这个意义说，实际中的合法避税意味着完全和无条件的移居。在其他情况下，会产生一些困难。

1. 虚假移居

虚假移居是那些短暂的（例如1～3年）甚至不到一年和旨在国外获得某些税收优惠的移居。举例来说，这类移居可通过出售股票，在低税率国有实现资本利得，从而得到税收上的好处。税法可能会阻止这类事情的发生。例如荷兰税法将那些放弃在荷兰的住所但在不到一年的时间又返回荷兰并且在别处的规定，相应地有一些税收协定，据这种协定，在移居一年或数年后资本利得仍旧必须纳税。但是这些规则打击了真正的迁移，其实际效果远远超过了打击虚假迁移之需。另外，在判例法中形成的形式上与实际存在的教条也会反对虚假移居。在这些规则下，人们也许会认为在实际中没有发生任何移居，并且在相关国家中没有财政性住所的变动。

2. 部分移居

我们利用部分移居是指构成财政性住所的依附条件或实际环境并没有完全消除，而是保留着与相关国家的一些社会或经济依附关系或联系，例如临时住所、劳务活动、具有第二居所、拥有银行账户等等。从理论上讲，这些“部分”移居一般没什么问题。也可以说，与某国之间的联系纽带只有少数被剪断，这意味着在该国的财政性居所继续存在，从而意味着该国可继续对这类人实施征税权力。但是在现实中，如果在某自然人的前居住国仍有应税收入来源，那么会有充分事实证明居所存在和非居民的税收减免之间有一个模糊的界限。各种税制搭配不当，又为避税提供了多种可能性，当然避税手段的应用会受到外汇管制的限制。下面是一些试图转移财政住所的例子。

3. 案例

（1）作为双重住所的“部分”住所。比利时法院的一案例表明，不充分脱离对一地区的依附是多么的危险。不充分脱离依附，其结果是避税的对立面：双重征税。摩罗哥的一财政居民（住在摩罗哥）在比利时获得不动产并且拥有好几家比利时公司的股票，他是这几家比利时公司的一个董事。这些联系导致他成为比利时财政居民，因而需在比例时纳税。

（2）住所的虚假改变。如前所述，在一个相对较短的时期内于别处建立住所可作为逃避前居住国资本利得税的一种方法。例如，一荷兰居民希望在加拿大出卖他拥有的一家荷兰公司的巨额股票，而在实际上仍保持荷兰居民身份。他希望躲避荷兰就资本利得征收的税率为20%的所得税。为些，他希望援用荷兰——加拿大税收协定，该协定对这类收入没有专门规定，所以这类收入可归到协定的第十七条款，在以前的条款中没有提到的所有收入要素可只在居住国纳税（我们这儿不讨论这类交易会导致在加拿大交纳所得税的可能性）。

（二）个人的暂时纳税人地位

被暂时派往另一国家工作的人们经常被给予所得税优惠待遇。这种优惠待遇的给予是根据认定的非居民身份，或者是根据他们从事经济活动的那一国中的临时或第二居所来确定的。另一类人是那些“暂时入境者”，在被认作“完全”居民（full residents）之前，这些人享受暂时居民的种种优惠待遇。这两种可能性，为国际税务计划提供了切实可行的工具。前者为行政管理人员提供方便，后者则为移居出境者提供方便。

二、法人居所的避免

（一）居所的避免

判断公司或其他实体的居所所在从而决定其是否负有纳税义务的主要标准是看其主要管理活动所在地，这至少对于一些调查过的欧洲国家是如此（然而美国标准与此不同，我们知道，美国税法有如此规定：按照美国联邦或州的法律登记注册的公司，不论其管理机构是否设在美国，也不论其股权属于谁，都为美国的“法人居民”，也称美国公司或国内公司，均要求其承担美国的无限纳税义务，即对其在世界范围内的所得征税。非居民公司，也称外国公司，一般仅对其来源于美国的所得征税）。因此，居所避税的意思就是消除那些会使人们认为主要经营活动所在地在某一相关国家的那些因素，实现公司居所“虚无化”。例如法国司弗尔钢铁股份有限公司以下列方式避免在英国具有居所而成为英国纳税义务人。

（1）该公司的英国股东不允许参与管理活动，英国股东的股份与影响和控制公司管理的权暂力分开，他们只享有收取股息、参与分红等权力。

（2）选择非英国居民做管理工作，如经理、董事等。

（3）不在英国召开董事会或股东大会，所有与公司有关的会议、材料、报告等均在英国领土外进行，即使档案工作也尽可能地不放在英国国内。

（4）不以英国电话、电讯等有关方式发布指示、命令等。

（5）为应付紧急情况或附带发生的交易行为等特殊需要，该公司在英国境内设立了一个单独的“服务性公司”，并按照核准的税率交纳公司税，以免引起英国政府的“极端仇恨”。

（6）“国外”会计记录必须包括在国外做出的重大经营决策的详细资料。

实践证明，法国司弗尔钢铁股份有限公司的这些措施十分正确和奏效。从1973年到1985年这十二年期间，该公司成功地躲避了在英国应纳税款八千一百三十七万美元。

由于各国判定法人居民身份的标准不同，因此我们经常可以看到这样的现象：一个公司在别国税收管辖范围内可以作为居民公司对待，同时也不防碍该公司母国也将其作为居民公司看待。比如，一家在法国注册的公司可以是中国的居民公司，而在中国注册的公司也可以是法国的居民公司。国际经济活动中，为减少纳税义务，各跨国纳税人必须明确各国确定法人居民身份时所用的不同标准，以便采取相关措施达到国际纳税作弊方式之目的。

（二）居所的迁移（emigration of residence）

一般说来，将一个公司的居所从高税国迁移到低税国或无税国（指所得税而言），是要蒙受巨大损失的。当企业企图转移其住所，有许多东西的迁移成本很高（例如重型成套设备、固定设施）或根本带不走（例如地皮、厂房等）。这些东西若在原地加以变卖，那么有关税务当局就会勒令企业就由此而产生的资本利得交纳资本利得税。当然，公司若有大量财务损失可用以冲抵资本利得，那就另当别论。所有这些因素都能有效遏止高税国中的居民公司向低税国或无税国进行财政性转移。正是由于上述考虑，法人通过居所迁移的方式来避税并不常见。

三、法人出于税收原因的居所选择

（一）“信箱”公司和其他公司

一般认为“信箱”公司是“基地”公司的最主要形式。基地公司的外延要比“信箱”公司广泛得多，此处我们仅仅考虑较窄的意义上的纯碎是空悬招牌的基地公司，这儿的“信箱”公司定义为那些仅在居住国履行了法律手续与登记注册手续的公司。这些公司应当进行的商业与其他活动实际上是在其他地方进行的。这些公司是典型的避税地公司。

“其他”公司此处指那些于提供财政性投资优惠的国家中建立的公司，或那些希望未来盈利面暂时招致亏损并能在亏损时获得亏损补贴的公司。在这些情况下，即可在具有较高公司税率的税收管辖权下建立公司。对于航运业和不动产业来说，这些亏损补贴有时很优厚。这样，就为国际纳税作弊方式提供了广阔的回旋余地。例如，有些跨国纳税人专门设立亏损公司，然后通过某些手段将盈利的公司的利润转移到亏损公司的账上，以冲抵损失为名掩藏了利润，从而达到避税之目的。

（二）中介业务

对于国际纳税作弊方式的整个主题来说，中介业务是一个相当基本的概念。其实质是介于所得或利润来源与最终接受者或受益者之间的积累中心位置。这个中心通常位于一个纯粹的避税地之中，或位于具有特别税收优惠的国家，或位于签订了对预提所得税，尤其是对利息、专利权使用费用或非专利技术使用费的预提所得税提供优惠待遇的税收协定的国家。积累后，有关的货币可用于再投资。积累中心有基本的法律权力，而且在相应的高税管辖权中的“终极所有者”就是分散的收入和利润的合法的“经济”所有者。从法律形式上看，积累中心位于避税地中，但其“经济本体”仍然位于高税管辖权之下，通常位于相关总部所在城镇，例如位于纽约、伦敦、新加坡、苏黎世这类的金融中心，或位于其它地方。有些读者也许会发现我们这种讨论过于简化，并且认为忽略了基地公司的那些可能的国际功能。中介公司及其所进行的中介业务从根本上说股息、利息、特许权使用费和收入（来自不动产和有价证券）密切相关。需要强调的是，在税务计划这个领域中能提供税收优惠的税收协定或条约是最重要的。

四、伙伴关系或其他协议

在这个标题下，我们讨论那些构成个人之间、法人之间或者个人与法人之间的“合作”协议的“移动”。这些自然人和法人往往以合伙的形式来从事各种业务活动，这些合伙协议的独立合法资格是否存在并不重要。当然，可以想象还有其他形式的协议，像建筑业中建筑项目的国际性协议，就提供欧洲美元、亚洲美元在银行间达成的国际贷款协议等。实践中还有许多其他例子，它们的共同特征是风险共同担当。在纳税方面这些协议能提供多大好处将取决于这样的合伙和合资企业是否具有单一纳税人身份，如果不是这样，那就取决于对合伙者来说是否可以享受到税收协定的优惠条件，或取决于是否有免税待遇。

人员非流动法

人员流动法以其特有的变幻莫测的形式，在国际纳税作弊方式舞台上充分施展其魔力，跨国纳税人进行国际纳税作弊方式大开方便之门。与此相比，人员非流动法在国际纳税作弊方式舞台上能够施展功夫的余地就小得多。人员非流动法是指财产或所得的最终获得者并不离开本国，也不需要使自己成为真正的移民，而是通过其他国为自己建立了相应的机构，以便将自己获得的收入或财产进行分割，目的在于躲避财产或所得的最终收入者在居住国应缴纳的所得税或遗产税。

利用在他国设置的机构分割所得和财产的具体做法是信托形式进行的。所谓信托即为信用委托，是指接受财产的人，通常称为委托者，他们为达到一定目的，把财产委托给他人管理和处理，按合同规定对信托财产进行管理和处理的人，则为受托者；委托者把财产委托给受托者进行管理和处理时，双方需要签订合同或协议，这种经济行为即为信托行为；通过信托活动会产生收益，享受信托利益的人，则为受益者，受益者有时就是委托者本身，这种信托称为自益信托；受益者也可是第三者，则有他益信托。委托者、受托者、受益者三方围绕信托财产而产生的经济关系即为信托关系。

信托业务有两种类型：一是商业信托，它是以商品物资作为信托对象，如寄售商店、贸易货栈等经营活动，其目的在于融通资金和进行财产管理。

信托的种类有多种，如信托存款、信托贷款、委托贷款、委托投资、信托投资、金融、租赁、财产委托、代理集资和发行股票和债券、各种代办业务等。

明确信托的概念后，那么它如何会助国际纳税“作弊”方式一臂之力呢？借用信托形式转移财产，造成法律形式上所得或财产与原所有人的分离，并且分离出去的部分所得或财产仍受法律保护。比如新西兰朗伊桥公司为躲避本国的所得税，将其年度利润以信托形式转移到巴哈马群岛的某一岛上，由于巴哈马群岛是一自由岛，税率比新西兰低35%至50%，因此，朗伊侨公司每年可以躲避三百万美元到四百七十万美元的税款。

以自由港、避税地为财产、所得转移的中间地带是跨国避税的最基本方法之一，也是利用避税地实行避税的典型做法之一。

在避税活动的实践中，除了信托形式以外，还有其他类似形式。例如一国纳税义务人与某一银行签订信托合约，该银行受托替该纳税人收取利息。当该受托银行所在国与支付利息者所在国签订有双边税收协定时，如果此协定规定利息预提税率享有优惠待遇，则该纳税人即可获减免税好处。具体说来，日本与美国签定了互惠双边税收协定，银行从美国居民手中获取的利息预提税可以减少50%（美国规定利息预提税率是20%，日期银行由于享有税收协定优惠条件可以按10%缴纳预提所得税）。当中国某一公司向美国某一公司提供贷款时，中国公司即可委托日本某家银行代替中国公司向美国公司收取贷款利息，这样可以减轻对利息征收的预提所得税（将税负减轻一半）。

在跨国避税活动中，许多纳税人总想通过在海外建立自己的办事机构和分支机构的办法实现避税。但是，事实表明，相当一部分海外办事机构和分支机构在行政管理上有许多不便，耗资多而且效率低。因此，不如在海外中转国或其他地方找一个具有居民身份的银行来帮助处理业务。利用银行居住国与借主和最终贷主双方所在国签订的税收条约，为双方提供方便。

流动与非流动结合式

我们知道，跨国避税可以在不越过国家税收权限的情况下实现。譬如国外子公司不将其利润汇回本国，而是将其留在利润来源地或某一国际避税地。或者一个到国外作临时停留的本国居民，可以在不足一个纳税年限的时间内滞留在国外，并通过这一段时间拥有的非居民身份躲避纳税义务。非流动跨国避税意味着过去一段时间处在流动状况下的跨国避税在目前处于凝结和相对静止的状态，这种凝结和静止不是减少或消弱避税活动，而是为了更有效地实现跨国避税。许多事实表明，流动——非流动——流动——非流动……这种不断地交叉与结合，是实现跨国避税的重要途径和方式。

流动与非流动的结合有四基本形式，在这四种基本形式上还有可能派生出其他形式。这四种基本形式是：

（1）人的流动与资金的流动；

（2）人的流动与资金的非流动；

（3）人的非流动与资金的流动；

（4）人的非流动与资金非流动。

这四种基本形式的具体内容可以参照本计综述。

无形资产来转让　价格确定有弹性

美国奥利特公司拥有一项专利权，研制费用为20万美元，有效年限为20年。奥利特公司欲将此项专利转让给中国的亚联公司，亚联公司是奥利特公司的全资子公司。

那么，这笔无形资产应当如何操作才能做到税收利益最大化？

业务分析：

因为美国、中国市场上无同类专利可比价格，双方将转让价格定为6万美元，转让期为10年。中国亚联公司又在本国市场上以10万美元的价格将此项专利转让出去。又知美国所得税税率为15%，中国所得税税率为30%，毛利率20%，成本分摊率为60%。

从税务管理的角度讲，纳税人的交易要符合独立交易的原则。我们在进行避税策划的时候要做到靠船下篙，尽可能规避涉税风险。因此，我们来分析这项专利权转让是否符合正常交易情况。

由于此项专利权无市场可比价格，如果按组成市场价格来确定其价格，可以确认其核定价格为48 000美元。

在此基础上，美国奥利特公司应纳所得税：

$$48\,000 \times 15\% = 7\,200\text{（美元）}$$

中国亚联公司应纳所得税为：

$$(100\,000-48\,000) \times 30\% = 15\,600\text{（美元）}$$

这样，美国奥利特公司和中国亚联公司合计应缴纳所得税：

$$7\,200 + 15\,600 = 22\,800\text{（美元）}$$

税务管理的一个基本原则是可比性和独立交易，在税务机关认定其相关业务不具有可比性或者不符合独立交易原则的情况下，税务机关一般会对其相关业务进行“核定征收”，其中确定“组成计税价格”这是税务机关实施管理的一种方法。在本案例中，“组成计税价格”这是一个参照标的。

实际上，美国奥利特公司只收取了6万美元的转让费，其税收负担变为：

奥利特公司应纳所得税：

$$60\,000 \times 15\% = 9\,000\text{（美元）}$$

亚联公司应纳所得税为：

$$(100\,000-60\,000) \times 30\% = 12\,000\text{（美元）}$$

奥利特公司、亚联公司共纳税额：

$$9\,000 + 12\,000 = 21\,000\text{（美元）}$$

策划结论：

母子公司利用美、中两国税收负担不同，专利权转让又无市场可比价格，通过关联企业交易少纳税1 800美元。

策划点评：

目前，我国一些企业已具备一定的国际竞争力，其商品和劳务走向世界各地，同时，越来越多的企业开始对外直接投资，涌现出了一批具有中国背景的跨国公司。我国这些跨国公司要在国际上站稳脚跟，既要注重市场调研，发现国际市场薄弱环节，勇于创新，开发新产品；又要注意各国的税收差异，积极进行国际税收策划，降低成本。在大型跨国公司普遍进入全球战略性策划阶段后，如果我国跨国公司不开展国际税收策划，就会处于非常不利的境地。目前，各国税收制度差异较大，为跨国公司提供了广阔的税收策划空间。

开展国际税收策划有三个目标：一是使跨国公司总体税负最小化。在不违背税法的前提下，尽可能地减轻税负；二是使跨国公司总体上纳税时间最迟化。因为资金有时间价值，跨国公司总是在不停地寻找新的商机，保证资金的充裕尤为重要；三是使总部所在地税收最大化。对于有中国背景的跨国公司而言，就是要在跨国公司少纳税的基础上，尽可能多地将税收缴给中国。

国际税收策划与国内税收策划有所不同，因为国内税收法律之间的协调一致性，要远远高过国际税收法律的协调一致性。国际税收策划最明显的特点是利用不同国家间税法的差异进行策划。

转让定价是国际税收策划中最常见的方法。国际转让定价，是指跨国公司通过所属各成员公司或项目单位，在不同国家互相转换商品的定价。其主要特点是：（1）至少涉及两个不同国家之间纳税主体的价格转让，因为税收国别差异必然影响价格转让双方各自不同的税收负担；（2）同一企业内部单位之间的价格转让。从企业全球战略出发，价格转让双方的战略目标在根本上是一致的，便于协调；（3）属于跨国公司关联方交易，具有很强的隐蔽性和灵活性。

各国之间企业所得税税率并不一致，甚至差别很大，利用国际转让定价进行国际税收策划，对于提高跨国公司利润，增加企业运营资金有着积极的作用。国际转让定价的基本规律是：凡跨国公司各成员单位从低税率国家向高税率国家转移时，应采用高价战略；从高税率国家向低税率国家转移时，应采用低价战略。把关税纳入考虑范畴，当跨国公司各成员单位的商品从低税率国家向高税率国家转移时，若采用高价战略所带来的所得税费用减少额足以抵消关税额时，仍应采用高价战略，否则应采用低价战略；当跨国公司各成员单位的商品自高税率国家向低税率国家转移时，若采用低价战略所带来的所得税费用减少额足以弥补关税额时，仍应采用低价战略，否则应采用高价战略。

虽然国际转让定价是普遍现象，但目前已成为各国税务当局的重点防范对象，各国税务当局也在强化税收情报交换等国际税收征管的合作，国际转让定价面临很大挑战。有中国背景的跨国公司刚刚涉足这个领域时，更应该强化研究，谨慎策划，否则也会面临很大的风险。

第23计：
转让定价 合理操作

【妙计提要】

关联企业联动做，专业经营是举措；内部交易控价格，合理区间利益多。

【本计内容】

转让定价是一个老生常谈的话题，也是税务机关十分敏感的话题。在一般人看来，商品或者产品的价格确认是企业或者其他经营者自己的事情，为什么税务机关会十分重视呢？原因是不同区域存在政策差异，可能导致税收流失。

如果同一个投资人在不同税收负担水平的两个地方都设立了经营性企业，如果同一个投资人设立的两个企业享受不同的税收待遇……该投资人就可能在这些企业之间通过转让定价的方式转移利益，从而影响到税收。为了防止纳税人故意通过转让定价的方式避税，多数国家的税务主管机关往往都会采取相应的措施，如我国税法里就有“价格明显偏低，且无正当的理由，税务机关有权依法核定”的规定。

从税务管理的角度来讲，转让定价是一个特指概念，通常是在关联企业之间发生。换一句话说，通常在关联企业之间发生的交易可能会受到税务机关的关注。但是，实际操作上，我们可以利用交易过程进行更广泛的操作……于是，这就给纳税人提供了一个博弈税收利益的机会。

如何利用交易环节进行涉税策划？怎样逃过税务机关“转让定价”认定？什么是正当的理由？所有这些都是本计操作人需要思考的问题。

【案例注释】

如果说税收策划是一门技术性和艺术性相结合的学科，那么，在转让定价的操作上就有较好的体现。但是，从上述计策的内容上看，读者可能还是感觉难以理解。因此，这里我们结合实际案例对有关计策的操作原理做一个简要分析和解释。

各国税率有差异　转让定价有空隙

乐迪嘉跨国公司的总部设在美国，并在中国、英国、法国分别设立了怀德公司、赛尔公司、双喜公司三家子公司，其中怀德公司主要从事货物的经销、赛尔公司主要从事服装的生产和加工、双喜公司主要从事货物的经销三家子公司。

乐迪嘉跨国公司的营运主管准备操作一笔某国际品牌的服装经营业务。该单业务的数量为1.5万件，需要相应的布料1 000匹。

各国税率水平分别为：英国50%，法国60%，中国30%。

对于上述业务应当如何操作才能尽可能地节税呢？

策划分析：

由于该企业集团所属的子公司处于三个国家，而且该笔业务也在三个子公司之间进行，这里就存在较大的策划机会和空间。

乐迪嘉跨国公司为逃避一定税收，专门聘请的税收策划专家来进行了运筹。咨询专家提出如下两个操作方案：

方案一：布料按正常价格操作：

1．处于英国的怀德公司为在法国的赛尔公司提供布料1 000匹，按英国（怀德公司所在国）的正常市场价格，成本为每匹2 600元，准备以每匹3 000元的价格出售给赛尔公司；

2．由赛尔公司加工成服装后转售给设在中国的双喜公司，赛尔公司利润率20%；

方案二：布料按策划价格操作：

采取了由怀德公司以每匹布2 800元的价格卖给中国的双喜公司，再由双喜公司以每匹3 400元的价格转售给法国的赛尔公司，再由法国赛尔公司按价格3 600元在该国市场出售。

业务分析：

我们来分析这样做对各国税收负担的影响。

（一）布料按正常价格交易情况下的税收负担

怀德公司应纳所得税：

$$（3\ 000-2\ 600）\times 1\ 000 \times 50\% = 200\ 000（元）$$

赛尔公司应纳所得税：

$$3\ 000 \times 20\% \times 1\ 000 \times 60\% = 360\ 000（元）$$

则对此项交易，乐迪嘉跨国公司应纳所得税额合计为：

$$= 200\ 000+360\ 000 = 560\ 000（元）$$

（二）布料按策划价格交易情况下的税收负担

怀德公司应纳所得税为：

$$（2\ 800-2\ 600）\times 1\ 000 \times 50\% = 100\ 000（元）$$

赛尔公司应纳所得税为：

$$（3\ 600\ 000-3\ 400\ 000）\times 60\% = 120\ 000（元）$$

双喜公司应纳所得税为：

（3 400−2 800）× 1 000 × 30% = 180 000（元）

则乐迪嘉跨国公司应纳所得税额合计为：

100 000+120 000+180 000 = 400 000（元）

比正常交易节约税收支付：

560 000−400 000 = 160 000（元）

操作点评：

国际间的情况十分复杂，这就给从事跨国经营的纳税人提供了策划的机会。乐迪嘉跨国公司节税行为的发生，主要是由于中、英、法三国税收负担差异的存在，给纳税人利用转让定价转移税收负担提供了前提。

地点转移税不同　货物过境需策划

就一般情况而言，企业往往先进行跨国的货物流通，在打开国际市场以后，再视情况考虑生产经营规模的进一步扩大，即举办跨国公司，进行全球的投资策略。而在进行跨国交易的过程中，首先遇到的就是关税问题。近来，人们对关税的关心程度明显地提高了，自我国和日本就相互进口部分商品发生贸易摩擦以来，关税成了人们普遍谈论的话题。那么，怎样进行关税策划？

关税是货物在海关报关进口时征收的一种税。进口货物以海关审定的成交价格为基础的到岸价格作为完税价格，关税策划应根据关税的性质和特点来进行。成功的关税策划，首先必须对相关国家的关税条例、进出口税则等有关关税的法规有充分的了解，在此基础上，特别注意相关国家间的有关关税的协定，应用好关税的优惠政策。比如我国对日本三种产品加征特别关税后，许多汽车进口商很快就转向从欧美进口汽车，可以简单地避免高关税。当然，对优惠政策的利用不会总如此简单。关税的策划还涉及我国出口商品的企业，利用好各种优惠政策，确定最佳出口方式和进口国，可以有效地避开进口国的高关税。

1. 报关价格的策划

在经济交往和国际协作日益密切的今天，有134个成员参加的关税贸易协定可以看作海关进出口税则的国际基本准则。目前，各国自主订立的海关进出口税则分类型目录逐步被《海关合作理事会分类目录》所取代，包括我国在内，世界上已有150多个国家和地区以这一目录为基础制定了各自的海关税则。该分类目录为21大类，99章，1011个税目。由于税目规定十分明细，税率的适用对象十分具体，应征关税的商品，转换税目以高报低的现象不大容易发生。

但是关税完税价格确定的依据和方法各国目前并不一致，这就为人们策划关税提供了切入点。

目前，所有经济发达国家和相当一部分发展中国家和地区实施《新作价法规》，即以进口商品的“成交价格”作为海关作价的依据。但至少还有六七十个国家仍实施《布鲁塞尔估价定义》（BDV），即以“正常价格”作为海关作价依据。“正常价格”指的是在进口国立法确定的某一时间和地点，在正常贸易过程中有充分竞争的条件下，该种货物的价格，而不一定是实际买卖合同的价格。我国目前实施的是后一种，不过在海关估价实务中也兼用了前一种中的很多做法。二者相比，前一种定价法有利于自由贸易，而后一种更强调海关审定价格的作用，有利于关税征管。

不管是采用哪一种估价规则，都会遇到许多不确定因素，从而使关税体现出一定的弹性，给纳税人从事关税策划提供了接口。此外关税优惠也是纳税人进行策划的重点。例如世界上几百个经济性特区对关税的课征一般都实行大同小异的优惠待遇。

我们知道，在税率固定的情况下，进出口货物完税价格的情况，直接关系到纳税人关税负担的多少。如果进出口货物在规定许可的范围内，能够制定或获取较低的完税价格，这显然可以达到节约税收成本的目的。

进口货物以海关审定的正常到岸价格为完税价格，出口货物以海关审定的正常离岸价格扣除出口税为完税价格，到岸价格和离岸价格不能确定时，完税价格由海关估定。海关按以下次序对完税价格进行估定：相同货物成交价格法、类似货物成交价格法、国际市场价格法、国内市场倒扣法。如上述方法都不能确定，则海关用其他合理方法估定完税价格。

从上述规定中可以看出，利用完税价格进行关税策划的关键在于怎样充分运用海关估定完税价格的有关规定。

我国规定，进口货物以海关审定的成交价格为基础的到岸价格为完税价格。到岸价格包括货物，加上货物运抵我国关境内输入地点起卸前的包装费、运费、保险费和其他劳务费等费用。在税率确定的情况下，完税价格的高低就决定了关税的轻重。而且在许多情况下，完税价格的高低还会影响关税的税率。所以，关税策划的最基本的切入点就是合理控制完税价格。如果进口的商品属于一种新商品，那么完税价格的多少企业就有很大发言权；有时企业可以把货物价格交由海关估定，可能会产生意外的惊喜。

这里的新商品指的是目前市场上还没有或很少出现的产品，如高新技术、特种资源、新产品等。由于这些产品进口没有确定的市场价格，而且其预期市场价格一般要远远高于通常市场类似产品的价格，这就为进口完税价格的申报留下了较大的空间。

例如有一家国外企业开发出了一种高新技术产品，这种新产品刚刚走出实验室，其确切的市场价格尚未形成，但开发商已确认其未来的市场价格将远远高于目前市场上的类似产品。因而，开发商预计此种产品进口到中国国内市场上的售价将达到200万美元，而其类似产品的市场价格仅为120万美元。

这样，当开发商到海关申报进口时，可以100万美元申报。因为这是一种刚刚研制开发出来的新产品，当海关工作人员认为其完税价格为100万美元合理时，即可征税放行；当海关认为不合理时，就会对这种进口新产品的完税价格进行估定，因为市场上目前还没有同样产品，海关将会按类似货物成交价格法进行估价，这样，该新产品的完税价格至多也只能被估定为120万美元。总之，无论如何，开发商都能将这种产品的进口完税价格降低80万美元～100万美元。

2. 利用地点的变换策划

很多企业已认识到，在激烈的国际贸易竞争中，国与国之间采取高关税措施限制对方产品进口的事会经常发生。在贸易战中，最直接的受害者无疑是从事这些产品生产、销售的企业。那么，有没有办法避免、至少是降低这种贸易摩擦给企业带来的损失呢？我们先看下面一则消息：

日本商用空调最大生产厂家——大金工业日前宣布，从2001年10月份开始，将把在中国销售的楼房用大型商用空调由出口改为在中国生产，以此来应对中国为报复日本对中国农产品实施限制进口而采取的对空调进口加征100%特别关税的措施。

大金工业准备在中国生产的是由一台室外机带几台室内机的大型机种。目前，大金工业在上海工厂生产的产品主要是面向店铺及办公室的小型机种。为实施该战略，大金工业将投入数亿日元引进大型机种的生产设备。

毫无疑问，如果大金工业的战略得以顺利实施，将彻底避免承担关税和特别关税的税负。大金工业的这种行为，就主要是应对特别关税而采取的投资决策，属于典型的税收策划。主要思路是根据关税的性质和纳税环节，由原来在日本生产后再出口到中国，改为在中国直接生产、销售，从而彻底避免了缴纳关税。有关人士指出，该公司的行为只是众多涉及进口关税的企业进行税收策划的明显一例。实际上，开展关税策划的企业很多，既包括外国企业，也包括中国企业，采取的策划方法也多种多样，该公司采取的方法可能是最有效也是最困难的方法，因为其涉及投资战略的转变，耗费物力、财力和时间较多，不是任何企业都可以采用的方法。

对有关关税法规中原产地的规定的研究，你会有惊喜的发现。目前许多跨国公司的全球不同国家设立了分支机构，这些机构在某种商品的生产过程中承担了一定的角色，可以说，成品是用在不同国家生产的零部件组装起来的，那么最后组装成最终产品的地点就非常重要，一般应选择在同进口国家征收特别关税的国家和地区。比如，如某国对从我国进口的电视机征收特别关税或采取进口限制措施的话，我们可以把在不同地区生产的零部件运到其他国家组装成整机，再向该国出口，从而可以避开高额关税。当然，前提是我国的电视机生产厂家在海外设有分支机构。

我国也有类似的情况。中国进口税率分为普通税率和优惠税率两种，对于原产地未与中国签订关税互惠协议的国家和地区的进口货物，按普通税率征税；对于原产地与中国签订了关税互惠协议的国家或地区的进口货物，按优惠税率征税。海关对进口货物原产地按全部产地标准和实质性加工标准两种方法来确定。

以征收高额关税的汽车为例。

有一家跨国经营的汽车生产厂商，由多个设在不同国家和地区的子公司提供零配件，并且其销售业务已遍布全球。中国内地日益扩大的汽车需求，促使这家汽车厂商准备开拓中国市场。进入中国市场显然不得不面对高额的汽车进口关税，那么，为降低成本，这家汽车厂商怎样避免普通税率的重负，取得优惠税率的"护身符"？

由于这家厂商是一家由多个不同国家和地区的子公司提供零配件的跨国经营企业，因而全部产地标准显然不适用。实际上，在应用优惠政策进行关税策划的时候，全部产地标准一般都没有很大的实际应用意义，因为其定义——"对于完全在一个国家内生产或制造的进口货物"刚性较强，灵活拓展的余地较小。

对于实际性加工标准，则有进行关税策划的可能。实质性加工标准有两个条件，满足其中一项标准即可。

第一个条件是"经过几个国家加工、制造的进口货物，以最后一个对货物进行经济上可以视为实质性加工的国家作为该货物的原产国。"这里所说的"实质性加工"，指加工后的进口货物在进出口税则中的税目税率发生了改变。如果这家汽车生产商在新加坡、中国台湾、菲律宾、马来西亚都设有供应零配件的子公司，那么其将制造汽车新产品整体形象的最终装配厂设在哪里呢？首先要选择那些与中国签有关税互惠协议的国家或地区作为所在地，排除那些没有签订协议的国家和地区；其次，要综合考虑从装配国到中国口岸的运输条件、装配国的汽车产品进口关税和出口关税等因素；最后，还要考虑装配国的政治经济形象、外汇管制情况和出口配额控制情况等。在综合考虑上述因素的基础上，最后做出一个最优惠选择。

从第二个条件来看，它是指"加工增值部分所占新产品总值的比例已经超过30%以上的"，可视为实质性加工。如果这家厂商已经在一个未与中国签订关税互惠协议的国家或地区建立了装配厂，要改变厂址无疑需要付出较多的成本。那么这家厂商可以将原装配厂作为汽车的半成品生产厂家，再在已选定的国家和地区建立一家最终装配厂，只要使最终装配的增值部分占到汽车总价格的30%以上，生产出来的汽车即可享受优惠税率。假如最终装配的增值部分没有达到所要求的30%，则可以采取转让定价的方法，降低原装配厂生产半成品汽车的价格，减少半成品的增值比例，争取使最终装配的增值比例达到或超过30%。

总之，根据实际情况进行测算、比较，选择最经济的国家和地区作为进口汽车的原产地，这家厂商就会通过享受优惠税率而获得较大的比较收益。

关税策划是一个非常复杂的过程，需要很高专业知识，随着我国加入世界贸易组织，需要进行策划的业务会越来越多，因此企业有必要进行研究，有关中介机构也应该积极开展这方面的业务。

3．利用有关法则策划

纳税人如果对现行的海关法、进出口条例和其他有关的海关法律法规进行深入细致的研究，就可以发现其中有很多对完税价格的规定可以用来进行关税策划。

例如我国《进出口关税条件》第十五条规定：进出口货物的收货人，或者他们的代理人，在向海关递交进出口货物的报关单证时，应当交验载明货物真实价格、运费、保险费和其他费用的发票（如有厂家发票应附着在内）、包装清单和其他有关单证。

而第十七条又指出：进出口货物的发货人和收货人或者他们的代理人，在递交进出口货物报关单时，未交验第十五条规定的各项单证的，应当按照海关估定的完税价格完税，事后补交单证的，税款不予调整。

认真研究上述两条规定，我们可以发现，第十七条规定中的“未”就给我们留下了进行税收策划的机会。也就是说，进出口商可以将其所有的单证全部交给海关进行查验，也可以不交验十五条所指的有关单证（当然这里不是指对有关账簿数字的隐瞒、涂改等），这时，海关将对进出口货物的完税价格进行估定。

如果一家进口商将进口某种商品，其实际上应申报的完税价格要高于同类产品的市场价格，那么它可以根据实际情况在法律许可的范围内少报或不报部分单证，以求海关估定较低的完税价格，从而减轻关税税负。

转让定价有策略　公司运行各有招

在国际进行税收策划，是所有跨国公司从事财务运作的一个重要内容。进行国际税收策划的常用手段和策略是在国际避税地、市场中心区等与本企业开拓市场、营运资本等有关的区域建立信托公司、投资公司、控股公司、金融公司以及采购和销售公司等，然后利用区域之间的税收差别，通过转让定价和税款的递延等手段获取直接的或间接的好处。对于有关问题的介绍和论述在一些税收刊物和书籍中多有记载，在这里我们利用上海普誉财务咨询有限公司提供的资料作一个简要介绍，以便大家在具体策划时作参考。

1．国际投资公司

企业集团组建国际投资公司一般是为控制和管理有价证券的投资，通过选择适当地点和资本的合理运作，也可以获得较好的“节税”利益。

投资公司（investment company）与控股公司（holdyng vompany）既有相同之处，也有不同之处。前者主要通过“股本参与”的方式达到控制其他公司的目的，其最终目的也是谋取整个企业集团的利益。后者主要是通过有价证券的投资来谋取投资所得，不一定非要控制其他公司的经营决策。上述两种公司有时是合二为一的，既能控股，也可以投资。有时金融公司与投资公司是相互兼营的。

投资公司同金融公司也不同，金融公司是以借贷款项、融资运作为主要手段，而投资公司则是主要以证券、股票为投资手段，这同证券交易公司以较频繁买卖股票、证券来获取所得也不同。

投资公司主要是进行有价证券的投资，但发展的结果出现了财产投资公司。母公司所在国如果对财产转让，出卖的增益征收资本利得税，财产租赁收益要缴纳不动产所得税。那么选择一些免征上列税收的国家或地区建立财产投资公司办理这方面的业务，从中可以得到税收利益。

避税港和那些对控股公司实行税收优惠政策的国家或地区，也是设立投资公司的适合场所。例如卢森堡对持股公司实行一种特殊的税收优惠，几乎免征了一切所得税、投资利得税、预提税和个人所得税。因此，卢森堡发挥着欧洲债券二级市场的主体作用，有50个国家的3000种左右的债券由卢森堡的证券交易所发行。卢森堡由于负债/权益比率规定为10：1，给公司提供了以举债方式进行筹资的条件。卢森堡投资公司拥有481种互助基金和信托单位，资产总值达238亿美元。运用投资基金取得的收入免征公司税和预提税。

2. 信托公司

信托反映人们之间财产权利责任的法律关系。在这种关系中包含三类当事人：一是信托者，即财产的所有人；二是受托者，即接受信托者授予管理信托财产的人；三是受益者，即依据设定的信托契约（合同）享有信托财产提供利益的人。现代信托财产的种类也在不断扩大，最早是以土地为主体，现在除了土地之外，几乎包括动产、不动产、股票、债券、现金、储蓄、专利、特许权等一切具有确定价值的财产。

信托制起源于中世纪。委托人想让自己的财产不断增值，而自己又善于理财；或者不想自己死后巨额财产在养尊处优的下一代手中挥霍光，于是就把自己的财产通过签订合同等方式委托给既可靠又善于理财的人经营管理，其经营管理的目的必须是有利于该委托人，这就是信托。

随着经济发展，大量公司形态的“营业信托”（也称商事信托）等信托形式，逐渐在许多国家出现。目前信托公司、信托投资公司已如雨后春笋，蓬蓬勃勃发展起来。从国际上看，利用信托进行税收策划也是纳税人常用的手段之一。

对信托的课税主要有：

一是对收益的课税，即对信托财产租赁所得、投资所得、经营所得、财产转让增益等收益征税；

二是对流转额的课税，即对信托财产交易额课征的销售税、对信托劳务收入课征的销售税（或增值税）；

三是对契约、合同、文书、凭证课征的印花税。

利用信托公司进行税收策划可以从以下四个方面去考虑：

（一）把信托公司建在国际避税地，如开曼群岛、列支敦士登、泽西岛、马恩岛、直布罗陀等。由于这些地区对信托业实行比较优惠的税收规定，因此这些地区信托业相当发达。例如，直布罗陀规定，信托所得只要直接归受益人所有，将免征所得税，不论其受托人是否为本国居民，也不论其所得究竟来源于境内或者境外。又如，在泽西岛，境内的受托人如取得信托财产的境外所得，而受益人又不是泽西岛的居民，这一信托单位不必缴纳所得税。假定一个居住在境外的英国人，他把100万英镑的财产授予泽西岛的受托人（信托组织）管理，每年取得12万英镑的利息，支付给居住在第三国的受益人，可免征所得税和利息预提税。

（二）信托单位把信托所得支付给受益人，而什么时间支付是税收策划需要加以考虑的。因为受益人如果是一个自然人，假定其居民所在国实行的是按综合收入的超额累进税率课税，那么年度之间的税率是有差别的。同样是一笔信托收益，列在1998年的账上，加上其他收入，计算的税率可能达到30%，而列在1999年的账上，因总收入较低，税负可能降低到20%。假定税收上有盈亏结转的待遇，信托收益冲销其他损失后，甚至可免缴所得税。

（三）从信托关系来看，信托所得如果由受益人取得，信托单位只起中转的作用，本身不是信托所得的纳税义务人。这样，累积在信托组织的所得，有可能享有税收递延的好处。

（四）除所得税外信托财产还涉及财产税、遗产税及赠与税、印花税等。这些税种也须考虑在总税负中，不能只核算一个税种的负担率，还要核算综合负担率。

3．国际金融公司

国际金融公司通常是指跨国公司在适当的地点建立起来的用于企业集团内部借入或贷出资金的中介性公司，这类公司有时还充当企业集团的财务中心。跨国公司选择在适当的地方设立中介性的金融公司，不仅可以增添企业集团整体融资的灵活性，还可以获得“节税”的税收利益，因此也是跨国公司进行税收策划的重要方法之一。

国际金融公司的建立地点选择主要取决于以下因素：

（一）国际税收协定网络密布的国家或地区，可以享有协定提供的税收优惠；

（二）利息支付免征预得税；

（三）金融公司的利息收入不纳入公司所得税的税基；

（四）没有负债权益比率以及其他防止资本弱化的限制；

（五）没有任何形式反对滥用税收协定的法律规定；

（六）地方银行业和保险业比较发达；

（七）没有外汇的编制管理。

例如：在某个高税率国家从事经营活动的A公司需要为其境外子公司B筹措5000万美元资金，因数目较大需从国外借入，然后再转贷给B公司。假设A公司所在国的利息预提税率为35%，则A公司在支付借款利息时要同时缴纳35%的预提税。这里需说明，本来利息预提税的纳税义务人是债权人，但是贷款人为了不减少实际的利息所得，往往要求A公司支付利息时还要加一笔应纳的预提税，也就是要求A公司负担预提税，这必然增加借款成本。考虑到这一点，A公司在某个免征利息税的地区设立一个国际金融公司C，由C公司在A公司担保下在国际市场上筹措5000万美元，转贷给B公司，从而免去了35%的利息预提税。

再如，某企业集团的母公司A设在英国，它从巴林的一家公司B借入款项，而巴林至今尚未与英国缔结税收协定。依据英国税法规定，A公司向B公司支付利息时，要缴纳25%的预提税。在这种情况下，企业集团公司要考虑不直接从巴林的B公司借入款项，设法从设在可享受税收协定优惠的金融公司借入款项。母公司A可不直接从巴林B公司借入了款项，而从它的子公司—荷兰金融公司借入款项，荷兰金融公司再从巴林B公司借入款项。由于荷兰同许多国家签订税收协定网络，依据荷兰同英国和巴林的税收协定，英国不征预提税，荷兰金融公司支付巴林公司的利息也不征预提税。因此大大降低了A公司的融资成本。

如果金融公司不设在荷兰，而设在税收协定网络同样发达的荷属安第列斯等另一些地区，也可以得到同样的税收利益。不过要详细查一查国家与国家缔结的双边税收协定的具体条款，才能作出恰当的选择。

这种做法还可以广泛地用在发行欧洲债券的筹资方式上。英国公司如要发行欧洲债券筹集资金，可以通过它设在荷兰的金融公司，向债券购买者发行，在今后支付债券的利息时可免征预提税。

4．国际控股公司

通过设立国际控股公司以获取更多的税收和经济利益，是当今跨国公司进行税收策划的重要途径之一。

所谓控股公司，通常是一家企业集团的母公司直接或间接拥有其他公司股权。不过，在集团组织结构中，也可以把一家子公司建成为控股公司，以此控制其他公司。控股公司本身可以从事经营活动，在通常的情况下，只充当集团其他企业股份所有者的媒介。而在实际操作过程中，控股公司通常是指为了控制的目的，而不是为了投资的目的，持有其他公司股份、证券。

国际控股公司设置的理想地点应具备以下条件：

1．免除外汇的编制管理；

2．对非本国居民支付股息、利息或特许使用费免征或只课征低税率的预提税；

3．对于来源于境内的股息、利息或特许权使用费免征或只课征低税率的所得税；

4．资本利得免予课税；

5．对外缔结税收协定含有减征预提税的条款；

6．政府法规对从事控股公司的业务不加限制。

当然，世界上几乎没有一个国家同时具备上述六条理想的条件，因此设置控股公司时要加以斟酌衡量，也可以考虑在多个地方设立控股公司，各个控股公司或着眼于税收协定利益，或着眼于预提税优惠，或着眼于其他，以充分得到“节税”利益。

在未设立国际控股公司条件下，母公司在世界各地设立子公司。由于各个子公司都是独立的法人实体，各子公司应该在当地按规定缴纳税款。不过，母公司如果给子公司提供股本、贷款或者特许权，子公司应当向母公司支付相应的股息、利息或特许权使用费，在一般的情况下，支付股息、利息或特许权使用费的所在国，就会把上述收入认定为来源于该国，并课征预提税。

在这种公司组织结构下考虑税收策划，可以从三个方面进行：

一是从子公司所在不同国家的预提税制度的差别加以研究，策划减少预提税。差别主要表现在两个方面：一个方面，课征的范围可能不同，有的只对股息，有的只对利息，有的只对物许权使用费。另一方面，国家之间课征的税率有高也有低，不尽相同。同是一个国家，有税收协定关系的国家税率一般也低于那些没有税收协定关系的国家。这种各国预提税制存在的种种差异给跨国公司选择子公司投资地提供了税收策划的机会。母公司和子公司之间并连接二者的控股公司应运而生，它为跨国公司开展国际间的税收策划提供了更大的弹性和空间。

原先跨国公司的投资参股活动一般是由总公司的投资或财务职能部门办理的，随着股权参与及控制职能游离出来之后，跨国公司往往有意识地选择在某个国家或地区设立专门的国际控股公司，以获得许多税收及经济上的好处：

1．累积境外所得；

2．减少外汇控管的限制；

3．少缴预提税；

4．得到更多的避免国际双重征税的好处。

控股公司在企业集团中所起的作用：①通过持有多数股权以控制其他工业或商业公司；②形成投资基金；③通过发放债券以筹集资金，为企业集团内部的公司企业提供资金来源；④获取股息、利息、特许权使用费收入。

二是运筹资本，对跨国公司起着累积境外子公司利润的蓄水池作用。由于子公司是一个独立法人实体，它除了在所在国缴纳所得税以外，税后的所得不汇回，母公司就不必缴纳这部分收入的所得税。这在国际税收上，称为递延税收。假定税后所得不汇回母公司，而是汇到控股公司，如果控股公司又设立在低税管辖区、或者税率低于母公司和子公司的国家（地区），大量的应税所得所包含的税收将滞留下来，成为纳税人一笔可观的无利息资金。控股公司还可以替跨国公司将这笔资本再投资于税负较轻的项目。

三是策划增加税收抵免限额。绝大多数国家都规定，企业来源于境外的所得已在境外缴纳的所得税款，准予在汇总纳税时在其应纳税额中扣除，但扣除额不得超过其境外所得依照本国所得税率计算的应纳税款。即境外缴纳的所得税款在境内计算抵免时，要受到“限额”的控制，在境外所得税率高于国内所得税率的情况下，多缴纳的这一部分外国所得不预扣除。

不过具体的抵免计算方法有所不同，有的国家采取综合法，即不分国别加总计算；有的国家采用分国法，即一个一个国家分别计算；有的国家采用分项法，按不同收入项目适用的税率分别计算。我国是实行“分国不分项计算”的国家之一。

跨国公司设立控股公司后，可以把原来由子公司分别计算税收抵免限额，改变为综合计算，一般而言，综合法要比分国法得到更多的抵免限额好处。

另外还应当看到，国际控股公司除了有“节税”的好处，还有一些非税利益，最明显的就是回避外汇管制的约束。在外汇管理比较宽松的国家或地区设立一个控股公司，在那里累积境外所得或通过那里时行再投资，可以得到理想的经济效益。

5. 国际销售、采购公司

跨国企业集团选择一个适当的地点设立专门的国际销售子公司或采购子公司是十分常见的。在正常情况下，母公司一般是把制造出来的产品直接销售给分布在世界各地负责销售业务的子公司，然后再由子公司转售出去。不过母公司出于经营上或税务上的目的，往往在某国设立一家受控的中介性国际销售公司，母公司的产品先卖给国际销售公司，然后再转卖给子公司，最终再由这些子公司对外销。

与建立销售公司的情况类似，企业集团也可以建立一家国际采购公司。由国际采购公司向外购买企业集团成员公司所在地需要的原材料、零部件、半成品，然后再内部作价供应。

为什么企业集团要在母公司与其子公司之间设立中介性的国际销售公司，同时又为什么企业集团的各成员公司不直接向供应商购进制造产品所需要的原材料、零部件、半成品呢？原因是多方面的。就税收而言，首先是设置国际销售或采购公司的所在国，最好是不征所得税，或者只课征税负比母公司以及子公司轻得多的所得税。这样本来全部由母公司或其子公司取得的利润，分散到销售或采购公司之后，总体税负水平将会大大减轻。由于国际采购、销售公司多设立在低税负地区，跨国公司同样一笔营业利润反映在这些公司账上，要比反映在高税负国的成员公司账上少缴许多税款，这对企业集团无疑关系重大。

实际上采购与销售是一对相互联系的业务活动，买为了卖，为了卖需要买。所以企业集团成立的国际销售公司和国际采购公司大多是两位一体的，性质上类似国际贸易公司。

国际销售或采购公司获取的营业利润主要涉及两方面的税收，一是对营业利润课征的公司税；二是对利润分配课征的预提税。因此国际销售或采购公司应选在所得税税负低和税收协定网络发达的国家和地区。目前避税港的税负最轻，像百慕大、开曼群岛、巴哈马、马恩岛等地免征所得税，公司税税率为零，像根西泽西岛等地公司税税率一般不超过20%。除避税港外，瑞士和塞浦路斯也是跨国公司建立国际销售或采购公司的理想地点。

第24计：合同值千金 签订需用心

【妙计提要】

生产经营开发票，信息汇总不会少；如果票款不一致，巧签合同风险逃。

【本计内容】

在法制社会里从事经济活动离不开合同。

合同，也就是协议，是作为平等主体的自然人、法人、其他组织之间设立、变更、终止民事权利义务的约定、合意。合同作为一种民事法律行为，是当事人协商一致的产物，是两个以上的意思表示相一致的协议。只有当事人所作出的意思表示合法，合同才具有法律约束力。依法成立的合同从成立之日起生效，具有法律约束力。合同作为一种法律概念，有广义与狭义之分，这里所说的合同是指受《合同法》调整的合同，具有如下法律特征：一是合同是两个以上法律地位平等的当事人意思表示一致的协议；二是合同以产生、变更或终止债权债务关系为目的；三是合同是一种民事法律行为。

一切经济活动离不开合同，而如果从税收的角度讲，可以这样说，所有的经济合同都与税收有关，各种经济合同是产生税收的基础。从经济活动的流程角度来分析，一切经济业务都是从签署合同开始的，因此可以这样说，合同决定着当事人的涉税风险和税收利益。因为税收政策和有关经营活动是客观的，而如何通过业务合同搭建经营模式和业务流程却是主观的。无论是投资人、自由职业者、公司职员，还是消费者，都应当学一点与合同有关的税收知识，掌握一些签署合同的操作技巧，从而争取税收利益的最大化。

在实务过程中，有些经营者也可能存在因为该签署合同的而未签合同，或者合同签署不当造成涉税风险的。这里仅以取得第三方发票为例，来说明如果业务合同签署得当，未必就存在涉税风险。

【案例注释】

规避涉税风险需要从签署合同开始，税收策划也是需要从签署业务合同开始，这是笔者一直秉持的观点。但是，这样说读者可能感觉比较抽象而一时难以理解。因此，这里我们结合实际案例对有关计策的操作原理做一个简要分析和解释。

经营活动协议始　条款腾挪定流程

企业在签订经济合同时，涉及税收问题较多，不同的合同签订方式，会给合同当事人以及双方带来不同的税收负担，如果企业能正确理解并运用现行税收法规的规定，就可能节约税款，否则企业就可能多缴税款。

2019年6月1日，江苏省南京市吉祥公司准备在四川成都市办一家分公司，主业是经营商品零售。吉祥公司承租四川如意公司（一家商业企业）的一幢商场，合同上签的租金为每年1 200万元，租期10年。该商场的产权为四川正大房地产公司所有，正大公司租给如意公司租金为每年1 000万元。

涉及三家企业的服务合同应当如何签署？四川如意公司的董事长张方感觉这个业务问题有些绕头，于是请来普誉财税策划工作室的专家。

尽职调查：

咨询专家到现场与有关各方进行全面交流和诊断后，感觉存在策划的机会，于是重点分析了吉祥公司与如意公司签订的合同。

策划分析

对于吉祥公司、如意公司以及正大公司的合作项目而言，由于该房产的租赁在业务流程上的不同，税收负担相差较大，于是就存在策划的空间和机会。这里至少存在两个策划方案：一是如意公司转租房产；二是如意公司中介房产。

涉税测算：

咨询专家结合各方预算情况，对不同方案进行具体分析和测算：

方案一：如意公司转租房产

根据《财政部 国家税务总局关于全面推开营业税改征增值税试点的通知》（财税〔2016〕36号）规定，一般纳税人出租其2016年4月30日前取得的不动产，可以选择适用简易计税方法，按照5%的征收率计算应纳税额。纳税人出租其2016年4月30日前取得的与机构所在地不在同一县（市）的不动产，应按照上述计税方法在不动产所在地预缴税款后，向机构所在地主管税务机关进行纳税申报。

如意公司2016年4月30日前取得的不动产，应按收取的全部租金收入纳税，应纳增值税：

$$1\,200 \div (1+5\%) \times 5\% = 57.14\text{（万元）}$$

应缴城建税及附加为：

$$57.14 \times (7\%+3\%) = 5.71\text{（万元）}$$

增值税、城建税及附加为：

$$57.14+5.71 = 62.85（万元）$$

根据《房产税暂行条例》（国发〔1986〕90号）第二条：“房产税由产权所有人缴纳。产权属于全民所有的，由经营管理的单位缴纳。产权出典的，由承典人缴纳。产权所有人、承典人不在房产所在地的，或者产权未确定及租典纠纷未解决的，由房产代管人或者使用人缴纳。”可知，房产税由产权所有人缴纳。如意公司不是产权所有人，不存在房产税的纳税义务。

方案二、如意公司中介房产

将吉祥公司与如意公司的承租合同进行变化，即将如意公司的转租合同进行分解：一是如意公司作为中介身份进行介绍服务，如意公司收取介绍费每年200万元；二是发票由正大公司直接开给吉祥公司，每年1 000万元。

根据《财政部 国家税务总局关于全面推开营业税改征增值税试点的通知》（财税〔2016〕36号）附件1《营业税改征增值税试点实施办法》附《销售服务、无形资产、不动产注释》规定，商务辅助服务适用6%的增值税。

如此一来，如意公司的税负变为年增值税：

$$200 \div（1+6\%）\times 6\% = 11.32（万元）$$

应缴城建税附加金额为：

$$11.32 \times（1+7\%+3\%）= 1.32（万元）$$

应纳增值税及附加合计为：

$$11.32+1.32 = 12.64（万元）$$

如意公司一年可以节税：

$$62.85-12.64 = 50.21（万元）$$

10年共节税502.1万元。

正大公司将发票直接开给吉祥公司，应缴纳增值税：

$$1\,000 \div（1+5\%）\times 5\% = 47.62（万元）$$

策划结论：

吉祥公司取得两份增值税专用发票，一份是如意公司提供的介绍服务费200万元；另一份是由正大公司直接开出的租赁费用1 000万元。所得税前列支的费用不变，但是，取得增值税进项抵扣金额为58.94万元（11.32+47.62），比策划前的57.14万元，增加了抵扣税金1.8万元（58.94+57.14）。

当然交易是双方行为，此方案操作的结果是如意公司的收入并未减少，吉祥公司在税前列支金额不变的前提下抵扣了增值税；而吉祥公司则实现了少缴税的目的，双方都得益。

策划点评：

如果经营条件发生变化，比如2019年6月1日，江苏省南京市吉祥公司准备在四川成都市办一家分公司，主业是经营商品零售。吉祥公司承租四川如意公司的一幢商场（该商场是如意公司2019年1月8日通过租赁取得的），合同上签的租金为每年1 200万元，租期10年。

该商场的产权为四川正大房地产公司所有，正大公司租给如意公司租金为每年1 000万元。

在这样的情况下，由于该商场是如意公司2016年12月28日通过租赁取得的，那么如意公司转租所适用的税收政策就发生了变化。

方案一：如意公司转租房产

根据《财政部 国家税务总局关于全面推开营业税改征增值税试点的通知》（财税〔2016〕36号）规定，一般纳税人出租其2016年5月1日以后取得的不动产，增值税的适用税率为11%，可以抵扣进项税。

《财政部 税务总局关于简并增值税税率有关政策的通知》（财税〔2017〕37号）明确自2017年7月1日起简并增值税税率结构，取消13%的增值税税率。《财政部 税务总局关于调整增值税税率的通知》（财税〔2018〕32号）明确自2018年5月1日起，纳税人发生增值税应税销售行为或者进口货物，原适用17%和11%税率的，税率分别调整为16%、10%。《财政部 税务总局 海关总署关于深化增值税改革有关政策的公告》（财政部 税务总局 海关总署公告2019年第39号）自2019年4月1日起，增值税一般纳税人（以下称纳税人）发生增值税应税销售行为或者进口货物，原适用16%税率的，税率调整为13%；原适用10%税率的，税率调整为9%。

如意公司2016年5月1日后取得的不动产，对方每年开具一份金额为1 200万元的增值税发票，可以抵扣增值税57.14万元。那么，如意公司应按收取的全部租金收入纳税，应纳增值税：

$$1\,200\div(1+9\%)\times 9\%-57.14=41.94\text{（万元）}$$

应缴城建税及附加为：

$$41.94\times(7\%+3\%)=4.19\text{（万元）}$$

增值税、城建税及附加为：

$$41.94+4.19=46.13\text{（万元）}$$

根据《房产税暂行条例》（国发〔1986〕90号）第二条：“房产税由产权所有人缴纳。产权属于全民所有的，由经营管理的单位缴纳。产权出典的，由承典人缴纳。产权所有人、承典人不在房产所在地的，或者产权未确定及租典纠纷未解决的，由房产代管人或者使用人缴纳。”可知，房产税由产权所有人缴纳。如意公司不是产权所有人，不存在房产税的纳税义务。

方案二、如意公司中介房产

将吉祥公司与如意公司的承租合同进行变化，即将如意公司的转租合同进行分解：一是如意公司作为中介身份进行介绍服务，如意公司收取介绍费每年200万元；二是发票由正大公司直接开给吉祥公司，每年1 000万元。

根据《财政部 国家税务总局关于全面推开营业税改征增值税试点的通知》（财税〔2016〕36号）附件1《营业税改征增值税试点实施办法》附《销售服务、无形资产、不动产注释》规定，商务辅助服务适用6%的增值税。

如此一来，如意公司的税负变为年增值税：

$$200 \div (1+6\%) \times 6\% = 11.32（万元）$$

应缴城建税附加金额为：

$$11.32 \times (7\%+3\%) = 1.32（万元）$$

应纳增值税及附加合计为：

$$11.32+1.32 = 12.64（万元）$$

如意公司一年可以节税：

$$46.13-12.64 = 33.49（万元）$$

10年共节税33.49万元。

由此可见，进行涉税策划，需要注意时间、政策背景以及不同的操作主体不同而有所变化。

公路客运算公益　纳税策划有空间

风驰运输有限公司是一家公路客运企业，为增值税一般纳税人，预计2017年含税客运收入为3 000万元，进项税为200万元。试问该公司的客运收入选择哪种计税方法较优？

策划分析：

我们假设对风驰运输有限公司的客运业务按两种方法进行试算。

其一，按一般方法计税

作为增值税一般纳税人的风驰运输有限公司，当期所取得的增值税进项税为200万元可以抵扣。因此，该公司当期应当缴纳增值税总额为：

$$3\,000 \div 1.11 \times 11\%-200 = 97.30（万元）$$

其二，按简易方法计税

现行税法规定，作为增值税一般纳税人的风驰运输有限公司，一般纳税人发生财政部和国家税务总局规定的特定应税行为，可以选择适用简易计税方法计税。税法规定公共交通运输服务，包括轮客渡、公交客运、地铁、城市轻轨、出租车、长途客运、班车可以选择适用简易计税方法计税。因此，风驰运输有限公司的客运业务在选择适用简易计税方法的条件下，应当缴纳增值税：

$$3\ 000 \div 1.03 \times 3\% = 87.38（万元）$$

对两个纳税方案进行比较：

$$97.30-87.38 = 9.92（万元）$$

策划结论：

风驰运输有限公司的客运业务在选择适用简易计税方法比采用一般计税方式少缴税9.92万元。

一般推理：

公路客运企业在“营改增”过程中，为减轻增值税税负，可在法律法规许可范围内，合理进行税务安排。这里结合普誉财税策划工作室提供的资料对其中的业务问题分析如下。

《财政部 国家税务总局关于全面推开营业税改征增值税试点的通知》（财税〔2016〕36号）附件2《营业税改征增值税试点有关事项的规定》第一条第（六）款明确一般纳税人发生公共交通运输服务可以选择适用简易计税方法计税。公共交通运输服务，包括轮客渡、公交客运、地铁、城市轻轨、出租车、长途客运、班车。这里的班车，是指按固定路线、固定时间运营并在固定站点停靠的运送旅客的陆路运输服务。

《财政部 国家税务总局关于全面推开营业税改征增值税试点的通知》（财税〔2016〕36号）附件1《营业税改征增值税试点实施办法》第十八条规定，一般纳税人发生应税行为适用一般计税方法计税。同时在第二款又明确，一般纳税人发生财政部和国家税务总局规定的特定应税行为，可以选择适用简易计税方法计税，但一经选择，36个月内不得变更。

上述两个文件，为公路客运企业在“营改增”中选择简易计税方法提供了策划依据。企业可以通过预测未来年度客运收入、可抵扣进项税等因素，测算其增值税税负，选择增值税计税方法。

例如，风驰运输有限公司是一家公路客运企业，为增值税一般纳税人，预计2017年含税客运收入为A万元，进项税为B万元。对客运收入选择哪种计税方法较优？

按一般计税方法，风驰运输有限公司当期应纳增值税：

$S1 = A \div 1.11 \times 11\% - B$。

若按简易计税方法，

风驰运输有限公司当期应纳增值税：

$S2 = A \div 1.03 \times 3\%$.$S1-S2 = (A \div 1.11 \times 11\% - B) - (A \div 1.03 \times 3\%) = 0.07A-B$。当$B \div A = 0.07$，即在$B = 0.07A$时，$S1 = S2$，

此时不论选择何种计税方法，其增值税税负一样；当$B \div A<0.07$，即$B<0.07A$时，$S1-S2>0$，应选择简易计税方法；当$B \div A>0.07$，即$B>0.07A$时，$S1-S2<0$，应选择一

般计税方法。

企业在选择计税方法时，应有“一盘棋”思想，兼顾企业所得税，如购进营运汽车、设备、燃油费及配件的进项税，分别不同计税方法，在固定资产折旧、修理费等营运成本方面对企业所得税、未来现金流量的影响。

常见错误：

在如何运用简易计税方式的策划方面，人们容易发生对政策把握不到位的错误。比如网上流传着一则“策划案例”：

甲公路客运企业计划于2012年12月购进一辆客车，不含税价款100万元，能取得增值税专用发票。现有两种经营方式可供选择，并假定租金总额均为110万元。第一种方案先营运再出租，即购入的汽车在公司2013年营运1年后，从2014年1月～2016年12月对外出租3年。第二种方案先出租再营运，即2013年1月～2015年12月对外经营租赁，2016年自营运。从增值税角度来看，哪种方案较优？

第一种方案：2012年12月购进汽车用于本公司营运，运输收入按3%征收率计算增值税，其进项税不允许抵扣。对外经营租赁收入应缴增值税＝110×17%＝18.7（万元）。

第二种方案：财税〔2011〕111号文件中《关于交通运输业和部分现代服务业营业税改征增值税试点实施办法》第二十四条规定，下列项目的进项税额不得从销项税额中抵扣：用于适用简易计税方法计税项目、非增值税应税项目、免征增值税项目、集体福利或者个人消费的购进货物、接受加工修理修配劳务或者应税服务。其中涉及的固定资产、专利技术、非专利技术、商誉、商标、著作权、有形动产租赁，仅指专用于上述项目的固定资产、专利技术、非专利技术、商誉、商标著作权有形动产租赁。上文可这样理解，如果购进的动产既用于一般计税方法，又用于简易计税方法，进项税准予抵扣（这里不涉及其他可抵扣进项税）。按此规定，汽车租赁收入应缴增值税为18.7-17＝1.7（万元）。

经计算比较，第二种方案较优。

笔者认为上述策划案例存在错误。

作者的策划依据虽然后来有了新的文件但是精神没有变化，《财政部 国家税务总局关于全面推开营业税改征增值税试点的通知》（财税〔2016〕36号）附件1《营业税改征增值税试点实施办法》第二十七条第一款规定，用于简易计税方法计税项目、免征增值税项目、集体福利或者个人消费的购进货物、加工修理修配劳务、服务、无形资产和不动产的进项税额不得从销项税额中抵扣。其中涉及的固定资产、无形资产、不动产，仅指专用于上述项目的固定资产、无形资产（不包括其他权益性无形资产）、不动产。同时在第二十九条又明确，适用一般计税方法的纳税人，兼营简易计税方法计税项目、免征增值税项目而无法划分不得抵扣的进项税额，按照下列公式计算不得抵扣的进项税额：

不得抵扣的进项税额＝当期无法划分的全部进项税额×（当期简易计税方法计税项目销售额+免征增值税项目销售额）÷当期全部销售额

主管税务机关可以按照上述公式依据年度数据对不得抵扣的进项税额进行清算。

但是，无论是根据新文件还是旧政策，笔者认为上述案例的结果是错误的。其错误的原因是作者对“下列项目的进项税额不得从销项税额中抵扣：用于适用简易计税方法计税项目……其中涉及的固定资产、专利技术、非专利技术、商誉、商标、著作权、有形动产租赁，仅指专用于上述项目的固定资产、专利技术、非专利技术、商誉、商标著作权有形动产租赁。”在实际操作环节的运用不到位。

正如该文章的作者所述：上述规定的含义是“如果购进的动产既用于一般计税方法，又用于简易计税方法，进项税准予抵扣（这里不涉及其他可抵扣进项税）”，但是，这句话的含义是两个事项在一个时间点上同时发生，而前述案例中汽车的自营或者出租不是同时发生的。

在这样的情况下，应当考虑汽车用途改变后的增值税进项税额转出。根据财税〔2016〕36号附件2《营业税改征增值税试点有关事项的规定》第一条第四款第二项明确，按照《试点实施办法》第二十七条第（一）项规定不得抵扣且未抵扣进项税额的固定资产、无形资产、不动产，发生用途改变，用于允许抵扣进项税额的应税项目，可在用途改变的次月按照下列公式计算可以抵扣的进项税额：可以抵扣的进项税额＝固定资产、无形资产、不动产净值/（1+适用税率）×适用税率。

上述可以抵扣的进项税额应取得合法有效的增值税扣税凭证。

结合到具体实例，假如甲公路客运企业汽车的折旧年限为4年，并且采用直线法计提折旧，其净值也是按直线法计算，在这样的情况下，无论是先营运再出租，还是先出租再营运，如果不考虑其他因素，其增值税没有差异。

风险提示：

在实务中，企业往往会综合利用自身的资源，实行综合经营。在这样的情况下，企业就需要考虑相关事项涉税的处理。

财税〔2016〕36号附件1《营业税改征增值税试点实施办法》第三十九条规定，纳税人兼营销售货物、劳务、服务、无形资产或者不动产，适用不同税率或者征收率的，应当分别核算适用不同税率或者征收率的销售额；未分别核算的，从高适用税率。同时在第四十一条还明确，纳税人兼营免税、减税项目的，应当分别核算免税、减税项目的销售额；未分别核算的，不得免税、减税。

如果涉及到混合销售业务，纳税需要注意，营改增以后税法对混合销售的概念进行了重新界定。财税〔2016〕36号附件1《营业税改征增值税试点实施办法》第四十条明确，一项销售行为如果既涉及服务又涉及货物，为混合销售。从事货物的生产、批发或者零售的单位和个体工商户的混合销售行为，按照销售货物缴纳增值税；其他单位和个体工商户的混合销售行为，按照销售服务缴纳增值税。这里所称从事货物的生产、批发或者零售的单位和个体工商户，包括以从事货物的生产、批发或者零售为主，并兼营销售服务的单位和个体工商户在内。

比如，甲企业客运收入按简易方法计算增值税，其客运代理服务收入、车身广告宣传收入和自有车辆对外经营租赁收入，分别适用6%和17%税率，而不能将所有服务项目按3%征收率申报增值税。

由于在同一个企业拥有多个收入项目，适用不同的税率，且差异较大，许多当事人往往会自觉不自觉地进行“税收策划”，人为地调整收入量，因此，在这里需要提醒纳税人，财税〔2016〕36号附件1《营业税改征增值税试点实施办法》第四十四条规定，纳税人发生应税行为价格明显偏低或者偏高且不具有合理商业目的的，或者发生本办法第十四条所列行为而无销售额的，主管税务机关有权按照下列顺序确定销售额：一是按照纳税人最近时期销售同类服务、无形资产或者不动产的平均价格确定。二是按照其他纳税人最近时期销售同类服务、无形资产或者不动产的平均价格确定。三是按照组成计税价格确定。组成计税价格的公式为：组成计税价格＝成本×（1+成本利润率）。

这里的成本利润率由国家税务总局确定。另外，这里所说的不具有合理商业目的，是指以谋取税收利益为主要目的，通过人为安排，减少、免除、推迟缴纳增值税税款，或者增加退还增值税税款。

与销售总额和销项税额的确定相对应的是增值税进项税额，财税〔2016〕36号附件1《营业税改征增值税试点实施办法》第二十九条明确，适用一般计税方法的纳税人，兼营简易计税方法计税项目、免征增值税项目而无法划分不得抵扣的进项税额，按照下列公式计算不得抵扣的进项税额：不得抵扣的进项税额＝当期无法划分的全部进项税额×（当期简易计税方法计税项目销售额+免征增值税项目销售额）÷当期全部销售额。

有关企业应按上述规定，分别项目和适用的税率或征收率核算，以规避税收风险。

资产投资非货币　投资协议需思虑

2017年1月，甲公司（居民企业）准备将其持有的土地使用权作为投资，对某制造企业乙公司（居民企业）进行投资，该土地使用权的账面价值为1 000万元，公允价值为2 000万元，假设：与乙公司对应的股权原有计税基础为1 800万元，对应的股权评估后价值为2 000万元，并以此价作为股权收购价，不考虑其他税费。

甲公司的董事长李明知道，以土地对外投资就要缴纳税收。李董事长有一个顾虑：项目投资的结果还不知道怎样，就先缴出去一大笔税收，的确压力不小。怎样签署这份投资协议才能打消董事长的顾虑呢？

政策分析：

在以无形资产和不动产进行投资的过程中，主要涉及到增值税、土地增值税和企业所得税的处理。具体分析如下：

1. 增值税政策

按照《营业税改征增值税试点实施办法》（以下简称“实施办法”）附件《销售服务、无形资产、不动产注释》的规定：“销售不动产，是指转让不动产所有权的业务活动”。而《公司法》第27条规定：“股东可以用……实物、知识产权、土地使用权等可以用货币估价并可以依法转让的非货币财产作价出资”，其中只有“土地”可以使用权出资，而不动产不能以使用权出资，只能以所有权出资，所有以不动产对外投资无论是否约定承担风险或取得固定收益，均属于转让不动产所有权的行为，应当缴纳增值税。

实施办法第14条只是规定“无偿转让不动产”属于视同销售不动产，没有明确以不动产投资属于参与被投资方利润分配，共同承担风险的方式是否在所有权转让时发生纳税义务。但是《不动产进项税额分期抵扣暂行办法》（国家税务总局公告2016年第15号）第2条中提到：“取得的不动产，包括……接受投资入股……取得的不动产”。投资入股取得的不动产可以抵扣进项税额，意味着投资方以不动产投资时需要开具发票和负担销项税额，从而间接说明以不动产投资属于“营改增”后“销售不动产”税目的征税范围。

根据《财政部 国家税务总局关于进一步明确全面推开营改增试点有关劳务派遣服务、收费公路通行费抵扣等政策的通知》（财税〔2016〕47号）第三条第（二）款规定，纳税人转让2016年4月30日前取得的土地使用权，可以选择适用简易计税方法，以取得的全部价款和价外费用减去取得该土地使用权的原价后的余额为销售额，按照5%的征收率计算缴纳增值税。因此，甲公司将本公司名下的土地对外投资，应当缴纳增值税：

$$(2\ 000-1\ 000) \div 1.05 \times 5\% = 47.62\text{（万元）}$$

2. 土地增值税政策

《财政部 国家税务总局关于土地增值税一些具体问题规定的通知》（财税〔1995〕48号）第一条规定：“对于以房地产进行投资、联营的，投资、联营的一方以土地（房地产）作价入股进行投资或作为联营条件，将房地产转让到所投资、联营的企业中时，暂免征收土地增值税。”《财政部 国家税务总局关于土地增值税若干问题的通知》（财税〔2006〕21号）对这一条款作了补充规定：“对于以土地（房地产）作价入股进行投资或联营的，凡所投资、联营的企业从事房地产开发的，或者房地产开发企业以其建造的商品房进行投资和联营的，均不适用（财税〔1995〕48号）第一条暂免征收土地增值税的规定。”根据以上税收文件，只有投资双方都是非房地产公司的情况下，投资方才不缴纳土地增值税。

3．企业所得税政策

结合目前的政策规定，甲公司对外投资所取得的利润（视同销售）可以在当期一次性记入应税所得，也可以分五年平均分摊记入计税所得。

（1）投资企业的股权计税基础

根据《国家税务总局关于企业处置资产所得税处理问题的通知》（国税函〔2008〕828号）的规定，企业将资产移送他人，因资产所有权属已发生改变而不属于内部处置资产，应按规定视同销售确定收入。基于此规定，投资者以无形资产或房屋等不动产进行投资，由于无形资产或房屋等不动产的权属必须变更到被投资企业名下，因此，投资以无形资产和不动产进行投资，必须要按照视同销售申报缴纳企业所得税。

非货币性资产，是指现金、银行存款、应收账款、应收票据以及准备持有至到期的债券投资等货币性资产以外的资产。

财政部、国家税务总局在《关于企业重组业务企业所得税处理若干问题的通知》（财税〔2009〕59号）的第四条第三款中明确规定，企业重组，除符合本通知规定适用特殊性税务处理规定的外，企业股权收购、资产收购重组交易，相关交易应按以下规定处理：一是被收购方应确认股权、资产转让所得或损失；二是收购方取得股权或资产的计税基础应以公允价值为基础确定；三是被收购企业的相关所得税事项原则上保持不变。

同时，该文件的第三条还规定，企业以非货币性资产对外投资而取得被投资企业的股权，应以非货币性资产的原计税成本为计税基础，加上每年确认的非货币性资产转让所得，逐年进行调整。

根据财税〔2014〕116号文件第一条的规定，居民企业以非货币性资产对外投资确认的非货币性资产转让所得，可在不超过5年期限内，分期均匀计入相应年度的应纳税所得额，按规定计算缴纳企业所得税。与此同时需注意的是，国家税务总局公告2015年第33号第一条规定，居民企业是指实行查账征收的居民企业，不含企业所得税核定征收企业。同时，财税〔2014〕116号文件第二条规定，企业以非货币性资产对外投资，应对非货币性资产进行评估并按评估后的公允价值扣除计税基础后的余额，计算确认非货币性资产转让所得。

实例分析：

分析了有关政策以后，我们就可以对实例进行具体企业所得税处理。甲公司因非货币性资产对外投资确认的非货币性资产转让所得为：

$$2\,000-1\,000=1\,000（万元）$$

可以分5年均匀计入相应年度的应纳税所得额，每年计入的应纳税所得额为：

$$1\,000\div5=200（万元）$$

每年甲公司调整后的股权计税基础。

甲公司因股权计税基础的调整，造成会计确认的长期股权投资账面价值与股权计税基础产生的差异，应确认递延所得税负债。2014年度纳税调减为：

$$1\,000-200=800（万元）$$

2015年～2018年每年纳税调增200万元。

（2）被投资企业取得非货币性资产的计税基础

被投资企业取得非货币性资产的计税基础，应按非货币性资产的公允价值确定。

乙公司接受的土地使用权计税基础为2 000万元，可按照无形资产的相关规定在企业所得税税前通过累计摊销扣除。

这里有两点需要说明：一是关联企业之间发生的非货币性资产投资行为，投资协议生效后12个月内尚未完成股权变更登记手续的，于投资协议生效时，确认非货币性资产转让收入的实现。二是通知规定的企业非货币性资产投资行为，同时又符合《财政部 国家税务总局关于企业重组业务企业所得税处理若干问题的通知》（财税〔2009〕59号）、《财政部 国家税务总局关于促进企业重组有关企业所得税处理问题的通知》（财税〔2014〕109号）规定的特殊性税务处理条件的，可由企业选择其中一项政策执行，且一经选择，不得改变。

策划结论：

在营改增以后，有关政策发生了变化。以土地和不动产对外投资需要按规定计算缴纳增值税；对于以土地使用权对外投资，如果投资双方不是房地产企业，则可以暂免土地增值税；对于企业所得税，甲公司有两种选择方案，一是将投资所得一次性记入当期计税利润；二是分五年平均记入计税利润，计算缴纳企业所得税。

合同要点：

投资者在签订投资合同时，必须在投资合同中明确注明“投资方与接受投资方利润分配，共同承担投资风险”的字样，而且投资方不能以投资入股之名行买卖不动产和无形资产之实，给国家造成税款流失。

投资者是非房地产公司，无论以土地或房屋投资到房地产公司还是投资到非房地公司，都要依法申报缴纳土地增值税。如果不想申报缴纳土地增值税，必须投资到非房地产公司名下。

投资者以无形资产和不动产进行投资，必须要按照视同销售申报缴纳企业所得税。

投资者以无形资产和房屋等不动产进行投资，需要聘请资产评估师事务所进行评估，不需要开发票给被投资企业，被投资企业以投资者聘请资产评估师事务所进行评估的评估价作为入账价值入账即可。

分析点评：

在万众创业的大背景下，激发起人们强烈的投资热情。而在投资过程中，就存在税收利益的处理问题，这是投资人往往容易疏忽的事项。以实物投资（土地使用权、不动产和其他机器设备等）的涉税处理相对比较复杂。如果以实物出资，涉及到财产权利自投资方转移给被投资公司，需要考虑税法规定视同销售涉税的问题。既然以非货币性资产作投资需要缴税，那么，在具体操作过程中，相关事项的税务处理应当如何操作？

非货币性资产投资的税务处理，主要分为以设备、存货等动产投资；以土地、知识产权等无形资产投资和以房屋等不动产投资等三种投资情况，涉及到增值税、企业所得税、土地增值税、印花税的处理，对于以土地、知识产权等无形资产投资和以房屋等不动产投资的涉税如前所述，这里我们再将以设备和存货资产投资的涉税处理归纳如下：

在投资实践中，一些投资者以设备和存货等动产进行投资，存在的涉税风险主要体现为：没有把投资的设备和存货视同销售，进行一定的税务处理，即申报缴纳增值税和企业所得税，同时没有给被投资企业开具发票进行入账，而被投资企业收到投资者作价投资的设备和存货，往往以资产评估事务所的评估报告中的评估价作为入账价值，从而对该投资的设备进行计提累计折旧，在企业所得税前不能扣除。

其一、视同销售的相关涉税法律依据

根据《中华人民共和国增值税暂行条例实施细则》（中华人民共和国财政部国家税务总局令第50号）第四条第六款的规定，企业将自产、委托加工或购进的货物作为投资，提供给其他单位或者个体工商户的要视同销售依法缴纳增值税。

根据《国家税务总局关于企业处置资产所得税处理问题的通知》（国税函〔2008〕828号）的规定，企业将资产移送他人，因资产所有权属已发生改变而不属于内部处置资产，应按规定视同销售确定收入。在投资成本摊销上，则根据财政部国家税务总局最近颁布的《关于非货币性资产投资企业所得税政策问题的通知》（财税〔2014〕116号）处理。

其二、视同销售的增值税和企业所得税的计税依据

《中华人民共和国增值税暂行条例实施细则》（中华人民共和国财政部国家税务总局令第50号）第十六条规定："视同销售货物行为而无销售额者，按下列顺序确定销售额：（一）按纳税人最近时期同类货物的平均销售价格确定；（二）按其他纳税人最近时期同类货物的平均销售价格确定；（三）按组成计税价格确定。组成计税价

格的公式为：组成计税价格＝成本×（1+成本利润率），属于应征消费税的货物，其组成计税价格中应加计消费税额。公式中的成本是指：销售自产货物的为实际生产成本，销售外购货物的为实际采购成本。公式中的成本利润率由国家税务总局确定，一般为10%”。

《国家税务总局关于企业处置资产所得税处理问题的通知》（国税函〔2008〕828号）第三条规定：“属于企业自制的资产，应按企业同类资产同期对外销售价格确定销售收入；属于外购的资产，可按购入时的价格确定销售收入”。

其三、税务处理

根据上述法律依据的规定，投资者以设备和存货进行投资，应该按照视同销售依法申报缴纳增值税和企业所得税。投资者以设备和存货进行投资务必进行以下税务处理：

投资以设备和存货进行投资必须要视同销售，按照税法的规定进行申报缴纳增值税和企业所得税。增值税纳税义务时间为货物移送的当天。

投资者以设备和存货进行投资，必须向被投资者开具销售发票。如果以使用过的设备进行投资，则根据财税〔2014〕57号、国税发［2009］9号文件和国税函［2009］90号文件的规定，向被投资方开具普通销售发票；如果以自己生产的新设备和存货进行投资，则向被投资企业开具专用发票，被投资企业可以进行抵扣进项税额。

对于个人以非货币性资产投资过程中的税务规划和策划问题已经有专家进行了研究，这里我们将相关的要点归纳如下：

一是合理安排现金支付比例。财税〔2015〕41号文件第四条规定，“个人以非货币性资产投资交易过程中取得现金补价的，现金部分应优先用于缴税；现金不足以缴纳的部分，可分期缴纳”。若个人非货币性资产投资取得的现金补价足以支付税款的，税款应一次性结清。也就是说，当个人取得的现金补价小于应纳税所得额的20%时，该部分现金将全部用来缴纳税款。个人投资者在进行投资决策时可结合自身的资金需求、风险偏好以及对被投资企业发展前景、投资收益率的预判，合理设计股权与现金支付比例。

二是考虑采用核定原值减少税款。国家税务总局公告2015年第20号明确，纳税人无法提供完整、准确的非货币性资产原值凭证，不能正确计算非货币性资产原值的，主管税务机关可依法核定其非货币性资产原值。关于如何核定原值，该文件没有具体规定和明确，不过，依据其《关于个人住房转让所得征收个人所得税有关问题的通知》（国税发〔2006〕108号）第三条的规定，核定征税按纳税人住房转让收入的一定比例核定应纳个人所得税额，非货币性资产投资中的原值核定很可能会遵循相同的思路。而且，在股权转让中，若无法正确核算股权原值的，各地区在具体征管中亦采用按申报的股权转让收入的一定比例核定计税成本。实践中，如果核定的成本大于该资产原值与合理税费之和的情况，通过让税务机关核定原值的方式进行策划，能够减少应纳税所得额。

三是依照规定争取分期缴税。新规定赋予了个人投资者选择税款缴纳方式的权利，纳税人可以合理确定分期缴纳计划。分期缴纳应注意5年的时限限制，同时还在取得被投资企业股权之日的次月15日内向主管税务机关备案；应提交《非货币性资产投资分期缴纳个人所得税备案表》、纳税人身份证明、投资协议、非货币性资产评估价格证明材料、能够证明非货币性资产原值及合理税费的相关资料。

第25计：
税制差异 争取利用

【妙计提要】

经营模式巧设计，税收策划可得利；如遇一事两政策，实务操作存差异。

【本计内容】

税制是国家以法律或法令形式确定的各种课税办法的总和，反映国家与纳税人之间的经济关系，是国家财政制度的主要内容也是国家以法律形式规定的各种税收法令和征收管理办法的总称。税收制度的内容包括税种的设计、各个税种的具体内容，如征税对象、纳税人、税率、纳税环节、纳税期限、违章处理等。广义的税收制度还包括税收管理制度和税收征收管理制度。一个国家制定什么样的税收制度，是生产力发展水平、生产关系性质、经济管理体制以及税收应发挥的作用决定的。

税法是税收制度的核心。在征税过程中，国家依据税法征税，纳税人按照税法纳税，因此，税法是征纳双方共同遵守的准则，是征税的基本依据。在税法中，不仅要规定对谁征税，对什么东西征，征多少，而且还要规定征纳的程序和征管的方法。虽然税法涉及的内容多，范围广，各个税种的征收方法也不相同，但是，税法都是由一些必不可少的要素所构成的。这些要素包括：纳税人、征税对象、税率、纳税环节、纳税期限、减税免税和违章处理等，其中纳税人、征税对象和税率是三个最重要的基本要素。

在不同的国家税制存在差异，在同一个国家的不同时期其税制也会存在差异，甚至在同一个时期同一个事项以不同的经营方式和模式操作在税收上也会出现不同的结果。这是因为有些税种中对于同一个经济事项，可能存在两个或者两个以上的税收政策规定，而这些税收政策可能存在差异。即使是同一个经济事项征收的同一个税种，也可能课以不同的税率。针对税收政策的不同规定，纳税人可以根据自身生产经营的特点和具体情况，在分析适应不同的税收政策将对自身产生影响利弊的基础上，做出具体的决策：或是改变经营流程，或是改变操作机构，或是选择不同的操作主体，从而使自己的税收利益处于最佳状态。

【案例注释】

通过税制差异和政策差异策划税收，需要对相关税制和政策进行全面而系统的理解，从上述计策的内容上看，读者可能还是感觉难以理解。因此，这里我们结合实际案例对有关计策的操作原理做一个简要分析和解释。

承包方案有选择　操作得当降成本

某街道集体企业由于对市场需求把握不准，造成产品大量积压、资金难以回笼，企业处于倒闭的边缘。为了避免企业破产，该企业主管部门经研究，决定将企业对外租赁经营。通过竞标，某公司退职的企业管理人员张先生承包经营该企业。

承包合同：

该企业主管部门将全部资产租赁给张先生经营，张先生每年上交租赁费6万元。租期两年，从2015年1月1日至2016年12月31日。租赁后，该企业主管部门不再为该企业提供管理方面的服务，其经营成果全部归张先生个人所有。

策划方案：

承包合同签署下来之后，张先生考虑的另一个问题，就是在税收上如何做到利益最大化？

通过专家咨询，普誉财税策划工作室的纳税策划专家为他们提供服务，他们认为，张先生在承包经营过程中可以采用两个操作方案：一是张先生将原企业工商登记改变为个体商户自己经营；二是张先生仍使用原企业营业执照，以企业的名义经营。那么，哪种方案对张先生更有利呢？

业务分析：

张先生的承包期限是两年，下面我们以其中的一年为单位对这两个方案进行具体分析：

方案一：张先生将原企业工商登记改变为个体商户。

个体户在生产经营过程中以经营租赁方式租入固定资产的租赁费，可以据实扣除。若张先生2015年实现会计利润为150 000元（已扣除应上交的2015年1月-2015年12月租赁费60 000元），张先生本人未拿工资，该现行有关个人所得税规定的业主费用扣除标准为每月3 500元。则：

本年度应纳税所得额为：

$$150\,000-3\,500\times12=108\,000\text{（元）}$$

按全年所得计算的应纳税额为：

$$108\,000\times35\%-14\,750=23\,050\text{（元）}$$

张先生实际取得税后利润为：

$$108\,000-23\,050 = 84\,950（元）$$

这里，张先生支付的60 000元租赁费允许在本年度扣除，但不得提取折旧。

方案二：张先生仍使用原企业营业执照，以企业的名义经营。

在这种情况下，原企业的固定资产仍属该企业所有，按规定可以提取折旧，但上交的租赁费不得在企业所得税前扣除，也不得把租赁费当做管理费用进行扣除。

需要说明的是，对承包、承租经营方式下企业上交的承包费能否在税前扣除的问题，各地做法不一，有的省市规定可以按照权责发生制据实扣除。为比较税负，这里采用不重复扣除办法。

若本年折旧额为5 000元，不考虑其他纳税调整因素，该企业2015年实现的会计利润应为：

$$150\,000-5\,000 = 145\,000（元）$$

应纳税所得额为：

$$145\,000+60\,000（承包费）= 205\,000（元）$$

应纳企业所得税为：

$$205\,000 \times 25\% = 51\,250（元）$$

6万元承包费用缴纳企业所得税后，剩下的4.5万元应归企业所有，因此，应当从张先生的收入中减除。

张先生实际取得承包、承租收入：

$$205\,000-51\,250-45\,000 = 108\,750（元）$$

应纳个人所得税：

$$（108\,750-3\,500 \times 12）\times 20\%-555 = 12\,795（元）$$

张先生实际取得税后利润为：

$$108\,750-12\,795 = 95\,955（元）$$

通过比较，第二种方案比第一种方案多获利11 005元（95 955-84 950）。

策划点评：

需要指出的是，在实际操作中，税务部门判断承包、承租人对企业经营成果是否拥有所有权，一般是按照对经营成果的分配方式进行的。如果是定额上交，成果归己，则属于承包、承租所得；如果对经营成果按比例分配，或者承包、承租人按定额取得成果，其余成果上交，则属于工资薪金所得。另外，还有一个企业折旧的数量多少的问题。

因此，纳税人可以根据预测的经营成果测算个人所得税税负，然后再确定具体的承包分配方式，以达到降低税负的目的。

政策背景：

个人对企事业单位的承包、承租经营形式较多，分配方式也不尽相同。《国家税务总局关于个人对企事业单位实行承包经营、承租经营取得所得征税问题的通知》（国税发〔1994〕179号）对此作了适当分类并规定了相应的税务处理：

（一）个人对企事业单位承包、承租经营后，工商登记改变为个体工商户的，应依照个体工商户的生产、经营所得项目计征个人所得税，不再征收企业所得税。

（二）个人对企事业单位承包、承租经营后，工商登记仍为企业的，不论其分配方式如何，均应先按照企业所得税的有关规定缴纳企业所得税，然后根据承包、承租经营者按合同（协议）规定取得的所得，依照个人所得税法的有关规定缴纳个人所得税。具体为：

1．包、承租人对企业经营成果不拥有所有权，仅按合同（协议）规定取得一事实上所得的，应按工资、薪金所得项目征收个人所得税。

2．承包、承租人按合同（协议）规定只向发包方、出租人交纳一定费用，交纳承包、承租费后的企业的经营成果归承包、承租人所有的，其取得的所得，按企事业单位承包经营、承租经营所得项目征收个人所得税。

此外，税法规定，个体工商户的生产经营所得和对企事业单位的承包、承租经营提共同适用5%~35%的5级超额累进税率。

财政部 国家税务总局《关于调整个体工商户业主、个人独资企业和合伙企业自然人投资者个人所得税费用扣除标准的通知》（财税[2011]第062号）规定其费用标准为每年4.2万元。

纳税人对企事业单位的承包、承租经营方式是否变更营业执照将直接决定纳税人税负担轻重。若使用原企业营业执照，则多征一道企业所得税，如果变更为个体营业执照，则只征一道个人所得税。但在计算应纳税额时又各有其规定。

间接投资多渠道　基金投资不可少

目前金融市场十分发达，如果投资人手中有钱，既可以进行直接投资，也可以从事间接投资，其中比较简捷的方式就是从事间接投资——通过股票市场博取股票差价收益和红利收益，也可以通过投资基金获得收益。对于机构投资者来说，在间接投资过程中同样存在企业所得税策划问题。对于投资基金的投资人而言，是通过基金分红还是通过基金拆分更能够取得税收利益呢？这里我们可以通过实例来进行分析：

投资案例：

从2018年底开始，股票市场筑底反弹，给投资人带来一些希望。正华财务公司2019年1月初准备以1 000万元投资于股票市场，投资时间为一年半。考虑到股票市场的风险问题，公司决定认购开放式基金。

通过市场分析，公司认购A开放式基金，购买了1 000万份净值为1元的开放式基金。年末基金净值升到2元，基金公司决定将净值降到1元。正华财务公司计划再过半年赎回该基金，假设半年后基金净值为1.20元。

目前的问题是，上述开放式基金投资应当如何安排才能更节税？

政策分析：

基于开放式基金现金分红暂不征收企业所得税与分红后赎回的税收利益考虑，企业投资者创造免税收益和亏损的做法，是目前企业投资开放式基金时常用的所得税策划方法。

基金分红和基金拆分是开放式基金降低基金净值的两种方式，这两种方式所产生的税收效应不同。

基金分红：

依据财政部、国家税务总局《关于企业所得税若干优惠政策的通知》（财税〔2008〕1号）第二条关于鼓励证券投资基金发展的优惠政策中明确：（一）对证券投资基金从证券市场中取得的收入，包括买卖股票、债券的差价收入，股权的股息、红利收入，债券的利息收入及其他收入，暂不征收企业所得税。（二）对投资者从证券投资基金分配中取得的收入，暂不征收企业所得税。（三）对证券投资基金管理人运用基金买卖股票、债券的差价收入，暂不征收企业所得税。因此，企业在现金分红方式下取得的收益暂不征收企业所得税。

基金拆分：

在拆分方式下，企业投资者获得更多的基金份额，单位投资成本降低，赎回开放式基金时获得的价差收益增加，但是，价差收益要缴纳企业所得税。

策划分析：

基于上述政策分析我们可以发现，对于开放式基金投资的涉税策划存在两个问题需要考虑和策划，一是盈利能力的策划；二是赎回时间选择策划。

（一）基金分红的收益策划分析

通过以上分析，我们知道正华财务公司的这笔投资存在两种操作方案，一是以分红方式；二是基金分拆方式。那么，哪种操作方式更好呢？我们在这里作一个简要分析。

方案一：基金分红方式下，投资人可以通过分红方式取得利益。分配所得为：

$$1\,000 \times 1 = 1\,000（万元）$$

赎回时，公司取得的基金价差收益为：

$$[（1.20-1.00）\times 1\,000 = 200（万元）$$

基金分红收益属于免税的，而转让基金取得的价差收益需要缴纳企业所得税，其应税利得为200万元，应当缴纳企业所得税为：

$$200 \times 25\% = 50（万元）$$

正华财务公司进行开放式基金投资取得的税后净收益为：

1 000+200−50 = 1 150（万元）

方案二：基金拆分方式下，正华财务公司原来以1元一份认购的1 000万份基金份额变为2 000万份，其每份投资成本也相应的变为0.50元。赎回时价差收益为：

（1.20−0.50）×2 000 = 1 400（万元）

这时的价差收益属于应税所得，正华财务公司应税所得为1 400万元，那么，该公司应当缴纳企业所得税为：

1 400 × 25% = 350（万元）

正华财务公司通过基金拆分方式进行间接投资取得净收益为：

1 400−350 = 1 050（万元）

投资方案分析之二

策划结论：

正华财务公司在基金分红方式下比基金拆分方式下少缴纳企业所得税300万元[（200−1 400）×25%]，税后利得增加100万元（1 150−1 050），如下表所示。

投资方案分析表　　单位：万元

投资方案	基金投资方法	投资额	红利	转让利得	所得税	投资收益
1	分红方式	1 000	1 000	200	50	1 150
2	拆分方式	1 000	0	1 400	350	1 050

（二）投资于基金的赎回时间选择

投资于基金，就是通过机构炒股。在资本市场比较好的情况下，机构投资者往往会获得更多的经济利益。基金公司在一般的情况下会定期进行分红的，如果投资人已经先期投资于某基金并且准备赎回，而该基金却发出公告准备在某时分红。在这样的情况下，对于投资人而言，就有一个选择问题：是在分红以前赎回，还是等待分红以后赎回？

影响赎回决策的主要因素有两个，一个是未来股票市场的走势；另一个是税收政策的规定差异。这里我们仅从税收政策差异的角度进行策划分析：

仍以正华财务公司为例，该公司2019年6月30日又以一笔闲置资金投资于B开放式基金1 000万份，申购日净值为每单位1.20元。截至2020年3月6日，该基金单位净值为2.80元，在此期间，基金公司未进行过分红。因此，企业浮动收益为1 600万元[1 000×（2.80−1.20）]。企业拟收回此项投资，且该基金已发布将在3月10日对每一基金份额分红0.70元的公告。

正华财务公司目前面临两种选择方案，方案一是在分红前赎回全部基金份额，方案二是待基金分红后再赎回全部基金份额。在这两个方案中，哪个方案能够给公司带来更多的税后收益？这里的差异主要取得于财政部、国家税务总局《关于企业所得税若干优惠政策的通知》（财税[2008]1号）的相关规定。在假定分红到赎回期间净值和公司累计净值不发生变动的前提下，我们可以作出如下分析：

方案一：公司通过赎回基金实现收益为：

1 000×（2.8-1.2）= 1 600（万元）

由于该收益不在财税〔2008〕1号所规定的免税范围，也就是说，根据税法规定，公司因此需要计算缴纳企业所得税为：

1 600×25% = 400（万元）

那么，正华财务公司的该笔投资的税后净收益为：

1 600-400 = 1 200（万元）

方案二：如果公司首先通过基金分红，那么该公司可以取得两笔收益：

一是基金分红收益：

1 000×0.70 = 700（万元）

二是基金赎回价差收益：基金分红除权后基金净值从2.80元降为2.10元。

1 000×（2.10-1.20）= 900（万元）

但是，该收益属于应税收益，还应当计算缴纳企业所得税：

900×25% = 225（万元）

那么，在该方案前提下，公司取得的税后净收益为：

700+900-225 = 1 375（万元）

通过上述分析我们可以看出，方案二与方案一实现的税前收益相同，均为1 600万元。但由于分红收益不征收企业所得税，公司仅需就赎回实现的价差收入缴纳企业所得税，则公司的该笔投资通过基金分红，企业多实现税后收益175万元（1 375-1 200）。

风险提示：

通过开放式基金现金分红暂不征收所得税与分红后赎回的税收利益的案例分析可知，基金分红取得的分配收入因暂不征收企业所得税而提高了投资的税后净收益水平，分红后赎回的策略能有效降低赎回价差，提高税后净收益水平。基金分红或者拆分是由基金公司决定而不是由投资企业决定的，企业仅有选择的权利，但是从税收利益角度出发，企业投资开放式基金在选择投资对象时，最好选择偏好分红的基金；赎回基金阶段，应选择在分红后赎回的策略。

基于以上企业投资开放式基金的免税分红和赎回时点的选择，企业具备了策划的条件，期望实现企业利益的最大化。于是部分企业就利用这个政策进行策划，但是，在具体操作过程中应当注意综合运作，否则，就会产生涉税风险。

长风公司预测2013年度利润将大幅增加，初步估计应纳税所得额为2 000万元，应纳所得税额为500万元。企业便向某财务咨询有限公司的税务专家咨询，寻求减少应纳税所得额的途径。该咨询公司的税务专家建议长风公司购买临近分红的开放式基金，在分红后赎回，用投资损失减少应纳税所得额。

长风公司接受建议，动用3 200万元购买了2 000万份净值为1.60元的某开放式基金。该基金发布公告，将在近期进行大比例分红，将其净值从1.60元降低到1.00元（假定该基金自成立后一直未进行分红，即基金累计净值也为1.60元）。一周后，每一份基金单位分红0.60元，使得基金净值降低到1.00元。企业取得免税的分红所得1 200万元（2 000×0.60），取得分红收入后不久，长风公司将基金赎回，假定基金净值仍为1.00元，则产生赎回损失1 200万元（3 200-2 000×1.00）。

通过上述操作，长风公司3 200万元的投资在账面上产生1 200万元的分红收入（暂免征收所得税）和1 200万元的亏损，虽然对长风公司利润总额的影响为零（不考虑交易成本），长风公司的应纳税所得额从2 000万元变成了800万元（2 000万元应纳税所得额+1 200万元分配收入-1 200免税分配收入-1 200万元投资损失），应纳所得税额从500万元（2 000×25%）减少为200万元（800×25%），成功实现价值最大化。

长风公司采用两者结合的策略，在账面上进行了处理。但是，如果站在税务管理的角度去分析上述企业的操作过程，我们可以发现长风公司极可能存在较大的税务风险，税务机关完全有理由进行纳税调整。长风公司的税务风险主要有以下两点：

第一，投资成本的认定可能得不到税务机关的认可。

现行税法强调收入与支出的配比，财税〔2008〕1号文件中没有明确税法上确认暂不征税的分配所得是否仅限于投资后享有的开放式基金净值的升值部分，对所获分配所得超过上述数额的部分是否应作投资成本的收回。从上面的策划方案来看，是不考虑该因素的。如果税务机关认定理解为确认暂不征税的分配所得仅限于投资后享有的开放式基金净值的升值部分，那么，所获分配所得超过升值数额的部分应作投资成本的收回，上述策划行为中的分红所得1 600万元应视为成本的收回，长风公司在赎回基金时，因成本降为每份1.00元，赎回收益为零，不存在赎回损失。在这样的情况下，税务机关有权对企业的涉税行为进行调整。

第二，长风公司的策划活动属于不具有合理商业目的的安排行为。

购买开放式基金是一种投资行为，长风公司为分红免税和产生亏损而投资，而且在较短的时间内完成，属于不具有合理商业目的的安排行为。根据《企业所得税法》第四十七条的规定，企业实施其他不具有合理商业目的的安排而减少其应纳税收入或者所得额的，税务机关有权按照合理方法调整。不具有合理商业目的，是指以减少、免除或者推迟缴纳税款为主要目的。对开放式基金分配中取得的收入，暂不征收企业所得税，这个税收优惠政策的目的是支持开放式基金的发展，充分利用开放式基金手段，进一步拓宽社会投资渠道，大力培育机构投资者，促进证券市场健康、稳定发展。而长风公司动用大额资金，短期内申购赎回，产生巨额的免税所得和投资损失，显然以减少、免除纳税义务为主要目的，与税收优惠的初衷不符。如果被认定为“不具有合理商业目的的安排行为”，则必然会面临涉税风险。

企业发展再投资　策划得当增效益

江风公司注册资本1 000万元，有甲、乙两个自然人股东。2018年初通过市场调研后，该公司决定新上一生产经营项目，经测算需新增资金3 000万元，甲、乙股东商定此笔资金由公司股东按原出资比例分别筹集。截至2017年末，该公司所有者权益1 000万元，其他公积金和未分配利润为零。

策划建议：

对于企业增资的问题，除了考虑有关股东的投资意愿以外，还有一个重要的问题，那就是税收问题。因为增资方案不同，对投资人的投资回报产生一定的影响。为了科学策划相关涉税事项，该公司的投资人专门聘请了咨询专家为其提供服务。

咨询专家到现场了解了该企业的生产经营情况、公司目前的积累情况以及下一步的发展计划等，结合公司的实际情况给出三种资金投入方案：

方案一，通过股权投资的方案对公司投入3 000万元；

方案二，公司向股东借款3 000万元；

方案三，股东向公司股权投资350万元，公司向股东借款2 650万元。

策划分析：

不同的投资方案，对企业未来的生产和经营产生影响，但是，这个影响的具体方案和效果又当如何呢？这里我们对上述各种方案分别进行分析（假设此投资项目不包括利息支出的年应纳税所得500万元）。

方案一，增资扩股

甲、乙两个自然人股东通过股权投资的方案为公司增资，假设该投资项目年应纳税所得500万元。对该公司及股东相关企业所得税、个人所得税、股东收益计算如下：

应缴企业所得税＝500×25%＝125（万元）；

应缴股息分红个人所得税＝（500−125）×20%＝75（万元）。

综合以上两个因素，该企业应纳税合计125+75＝200（万元）；股东收益＝500−125−75＝300（万元）。

方案二，向股东借款

根据国家税务总局《关于企业向自然人借款的利息支出企业所得税税前扣除问题的通知》（国税函〔2009〕777号）的规定，企业向股东或其他与企业有关联关系的自然人借款的利息支出，应根据《企业所得税法》第四十六条及财政部、国家税务总局《关于企业关联方利息支出税前扣除标准有关税收政策问题的通知》（财税〔2008〕

121号）规定的条件，计算企业所得税扣除额。

由于财税〔2008〕121号文件规定，企业向股东或有关联关系的自然人借款的利息支出可以在企业所得税前扣除，为企业的股东对企业进行再投入时是采取股权投资还是对公司借款提供了可选择的可能。如本案例中股东对企业的投入由方案一的股权投入改为对公司借款，整体税负及股东收益测算如下。

1．企业所得税

假设股东对公司借款3 000万元（该公司本年度除向股东借款外没有向其他关联方借款，并且年度内没有变化），年利率10%，年利息为300万元，该年度金融企业同期同类贷款利率为11.5%。根据《企业所得税法实施条例》第三十八条的规定，非金融企业向非金融企业借款的利息支出，不超过按照金融企业同期同类贷款利率计算的数额的部分，准予扣除，该公司向股东借资发生的利息支出300万元，没有超过税法的规定。

财税〔2008〕121号文件规定，根据《企业所得税法》第四十六条和《企业所得税法实施条例》第一百一十九条的规定，企业接受关联方债权性投资的利息支出，在计算应纳税所得额时，企业实际支付给关联方的利息支出，除符合“企业如果能够按照《企业所得税法》及其实施条例的有关规定提供相关资料，并证明相关交易活动符合独立交易原则的；或者该企业的实际税负不高于境内关联方的，其实际支付给境内关联方的利息支出，在计算应纳税所得额时准予扣除”的条件外，债权性投资与其权益性投资的比例不超过“金融企业5∶1，其他企业2∶1”和《企业所得税法》及其实施条例有关规定计算的部分，准予扣除，超过的部分不得在发生当期和以后年度扣除。

由于该公司是向企业的股东借款，因此，此借款利息应根据财税〔2008〕121号文件的规定，在“按照《企业所得税法》及其实施条例的有关规定提供相关资料，并证明相关交易活动符合独立交易原则”的基础上，按与股东权益性投资比例不超过2∶1的借款额计算的利息可在所得税前列支，超过部分不得列支。

关联债资比例为3 000÷1 000＝3；

不得扣除利息支出＝300×（1-2÷3）＝100（万元）；

可扣除的利息支出＝300-100＝200（万元）。

仍以该项目年应纳税所得500万元为前提计算，应纳税所得为300万元（500-200）；应缴企业所得税＝300×25%＝75（万元）。

2．个人所得税

股东利息收入应缴纳个人所得税60万元（3 000×10%×20%）。

企业所得税前列支利息200万元，但实际会计列支利息300万元，所以，可分配利润为125万元（500-300-75），股东股息分红收入应缴纳个人所得税25万元（125×20%）。

应缴个人所得税＝60+25＝85（万元）。

综合以上两个因素，该企业应纳税合计75+85＝160（万元）；股东收益＝（300-60）+（200-75-25）＝340（万元）。

方案三，既扩股又借款

1. 企业所得税

假设仍以该项目年应纳税所得500万元，企业向股东借款年利率10%，该公司本年度除向股东借款外没有向其他关联方借款并且年度内没有变化为前提计算。

关联债资比例2 650÷1 350＝1.963；

该公司的借款比例没有超出税法规定，实际支付的265万元利息可全额扣除。

应纳税所得为235万元（500-265）；应缴企业所得税＝235×25%＝58.75（万元）。

2. 个人所得税

股东利息收入应缴纳个人所得税53万元（2 650×10%×20%）；

企业所得税前列支利息265万元，可分配利润为176.25万元（500-265-58.75），股东股息分红收入应缴纳个人所得税35.25万元（176.25×20%）；

应缴个人所得税小计53+35.25＝88.25（万元）。

综合以上两个因素，该企业应纳税合计147万元（58.75+88.25）；股东收益＝（265-53）+（235-58.75-35.25）＝353（万元）。

三种方案分析如下表所示。

操作方案分析表 单位：万元

操作方案	企业所得税	个人所得税	股东收益	策划收益
方案一	125	75	300	0
方案二	75	60	340	40
方案三	58.75	88.25	353	53

策划结论：

在方案一条件下，股东获得收益300万元；在方案二条件下，股东获得收益340万元；而在方案三条件下，股东则可以获得收益353万元。方案三与其他两种方案相比，税收负担低而股东收益高，应为该公司的最佳选择。

策划点评：

这是一则由普誉财税策划工作室提供的案例，从中我们体会到政策差异对税收的影响。随着企业的发展，再投入是企业持续经营中经常发生的经济行为。以什么方案来增加对企业的再投入，企业股东应算好税收账，争取以较低的税收成本取得较高的经济收益。

对于本案而言，从对上述三种资金投入方案的分析中可以发现，股权投入的税收负担高于公司向股东借款的税收负担，而股东收益则是股权投入收益低于向公司股东借款收益。在公司向股东借款方案中，由于受债权性投资与其权益性投资比例的限制，超过比例的借款利息不得在企业所得税前列支。本案例中方案三针对此问题，将方案一合理地拆分为公司向股东借款和股权投资两部分，使债权投入与其权益性投资比例符合了税法的规定，企业借款发生的利息得以全额扣除，降低了企业再投入业务的税收负担。因此，方案三与其他两种方案相比，税收负担低而股东收益高，应为该公司的最佳选择。

第26计：
建账有技术 核算讲技巧

【妙计提要】

企业建账不建账，其间肯定有名堂；会计核算有技巧，税收多少可商量。

【本计内容】

会计核算也称会计反映，以货币为主要计量尺度，对会计主体的资金运动进行反映。它主要是指对会计主体已经发生或已经完成的经济活动进行的事后核算，也就是会计工作中记账、算账、报账的总称。合理地组织会计核算形式是做好会计工作的一个重要条件，对于保证会计工作质量，提高会计工作效率，正确、及时地编制会计报表，满足相关会计信息使用者的需求具有重要意义。

会计核算方法是指会计对已经发生的经济活动进行连续、系统、全面反映和监督所采用的方法。包括设置账户、复式记账、填制和审核凭证、登记账簿、成本计算、财产清查、编制财务报表等七种。

会计核算的各种方法是相互联系，密切配合的，现代会计只有综合运用这七种方法才能顺利进行。在实际会计业务处理过程中，复式记账是处理经济业务的基本方法，设置账户和填制凭证是会计工作的开始，登记账簿是会计工作的中间过程，成本计算和财产清查等方法是保证会计信息准确、正确的科学手段，而编制报表是一个会计期间工作的终结。

我们在这里所说的会计核算方法不是指上述基本方法，而是指从税务管理的角度对相关经济事项的处理方法。

会计核算方法与企业的税收负担存在必然的联系，这已是一个不争的事实。无论是哪个国家，其税务管理对纳税人的会计和财务管理都有一定的要求，针对这些要求，纳税人可以结合自己的实际情况采取相应的措施：或者简单操作，利用税务机关的核定征收的政策规定取得税收利益；或者严格管理，适应税务机关查账征收的要求，从而取得税收上的好处；或者结合实际建账建制，从而获得某种特定的经营手段等等。

【案例注释】

从税收的角度研究会计核算方法，如对不同事项进行分别核算还是合并核算、实行查账征收或者核定征收、等等。读者可能对上述的表述感觉难以理解。因此，这里我们结合实际案例对有关计策的操作原理做一个简要分析和解释。

不同项目共开发　税收需要综策划

某房地产开发企业2017年拆资开发了一个商品房工程，预计销售收入为3亿元，该项目包括两个部分：一部分是豪华住宅，预计销售价格为1亿元，另一部分为价值2亿元的普通商品房。经过初步测算，整个工程中按照税法规定的可扣除项目金额为2.2亿元，其中普通住宅的可扣除项目金额为1.6亿元，豪华住宅的可扣除项目金额为6 000万元。根据当地主管税务机关的规定，该工程的两种商品房可以分开核算，也可以合并核算。

对于这个工程，在具体投资核算方法上，公司经理与财务部门的有关人员的意见发生了分歧，具体的是：其一，总经理认为应该将两个工程合并在一起管理，实行统一核算。其理由是可以强化管理的力度；其二，公司的会计科长认为应该将两个工程分开进行核算。其理由是不同性质的开发项目混在一起核算，可能会增加公司的开发成本；其三，公司负责财务管理和税收策划的财务总监则认为应该在分开进行工程核算的基础上，对普通住宅的增值率控制在20%以下。其理由是应该进行系统的税收策划，从而可以取得投资回报最大化。哪一种意见对这项投资活动的最有利呢？

策划分析：

公司对此专门召开了一个会议进行了专题分析。通过分析，大家达成一项共识：在现有条件下，通过不同的操作方式影响投资活动的最重要因素就是税收，其中尤其是土地增值税对土地开发项目的获利成果影响最大。因此，只要对土地增值税在不同方式的运行模式下最小，那么该方案就是最优的。于是会议质成财务科对不同方案的土地增值税问题进行深入研究。为此，公司财务科进行了如下分析和计算：

方案一：两个工程项目统一管理、统一进行会计核算。根据税法规定，如果两个项目不分开核算，该企业应缴纳土地增值税为：

增值额与扣除项目金额的比例为：

$$(30\ 000-22\ 000) \div 22\ 000 \times 100\% = 36\%$$

因此适用30%的税率，应缴纳土地增值税：

$$(30\ 000-22\ 000) \times 30\% = 2\ 400\text{（万元）}$$

方案二：两个项目分开管理，分别进行会计核算。根据税法规定，如果将两个不同性质的开发项目分开进行会计核算，分别计算开发成本和开发成果，那么，应缴纳土地增值税为：

普通住宅：增值率为：

（20 000−16 000）÷16 000×100%＝25%，适用30%的税率，应缴纳土地增值税：

$$(20\ 000-16\ 000)\times 30\%=1\ 200\ (万元)$$

豪华住宅：增值率为：

（10 000−6 000）÷6 000×100%＝67%，适用40%的税率，应缴纳土地增值税：

$$(100\ 000-60\ 000)\times 40\%-6\ 000\times 5\%=1\ 300\ (万元)$$

二者合计为2 500万元，分开核算比不分开核算多支出税金100万元。

方案三：在将两个项目分开管理、分别进行会计核算的基础上，对普通住宅的支出项目进行策划和控制，使普通住宅的增值率控制在20%以下。根据税法规定，如果将两个不同性质的开发项目分开进行会计核算，分别计算开发成本和开发成果，那么，应缴纳土地增值税为：

普通住宅：将普通住宅的可扣除项目金额做适当的控制，使普通住宅的增值率限制在20%，这可以通过增加公共生活实施，改善住房的设计或其条件等方法来实现，那么可扣除项目金额从（20 000−Y）÷M×100%＝20%等式中可计算出M＝16 666万元。

即在可扣除项目为16 666万元的条件下，普通住宅免征土地增值税。

豪华住宅：增值率为：

（10 000−6 000）÷6 000×100%＝67%，适用40%的税率，应缴纳土地增值税：

$$(100\ 000-60\ 000)\times 40\%-6\ 000\times 5\%=1\ 300\ (万元)$$

此时，该企业应缴纳的土地增值税仅为豪华住宅应缴纳的1 300万元。

策划结论：

方案一应缴纳土地增值税2 400万元；方案二应缴纳土地增值税2 500万元，而方案三通过策划土地增值税实际支出1 966万元。

通过以上分析和计算，我们可以发现：进行系统的税收策划比不分开核算少缴纳434万元，比分开核算少缴纳534万元。

策划点评：

税法规定，纳税人建造普通标准住宅出售，如果增值额没有超过扣除项目金额的20%，免予征收土地增值税。同时税法规定，纳税人既建造普通标准住宅，又做其他房地产开发的，应分别核算增值额；不分别核算增值额的，其建造的普通标准住宅不享受免税优惠。

根据该规定，房地产开发企业如果既建造普通住宅，又搞其他房地产开发的话，分开核算与不分开核算税会有差异，这取决于两种住宅的销售额和可扣除项目金额。

在分开核算的情况下，如果能把普通标准住宅的增值额控制在扣除项目金额的20%以内，从而免缴土地增值税，则可以减轻税负。

通过以上计算和分析，我们可发现在土地增值税的策划中，核算方法也是策划的一个重要手段。由于土地增值税是超率累进税率，在两个以上不同性质的开发项目中，如果合并计算，或者分开进行会计核算，就可能影响到有关项目的增值率。此外，作为普通住宅，还有特殊规定。就本案例而言，普通标准住宅的增值率为25%，超过20%，就得缴纳土地增值税。进一步策划关键就是通过适当控制土地的增值率，使普通住宅的增值率控制在20%以内。这样做的好处有两个：一是可以免缴土地增值税，二是降低了房价或提高了房屋质量、改善了房屋的配套设施等，可以在目前激烈的销售争夺战中取得优势。

控制土地增值税率的方法主要有两个：一是增加扣除项目；二是降低商品房的销售价格。

增加可扣除项目金额的途径很多，比如增加房地产开发成本、房地产开发费用等，使商品房的质量进一步提高。但是，在增加房地产开发费用时，应注意税法规定的比例限制。税法规定，开发费用的扣除比例不得超过取得土地使用权支付的金额和的10%，而各省市在10%之内确定了不同的比例，纳税人要注意把握。

另外，销售收入减少了，而可扣除项目金额不变，增值率自然同样也会降低。当然，这会带来另一种后果，即导致销售收入的减少，此时是否可取，就得比较减少的销售收入和控制增值率减少的税金支出的大小，从而作出选择。

假定上例中普通住宅的可扣除项目金额不变，仍为16 000万元，要使增值率为20%，则销售收从（X-16 000）÷16 000×100%＝20%中可求出，X＝19 200万元。此时该企业应缴纳的土地增值税为1 300万元，节省税金1 200万元，与减少的收入800万元相比节省了400万元（因为土地增值税在计算企业所得税和企业的税后利润会产生影响，此处不再分析，读者可以进一步进行比较）。

背景资料：

《中华人民共和国土地增值税暂行条例》第七条规定：土地增值税实行四级超率累进税率：增值额未超过扣除项目金额50%的部分，税率为30%。增值额超过扣除项目金额50%、未超过扣除项目金额100%的部分，税率为40%。增值额超过扣除项目金额100%、未超过扣除项目金额200%的部分，税率为50%。增值额超过扣除项目金额200%的部分，税率为60%。

《中华人民共和国土地增值税暂行条例》第八条规定：纳税人建造普通标准住宅出售，增值额未超过扣除项目金额20%的，免征土地增值税。

《中华人民共和国土地增值税暂行条例实施细则》第十一条明确：条例第八条（一）项所称的普通标准住宅，是指按所在地一般民用住宅标准建造的居住用住宅。

高级公寓、别墅、度假村等不属于普通标准住宅。普通标准住宅与其他住宅的具体划分界限由各省、自治区、直辖市人民政府规定。

纳税人建造普通标准住宅出售，增值额未超过本细则第七条（一）、（二）、（三）、（五）、（六）项扣除项目金额之和20%的，免征土地增值税；增值额超过扣除项目金额之和20%的，应就其全部增值额按规定计税。

条例第八条（二）项所称的因国家建设需要依法征用、收回的房地产，是指因城市实施规划、国家建设的需要而被政府批准征用的房产或收回的土地使用权。

因城市实施规划、国家建设的需要而搬迁，由纳税人自行转让原房地产的，比照本规定免征土地增值税。

符合上述免税规定的单位和个人，须向房地产所在地税务机关提出免税申请，经税务机关审核后，免予征收土地增值税。

企业建账是趋势　困难时期可权宜

从现代管理的角度讲，企业应当强化内部管理，完善建账建制，但是，在一定的情况下，也可以考虑利用管理当局的容忍空间，做一些小动作……

案例之一：A市某私营企业老板李某从事软件产品的设计和开发，2018年实现销售450万元。李某认为反正企业是自己的，会计核算马虎一点无所谓。由于软件产品的设计和开发利润，企业当年实际可以实现利润200万元。但是由于该企业未按税务机关的有关规定进行会计核算，费用核算不准确，地方税务局在对其进行所得税汇缴时按规定进行核定征收，则该企业应纳税所得额为450×7%＝31.5（万元），应该缴纳企业所得税：31.5×50%×20%＝3.15（万元）。

案例之二：B市某私营企业老板李某从事服装的生产，2018年实现销售450万元。李某认为反正企业是自己的，会计核算马虎一点无所谓。由于服装生产系微利行业，企业实际处于亏损状态，大约亏损10万元。但是由于该企业未按税务机关的有关规定进行会计核算，费用核算不准确，地方税务局在对其进行所得税汇缴时按规定进行核定征收，则该企业应纳税所得额为 450×7%＝31.5（万元），应该缴纳企业所得税：31.5×50%×20%＝3.15（万元）。

政策分析：

按税法的规定，企业所得税的征收管理方式有两种，即查账征收和核定征收。查账征收适用于财务管理比较规范，能够建账建制，成本费用核算准确，能向税务机关提供准确、完整的纳税资料的企业。实行查账征收的企业，所得税税率一般为25%（小微企业阶段性降税照顾，适用20%）。这些企业如果发生年度亏损，不但当年可以不缴纳企业所得税，而且企业的亏损还可以在以后五年内弥补。

核定征收方式按《国家税务总局关于印发〈企业所得税核定征收办法〉（试行）的通知》（国税发〔2008〕第030号）第三条的规定，纳税人具有下列情形之一的，核定征收企业所得税：

（一）依照法律、行政法规的规定可以不设置账簿的；

（二）依照法律、行政法规的规定应当设置但未设置账簿的；

（三）擅自销毁账簿或者拒不提供纳税资料的；

（四）虽设置账簿，但账目混乱或者成本资料、收入凭证、费用凭证残缺不全，难以查账的；

（五）发生纳税义务，未按照规定的期限办理纳税申报，经税务机关责令限期申报，逾期仍不申报的；

（六）申报的计税依据明显偏低，又无正当理由的。

特殊行业、特殊类型的纳税人和一定规模以上的纳税人不适用本办法。上述特定纳税人由国家税务总局另行明确。

专家点评：

上述规定适用于存在不设置账簿、不能准确核算收入或成本费用、不能提供准确、完整的纳税资料等情况的企业。核定征收方式有个“特点”：无论盈亏，都得缴纳企业所得税。

上述两个案例中的，李某未按税法规定进行会计核算，都是按规定缴纳企业所得税。但是，实际上的结果却正好相反。对于A市的李某，由于他的企业产品毛利十分的多，他们利用小企业机关可以核定征收的管理特点，申请核定征收，从中得到了好处。而B市的李某就没有那么幸运了，他的企业实际上是亏损的，但是，由于其没有按照税务机关的要求建账建制，结果多缴了企业所得税。

其实，企业完善会计核算，其好处不仅在于可能会节约一些税收支出，更重要的是其符合企业发展的内在要求。

兼营业务税负高　分别核算很重要

长发酒业公司是2015年注册成立的综合酒业生产企业，由于资源丰富，他们在粮食白酒、炭酸汽酒、活血提神药酒等各种的生产和销售上都取得了突破，2018年实现销售收入15 000万元。

但是，当该企业的总经理在上海参加了一次以《税收策划与企业发展战略》为主题的讲座，在课间休息的时候跟咨询专家进行了一次简短的交流后，有些坐不住了。咨询专家十分有把握地对他说，他的公司多缴消费税的可能性很大。

第二天，总经理就向咨询专家发出了邀请。

现场诊断：

咨询专家应邀到该总经理所在企业进行调研。通过调研发现，该公司生产粮食白酒、炭酸汽酒、活血提神药酒等三种酒。企业合并向税务机关纳税，按25%的税率计交消费税为：

$$15\,000 \times 25\% = 3\,750（万元）$$

因此，可以得出结论：该企业多缴了“冤枉”税！

解决方案：

该公司2018年共计销售额为15 000万元，其中白酒7 000万元，汽酒3 000万元，药酒5 000万元。

如果实行三种酒分开税算，分开申报纳税。结果，则三种酒应纳消费税为：

粮食白酒纳税额＝7 000×25%＝1 750（万元）

炭酸汽酒纳税额＝3 000×10%＝300（万元）

活血提神药酒纳税＝5 000×10%＝500（万元）

合计纳税总额＝1 750+300+500＝2 550（万元）

通过对酒的分类核算，企业实际应纳消费税下降了1 200万元（3 750万元-2 550万元）。

从以上案例的计算和分析我们可以发现，如果企业采用正确的会计核算方法，对分酒进行分类核算，就可以使税收负担下降1 200万元。这是由于粮食白酒应征消费税率25%和汽酒、药酒应征消费税率10%产生的。

专家点评：

发现长发酒业公司多缴税的关键，咨询专家到现场进行调研。在多数情况下，有些企业家跟咨询专家只是做一个简单的交流就结束了（特别是财务总监或者财务经理，几乎不会将咨询专家邀请到企业）。其中部分人考虑费用问题，还有部分人考虑不想产生太多的麻烦（怀疑后面专家可能带来的效益）。但是，长发酒业公司的总裁还是愿意接受专家的现场调研，这种负责任的精神令人佩服。

本业务通过改变会计核算方法解决了问题，但是，有些业务的处理可能不会那么简单。比如某市康美乳品厂，内部设有牧场和乳品加工分厂，牧场生产的原奶经乳品加工分厂加工成花色奶后出售。2017年实现乳制品销售560万元，从农民处收购草料，收购凭证上注明的金额为150万元，其他辅助材料可抵扣进项税金为10.2万元，牧场的草料的生产成本为50万元。企业当年应纳增值税（我们在这里仅分析增值税）为：

$$560 \times 17\% - 150 \times 10\% - 10.2 = 95.2 - 15 - 10.2 = 70（万元）$$

由于该企业生产的产品适用于17%的基本税率，而可以扣抵的进项税金又比较少，所以该企业税负达到12.5%，大大超过实施新税制之前的税收负担。

2018年伊始，康美乳品厂在注册税务师的建议下，将牧场和乳品加工厂分为两个独立法人，在生产协作上仍按以前程序处理，即牧场生产的鲜奶仍供给乳品加工厂销售，这样处理，将产生如下效果。

我们假设该企业仍以同样规模组织生产和销售：则乳制品销售560万元，从农民处收购草料，收购凭证上注明的金额为150万元，其他辅助材料可抵扣进项税金为10.2万元，牧场草料的生产成本为50万元。

（1）作为牧场，当年实现鲜奶销售450万元，由于其自产自销未经加工的农产品（鲜奶），符合农业生产者自产自销农业产品的条件，因而可享受免税待遇，税负为零，销售给乳品加工厂的鲜牛奶价格按正常的成本利润率核定。

（2）作为乳品加工厂，其购进牧场的鲜奶，可作为农产品购进处理，可按收购额计提10%的进项税额，如果其他辅助材料都是在生产乳制品过程中发生的，则乳制品加工厂当年应纳增值税为：560×17%-450×10%-10.2＝40（万元）。

从整个企业总体利益的角度看，企业的实际税收负担率下降到7.14%，下降了5.36个百分点（这里未考虑增值税的税率调整因素）。

策划点评：

有的人认为，进行税收策划就是打税收政策的“擦边球”。持这种观点的人于是就将有关企业的会计核算有意做得似是而非，让人无法看清就里。其实，税收的策划和运作离不开真实可靠的会计信息，而且有些税收优惠政策的享受还是建立在准确完善的会计核算的基础上的，因此，会计核算是税收策划的基础。

第27计：费用巧策划 曲径可通幽

【妙计提要】

发生费用乃寻常，技术处理应有方；两税运作各不同，抵扣盈利两便当。

【本计内容】

在目前的政策环境里，企业发生的费用既影响企业所得税，也影响到增值税。

企业当期发生的费用是在当期进行资本化，留作以后再抵免企业所得税，还是现在就列入费用，抵减当期的企业所得税？其中存在税收策划问题。

另外，有时费用的发生还与增值税有关。这次的营改增政策的调整，将所有的征税项目都统一纳入增值税的征收范围，同时明确部分项目的不得作为进项税抵扣。比如，如果企业采购设备向金融企业借款，根据现行税法规定，其发生的利息费用不得抵扣增值税进项税。那么，纳税人如果需要融资，就增加了一笔税收负担。有没有办法绕过这条红线？在这样的情况下企业可以另谋出路。根据财税〔2016〕36号文规定，企业如果想通融资方式购买设备，可以考虑融资租赁的方式购买设备，则内含有利息的融资租赁费，企业可以作进项抵扣，其税率为16%。也就是说，企业可以选择用融资租赁的方式替代从金融机构直接借款。而对于融资租赁公司本身借款产生的利息，税法允许其在计税时通过差额计税的方式直接扣除，因此融资租赁方式无论对于企业（承租方）还是融资租赁公司都是有利的。

【案例注释】

同样是融资购买设备，由于其操作模式不同、融资的渠道不同，其税收负担的结果就出现差异。从上述计策的内容上看，读者可能还是感觉难以理解。因此，这里我们结合实际案例对有关计策的操作原理做一个简要分析和解释。

银行借款不抵　借道融资租赁

春光汽车制造有限公司（以下简称春光公司）于2018年1月1日增加一条生产流水线，该设备预算需要资金5亿元，由于当期公司的资金比较紧张，这笔资金需要通过借贷的方式筹措。

负责融资的张明芳经理跟银行进行了几次沟通，初步约定专项借款50 000万元，借款期限为3年。年利率为8%，借款利息按年支付。

当这个意见汇报到公司财务部门那里，该企业的财务总监张哲感到有些纠结。营改增以后，全面实行增值税，但是，通过银行举债发生的银行利息不得从进项税额中扣除。有没有理好的办法？

张哲注意到，《国家税务总局关于发布<涉税专业服务监管办法（试行）>的公告》（国家税务总局公告2017年第13号）第五条规定，涉税专业服务机构可以从事下列涉税业务：（一）纳税申报代理。对纳税人、扣缴义务人提供的资料进行归集和专业判断，代理纳税人、扣缴义务人进行纳税申报准备和签署纳税申报表、扣缴税款报告表以及相关文件。（二）一般税务咨询。对纳税人、扣缴义务人的日常办税事项提供税务咨询服务。（三）专业税务顾问。对纳税人、扣缴义务人的涉税事项提供长期的专业税务顾问服务。（四）税收策划。对纳税人、扣缴义务人的经营和投资活动提供符合税收法律法规及相关规定的纳税计划、纳税方案。因此，纳税人可以合理合法地聘请咨询专家为其提供涉税咨询服务。

为了解决这个问题，财务总监张哲请来税收策划咨询专家为其提供涉税服务。

咨询服务：

普誉财税策划工作室的税务咨询专家、税务师章志鸿为其提供了服务。根据《税收策划业务规则（试行）》（中税协发〔2017〕004号），咨询专家章志鸿跟企业有关人员一起学习了有关政策和文件，对该公司的业务背景和有关业务情况进行了综合分析。

咨询专家通过初步沟通，如果通过融资租赁解决这个问题，取得同样的设备，3年归还本金和利息，那么，年服务费用为10%。公司经过测算，该设备一旦投入使用，三年内可以创造6亿元的税前利息。

于是，咨询专家在此基础上，提出两个操作方案：一是向银行借款并利用该资金采购所需的设备；二是通过融资租赁的方式取得所需设备。

业务分析：

那么，这两种方式的区别在哪里呢？下面我们试做分析：

方案一、春光公司利用银行借款采购设备。

对于春光公司利用银行借款采购专用设备，根据财税〔2016〕36号文规定，向银行支付利息发生的费用不能抵扣增值税。只能全额作财务费用。即该公司当期发生财务费用12 000万元（50 000×8%×3）。

方案二、春光公司利用融资租赁采购设备。

对于春光公司通过融资租赁采购专用设备，根据财税〔2016〕36号文规定，经人民银行、银监会或者商务部批准从事融资租赁业务的试点纳税人，提供融资租赁服务，以取得的全部价款和价外费用，扣除支付的借款利息（包括外汇借款和人民币借款利息）、发行债券利息和车辆购置税后的余额为销售额。也就是说，企业若通过贷款方式购买设备，其支付给银行的贷款利息无法做进项抵扣，若通过融资租赁的方式购买设备，则内含有利息的融资租赁费，企业可以作进项抵扣，其税率为17%。

即该公司取得因购买该设备而产生的增值税进项税2 550万元（15 000×17%），同时，当期增加固定资产价值12 450万元（50 000×10%×3-2 550）。

分析结论：

方案一发生的12 000万元可以进财务费用抵减当期的利润，方案二增加固定资产价值12 450万元也可以通过折旧的方式收回，假设不考虑时间性差异，方案二比方案一多缴企业所得税112.5万元（450×25%）。但是，方案二比方案一多抵扣增值税2 550万元，换一句话说，方案二比方案一少缴增值税2 550万元。

专家点评：

《财政部国家税务总局关于全面推开营业税改征增值税试点的通知》（财税〔2016〕36号）附件1："营业税改征增值税试点实施办法"规定，第二十七条 下列项目的进项税额不得从销项税额中抵扣：（六）购进的旅客运输服务、贷款服务、餐饮服务、居民日常服务和娱乐服务。

另外，上述36号文附件2："营业税改征增值税试点有关事项的规定"中第二条第（一）项第5点明确：纳税人接受贷款服务向贷款方支付的与该笔贷款直接相关的投融资顾问费、手续费、咨询费等费用，其进项税额不得从销项税额中抵扣。

根据营改增政策规定，"购进的贷款服务"不得从销项税额中抵扣，并同时规定，纳税人接受贷款服务向贷款方支付的与该笔贷款直接相关的投融资顾问费、手续费、咨询费等费用，其进项税额不得从销项税额中抵扣。这意味着，企业所支付的利息费用及直接相关的其他费用在营改增之后需要缴纳6%的增值税，且这部分的税额无法做进项抵扣。对于资本密集型的行业（如金融投资、房地产等），企业每年支付给银行或相关金融机构的利息费用通常是巨额的，若贷款利息所产生的增值税由买方企业来负担，但企业却无法进项抵扣，无疑会增加企业流转税负，客观上要求企业需要寻求其他融资方式来降低资金的使用成本，从某种意义上说，会推动企业融资方式的改革。

既然支付给银行的贷款利息不能扣除增值税，企业可以另谋出路。根据财税〔2016〕36号文规定，企业若通过融资租赁的方式购买设备，则内含有利息的融资租赁费，企业可以作进项抵扣，其税率为17%。因此，企业可以选择用融资租赁的方式替代从金融机构直接借款。而对于融资租赁公司本身借款产生的利息，税法允许其在计税时通过差额计税的方式直接扣除，因此融资租赁方式无论对于企业（承租方）还是融资租赁公司都是有利的。

不过，企业还可以通过统借统还的方式进行融资。此次营改增全面扩围，将原来统借统还的营业税优惠政策平移，对符合条件的统借统还业务免征增值税。统借统还是许多大型企业资金管理的方式，为享受增值税的优惠，规避潜在的风险，需要在政策把握，合同草拟等方面，予以高度重视。

根据财税〔2016〕36号文，统借统还业务中，企业集团或企业集团中的核心企业以及集团所属财务公司按不高于支付给金融机构的借款利率水平或者支付的债券票面利率水平，向企业集团或者集团内下属单位收取的利息免征增值税。资金借贷双方是否属于同一企业集团；是否由统借方对外借款（或发行债券统一取得资金）后将所借资金分拨给下属单位或与借款企业签订统借统还贷款合同并分拨所借入的资金；向借款企业收取利息的利率不高于支付给金融机构利率（或债券票面利率）水平，这是享受统借统还业务免征增值税优惠的三项条件。

利息征税但其进项税额不能抵扣的问题，必然导致企业对于融资方式进行各种的创新及选择，同时也会影响到银行等金融机构在业务模式上的转变。而企业在创新融资方式的同时，仍有许多问题有待厘清。根据财税〔2016〕36号文规定，各种占用、拆借资金取得的收入，包括金融商品持有期间（含到期）利息（保本收益、报酬、资金占用费、补偿金等）收入、信用卡透支利息收入、买入返售金融商品利息收入、融资融券收取的利息收入，以及融资性售后回租、押汇、罚息、票据贴现、转贷等业务取得的利息及利息性质的收入，按照贷款服务缴纳增值税。因此，未来企业融资方式的界定将成为难点。例如，应收账款保理的方式是否应该认定为贷款服务，产业基金、合伙制信托、理财产品、混合型投资等，其收益如何定性等等，收益性质不明确将导致征税上的不确定性。

费用支出有渠道　处理不当存风险

方圆公司向银行借款引进两台模拟飞行设备，记入在建工程科目。两台设备分期完工，分别发生借款费用150多万元及90多万元，公司将该费用一次性列支，未进行资本化处理，被税务局责成补缴企业所得税近60万元。这是怎么一回事儿呢？

案情概况：

方圆公司是一家从事飞行人员及航空相关人员培训的企业。公司向银行借款购买两台模拟飞行设备，记入“在建工程”科目，其中一台于2017年1月竣工，发生借款利息150多万元，另一台于2017年12月竣工，发生借款利息90多万元，公司将该笔借款利息支出直接记入“财务费用——利息净支出”科目一次列支。对于这笔业务，检查人员持不同的处理办法。

案情分析：

方圆公司财务人员认为，因为公司业务单一，财务核算制度也比较简单，大多数的费用性支出都是一次性列支，故没有仔细分析该模拟设备项目中借款费用的资本化问题。

检查员向方圆公司财务人员详细介绍了借款费用资本化的相关规定，《企业所得税法》第十一条规定，在计算应纳税所得额时，企业按照规定计算的固定资产折旧，准予扣除。《企业所得税法实施条例》第三十七条规定，企业在生产经营活动中发生的合理的不需要资本化的借款费用，准予扣除。企业为购置、建造固定资产、无形资产和经过12个月以上的建造才能达到预定可销售状态的存货发生借款的，在有关资产购置、建造期间发生的合理的借款费用，应当作为资本性支出计入有关资产的成本，并依照本条例的规定扣除。

根据上述规定检查人员认为：通过企业提供的资料显示，方圆公司的模拟飞行设备项目完全符合借款费用资本化要求，公司应将借款计入在建工程成本，反映在“在建工程”科目中。同时，为了准确反映企业在建工程成本中借款费用所占的金额比重，应在“在建工程”科目中，单设一个“借款费用”明细科目，来反映企业每期资本化的借款费用，企业当就该项目进行资本化处理并补缴相应税款。

税务处理：

根据方圆公司财务制度规定，该模拟设备应按10年计提折旧，至2017年底共计可计提折旧9万余元。依据相关税收法规，责成方圆公司调增2017年度应纳税所得额230万余元，补缴企业所得税近60万余元。

专家点评：

这里引用资料和案例试图想说明有关设备投资利息费用的涉税处理问题。借款费用资本化涉税问题在实务中比较多，不同的企业往往根据自己的目的将应该费用化的资本化，或将应该资本化的费用化，这些做法都不符合规定，大家在处理借款费用时一定要准确判断其性质，根据资本化或费用化的标准，要严谨处理，避免涉税风险。但是，在实务操作过程中，借款费用资本化的会计与税务处理存在一定的差异，这里分析如下：

（一）借款费用资本化的会计准则和税法规定比较

1．会计准则与税法规定的相同之处。①对借款费用范围的规定相同，即都包括借款利息、折价或溢价的摊销、辅助费用以及因外币借款而产生的汇兑差额等；②对借款费用可以资本化的资产范围的规定相同，即都包括固定资产、无形资产和经过12个月以上的建造才能达到预定可销售状态的存货。

会计准则和税法关于借款费用资本化的条件和期限的规定基本一致。

2．会计准则与税法规定的不同之处。

① 企业在生产、经营期间向非金融机构借款发生的利息支出，如果高于以金融机构同期同类贷款利率计算的数额，按照企业所得税法的规定，超过的部分不得计人资产的价值，也不得计入财务费用在税前扣除。而会计准则是按照实际利率计算资本化金额或费用化金额。这里的会计与税务处理的差异是由于计量口径不一致造成的，属于永久性差异。如果对借款费用进行资本化处理，则当期纳税申报时不调整应纳税所得额，在资产未来使用年限内将企业所得税法不允许资本化的部分分期调增应纳税所得额；如果对借款费用进行费用化 处理，则调增当期的应纳税所得额。

② 由于关联方接受债权性投资的比例超过了国务院财政、税务主管部门规定的标准而发生的利息支出，按照企业所得税法的规定，不得在计算应纳税所得额时扣除，由此产生的 借款费用资本化金额和按会计确认标准确认的资本化金额之间的差异属于永久性塞异，不调整当期的应纳税所得额。企业所得税法不允许资本化的部分在资产未来使用年陵内分期调 增应纳税所得额。

③ 企业将闲置的专门借款存入银行取得的利息收入或进行暂时性投资取得的投资收益，按企业所得税法的规定应确认为利息收入，会计上作减少借款费用资本化金额处理。由此造成资产的账面价值小于计税基础，形成可抵扣暂时性差异，应确认递延所得税资产。填报当期的纳税申报表时，调增当期的应纳税所得额。

（二）举例说明

例：甲公司于2018年1月1日动工兴建一幢厂房，工期预计为1年零6个月，工程采用出包方式，分别于2018年1月1日、2018年7月1日和2018年10月1日支付工程款。

甲公司为建造厂房发生了两笔专门借款，分别为：一笔为2018年1月1日从银行取得专门借款2 000万元，借款期限为3年。年利率为8%，借款利息按年支付；另一笔为2018年7月1日从银行取得专门借款2 000万元，借款期限为5年，年利率为10%。借款利息按年支付。

另外，在厂房建造过程中占用了两笔一般借款，具体资料为：

其一、2017年12月1日向工商银行借款2 000万元，期限为3年，年利率为6%，按年付息。

其二、发行公司债券1亿元，于2017年1月1日发行，期限为5年，年利率为8%，按年支付利息。闲置借款资金均用于投资短期固定收益债券，月收益率为0.5%。

厂房于2018年12月31日完工，达到预定可使用状态。甲公司适用的所得税税率为25%。

甲公司为建造该厂房发生的支出金额如下表所示：

1. 会计处理

根据上述资料。计算甲公司建造厂房应予以资本化的利息费用金额。

（1）计算专门借款利息资本化金额。专门借款利息资本化金额为：

2 000 × 8%+2000 × 10% × 180 ÷ 360−500 × 0.5% × 6 = 245（万元）

（2）计算一般借款利息资本化金额。累计资产支出超过专门借款部分的资产支出加权平均数为：

（4 500−4 000）× 180 ÷ 360+1 000 × 90 ÷ 360 = 500（万元）

一般借款利息资本化率为：

（2 000 × 6%+10 000 × 8%）÷（2 000+10 000）× 100% = 7.67%

一般借款利息资本化金额＝500×7.67%＝38.35（万元）。

（3）计算建造厂房应予以资本化的利息费用金额。建造厂房应予以资本化的利息费用金额＝245+38.35＝283.35（万元）。

（4）甲公司的账务处理如下：借：在建工程283.35万元、财务费用881.65万元、应收利息（银行存款）15万元；贷：应付利息1 180万元。

2018年实际借款利息为：

2 000 × 8%+2 000 × 10% × 180 ÷ 360+2 000 × 6%+10 000 × 8% = 1 180（万元）

2. 税务处理

（1）专门借款利息的税务处理。根据企业所得税法的规定．企业专门借款的利息资本化金额为专门借款当期实际产生的利息费用。专门借款利息资本化金额为：

2 000 × 8%+2 000 × 10% × 180 ÷ 360 = 260（万元）

企业将闲置借款用于投资固定收益债券，取得的短期投资收益为：

500 × 0.5% × 6 = 15（万元）

企业所得税法将其确认为收入，调增应纳税所得额15万元。

（2）一般借款利息的税务处理。按照企业所得税法的规定，在有关资产购置、建造期间发生的合理的借款费用，应当作为资本性支出计入有关资产的成本。一般借款利息资本化金额和会计核算结果一致，即38.35万元。

（3）按照企业所得税法的规定，甲企业建造厂房发生的借款利息应全部予以资本化，资本化金额为：

260+38.35 = 298.35（万元）

3. 纳税调整

（1）从以上分析可以看出，按照会计准则的规定，借款费用应予以资本化的金额为283.35万元，比企业所得税法允许资本化的金额298.35万元少15万元．即资产的账面价值比计税基础少15万元。确认为可抵扣暂时性差异。甲公司应进行如下账务处理：借：递延所得税资产3.75万元；贷：所得税费用3.75万元。在固定资产预计使用寿命期限内，每期纳税申报时进行纳税调整，累计调减15万元。

（2）企业将闲置借款用于短期固定收益债券投资取得的投资收益，应填报在当期企业所得税纳税申报表中，调增应纳税所得额15万元。

研发产品能操作　税收因素是关键

飞翔科技发展有限公司（以下简称飞翔公司）2017年准备开发一则专利产品，预计开发费用1 000万元。根据预测，该产品如果对外销售，可以取得收入500万元，飞翔公司当年税前利润2 500万元，研究开发费用已全部计入当期损益，没有其他纳税调整。

对于这个事项，该公司的税务顾问、咨询专家马云峰根据企业的生产经营情况和自身的实力，给公司决策机构提出两个产品开发的方案：一是成立技术研发部；二是另外再成立一个独立核算的企业专门从事技术研发，然后将研发的产品对外销售。

这两个方案，哪一个对飞翔公司更有利呢？

策划分析：

这笔业务看似简单，但是，涉及到税收政策却比较多。如果纳税人不能对相关政策作系统的了解、分析和研究，就可能产生认识误区。

对于方案一：飞翔公司内部成立技术研发部。

由于2017年该部门全年研究开发费用1 000万元，技术转让收入500万元，飞翔公司当年税前利润2 500万元（研究开发费用已全部计入当期损益，没有其他纳税调整），该事项涉及到营业税和企业所得税。

营业税：

根据财政部国家税务总局关于贯彻落实《中共中央国务院关于加强技术创新，发展高科技，实现产业化的决定》（财税〔1999〕273号）有关税收问题的通知，对单位和个人从事技术转让、技术开发业务和与之相关的技术咨询、技术服务业务取得的收入，免征营业税。也就是说，根据税法规定，技术转让收入免征营业税；

企业所得税：

实际发生的技术开发费1 000万元可以在所得税前扣除外，还可以加计扣除500万元，因此，2017年度飞翔公司应交企业所得税：

$$(2\,500-500)\times25\%=500\text{（万元）}$$

对于方案二：如果飞翔公司将研发部门独立出来，成立一家全资的高新技术企业或研发企业A公司。

在不考虑成立新公司所增加的管理费用的情况下，A公司取得的技术转让收入500万元，技术开发成本1 000万元，企业亏损实际发生亏损500万元。

所以，A公司无需缴纳企业所得税，享受不到企业所得税的税收优惠。

从飞翔公司整体利益的角度讲，如果将研发部门独立出来后，其1 000万元的研发费用将不再发生，换一句话说，就是该企业增加税前利润1 000万元。那么，飞翔公司的税前利润变为：

$$2\,500+1\,000-500=3\,000\text{（万元）}$$

飞翔公司应交企业所得税：

$$3\,000\times 25\%=750\text{（万元）}$$

两家公司合计应交企业所得税750万元。

策划结论：

在研发产品的销售收入为500万元的条件下，飞翔公司内部设立研发部更节税，可以少交企业所得税250万元（750-500）。

策划点评：

对于研发费用的涉税策划问题，这里引用普誉财税策划工作室提供的一个资料进行分析，试图证明技术能力必须是内生的，企业的技术创新必须加强自主研究开发。我国为激励企业技术创新，特别是对专门从事技术研究开发的高新技术企业出台了一系列税收优惠政策。对企业的研究开发业务，可以在企业内部设立研发部，也可以将此业务独立出来设立全资子公司，这样就给企业研究开发业务带来了纳税策划空间。

如果估计其开发产品的市场价值较大，其价值远远大于开发成本，则思路和以上分析正好相反，可以考虑将企业的研发部门分离出来。根据2008年1月1日实施的《企业所得税法实施条例》，一个纳税年度内，居民企业技术转让所得不超过500万元的部分，免征企业所得税；超过500万元的部分，减半征收企业所得税。技术转让所得，即技术转让收入减去技术开发成本。

如果估计企业的研发部门能够分离出来认定为国家需要重点扶持的高新技术企业，可以考虑将技术开发部门独立出来设立高新技术企业，享受高新技术企业的税收优惠。根据新《企业所得税法》，自2008年1月1日起，国家需要重点扶持的高新技术企业，减按15%的税率征收企业所得税。根据国发〔2007〕40号《国务院关于经济特区和上海浦东新区新设立高新技术企业实行过渡性税收优惠的通知》，对深圳、珠海、汕头、厦门和海南经济特区和上海浦东新区内在2008年1月1日（含）之后完成登记注册的国家需要重点扶持的高新技术企业，在经济特区和上海浦东新区内取得的所得，自取得第一笔生产经营收入所属纳税年度起，第一年至第二年免征企业所得税，第三年至第五年按照25%的法定税率减半征收企业所得税。

企业内部设研发部的税收优惠。2008年1月1日实施的《企业所得税法》和《实施条例》规定，开发新技术、新产品、新工艺发生的研究开发费用可以在计算应纳税所得额时加计扣除。研究开发费用，未形成无形资产计入当期损益的，在按照规定据实扣除的基础上，按照研究开发费用的50%加计扣除；形成无形资产的，按照无形资产成本的150%摊销。2008年12月10日，为了配合《企业所得税法》及其《实施条例》的实施，进一步规范企业研究开发费用的税务管理，国家税务总局下发了国税发〔2008〕116号《关于印发企业研究开发费用税前扣除管理办法（试行）的通知》，该通知对“研究开发活动”做出明确定义和具体范围，重新划定了“研究开发费用”的开支范围，细化了加计扣除的规定。该通知规定，企业根据财务会计核算和研发项目的实际情况，对发生的研发费用进行收益化或资本化处理的，可按下述规定计算加计扣除：1.研发费用计入当期损益未形成无形资产的，允许再按其当年研发费用实际发生额的50%，直接抵扣当年的应纳税所得额。2.研发费用形成无形资产的，按照该无形资产成本的150%在税前摊销。除法律另有规定外，摊销年限不得低于10年。

从以上税收优惠政策看出，对研究开发业务，软件企业实行增值税即征即退政策，技术转让和技术服务，所以税收策划主要是所得税的策划。

第28计：
折旧处理 酌情选择

【妙计提要】

设备使用会折旧，直线曲线有自由；如何选择看主体，税收经营无两可。

【本计内容】

固定资产折旧是固定资产在使用过程中因逐渐损耗而转移到产品成本中的那部分价值，而提取折旧是补偿固定资产价值的基本途径。折旧作为企业的一项经营费用或管理费用，其大小直接影响到企业的当期损益，进而影响到企业的当期应纳税所得额。我国税法和会计制度规定企业计提折旧的方法有多种，企业可以在税法规定的范围内，有选择地使用折旧方法，从而为投资人的利益增值做出相应的贡献。

但是，站在投资人的角度还是站在职业经理人的角度考虑折旧方法的选择，其效果是不同的。

【案例注释】

通过折旧策划税收是一个传统性的课题，因为折旧抵的话题一直存在。但是，不同的时期折旧政策不同……读者可能对上述的表述感觉难以理解。因此，这里我们结合实际案例对有关计策的操作原理做一个简要分析和解释。

年限确定有讲究　折旧结果税不同

天华公司取得了一辆价值1 500 000元的高档小轿车，残值按原价的10%估算，估计使用年限为8年。该企业适用25%的企业所得税税率。该企业资金成本为10%。按直线法年计提折旧额如下：

1 500 000 ×（1−10%）÷ 8 = 168 750（元）

折旧抵减企业所得税支出折合为现值如下：

168 750 × 25% × 5.335 = 225 070.31（元）

如果企业将折旧期限缩短为6年，则年提折旧额如下：

1 500 000 ×（1−10%）÷ 6 = 225 000（元）

折旧抵减企业所得税支出，折合为现值如下：

225 000 × 25% × 4.355 = 244 968.75（元）

尽管折旧期限的改变，并未从数字上影响到企业所得税税负的总和。但考虑到资金的时间价值，从上述计算结果可知，后者对企业更为有利。

但当税率发生变化时，企业延长折旧年限也可以节约更多的税负支出。

例如，该企业享受“减二免三”的优惠政策，如果高档小轿车为该企业第一个获利年度购入，而折旧年限为8年或6年，那么，哪个折旧年限更有利于企业节税呢？

8年和6年折旧年限的抵减企业所得税情况：

8年折旧年限的节税额：

= 168 750 × 12.5% × 3+168 750 × 25% × 2 = 21 093.75 × 3+42 187.5 × 2

= 147 656.25（元）

6年折旧年限的节税额：

= 225 000 × 12.5% × 3+225 000 × 25% = 28 125 × 3+56 250 = 1 687 550（元）

可见，企业延长折旧年限可以更多地抵减企业所得税支出。

按8年计提折旧，抵减企业所得税额折现如下：

21 093.75 ×（3.791−1.736）+42 187.5 ×（5.335−3.791）= 42 247.66+65 137.5

= 107 385.16（元）

按6年计提折旧，抵减企业所得税额折现如下：

28 125 ×（3.791−1.736）+56 250 × 0.564 = 57 796.88+31 725 = 89 521.88（元）

策划点评：

固定资产折旧是根据固定资产原值、预计净残值、预计使用年限或预计工作量、采用直线法或工作量（或产量）法计算出来的。对于固定资产折旧，税法规定按分行业财务制度的规定执行。而企业财务制度虽然对固定资产折旧年限作出了分类规定，但仍有一定的弹性。由于折旧年限本身就是一个预计的经验值，使得折旧年限容纳了很多人为的成分，这为税收策划提供了可能性。

缩短折旧年限有利于加速成本收回，可以使后期成本费用前移，从而使前期会计利润发生后移。由于资金存在时间价值，因前期增加折旧额，税款推迟到后期缴纳。在税率稳定的情况下，所得税的递延缴纳，相当于向国家取得了一笔无息贷款。

折旧方法好确定　操作结果难安排

天华公司取得的价值1 500 000元的高档小轿车，残值按原价的10%估算，估计使用年限为5年。该企业适用30%的企业所得税税率。五年内，该企业未扣除折旧的税前利润为50万元。如果公司可以在折旧方法上做出选择，那么公司应该采用哪一种折旧方法呢？下面我们不妨先对不同折旧方法下的税收情况作一个分析。

下面分别运用直线法和加速折旧的双倍余额递减法和年数总和法，计算企业每年的应纳所得税额。

1. 直线法

直线法又叫平均年限法，即以固定资产提的折旧总额除以预计使用年限，求出每年平均应提折旧额。即固定资产在其使用时间内是逐步地、平均地把它的价值转移到产品成本中去，它的转移价值是根据原始价值和平均使用期限计算的，固定资产转移价值的大小，同使用年限成反比。采用直线法时，年折旧额的计算公式如下：

年折旧额＝（固定资产原始成本-估计残值）÷估计有效使用年限

或年折旧额＝（固定资产原始成本-估计残值）×直线折旧率

其中，直线折旧率＝1÷估计有效使用年限×100%

按直线法年计提折旧额如下：

1 500 000 ×（1-10%）÷ 5 = 27（万元）

按直线法计算，该企业的应纳税所得额为：

第一年至第五年：500 000-1 500 000×（1-10%）÷5＝230 000（元）；

五年合计计提折旧：270 000×5＝1 350 000（元）。

2. 双倍余额递减法

双倍余额递减法是把一个固定的折旧率应用于固定资产逐年递减的账面余额（账面净值）。即：

每年折旧额 = 逐年递减的固定资产账面余额 × 固定折旧率

实际工作中应用的固定折旧率，常为直线折旧率的一定倍数。其公式为：

每年折旧额 = 逐年递减的固定资产账面余额 × 两倍直线折旧率

其中，两倍直线折旧率＝2×（1÷有效使用年限×100%）

按双倍余额递减法计算，该企业的应纳税所得额为：

第一年：500 000-1 500 000×2×1÷5×100%＝ -100 000（元）；

第二年：500 000-900 000×2×1÷5×100%-100 000＝40 000（元）；

第三年：500 000-540 000×2×1÷5×100%＝284 000（元）；

第四年：500 000-（1 500 000-1 176 000）÷2＝338 000（元）；

第五年：500 000-（500 000-392 000）÷2＝338 000（元）；

五年中合计计提折旧：60+36+21.6+16.2+16.2＝150（万元）。

3. 年数总和法或年限总和法。

采用年数总和法时，采用一个分子为固定资产尚可使用的年数，分母为使用年数数字总和的数字，去乘这一资产项目在有效使用年限内应折旧的总额（即原始成本减估计残值），以计算逐年的折旧额。其公式表达为：

每年折旧额＝（资产原始成本-估计残值）×（尚可使用年限数／年数总和）

如果其设备的使用年限为5年。则年数总和为1+2+3+4+5＝15，尚可使用年数第一年为5年，第二年初为4年，第三年初为3年，第四年初为2年，第五年初为1年。

按年数总和法计算，该企业的应纳税所得额为：

第一年：500 000-1 500 000×5÷15＝0（万元）；

第二年：500 000-1 500 000×4÷15＝10（万元）；

第三年：500 000-1 500 000×3÷15＝20（万元）；

第四年：500 000-1 500 000×2÷15＝30（万元）；

第五年：500 000-1 500 000×1÷15＝40（万元）；

五年中合计计提折旧：50+40+30+20+10＝150（万元）。

不同的折旧方法对于纳税人来说其意义在哪里呢？下面让我们再计算出三种折旧方法条件下所计提的折旧的现值：

在直线法条件下折旧的现值：

270 000 × 1+270 000 × 0.909+270 000 × 0.826+270 000 × 0.751+270 000 × 0.683 = 270 000 +245 430+223 020+202 770+184 410 = 1 125 630（元）

在双倍余额递减法条件下折旧的现值：

600 000 × 1+360 000 × 0.909+216 000 × 0.826+162 000 × 0.751+162 000 × 0.683 = 600 000 +327 240+178 416+121 662+110 646 = 1 337 964（元）

在年数总和法条件下折旧的现值：

500 000 × 1+400 000 × 0.909+300 000 × 0.826+200 000 × 0.751+100 000 × 0.683 = 500 000 +363 600+247 800+150 200+68 300 = 1 329 900（元）

通过计算我们可以发现，虽然三种不同方法计算出来的累计应纳所得税额的量是一致的，均为150万元。但是，第1年，运用双倍余额递减法计算折旧时应纳税额最少，年数总和法次之，而运用直线法计算折旧时应纳税额最多。再从资金的时间价值的角度来讲，在双倍余递减法条件下，企业收回的折旧现值最大，而在直线法条件下，企业收回的折旧现值最小。总之，运用加速折旧法，开头二、三年可以少纳税，把较多税款延迟到以后年份缴纳，相当于从政府那里取得一笔无息贷款。这对一些新办企业初期缓解资金较为紧张的情况是很有利的。

策划点评：

会计上计算固定资产折旧的方法很多，最常用的折旧方法有直线法、工作量法和加速折旧法。税法赋予企业固定资产折旧方法的选择权。（但选择加速折旧法须经批准，并且选择之后不能任意变更）出于固定资产折旧方法的选用直接影响到企业成本、费用的计算，因此，对固定资产折旧方法的选用，应当科学合理。

不同的折旧方法表现为在固定资产的使用年限内，计入各会计期或纳税期的折旧额会有差异，进而影响到各期营业成本和利润这一差异为税收策划提供了可能。在直线法下，计入各期的折旧额相同，从而使各期之间的损益相对均衡；在加速折旧法（即年数总和法和双倍余额递减法）下，前期折旧多而后期折旧少，从而使企业前期利润减少而后期利润增加。造成各纳税期利润波动较大。当企业所得税实行比例税率的情况下，虽然各种折旧方法总的看来影响纳税的金额相同，但加速折旧法滞后了纳税期限，可收到延缓纳税的好处。

在折旧方法策划上，是采用在线法还是采用曲线更好？这里的难点是要根据企业所处的政策环境去决定，不能简单粗暴的“决策”。

注意事项：

现行税法规定固定资产按照直线法计算的折旧，准予扣除。但是，国家税务总局《关于企业固定资产加速折旧所得税处理有关问题的通知》（国税发〔2009〕第081号）规定，企业拥有并用于生产经营的主要或关键的固定资产，由于以下原因确需加速折旧的，可以缩短折旧年限或者采取加速折旧的方法：一是由于技术进步，产品更新换代较快的；二是常年处于强震动、高腐蚀状态的。企业拥有并使用的固定资产需加速折旧的，可按以下情况分别处理：

其一、企业过去没有使用过与该项固定资产功能相同或类似的固定资产，但有充分的证据证明该固定资产的预计使用年限短于《实施条例》规定的计算折旧最低年限的，企业可根据该固定资产的预计使用年限和本通知的规定，对该固定资产采取缩短折旧年限或者加速折旧的方法。

其二、企业在原有的固定资产未达到《实施条例》规定的最低折旧年限前，使用功能相同或类似的新固定资产替代旧固定资产的，企业可根据旧固定资产的实际使用年限和本通知的规定，对新替代的固定资产采取缩短折旧年限或者加速折旧的方法。

企业拥有固定资产并采取加速折旧方法的，可以采用双倍余额递减法或者年数总和法。根据现行税法规定，加速折旧方法一经确定，一般不得变更。

加速折旧好政策　经营当局未必行

天华公司有一台设备原值为100万元时，使用期限为5年，不考虑残值。该企业10年内未扣除的年利润维持在27万元。采用直线法时计算如下：

年折旧额100/5＝20（万元）；

扣除折旧后的年利润＝27-20＝7（万元）；

年应纳税额＝7×25%＝1.75（万元）；

五年合计应缴纳企业所得税为：1.75×5＝8.75（万元）。

当采用双倍余额递减法提取折旧时，

第一年应缴纳所得税额：27-100×2÷5＝-13（万元）；

第二年应缴纳所得税额：27-60×2÷5-13＝-10（万元）；

第三年应缴纳所得税额：27-36×2÷5-10＝2.6（万元），应缴纳所得税：2.6×25%＝0.65（万元）；

第四年应缴纳所得税额：27-10.8＝16.2（万元），应缴纳所得税：16.6×25%＝4.15（万元）；

第五年应缴纳所得税额：27-10.8＝16.2（万元），应缴纳所得税：16.6×25%＝4.15（万元）。

五年合计应缴纳企业所得税为：0.65+4.15+4.15＝8.95（万元）。

从上述计算结果可以看出，采用直线法使企业承担的税负比采用加速折旧法要轻一些。这是因为直线法使折旧额摊入成本的数量平均，所以税负较轻。而加速折旧法把利润集中在后两年，使后两年的利润比前两年多。尽管如此，很多企业仍乐于采用加速折旧法，因为已经提足折旧的固定资产仍可为企业服务，却没有占用企业资金，这项秘密资金的存在给企业未来的经营亏损提供了避难所，也给经营者提供一个较为宽松的财务环境，因此，加速折旧对企业经营者是有利有弊。就企业经营来说，加速折旧与延缓折旧对企业利润及所得税的影响是税收策划应该考虑的问题。

策划点评：

企业采用什么折旧方法在静态的角度来说没有什么区别，因为在利润率和适用所得税率不变的情况下，企业的固定资产损耗总是要补偿的，而从动态的角度来分析，就有不同折旧方法所补偿的时间早晚之分。但是，实际情况就复杂得多，由于不同折旧方法造成的年折旧提取额的不同，直接关系到利润额受冲减的程度，所以在不同的税制条件下，所产生的效果也是不同的。如果企业所在国家实行的是累进税率，采用加速折旧法就会使企业增加企业所得税的支出，致使经营者可以支配使用的经营资金减少，一部分资金以所得税的形式流失，而采用直线法则可以为企业节税提供可能。

策划提示：

固定资产折旧方法的选择将直接影响当期产品成本水平，对当期利润与税金支付产生作用，而且会影响企业折旧基金的累积速度与规模，对企业生产经营决策产生影响，因此对固定资产折旧进行合理的税收策划十分必要。但在策划时，应注意以下几个问题：

其一：折旧策划不一定使某年税款支付最小化。

首先需要指出的是，税收策划的根本出发点是服务于企业的生产经营目标，表面上看税收负担尽可能少，但并非恒定不变，企业经营活动追求的目标相当复杂，投资报酬率、投资风险、投资回收速度、资本结构等都可能是其考虑的因素。因此，折旧税收策划应符合企业经营目标为最终方向，以实现股东利益最大化为最终目的，而并非只考虑税款负担最低。固定资产按照自建、购买、盘盈、接受投资、接受赠与等不同方法其原值计价方法各不相同；净残值率内资企业一般在5%以内，外资企业不得超过10%；企业一般按直线法提取折旧，特殊情况（如促进技术进步、环境保护、常年遭受高强度使用或强腐蚀）可以适用加速折旧等。这些方法的差异要求企业在进行策划时必须对这些具体而复杂的法律条款十分清楚，把握好策划方法选择的尺度，否则不仅会丧失税收策划收益，还会因为方法选择不当而遭受不必要的经济损失。此外，在选择折旧方法时，切忌简单将某一年度的折旧额与折旧抵税款进行比较，而应该将企业全部折旧年限内所产生的折旧额与折旧抵税额按市场利率（投资收益率）进行现值折算，再进行比较。在不触犯政策、法规和不损害企业市场信誉的前提下，尽可能延迟税款资金的支付时间，控制税款现金支付的速度，尽量取得资金的时间价值。总之，它是一种动态的贴现综合比较，而不是静态的单一价值比较。

其二：折旧策划不一定使用加速折旧方法。

一般认为：在比例税率下，采用加速折旧方法比较有利，这可以使纳税人在早期计入更多折旧额，从时间价值的角度来看，取得其资金的时间价值；而在累进税率制中则采用平均年限法有利，可避免利润的波动而提高所适用税率，从而增加税负。由于我国的企业所得税使用比例税率，那么我国企业进行折旧的税收策划就是尽可能的使用加速折旧。但是对于那些小型企业就并非如此，在以下三种情况下，采取加速折旧须慎重。

一是税收减免期不宜加速折旧。企业所得税目前实行比例税率，固定资产在使用前期多提折旧，后期少提折旧，在正常生产经营条件下，这种加速折旧的做法可以递延缴纳税款。但若企业处于税收减免优惠期间，加速折旧对企业所得税的影响是负的，不仅不能少缴税，反而会多缴税。

二是加速折旧须考虑5年补亏期。由于税法对补亏期限作了严格限定，企业必须根据自身的具体情况，对以后年度的获利水平作出合理估计，使同样的生产经营利润获得更大的实际收益。特别对一些风险大、收益率高且不稳定的科技企业更要合理规划，避免加速折旧给企业带来不利影响。

三是加速折旧应从企业整体利益考虑。在现行体制下，我国企业的会计报告一般应向工商、税务、财政、金融等部门及投资各方提供，上市公司还需定期向社会公众公告其财务报告。财务报告是反映企业某一特定日期财务状况和某一会计期间经营成果、现金流量的文件，报告使用人据此可计算销售净利率、资产周转率、净资产收益率、资产负债率等财务指标，以判断企业的盈利能力、偿债能力、成长发展能力、资产运营状况等，作为决策的主要依据。

其三：折旧税收策划不一定就是尽量缩短折旧年限。

一般认为，尽可能在较短的折旧期间内收回投资，有利于税收策划目标的实现。

这存在着两条途径：一是在折旧期间既定的情况下先加速折旧，二是在折旧方法既定的情况下选择缩短折旧期限。如果考虑到税收减免等政策的存在（尤其是期间减免政策），减免期间折旧的大小最终对税收负担的影响是无关的，即在减免期间，并不存在折旧抵税效应，那么对企业有利的处理方法是减少减免期间的折旧额，从而在减免期满之后，使折旧抵税作用最大。这种选择方法的思路是在法律规定的范围内适当延长折旧期，而并非一味缩短折旧期。由于税法一般只规定了折旧的最低年限，该策划方法还是可行的。由于税法中大量存在着减免税等政策，在特定情况下延长折旧期取得税收策划收益还是可行的。

其四：折旧税收策划应注意对现行税收政策及运行环境的策划。

折旧基金主要是用于固定资产价值补偿，但由于我国现行税法对固定资产的成本补偿主要根据账面成本，在补偿期间如果物价水平发生剧烈变动，将对其有效投资产生影响，可能导致企业税负加重或税收策划收益丧失。如果预期物价将长期上升，则应尽快采用加快折旧法，一方面可以加快投资收回速度，将收回的价值补偿用于再投资，减少物价水平上升的投资风险；另一方面可以利用税收档板效应，延缓税收支付现金流出量，从而使企业在物价上涨前期拥有较多的现金流量进行投资，获得收益再用于后期的税款支付。而预计物价将持续下降，则应采用直线法折旧，这时候可以保证紧缩时期企业税收负担的平均，相对于加速折旧，折旧年限在紧缩后期的税收负担较低，税后利益较大，可以利用其货币价值较高的购买力进行投资更新。

背景材料：

1．“两则”中有关折旧的规定为折旧方法的选择提供了可能。

1993年7月1日财政部颁布的《企业财务通则》第四章第十八条规定：固定资产的分类折旧年限、折旧办法以及计提折旧的范围由财政部确定。企业按照国家规定选择具体的折旧方法和确定加速折旧幅度。

《企业会计总则》第三章第十三条规定：固定资产折旧应当根据固定资产原值、预计净残值、预计使用年限或预计工作量。采用平均年限法或者工作量（或产量）法计算。如符合有关规定，也可采用加速折旧法。

2．税法中有关折旧的规定为方法选择提供了税收法律依据。

《中华人民共和国企业所得税条例实施细则》第四章第二十六条规定：固定资产的折旧年限，按照国家有关规定执行，固定资产的折旧，原则上采用平均年限法（直线法）和工作量法计算，纳税人需要采用其他折旧方法的，可以由企业申请，逐级报省、市、自治区税务局批准。

3．《财政部 税务总局关于扩大固定资产加速折旧优惠政策适用范围的公告》（财政部 税务总局公告〔2019〕66号）

为支持制造业企业加快技术改造和设备更新，现就有关固定资产加速折旧政策公告如下：

一、自2019年1月1日起，适用《财政部 国家税务总局关于完善固定资产加速折旧企业所得税政策的通知》（财税〔2014〕75号）和《财政部 国家税务总局关于进一步完善固定资产加速折旧企业所得税政策的通知》（财税〔2015〕106号）规定固定资产加速折旧优惠的行业范围，扩大至全部制造业领域。

二、制造业按照国家统计局《国民经济行业分类与代码（GB/T 4754-2017）》确定。今后国家有关部门更新国民经济行业分类与代码，从其规定。

三、本公告发布前，制造业企业未享受固定资产加速折旧优惠的，可自本公告发布后在月（季）度预缴申报时享受优惠或在2019年度汇算清缴时享受优惠。

《财政部 国家税务总局关于完善固定资产加速折旧企业所得税政策的通知》（财税〔2014〕75号）和《财政部 国家税务总局关于进一步完善固定资产加速折旧企业所得税政策的通知》（财税〔2015〕106号）规定以下行业可以实行加速折旧：生物药品制造业，专用设备制造业，铁路、船舶、航空航天和其他运输设备制造业，计算机、通信和其他电子设备制造业，仪器仪表制造业，信息传输、软件和信息技术服务业、轻工、纺织、机械、汽车等10个行业。

第29计：业务分裂 负担下降

【妙计提要】

一揽合同经常有，操作习惯去将就；不知混合两业务，税率从高来征收。

【本计内容】

现行税法规定，一项销售行为如果既涉及服务又涉及货物，为混合销售。从事货物的生产、批发或者零售的单位和个体工商户的混合销售行为，按照销售货物缴纳增值税；其他单位和个体工商户的混合销售行为，按照销售服务缴纳增值税。根据上述规定，纳税人就可能发生本应以低税率纳税的事项缴了比较高的税收负担。

为了解决部分行业在营改增以后税收负担上升问题，后来，国家税务总局又对部分与建筑业务有关的事项进行了政策调整和补充。但是，日常业务已经忙得不可开交的纳税人，哪有时间去闯荡“文山会海”？不过税务机关的管理方法越来越到位，有些地方对兼营不同税率产品（或应税劳务）或者既从事应税项目，又从事免税项目的企业管理要求特别严格，纳税人一不小心就可能被当地税务机关认定为偷税。

有没有办法避免这些问题的发生呢？税收策划专家告诉你，可以运用业务分裂之计，将复杂的事情简单做。

【案例注释】

在实践过程中，许多企业财务人员对混合销售和兼营业务总是划分不清楚，导致有关企业多缴了不少冤枉税……这里我们结合实际案例对有关计策的操作原理做一个简要分析和解释。

混合业务定销售　税收策划走前头

天宏纺机有限公司是生产纺机设备流水线的专业厂家，2016年实现销售收入90 000万元。由于该厂既负责流水线设备的生产，又负责设备的安装（其中包括现场设计项目在内），其中流水线设计安装费用占销售收入的30%，取得可以抵扣增值税的进项税额合计为11 000万元（其中，用于安装业务的进项税额占10%），所以，增值税的税收负担率为4.78%。企业的税收负担率一直较高。此外，由于流水线的安装期限较长，短的要半年，长的要一年，会计对销售的时间常常把握不准，税务机关每次检查都会有这样那样的问题被查出。因此，该企业的负责人苦恼不已。最近，该企业财务科的王科长向笔者咨询有无解决问题的良策。

策划分析：

根据《中华人民共和国增值税暂行条例》第一条规定，在中华人民共和国境内销售货物或者加工、修理修配劳务（以下简称劳务），销售服务、无形资产、不动产以及进口货物的单位和个人，为增值税的纳税人，应当依照本条例缴纳增值税。因此，天宏纺机有限公司生产的纺机设备流水线并为其提供设备安装和调试业务需要计算缴纳增值税。其中设备销售适用税率为17%，提供建筑安装业务的适用税率为11%。

但是，根据天宏纺机有限公司的实际情况，该企业的业务属于税法中的混合销售。

根据《财政部 国家税务总局关于全面推开营业税改征增值税试点的通知》（财税〔2016〕36号）附件1：《营业税改征增值税试点实施办法》第四十条规定，一项销售行为如果既涉及服务又涉及货物，为混合销售。从事货物的生产、批发或者零售的单位和个体工商户的混合销售行为，按照销售货物缴纳增值税；其他单位和个体工商户的混合销售行为，按照销售服务缴纳增值税。

这里所说的从事货物的生产、批发或者零售的单位和个体工商户，包括以从事货物的生产、批发或者零售为主，并兼营销售服务的单位和个体工商户在内。因此，在操作过程中应该注意量的规定性。以上所说的从事货物生产、批发或零售的企业、企业性单位及个体经营者，包括以从事货物的生产、批发或零售为主，并兼营非应税劳务的企业、企业性单位及个体经营者在内。具体是指纳税人的年货物销售额与服务营业额的合计数中，年货物销售额超过50%，服务营业额不到50%。

策划意见：

根据天宏纺机有限公司的实际情况，专家提出“成立专业安装公司，进行分类核算”的策划构想。这个方案是否可行呢？如果实施这个方案，其结果又将如何呢？下面我们来做一个验算：

方案一，一个公司操作混合销售业务。我们假设2017年度的销售水平与2016年度持平，全年实现销售收入90 000万元。由于该厂既负责流水线设备的生产，又负责设备的安装，取得可以抵扣增值税的进项税额合计为11 000万元，那么，全年缴纳增值税：

$$90\,000 \times 17\% - 11\,000 = 4\,300（万元）$$

方案二，通过企业分立，将混合销售业务分拆为二。

1. 甲公司的纳税情况：

我们假设2017年度的销售水平与2016年度持平，全年实现销售收入90 000万元。其中甲公司既负责流水线设备的生产，取得可以抵扣增值税的进项税额合计为7 700（11 000×17%）万元，那么，全年缴纳增值税：

$$90\ 000\times70\%\times17\%-11\ 000\times90\%=10\ 710-9\ 900=810\text{（万元）}$$

2. 乙公司的纳税情况

我们假设2017年度的销售水平与2016年度持平，乙公司负责设备的安装（其中包括现场设计项目在内），其中流水线设计安装费用占销售收入的30%，那么，全年缴纳增值税：

$$90\ 000\times30\%\times11\%-11\ 000\times10\%=2\ 970-1\ 100=1\ 870\text{（万元）}$$

3. 两个公司合计缴纳增值税

$$810+1\ 870=2\ 680\text{（万元）}$$

策划结果：

将策划前后的情况做一个分析和比较，策划前合计缴纳增值税4 300万元，策划后合计缴纳2 680万元，经过策划，节税1 620万元。

经过精心策划，组建独立核算安装公司，将本来应当缴纳17%的增值税的部分安装业务转换成按11%缴纳增值税，仅此一项就少缴增值税1 620万元，此外也使销售环节的会计核算问题得到了解决。

策划点评：

应该肯定，对企业进行专业化的组织和经营，是税收策划的重要途径。翻开我国的税收法规，我们不难发现，有关税收制度政策的设置体现出对专业性生产和协作的认可和支持，对“大而全、小而全”的全能企业的税收“待遇”则是从紧掌握的。

而这个精神主体体现在混合销售业务和价外费用的界定上。

《增值税暂行条例》第六条规定：纳税人的销项税额为纳税人销售货物或者应税劳务向购买方收取的全部价款和价外费用。《增值税暂行条例实施细则》第十二条明确规定：条例所称价外费用，是指价外向购买方收取的手续费、补贴、基金、集资返还利润、运输装卸费、奖励费、违法金、包装费、包装物租金、储备费、优质费、代收款项、代垫款项及其他各种性质的价外收费。在这个规定中就提到部分混合业务，如运输装卸费、包装物租金、仓储费等。再比如对销售货物的企业代为用户安装、维修的“三包”业务，按照国家税务总局《关于印发〈增值税问题解答（之一）〉的通知》（国税函发〔1995〕288号）第八条规定：“经销企业从货物的生产企业取得的‘三包’收入，应按照‘修理修配’征收增值税”，等等。根据这些规定，对那些货物生产和经营单位的混合销售行为，就难免会征收税率较高的增值税了。

举一反三：

某大型商城的财务部李经理于2016年12月底对该商城的经营情况作综合分析时发现：该商城在2016年度销售各种型号的空调器5 243台，取得安装调试和维修服务收入953 860元；销售热水器4 365台，取得安装调试及维修服务收入358 540元，两项收入合计1 312 400元，实际缴纳增值税190 690.60元。这一块的税收负担的确不轻！

李经理觉得这笔税缴得有些"冤"。为了寻求一个妥善的办法，他向当地的咨询专家讨教。咨询专家与李经理一起学习了国税函〔1995〕288号文件和国税发〔1997〕167号文件关于"三包"业务以及平销行为的规定，进一步核查了企业财务核算情况，没有发现核算上的差错，于是给出如下建议：

一是企业应走专业化发展的道路，建立专业服务公司，从而进一步满足消费者对服务越来越高的需要。

二是采用适当的组织形式。组建具有独立法人资格的专业服务公司，在财务上实行独立核算，独立纳税，在业务上与生产厂商直接挂钩，与商城配套服务。

三是完善经济业务关系。将原来生产厂家与商城的双重业务关系，改为生产厂家与商城的关系是单纯的货物买卖经销关系，生产厂家与专业服务公司关系是委托安装、委托维修服务的关系。

根据这个思路，假设该商城2017年度经销的空调器和热水器数量不变，那么专业服务公司接受委托安装服务的收入金额为4 312 400元，适用11%税率征收增值税，则公司应纳增值税的差额为：

$$4\,312\,400 \times (17\%-11\%) = 258\,744\text{（元）}$$

经过以上策划，从企业整体利益的角度讲，企业实际少缴税款258 744元。按照这个思路，对于那些商业集中的街区可以走专业化协作的道路，根据产品的技术特点组建相应的专业服务机构，比如空调安装维修服务中心、电梯安装维修服务中心以及热水器安装维修中心等等。这样一方面可以集中大量的专业技术人员，强化有关项目的技术管理，提高技术服务的质量；另一方面又可以享受低税率待遇，这对于消费者来说，也是一个福音，这种三赢的策划策略何乐而不为呢？

由此可见，营销过程中用好税收策划可以为企业带来巨大的经济收益。营销策划作为一个方兴未艾的行业，已经被广大企业认可和接受。市场营销已经成为现代企业经营过程中一个不可缺少的组成部分，企业越来越离不开市场营销。从某种意义上说，市场营销决定了企业的命运。但是企业在营销过程中往往忽视了另一个重要问题——税收问题。因为一个企业从成立到解散的每一个环节者涉及税收问题，企业搞营销策划同样也涉及纳税问题。即使是再好的营销策划方案，如果忽视了纳税问题，就实现不了营销的目标，达不到提高企业经济效益，实现利润最大化的目的。所以，企业在营销的过程中要进行税收策划，努力实现企业营销和税收策划的有机结合，通过税收策划来帮助企业降低营销成本，减轻企业税收负担。这样才能更好地发挥营销作用，实现企业的最终目的。

企业需要注意的是，要做好企业税收策划工作，需要企业各部门的紧密配合。不然，只有企业的财务人员做税收策划，而其他部门不做相应的配合，许多策划就将变成一句空话。所以，不论是企业的财务人员还是企业的营销人员都要懂得税收策划，这样在企业生产经营过程中才能降低企业税收成本。

分拆零售和修理　两个公司来纳税

金龙机电设备经营有限公司为增值税一般纳税人，2016年度实现不含税销售收入2 040万元，其中机电设备经营业务收入为2 000万元，设备修理收入为40万元。该公司当年设备采购取得增值税进项税总额为306万元，修理用耗材的增值税进项税额为2万元。因此2016年该公司按照税法规定缴纳增值税为：

$$2\ 040 \times 17\% - 306 - 2 = 38.8\text{（万元）}$$

为了降低税负，商行经人指点，2017年将设备经营和修理收入划分为两部分，分别核算，即设备经营以一般纳税人核算并申报纳税，而设备修理则按小规模纳税人单独核算处理，并按小规模纳税人的计税方法进行申报纳税。

金龙机电设备经营有限公司的负责人王小华认为，只要将这两部分业务在财务上分别核算，增值税上就可以分别按17%和3%的征收率纳税了。

2017年，金龙机电设备经营有限公司保持了上年度的经营水平，共取得设备经营收入2 000万元，修理工时费收入40万元。该公司分别按17%和3%申报缴纳增值税，按17%计算缴纳增值税为：

$$2\ 000 \times 17\% - 306 = 34\text{（万元）}$$

按3%计算缴纳增值税为：

$$40 \times 3\% = 1.2\text{（万元）}$$

以上两项合计申报纳税：

$$34 + 1.2 = 35.2\text{（万元）}$$

金龙机电设备经营有限公司以为，将公司的收入划分为机电设备经营收入和修理工时费收入两部分后，少缴纳了税收3.6万元（38.8−35.2）。

可是，主管税务部门在2018年初纳税评估中，发现金龙机电设备经营有限公司适用了两个不同的税率和征收率。经约谈了解情况后，税务部门通知该公司纠正了这一做法，并要求该公司补缴少缴纳的增值税3.6万元，同时按规定进行了加收滞纳金等处理。对此处理金龙机电设备经营有限公司的负责人王小华感到不解，公司所从事的两种业务难道不能分别核算、分别纳税吗？

咨询专家解释：

作为增值税一般人的金龙机电设备经营有限公司所从事的两种业务，其适用税率都是17%，为能通过分别核算降低征收率。如果想将修理部分的业务以较低的税率（征收率）纳税，比较可行的办法是另外再设立一家修理公司，并将修理公司认定为小规模纳税人即可。

业务分割有方法　策划得当可节税

“自己的货物自己送到客户的手上”，许多经营者常常这样想，当然也是这样做的，在讲究服务竞争和售后服务的今天尤其如此。其实，这样操作即不符合专业化管理的要求，服务质量难以提高，又在税收上吃了亏。

地处一大城市郊区的某企业系一般纳税人，主要从事工业用乙炔气的生产和销售，年生产乙炔气体50 000瓶。为了保证乙炔气的销售，该企业购买了2辆卡车专门进行送货，平均每瓶气需花费6元钱的运输费用并在销售乙炔气时加价收回。该企业的车辆耗油所含的增值税进项税额为5 000元。

政策分析：

我国目前税法对企业从事混合业务是从高征税的，《增值税暂行条例》第六条规定：纳税人的销售项税额为纳税人销售货物或者应税劳务向购买方收取的全部价款和价外费用。《增值税暂行条例实施细则》第十二条明确规定：条例所称价外费用，是指价外向购买方收取的手续费、补贴、基金、集资返还利润、运输装卸费、奖励费、违法金、包装费、包装物租金、储备费、优质费、代收款项、代垫款项及其他各种性质的价外收费。根据这个规定，该企业仅销气加收的运费就应缴纳增值税额为：

$$6 \times 50\,000 \div (1+17\%) \times 17\% - 5\,000 = 38\,589.74\text{（元）}$$

企业在运输方面的税收负担为12.87%。作为自备的专用车辆，平时常常在家休息待命，车辆的使用效率不足60%。由于当地乙炔气的生产销售竞争比较激烈，企业没有多少利润可言，再加上税收负担过重，企业步履维艰。

为了减少税收支出，该企业采用对小规模纳税人销售不入账的办法瞒报销售，2011年少申报销售353 820元，偷税60 149.40元，结果受到税务机关的严肃查处。

策划思路：

其实，如果该企业按照专业化管理的要求，建立专业性的、实行独立核算的物流配送公司，不仅可以提高企业的管理效益，而且还可以收到节税的效果。

以该企业为例，该企业将两辆卡车转让给物流配送公司，并与该公司签订长期的紧密型合作伙伴关系合同，物流配送公司随时为企业提供一切物流配送服务，物流配送公司按正常的标准向企业收取服务费用，则该公司应缴纳的税收是3%的增值税（当地的物流企业已经“税改”，且小规模纳税人企业的增值税率为3%）：

$$3\ 000\ 00 \times 3\% = 9\ 000（元）$$

比原来少缴税29 589.74元（38 589.74−9 000），税收负担下降了76.68%。

据了解，该企业所处的邻近几个乡镇就有9家规模相当的乙炔生产厂家，其企业的情景与该厂大同小异，如果这些乙炔生产厂商都以此思路操作，联合组建一个物流配送公司，其节税一年就是近30万!不仅如此，各企业也都能够节省车辆和人工上的各项开支，从而提高企业的经营效益和管理效益。

策划点评：

以上的策划原理可以推而广之，目前我国的中小型企业绝大多数都配有自己的运输工具，有的甚至还配备了非独立核算的车队。其实，这种全能型经营思想已经落伍了，在现代化大生产时代，讲究专业分工，协作生产和服务。现在，向货主提供全程代理服务，即第三方物流业已经成为一种新兴产业，它将所有与物资配送有关的业务交由第三方业者，实现专业化、社会化的物流服务，从而帮助企业提高生产力，减少劳动力，削减成本，能为企业尤其是中小企业减少二至三成的经营成本。正因为如此，第三方物流在国外，其中尤其是在发达国家十分受欢迎。有鉴于此，我国企业也应该顺着税收政策所体现的产业导向，适时组建物流配送专业公司，在提高劳动生产率的同时，降低税收成本。

以前多数一般纳税人企业在处理运输业务问题上存在一个“老大难”问题，取得联营企业、个体运输专业户所提供的运输服务发票，绝大多数不能抵扣增值税进项税额，无形中增加了企业的税收成本，影响了企业的生产经营效益。不过，这里需要提醒读者注意的是，《财政部 国家税务总局关于全面推开营业税改征增值税试点的通知》（财税〔2016〕36号）规定对物流企业由营业税改征增值税，上述业务的操作思路应当根据政策的变化而相应的变化。在改为增值税的条件下，可以考虑将物流业务分割出来，因为物流业务的增值税适用税率为11%，而小规模纳税人的征收率为3%，两者相关较大。

策划难点：

在采购和销售环节，都存在运输问题。从表面上看，运输问题比较简单，但是，如果从税收的角度来作一个具体分析，我们就可以发现，其中还比较复杂：其一，车辆由谁提供？其二，发票由谁开具？从车辆的提供来说，可以由供货方提供，也可以由购买方提供，当然也可以由第三方提供，而由谁提供，都可以将有关货物运输到目的地。但是，涉及的税收待遇却是不同的。至于运输者怎样提供运输发票，税法也有具体的规定。将这些相关事项具体地分析清楚，然后再进行具体操作，的确存在一些难点。

第30计：项目计税异 策划可转换

【妙计提要】

经营项目名称异，业务流程巧设计；计税政策各不同，最终负担可从低。

【本计内容】

经营者以一定的资源从事生产和经营活动，必然取得相应的收入，同时，也会发生相应的费用。在现行税制条件下，从收入的角度讲，可能被课征16%、10%或者6%，而费用如何确定，也可能决定计税基础……如果纳税人所涉及的收入和费用在归集过程中能够进行适当的处理，就可能收到预期的效果。比如收入形式调整、费用分离技术、费用转换技术等，都是纳税人可以采用的方法。

【案例注释】

对收入项目的调整和费用列支技术处理是一道比较复杂的业务，本计便是笔者实践的一个总结。读者可能对上述的表述感觉难以理解。因此，这里我们结合实际案例对有关计策的操作原理做一个简要分析和解释。

租赁仓储巧转换　双赢策划天地宽

大成房屋开发公司（以下简称大成公司）是某地省会城市的一大型房地产开发企业，2017年公司在该城市的郊区突击开发出大片房屋（按工业园配套设计），造成大量闲置。为了盘活存量资产，公司的管理者决定将这些房屋改作库房对外出租，以便使投资人的利益最大化。

由于大成公司的十栋多功能商品房处于该市港口和车站之间，可以作为水陆交通转换的连接点，于是被某大型跨国零售企业看重。经过多次协商，该跨国公司决定承租大成公司的十栋库房（价值38 000万元），租赁期限为10年。仅2018年一年就可以取得租金收入4 500万元，为企业获得了新谋利渠道。

但是，该企业的董事长知道税收策划咨询服务产品已经得到官方认可，从此企业可以放心大胆地请咨询专家来企业做策划。于是，他就想到，应当聘请咨询专家就该笔业务的合同如何签署做一个现场服务。

策划分析：

2018年1月18日，笔者应大成公司的邀请，到该公司对房屋出租一事进行专项策划服务。

通过现场考察：大成公司就该房产经营的基本意向是提供出租。如果按照这个意向去操作，2018年取得收入4 500万元的租金收入，该公司应当缴纳如下税收（当地的城市维护建议税的适用税率为7%，教育费附加征收率为3%，这里不去计算）：

当年应缴纳增值税的销项税额为：

4 500 ÷（1+11%）× 11% = 445.95（万元）

当年应当计算缴纳房产税为：

4 500 ÷（1+11%）× 12% = 486.49（万元）

当年应当增值税的销项税额和房产税合计为：

445.95+486.49 = 932.44（万元）

有没有办法降低税收成本？回答是肯定的。大成公司与笔者经过进一步磋商达成税收策划协议之后，我们又为大成公司的上述经营活动进行税收策划。

操作策划：

根据《财政部 国家税务总局关于全面推开营业税改征增值税试点的通知》（财税〔2016〕36号）附件1《营业税改征增值税试点实施办法》附《销售服务、无形资产、不动产注释》第一条第六款第4项明确，物流辅助服务，包括航空服务、港口码头服务、货运客运场站服务、打捞救助服务、装卸搬运服务、仓储服务和收派服务。其中，仓储服务，是指利用仓库、货场或者其他场所代客贮放、保管货物的业务活动。

因此，如果公司与客户进行友好协商，继续利用库房为客户存放商品，但将租赁合同改为仓储保管合同，增加服务内容，配备保管人员，为客户提供24小时服务。假设提供仓储服务的收入约为4 500万元，收入不变，其税收情况将会出现变化。

2018年取得收入4 500万元为仓储保管收入，该公司应当缴纳如下税收（当地的城市维护建议税的适用税率为7%，教育费附加征收率为3%，这里不去计算）：

当年应当缴纳增值税的销项税额为：

4 500 ÷（1+6%）× 6% = 254.72（万元）

当年应当计算缴纳房产税为：

38 000 ÷（1+11%）×（1−30%）× 1.2% = 287.57（万元）

当年应当缴纳增值税的销项税额和房产税合计为：

254.72+287.57 = 542.29（万元）

两种经营方式的税收比较：

932.44−542.29 = 390.15（万元）

策划结论：

两项比较可以看出，经仓储保管的方式经营比房屋租赁的方式经营每年少缴增值税191.23万元（445.95-254.72），少缴房产税198.92万元（486.49-287.57）；一年中可以少缴两税合计390.15万元，那么，该项目的合作期限为10年，就可以节约税收合计3 901.50万元！

当然，将房屋出租变为仓储之后，公司需要增加经营成本，如需增加保管人员的工资费用、办公费用和其他管理费用等。对此我们认为：公司可以进行综合性税收策划，作为公司的仓储管理，技术要求不高，因此在招收职工时可以录用遵章守纪、责任心强的下岗职工，而录用下岗职工公司又可以享受有关税收优惠，从而进一步降低企业的经营成本。

大成公司董事会成员看了策划建议之后喜出望外，立即派人与客户联络。跨国公司见改变操作方案后，不仅经营费用没有增加，反而降低了经营费用和管理费用，于是欣然接受。此次税收策划活动既满足了税收法规的要求，又满足了客户的需要，同时又达到了节税的目的。

策划点评：

这个策划案例具有一定的代表性。现在部分房屋开发公司存在大量的空关房，社会闲置资源重新组合在所难免。如何在利用好闲置资源的同时，又降低税收成本，使企业能够在依法纳税的前提下，保持在较低的经营成本运行状态，是值得我们研究的课题。在实践中，税法往往规定了两个以上的纳税可能性，以房产税的征收方法而言，由于房产税计税公式的不同，必然导致应纳税额的差异，这就为纳税人进行税收策划提供了机会。

结合本案的实际情况，要降低房产经营业务的税收负担，必须完成房屋租赁与库房仓储的转换，这是问题的关键。在这个环节进行税收策划，要明确租赁与仓储的含义。所谓房屋租赁是指租赁双方在约定的期间内，出租方将房屋的使用权让渡给承租方，并收取租金的一种经营方式；仓储是指在约定的期间内，房产所有人用该房产代客贮存、保管货物，并收取仓储费的一种经营方式。不同的经营方式适用不同的税收政策法规进行征税，这就为税收策划提供了可能。

这里注意房产税的平衡点，当：租金收入金额×12%＝房产原值×（1-30%）×1.2%。

即：租金收入金额/房产原值＝7%时，换一句话说，当年营业额小于房产原值的7%时，租赁业务的房产税的税收负担低于仓储保管服务的税收负担水平。

当然，需要特别注意的是，进行有关业务的税收策划必须具有真实性、合法性，不能挂羊头卖狗肉，同时能够满足客户的利益要求。否则，再好的设想也不能取得理想的效果。

【背景资料】

根据《财政部 国家税务总局关于全面推开营业税改征增值税试点的通知》（财税〔2016〕36号）规定，不动产租赁服务，销售不动产，转让土地使用权，税率为11%，而现代服务业的适用税率为6%。

《房产税暂行条例》及有关政策法规规定：租赁业与仓储业的计税方法不同。房产自用的，其房产税依照房产余值1.2%计算缴纳，即：应纳税额＝房产原值×（1-30%）×1.2%（注：房产原值的扣除比例各省、市、自治区可能略有不同）；房产用于租赁的，其房产税依照租金收入的12%计算缴纳，即：应纳税额＝租金收入金额×12%。

费用分离有技术　关键流程要合理

江苏华天企业（集团）公司2014年初计划兴建一座花园式工厂，工程分两部分：一部分为办公用房以及辅助设施，包括厂区围墙、水塔、变电塔、停车场、露天凉亭、游泳池、喷泉设施等建筑物，总计造价为1亿元，另一部分为厂房。

业务分析：

这里存在两个问题，一是房产原值的确认。如果1亿元都作为房产原值的话，该企业自工厂建成的次月起就应缴纳房产税，每年应纳房产税（扣除比例为30%）为10 000万元×（1-30%）×1.2%＝84（万元），这84万元的税负只要该厂存在，就不可避免。如果以20年计算，就将是1 680万元。企业感到税收负担太重，希望寻找节税的方法和途径。

二是土地价值的分摊对房产税的影响。如果2013年3月1日征用100亩（66 666.66平方米）土地，支付土地出让金500万元。企业按50年摊销。2013年6月份，动用5 000平方米（长100米，宽50米）兴建A厂房。在具体操作中如何节省房产税？

政策分析：

税法规定，房产税的征税对象是房屋。企业自用房产依照房产原值一次减除10%～30%后的余值按1.2%的税率计算缴纳。房产原值是指纳税人按照会计制度规定，在账簿“固定资产”科目中记载的房屋原价。因此，对于自用房产应纳房产税的策划应当紧密围绕房产原值的会计核算进行。

按税法的有关规定，房产是以房屋形态表现的财产，可供人们在其中生产、工作、居住或储藏物资的场所。不包括独立于房屋之外的建筑物，如围墙、水塔、变电塔、露天停车场、露天凉亭、露天游泳池、喷泉设施等。准确掌握房屋定义税法规定，独立于房屋之外的建筑物不征房产税，但与房屋不可分割的附属设施或者一般不单独计价的配套设施需要并入原房屋原值计征房产税。与房屋不可分割的各种附属设备或一般不单独计算价值的配套设施，是指暖气、卫生、通风、照明、煤气等设备，各种管线，如蒸气、压缩空气、石油、给水排水等管道及电力、电讯、电缆导线，电梯、升降机、过道、晒台等等。附属设备和配套设施往往不仅仅为房产服务，税法同时规定了其具体界限："附属设备的水管、下水道、暖气管、煤气管等从最近的探视井或三通管算起，电灯网、照明线从进线盒联接管算起。"这就要求我们在核算房屋原值时，应当对房屋与非房屋建筑物以及各种附属设施、配套设施进行适当划分。

另外，关于房屋中央空调设备是否计入房产原值的问题，《财政部 国家税务总局关于对房屋中央空调是否计入房产原值等问题的批复》（财税地字〔1987〕28号）规定，新建房屋交付使用时，如中央空调设备已计算在房产原值之中，则房产原值应包括中央空调设备；如中央空调设备作单项固定资产入账，单独核算并提取折旧，则房产原值不应包括中央空调设备。关于旧房安装空调设备，一般都作单项固定资产入账，不应计入房产原值。

咨询意见：

为了寻找解决问题的办法，企业就向税务事务所的专家请教。专家指出，对该企业除厂房、办公用房外的建筑物，如果把停车场、游泳池也都建成露天的，并且把这些独立建筑物的造价同厂房、办公用房的造价分开，在会计账簿中单独记载，则这部分建筑物的造价不记入房产原值，不缴纳房产税。该企业经过估算，除厂房、办公用房外的建筑物的造价为800万元左右，独立出来以后，每年可少缴房产税800万×（1-30%）×1.2%＝6.72（万元），以20年计算，就是134万元！

房产税的征收上以房产的原值作为征收依据的，因此合理地确定了房产的原值，也就是合理地确定了房产税。房产税分为以房产余值和以租金收入计税两种计税方法，税率分别为1.2%和12%。以房产余值计税，适用于房产用于自己生产经营而不是收取租金的情况。房产余值是房产原值一次减除10%~30%后的余值（在10%~30%的范围内，由各省市自行确定具体减除比例）。房产原值指房屋的造价，包括与房屋不可分割的各种附属设备或一般不单独计算价值的配套设施。可见，房产原值的大小直接决定房产税的多少，合理地减少房产的原值是房产税策划的关键。

此外，税法还规定了暂免征收房产税的特殊情况，如企业停产、撤销后，其原有房产闲置不用的，经企业申请，经税务机关批准，可在一定期限内暂免征收房产税，企业应加以利用。

有关地价的分摊问题，税务专家指出：《无形资产准则》第21条规定，企业进行房地产开发时，应将相关的土地使用权予以结转。结转时，将土地使用权的账面价值一次计入房地产开发成本。该规定不仅适用于房产开发企业开发的商品房，对非房地产企业自行建造自用的房屋同样适用。同时《企业会计制度》第47条规定，企业购入或以支付土地出让金方式取得的土地使用权，在尚未开发或建造自用项目前，作为无形资产核算，并按本制度规定的期限分期摊销。房地产开发企业开发商品房时，应将土地使用权的账面价值全部转入开发成本；企业因利用土地建造自用某项目时，将土地使用权的账面价值全部转入在建工程成本。这里应当注意，一次结转的土地使用权账面价值只是指与在建工程相关的土地。这里的“相关”应当理解为“对应”或“配比”。对于企业在一块土地上建设多个项目的，应当以对应房产占用的土地面积按比例结转，对于非房产占用土地（如场地），应当予以摊销。

江苏华天企业（集团）公司在取得土地使用权时，会计要将土地使用权记入“无形资产——土地使用权”账户中。每个月要进行无形资产摊销，其摊销的具体数额为：

$$5\,000\,000 \div 50 \div 12 = 8\,333.33（元）$$

企业征用土地三个月，到2003年6月初，“无形资产——土地使用权”账面余额为：

$$5\,000\,000-8\,333.33 \times 3 = 4\,975\,000（元）$$

应结转至“在建工程”科目的金额为：

$$4\,975\,000 \div 66\,666.66 \times 5\,000 = 373\,125.04（元）$$

本月应摊的销额为：

$$（4\,975\,000-373\,125.03）\div（50 \times 12-3）= 7\,708.33（元）$$

以后各月仍按上述方法进行处理。这些费用将形成不动产的价值，作为计算缴纳房产税的计算依据。上述方法的可行性，在于会计核算时遵循了“相关性原则”和“配比”原则，避免了将整块土地结转至在建工程成本，从而减少了房产税的计税依据。

注意事项：

有人提倡推迟项目建设时间或者提前征用土地，以便在“管理费用”中多摊销土地价款，减少结转至“在建工程”的金额，从而达到减少房产税计税依据的目的。其实这种做法是不明智的。因为，推迟项目建设时间，会影响投资进度；提前征用土地，不仅降低了500万元资金的时间价值，同时也会增加该资金的机会成本。

聪明人捡芝麻　丢了个大西瓜

地处我国西部某省的新昌时装设计有限公司（以下简称新昌公司）是一家品牌服装设计服务企业，主要为A品牌服装提供设计服务，并且为客户量身定做。被税务机关认定为制造企业，增值税一般纳税人。2017年度实现销售收入5 600万元，2018的业绩也十分喜人，取得营业收入和效益双丰收的成绩。

为什么在宏观经济不很景气的条件下，该公司为什么能够取得良好的业绩呢？分析其原因，主要是该公司的老板善于利用他人智慧进行策划的结果。

2017年底，该公司的老板发现公司缴纳的税收很多，于是通过策划，聘用了20残疾人，占公司总人数的26%，主要为公司提供各种后勤服务。2018年度实现销售收入6 800万元，该公司按照税务机关的规定和要求及时进行了备案程序，当年享受增值税即征即退优惠125.73万元，同时享受企业所得税税前加计扣除43.2万元。

税务稽查：

2019年3月18日，当地主管税务机关的税务检查人员稽查组长李德清和小袁到新昌公司检查，起初并没有发现什么问题。

但是，在与企业人士交流的过程中，稽查组长李德清听到一个传言，该公司在2017年度曾向职工集资（借款）几百万元。

稽查组长李德清感觉该公司有人为地调节利润的嫌疑。为此，稽查组长李德清和小袁商量之后，决定以新昌公司的成本核算和费用开支为检查重点。

通过检查发现，新昌公司成本、费用核算流程比较完整，而且成本结转和费用开支都比较规范，没有明显的违规问题。细心的稽查组长李德清对该公司近几年的财务指标进行了动态分析，当分析到成本和各类费用与往年的比率变化情况时，发现近年来制造费用增长较快，进一步核实，系制造费用中的工资的增幅很大。

当稽查组长李德清询问该费用增加的原因时，财务经理理直气壮地回答道：最近几年国家的最低工资标准提升较快，职工的工资水平自然会随着调整，否则无法留住员工。

稽查组长李德清听得出来：按照财务经理的意思，企业的工资成本上升的理由很充分，也很无奈。

那么，"曾向职工集资（借款）几百万元"的传闻是不是属实呢？稽查组长李德清和小袁找到了提供信息的那名员工，从这个员工那里看到了借款合同。在这样的情况下，稽查组长李德清心里有底了。于是找有关人员谈话。

询问笔录：

稽查组长李德清对新昌公司的生产和经营情况进行了认真的梳理，制定了询问提纲。然后，根据税务稽查流程发出《询问通知书》，请有关人员到税务问讯室进行约谈。

首先找新昌公司的几个员工（车间主任、班组长、仓库保管员等）进行询问。稽查组长李德清从企业的生产和经营情况、企业的运营模式和员工的待遇等方面与他们进行了沟通，最后在企业向员工集资的问题上进行重点询问。通过询问和约谈，集资（借款）问题在有关当事人中得到一致的确认：企业向内部职工（不包括残疾人员）借款20万元，年息为10%，通过工资的形式发放到每个人手上。

其次找新昌公司的法定代表人朱东亮询问。对于向员工集资问题，朱东亮并不回避。他解释：企业资金周转发生困难，在向当地银行筹借没有成功的情况下，才向内部员工借款的。对于利息支付方式，他不认为存在什么问题，最多算是打了一个“擦边球”，而这种做法目前比较普遍。他说：企业并没有偷税，如果说有什么问题，从严格意义上讲，应当让当事人到税务机关去开票。如果去开票，他们就需要缴税了。

最后找到新昌公司的财务负责人。当该负责人发现董事长已经确认相关事实以后，也不得不从财务的角度证实有关事项的存在。

稽查结果：

通过询问沟通，再回到账册资料和有关凭证上，确认有关事项的头绪就比较清楚了。通过账面核实，该公司2017年度向职工借款700万元。根据合同约定，公司按本金总额的10%支付利息，则2017年度应向职工支付利息70万元。

以上利息已经通过工资的形式支付给职工，涉及企业所得税：70×25%＝17.5万元。

税务认定：

根据《税收征管法》第六十三条规定，纳税人伪造、变造、隐匿、擅自销毁帐簿、记帐凭证，或者在帐簿上多列支出或者不列、少列收入，或者经税务机关通知申报而拒不申报或者进行虚假的纳税申报，不缴或者少缴应纳税款的，是偷税。对纳税人偷税的，由税务机关追缴其不缴或者少缴的税款、滞纳金，并处不缴或者少缴的税款百分之五十以上五倍以下的罚款;构成犯罪的，依法追究刑事责任。新昌公司将利息支出做成工资，明知不可为而为之，显然属于《税收征管法》所规定的“纳税人伪造、变造、隐匿、擅自销毁帐簿、记帐凭证”等情景，属于弄虚作假的手段，因此，所列支出不予确认。于是作出相应的处理和处罚。同时该公司的纳税信用等级调整为C级。

案例点评：

这个处理意见对于新昌时装设计有限公司来说，意味着什么呢？仅仅是补缴企业所得税17.5万元吗？如果是这样理解的话，那就错了。

财政部和国家税务总局在《关于促进残疾人就业增值税优惠政策的通知》（财税〔2016〕52号）中明确，为继续发挥税收政策促进残疾人就业的作用，进一步保障残疾人权益，经国务院批准，决定对促进残疾人就业的增值税政策进行调整完善。对安置残疾人的单位和个体工商户（以下称纳税人），实行由税务机关按纳税人安置残疾人的人数，限额即征即退增值税的办法。安置的每位残疾人每月可退还的增值税具体限额，由县级以上税务机关根据纳税人所在区县（含县级市、旗，下同）适用的经省（含自治区、直辖市、计划单列市，下同）人民政府批准的月最低工资标准的4倍确定。

同时，财税〔2016〕52号文件第四条明确规定，纳税人中纳税信用等级为税务机关评定的C级或D级的，不得享受本通知第一条、第三条规定的政策。

为加强促进残疾人就业增值税优惠政策管理，根据《财政部 国家税务总局关于促进残疾人就业增值税优惠政策的通知》（财税〔2016〕52号）、《国家税务总局关于发布〈税收减免管理办法〉的公告》（国家税务总局公告2015年第43号）及有关规定，国家税务总局《关于发布<促进残疾人就业增值税优惠政策管理办法>的公告》（国家税务总局公告2016年第33号）中明确，纳税人申请退还增值税时，需报送如下资料：

（一）《退（抵）税申请审批表》。

（二）《安置残疾人纳税人申请增值税退税声明》（见附件）。

（三）当期为残疾人缴纳社会保险费凭证的复印件及由纳税人加盖公章确认的注明缴纳人员、缴纳金额、缴纳期间的明细表。

（四）当期由银行等金融机构或纳税人加盖公章的按月为残疾人支付工资的清单。

特殊教育学校举办的企业，申请退还增值税时，不提供资料（三）和资料（四）。

纳税人申请享受税收优惠政策，应对报送资料的真实性和合法性承担法律责任。主管税务机关对纳税人提供资料的完整性和增值税退税额计算的准确性进行审核。主管税务机关受理退税申请后，查询纳税人的纳税信用等级，对符合信用条件的，审核计算应退增值税额，并按规定办理退税。

从新昌公司的角度来讲，其本意可能不是为了偷税，如果公司让每个借款人到当地主管税务机关去开具发票，公司凭发票支付利息，问题就可迎刃而解。但是，现在由于一时的疏忽，不仅带来17.5万元的涉税风险，更主要的是丢失了享受增值税即征即退优惠125.73万元的资格，其损失是不是十分巨大？！

第31计：跨越高坎 多步交易

【妙计提要】

发生交易要缴税，数额巨大有难畏；思来想去多筹谋，多步交易有作为。

【本计内容】

从办事效率的角度讲，希望去繁就简。笔者在讲座的过程中也常常说道：所谓科学，就是将复杂的事情简单化。但是，有的时候为了某种目的，还可以反其道而行之。在经济活动中，有些业务如果是一次性完成的，就需要缴纳很多税款，但是，如果将这笔业务分解成两笔交易，就有可能不缴税或者少缴税。例如销售不动产业务，一次性销售企业可能缴纳更多的土地增值税，但是，如果分两步销售，土地增值税可能有所下降。

当然，这里的“高坎”可能是较高的增值级次，也可能是管理障碍，在具体的操作过程中，需要根据有关业务的具体情况和操作条件才能确定是否可以采用这个方法。

【案例注释】

通过增加交易次数来策划税收，其实还需要考虑相关业务背景，需要在业务流程上做文章……从上述计策的内容上看，读者可能还是感觉难以理解。因此，这里我们结合实际案例对有关计策的操作原理做一个简要分析和解释。

大楼转让有奥妙 巧妙策划税收降

东方实业公司是月星集团公司下属的一个子公司，是增值税一般纳税人。为了进一步扩大经营规模，2016年5月28日购置了一栋办公楼，不含税价格1 000万元。由于资金出现问题，2017年5月，东方实业公司以3 000万元的不含税价格将这栋办公楼出售给A公司，其应缴各项税费计算如下（城建税适用税率为7%，教育费附加率为3%，不考虑其他费用）：

企业操作：

东方实业公司在购买这栋办公楼时已经取得能够抵扣11%的增值税专用发票，那么，该公司在转让该办公楼时应当缴纳的增值税为：

$$3\ 000 \times 11\% - 1\ 000 \times 11\% = 220（万元）$$

应缴纳城建税、教育费附加合计为：

$$220 \times （7\% + 3\%）= 22（万元）$$

应缴纳土地增值税可按以下步骤计算：

转让这栋办公楼允许扣除项目金额合计为：

$$1\ 000 + 22 = 1\ 022（元）$$

转让这栋办公楼可以实现的增值率为：

$$（3\ 000 - 1\ 022）\div 1\ 022 \times 100\% = 193.54\%$$

大于100%，根据税法规定分别适用30%、40%、50%三档税率。按速算扣除法计算，应缴纳土地增值税：

$$（3\ 000 - 1\ 022）\times 50\% - 1\ 022 \times 15\% = 989 - 153.3 = 835.7（万元）$$

业务模式演示如下图所示：

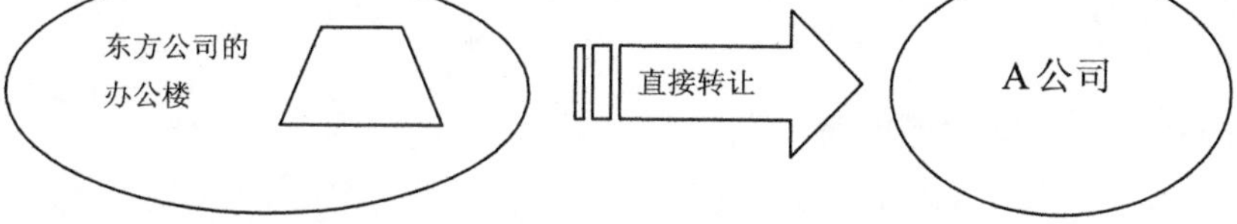

策划分析：

该公司的董事长认为土地增值税缴得太多，就聘请咨询专家寻找增加利润的操作方案。

笔者应邀到该公司提供策划咨询服务，于是，就对该企业的业务背景和有关情况进行了综合考察。然后，从政策和业务两个层面进行综合策划。

从土地增值税的规定特定来看，该税种适用超率累进税率，增值率越高，适用税率也越高。如果设法降低增值率，就有可能实现节税目的。由此可见，对于土地转让活动而言，如果增加运营环节，降低增值率和适用税率是减轻土地增值税税负的有效途径。

策划思路：

东方实业公司可以先将这栋办公楼通过月星集团公司的其他子公司（如B公司）做一个流转环节，然后再以协议价格销售给A公司。具体做法是：

第一步：先以2 000万元的价格将这栋办公楼销售给B公司，在本环节东方实业公司应纳税费为：

应缴纳转让不动产增值税：

$$2\ 000 \times 11\% - 1\ 000 \times 11\% = 110（万元）$$

应缴纳城建税、教育费附加合计为：

$$110 \times（7\%+3\%）= 11（万元）$$

应缴纳土地增值税：

本环节的扣除项目金额：

$$1\ 000+11 = 1\ 011（万元）$$

在本环节的土地增值率为：

$$（2\ 000-1\ 011）\div 1\ 011 \times 100\% = 97.82\%$$

在本环节应缴纳土地增值税：

$$（2\ 000-1\ 011）\times 40\% - 1\ 011 \times 5\% = 395.6-50.55 = 345.05（万元）$$

业务模式演示如下图所示：

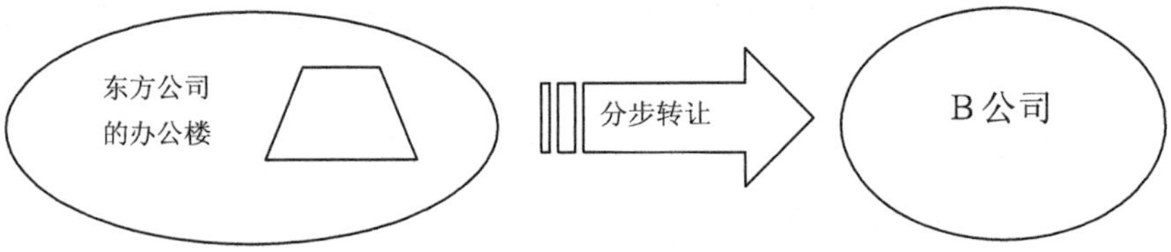

第二步，再由B公司以3 000万元的价格将这栋办公楼销售给A公司，B公司应纳税费为：

应缴纳转让无形资产增值税：

$$3\ 000 \times 11\% - 2\ 000 \times 11\% = 110（万元）$$

应缴纳城建税、教育费附加：

$$110 \times（7\%+3\%）= 11（万元）$$

应缴纳土地增值税：

该环节的扣除项目金额合计为：

$$2\ 000+11 = 2\ 011（万元）$$

该环节的增值率为：

$$（3\ 000-2\ 011）\div 2\ 011 \times 100\% = 49.18\%$$

该环节应缴纳土地增值税为：

$$（3\ 000-2\ 011）\times 30\% = 296.7（万元）$$

将两个操作环节的应纳税额进行汇总，可以发现月星集团的有关税收情况和策划结果。

应缴纳转让不动产增值税合计为：

$$110+110 = 220（万元）$$

应缴纳城建税、教育费附加合计为：

$$11+11=22（万元）$$

通过策划，月星集团公司实际缴纳土地增值税合计为：

$$345.05+296.7=641.75（万元）$$

业务模式演示如下图所示：

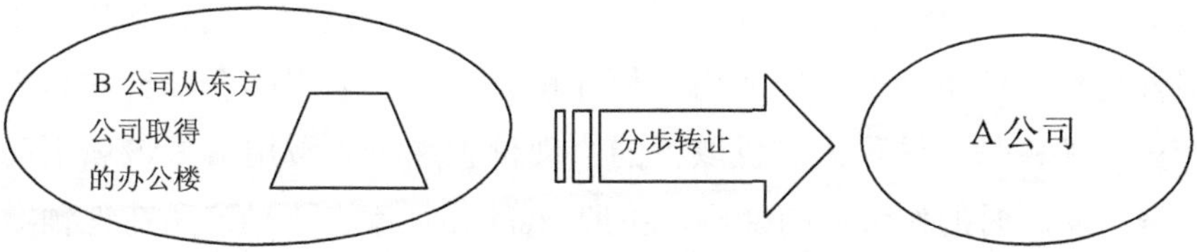

策划结论：

通过以上计算和分析我们不难看出，虽然通过策划增加了一道纳税环节，但是并没有增加销售不动产和转让无形资产的营业税负担（低于买价出售除外），策划前后增值税、城建税以及教育费附加合计负担都是220万元。但是，土地增值税的实际负担明显降低，比策划前下降了193.95万元（835.7-641.75），如下表所示。

计划方案比较表 **单位：万元**

操作方案	增值税	城建及教育附加	土地增值税	节税额
方案一	220	22	835.7	0
方案二	220	22	641.75	193.95

注意事项：

笔者在《企业涉税风险的表现及规避技巧》一书中曾对部分企业的业务流程进行过研究，从而得出一个结论性意见：企业进行税收策划的操作点几乎占80%以上不在会计和财务环节，本案例就是一个典型的证明。当然，在这里我们将其他相关因素省略了，目的是方便说明策划原理。但是，在实务操作过程中，应当关注可行性。在实施上述策划方案时，企业需要注意四个问题：

一是注意税收策划过程的完整性。通过关联企业进行整体税收策划时，不能违反《税收征管法》及其《实施细则》有关关联交易的限制性规定。因此，相关企业需要有超前意识，在可以预见的期限内，所策划的对象——土地或者不动产市场价格持续上涨的，并且计划将其转让的情况下，可以提前进行策划并进行相关的操作，先以适当的价格在关联企业间进行销售，然后再销售给其他购买人。在转让过程中，不要将销售给关联企业的业务利润放得太低，从而防止出现避税嫌疑。

二是注意转让环节应有适当的利润。事实上，只有在增值率超过50%时，土地增值税才存在纳税策划的空间；

三是产权转移时必须缴纳一定的费用，如过户手续费、印花税和契税等。纳税人应当综合测算，在节约的税收与增加的费用之间做出分析，从而在降低税负的同时增加收益。

四是注意操作时间不同适用政策的差异。根据《财政部国家税务总局关于全面推开营业税改征增值税试点的通知》（财税〔2016〕36号）规定，一般纳税人销售其2016年4月30日前自建的不动产，可以选择适用简易计税方法，以取得的全部价款和价外费用为销售额，按照5%的征收率计算应纳税额。一般纳税人销售其2016年5月1日后取得（不含自建）的不动产，应适用一般计税方法，以取得的全部价款和价外费用为销售额计算应纳税额。纳税人应以取得的全部价款和价外费用减去该项不动产购置原价或者取得不动产时的作价后的余额，按照5%的预征率在不动产所在地预缴税款后，向机构所在地主管税务机关进行纳税申报。

另外，根据《财政部国家税务总局关于营改增后契税、房产税、土地增值税、个人所得税计税依据问题的通知》（财税〔2016〕43号）的规定，自2016年5月1日起土地增值税纳税人转让房地产取得的收入为不含增值税收入。《中华人民共和国土地增值税暂行条例》等规定的土地增值税扣除项目涉及的增值税进项税额，允许在销项税额中计算抵扣的，不计入扣除项目，不允许在销项税额中计算抵扣的，可以计入扣除项目。

策划点评：

这是一个逆向思维的典型案例。人们普遍认为，增加纳税环节会增加纳税负担，而减少纳税环节往往能够起到减轻税收负担的作用。减少不必要的纳税环节是进行税收策划的基本方法之一。但是，税收策划是在一定政策条件下动行的结果，是减少纳税环节，还是增加纳税环节，就要看策划对象所处的政策环境。

异地销售是道坎　调整模式能闯关

工业企业为了扩大产品市场占有份额，常常在外地设立销售网点，这些销售网点往往以分公司或子公司形式存在。《增值税暂行条例实施细则》第四条规定，设有两个以上机构（相关机构设在同一县、市的除外）并实行统一核算的纳税人，将货物移送其他机构用于销售的，应当视同销售，按规定计算缴纳增值税。人们习惯于把这种视同销售行为称作异地销售。税法规定，异地销售行为，其纳税义务发生的时间为货物移送的当天。异地销售问题具有一定的普遍性，正确理解其税收政策，对于规范纳税，降低税收成本，具有重要的意义。

销售案例：

长江实业公司是一家大型仪表生产企业，产品销往全国各大超市，为了保证产品供应及时，减少运输费用，在广州、北京等地均设立了仓库，其产品又是通过各地的分公司销售出去的。其产品发往各地时，账务处理为：

借：产成品——××库

　　贷：产成品

实际销售时，企业做如下账务处理：

借：银行存款

　　贷：主营业务收入

　　　　应交税金——应交增值税（销项税额）

并同时做如下分录：

借：主营业务成本

　　贷：产成品——××库

税务机关发现后认为，产品在发往异地仓库时应视同销售。产品发往异地仓库没有售价，故需按同期同类产品的加权平均售价计算缴纳增值税。该公司因此补缴税款及滞纳金2 680余万元，罚款1 000多万元。

策划分析：

销售货物总是伴随着货物移送的行为进行的，不同条件下的货物移送核算方式有关的纳税环节也不同，在实际操作中，有的税务机关要求企业出厂移送各地分公司的货物均在移送当天计算并申报增值税销项税额，但各地分公司可能要过一段时间才真正实现对外销售给客户，一段时间后才有可能部分或全部收回货款和税金，这样导致企业本部提前垫付资金的现象发生。

企业如果通过策划，根据自身经营情况和有关税收政策选择货物移送核算方式，可合法推迟纳税义务发生时间，延缓增值税的缴纳时限，减少资金占用，加速资金周转，减少利息支出。

从目前的情况来看，总、分支机构之间货物移送问题有三种可供选择的纳税策划方法：

方案一：变移送为加工。

这是一种传统的策划方式。在具体操作过程中，对于总机构与非独立核算的分支机构之间的业务运作方式而言，改变存货所有权及业务流程，将原来的“总机构向非独立核算的分支机构移送自有货品用于销售”变更为“独立核算”的分支机构（子公司）购进原料，委托总机构加工，收回成品以后再销售，或者委托总机构有偿保管，需要时再行运回销售。

操作要点是：

其一、到工商行政管理机关将原来的非独立核算的分公司变更为独立核算的子公司；

其二、变更以后的分支机构（子公司）以自己的名义购进原料；

其三、分支机构以自己的名义与总公司签订加工合同，按市场需求生产出分支机构需要的商品；

其四、分支机构收回委托加工的商品寄存总公司的仓库或另设仓库储存，分支机构支付与加工有关的费用并索取发票入账。

方案二、实行大管理运作。

在具体操作过程中，将各分公司视同一个整体来进行调配，异地分支机构不向购货方开票，不向购货方收款。在这种运作思路条件下，分支机构只是履行内部往来的实物传送过程，由总机构统一向总机构所在地缴纳增值税，征税环节应该是总机构实现销售的环节，纳税义务发生时间应该是总机构向购买方收讫销售款或取得收款凭据的当天。

方案三、资金结算网络化。

随着科学技术的发展，网络技术在各方面得到广泛运用。为加强对企业集团分支机构资金的管理，提高资金运转效率，在公司进行集团化管理时，可以借鉴财务管理中现金日常控制的“集中银行”法。在具体操作过程中，可以与企业集团总机构所在地金融机构签订协议，建立资金结算网络，以总机构的名义在全国各地的公司所在地开立存款账户（开立的账户为分支机构所在地账号，只能存款、转账，不能取款），分公司负责货物的配送，各地实现的销售情况通过网络传送给总公司，然后再由总机构直接开具发票给购货方，货款由购货方直接存入总机构的网上银行存款账户。

这种运作思路可以带来以下好处：

一是可以避免公司本部提前垫付税金，推迟现金支出；同时加速收款，从而获取资金时间价值；

二是有利于实现财务集中控制，强化企业管理的力度；

三是有利于加强对分支机构资金的管理，堵塞资金流失的漏洞，提高资金运转效率。

四是集团管理税收的支出情况，便于总公司有机把握税收利益。

策划点评：

如何利用集团公司的运行特点策划税收？这是企业集团常常思考的话题。其实，早在1998年，国家税务总局就曾针对异地销售问题专门发文明确。《关于企业所属机构间移送货物征收增值税问题的通知》（国税发［1998］137号）规定：“《中华人民共和国增值税暂行条例实施细则》第四条视同销售货物行为的第（三）项所称的用于销售，是指受货机构发生以下情形之一的经营行为：一、向购货方开具发票；二、向购货方收取货款。受货机构的货物移送行为有上述两项情形之一的，应当向所在地税务机关缴纳增值税；未发生上述两项情形的，则应由总机构统一缴纳增值税。如果受货机构只就部分货物向购买方开具发票或收取货款，则应当区别不同情况计算并分别向总机构所在地或分支机构所在地缴纳税款。”

国税函〔2002〕802号文件还规定，纳税人以总机构的名义在各地开立账户，通过资金结算网络在各地向购货方收取销货款，由总机构直接向购货方开具发票的行为，不具备国税发〔1998〕137号文件规定的受货机构向购货方开具发票、向购货方收取货款两种情形之一，其取得的应税收入应当在总机构所在地缴纳增值税。纳税人在外地设立的仓库，一无营业执照，二无银行账号，充其量只是个货物的存放地，根本构不成分支机构。即使其在外地设立了分公司，如果该分公司没有开具发票，也没有向购货方收取货款，则总机构仍然无需在货物移动时缴纳增值税，而应当按照总机构向购买方（超市）销售产品的方式依照《增值税暂行条例》第十九条及其《实施细则》第三十三条的规定确定纳税义务发生的时间。

《国家税务总局关于企业所属机构间移送货物征收增值税问题的通知》（国税发〔1998〕137号）下发后，各地要求明确该通知执行时间，并提出应采取措施以利于查处与此项移送货物行为有关的偷税问题。国家税务总局《关于企业所属机构间移送货物征收增值税问题的补充通知》（国税函〔1998〕第718号）对有关问题进行了具体明确：

一、国税发〔1998〕137号通知是对《中华人民共和国增值税暂行条例实施细则》第四条第（三）款的解释，本应从该细则实施之日起执行。但由于国税发〔1998〕137号通知下发前，该细则上述条款所称“销售”概念未予明确，致使各地税务机关和纳税人理解上有分歧，执行上也不尽一致。鉴于这一实际情况，为了避免给企业生产经营和财务核算造成较大影响，国家税务总局决定，以1998年9月1日为界限，此前企业所属机构发生国税发〔1998〕137号通知所称销售行为的，如果应纳增值税已由企业统一向企业主管税务机关缴纳，企业所属机构主管税务机关不得再征收此项应纳增值税。如果此项应纳增值税未由企业统一缴纳，企业所属机构也未缴纳，则应由企业所属机构主管税务机关负责征收；属于偷税行为的，应由企业所属机构主管税务机关依照有关法律、法规予以处理。1998年9月1日以后，企业所属机构发生销售行为，其应纳增值税则一律由企业所属机构主管税务机关征收。

二、为了有助于各地税务机关执行这一决定，并有利于查处纳税人是否有瞒报应税销售额行为，企业及其所属机构应分别向其主管税务机关报送已纳税销售额等有关资料，由其主管税务机关进行审核确定。

（一）1999年1月31日以前，企业应将设在外县（市）的所属机构名单及各所属机构自1994年1月1日至1998年8月31日期间的下列资料报企业主管税务机关，由企业主管税务机关审核企业所属机构在此期间发生的销售额是否已由企业统一缴纳了增值税。

1．企业所属机构开具的发票所注明的销售额（分月列明）；

2．企业所属机构虽未开具发票，但由企业所属机构向购货方收取货款的销售额（分月列明）；

3．企业所属机构接受企业或企业的其他所属机构移送的货物的数量，发出的货物的数量，发出货物中属于企业所属机构本身销售的数量，库存数量（各项数量均分月列明）。

（二）企业所属机构也应将上述资料报企业所属机构主管税务机关，由企业所属机构主管税务机关审核确定企业所属机构在此期间发生的销售额、应纳增值税额、在1998年8月31日以前已由企业所属机构主管税务机关征收的增值税额，以及是否有未缴或少缴的增值税额。

企业所属机构主管税务机关接受上述资料时，应当即予回执以资证明，回执须有企业所属机构主管税务机关签章。

（三）1994年1月1日至1998年8月31日期间，企业所属机构发生国税发〔1998〕137号通知所说的销售行为，如果应纳增值税在1998年9月底以前已由企业统一向企业主管税务机关缴纳，并由其所在地县以上税务机关开具《企业所属机构已纳增值税证明》（以下简称已纳税证明），企业或其所属机构应在1999年1月31日以前将该证明报送企业所属机构主管税务机关，企业所属机构主管税务机关对该证明所列明的销售额不得再征收增值税。

（四）企业所属机构在1994年1月1日至1998年8月31日期间发生的应纳增值税虽已由企业统一缴纳，但企业未向税务机关申请开具已纳税证明，或虽申请取得已纳税证明但未在1999年1月31日以前报送到企业所属机构主管税务机关，企业所属机构主管税务机关有权征收此项应纳增值税，并负责开具已纳税证明，由企业持此证明向企业主管税务机关申请抵减此项已纳税款，企业主管税务机关不得拒绝予以抵减。

（五）已纳税证明的内容如下：

1．主送单位即企业所属机构主管税务机关全称；

2．企业所属机构全称及坐落地点；

3．企业所属机构在1994年1月1日至1998年8月31日期间发生的已缴纳增值税的销售额及缴纳的增值税税额（按月列明）；

4．企业所属机构在1994年1月1日至1998年8月31日期间接受企业或企业的其他所属机构移送的货物的数量，发出的货物的数量，发出货物中属于企业所属机构本身销售的数量，库存数量（各项数量均分月列明）；

5．证明开具单位即企业主管税务机关全称及签章；

6．证明开具日期。

（六）已纳税证明应按本通知所附统一样式（规格由企业主管税务机关自定）打印开具。

该证明应由开具机关留底备查，接受机关留存备查。

这里提供的三个税收策划的具体操作思路，这三个思路各有千秋：

对于方案一，是一种普通经营思路，因为作为独立核算的分支机构，在法定的经营范围内可以自己的名义对外开展民事活动。本法特别适用于不能取得增值税专用发票的材料采购和委托加工业务，实务中可以结合集团公司法律框架建设进行统筹，如总公司在不同法律环境内进行大市场运作，就可以利用子公司以及分公司适用不同的税收政策这一特点进行策划。

方案二从另一方面为人们提供了解决问题的办法，但是，这种操作思路存在一个缺点：在具体的销售活动中，总机构所承担的收款、开票的工作量很大，当这种工作量超过一定的限度时，就会影响机构的运行效率。为了既提高工作效率，又满足税务管理的要求，可以由总机构派员常驻分支机构承担收款、开票事务。但是这种操作又存在票据区域管理的要求和限制，如果公司需要跨省区使用空白发票，需要履行严格的报批手续。

由于纳税人以总机构的名义在各地开立账户，通过资金结算网络在各地向购货方收取销货款，由总机构直接向购货方开具发票的行为，未满足税法规定的纳税义务实现的要求，从而使企业集团整体上推迟了纳税义务实现的时间，同样有利于集团公司降低纳税成本。所以这种方法同样具有可借鉴的地方。

策划结论：

通过上面的分析，我们可以得出下列结论：（1）如果在外地设立的销售公司属于子公司，则总公司与子公司之间，属于正常销售行为，而非视同销售，二者要单独结算价款，子公司对外销售时，再按正常销售处理。不过，按照《税收征管法》第三十六条的规定，关联企业之间发生的往来，必须按照独立企业之间正常的业务往来，收取或者支付价款费用。（2）如果在外地设立的销售公司属于分公司性质，而且分公司实行独立核算，则此种情况也应按照上述情况处理。（3）如果在外地设立的分公司不实行独立核算，而是与总公司统一核算，则应区别情况处理。如果分公司具备了国税发〔1998〕137号文件明确的两个条件，则分公司应在当地缴纳增值税，总公司向分公司移动产品时，应视同销售；反之，总公司不视同销售，应在产品实际对外销售时，由总公司确认收入，并计算缴纳增值税。

对于第（1）、（2）种情况，总公司在策划时可以采取赊销、分期收款或委托代销方式，以达到递延纳税的目的。《增值税暂行条例实施细则》第三十三条规定，采取赊销和分期收款销售货物，其纳税义务发生时间为合同约定的收款日期的当天；委托其他纳税人代销货物，为收到代销单位销售的代销清单的当天。企业进行上述策划时，注意必须签订经济合同，注明销售方式，按规定进行账务处理，并严格按照税法确定的纳税义务发生时间计算缴纳税款。

策划背景：

国家税务总局《关于企业所属机构间移送货物征收增值税问题的通知》（国税发

〔1998〕137号）明确规定：《中华人民共和国增值税暂行条例实施细则》第四条视同销售货物行为的第（三）项所称的用于销售，是指受货机构发生以下情形之一的经营行为：

一、向购货方开具发票；

二、向购货方收取货款。

售货机构的货物移送行为有上述两项情形之一的，应当向所在地税务机关缴纳增值税；未发生上述两项情形的，则应由总机构统一缴纳增值税。如果售货机构只就部分货物向购买方开具发票或收取货款，则应当区别不同情况计算并分别向总机构所在地或分支机构所在地缴纳税款。

白酒产品税负高　分步销售乐逍遥

春花酿酒有限公司主要生产粮食白酒，是一家大型骨干企业。该公司在各地设立了非独立核算的分公司直接销售公司的产品。其税收负担一直比较高。

2018年底，该企业的董事长参加了一个《税收策划与企业发展战略》专题培训班受到启发，便将咨询专家请到公司进行现场诊断。

现场咨询：

该企业在江南某省，但是，在全国各地设立了100多家分公司。公司将产品送到各分公司对外销售。以设立在A市的一家分公司为例，该分公司一年销售本产品大约5 000箱（每箱20斤），价格为每箱500元。

业务分析：

根据2018年度的销售额业务测算消费税，则春花酿酒有限公司设在A市的分公司所对应的销售额应缴纳消费税额分析如下（粮食白酒适用消费税税率20%）：

当期应纳消费税为：

$$5\,000 \times 500 \times 20\% + 20 \times 5\,000 \times 0.5 = 500\,000 + 50\,000 = 55（万元）$$

策划分析：

为了提高企业的盈利水平，如果将机构做一些调整，将设立在各地的分公司转为子公司，A市的一家分公司以批发商的产品价格将产品销售给各经销子公司，每箱400元，经销子公司再以每箱500元的价格对外销售。

策划计算：

如果2019年度的销售额与往年持平，则春花酿酒有限公司设在A市的分公司所对应的销售额应缴纳消费税额分析如下（粮食白酒适用消费税税率20%）：

当期应缴纳消费税为：

$$5\,000 \times 500 \times 20\% + 20 \times 5\,000 \times 0.5$$

$$500\,000+50\,000 = 55（万元）$$

本期应缴纳消费税为：

$$5\,000 \times 400 \times 20\%+20 \times 5\,000 \times 0.5$$

$$400\,000+50\,000 = 45（万元）$$

策划结论：

通过分析我们可以发现，通过春花酿酒有限公司的一个子公司就可以获得10万元（55-45）的收益。100多家的子公司加在一起，情况如何呢？结果已经不言自明。

第32计：化整为零 多渠发放

【妙计精述】

企业高管兑薪酬，年底结算喜事多；报酬集中一次发，税款上浮让人愁。

【本计内容】

企业如何给发工资？基本薪金、季度奖励、半年奖金、年终奖金，节日福利、特别贡献资金、股权激励等等。但是对于实行累进制税收制度的国家和地区而言（如个人所得税、土地增值税等），企业应当如何发放工资和薪金？从2019年1月1日开始，我国个人所得税制度改革，实行“综合与分类相结合”的个人所得税制度，且按年结算……

虽然税收制度发生了变化，但是其中的技术和技巧还是很多的。这里我们介绍一个通过化整为零、多渠道发放、用好扣除项目的方法，将集中发放而产生的税率爬升效应进行有效遏止。

这里主要从工资发放的角度讲的，其实，“化整为零”之计在很多地方可以操作，比如一个拥有很高知名度的大学教授办企业为社会提供咨询服务和技术成果的转化服务，如果他只办一个公司，由于其技术含量高，相关企业的利润会很多，当然，企业所得税就会缴得很多。如果该教授利用家人的名义多办几家小企业，增值税争取小规模纳税人、所得税争取核定征收情况就不同了……

【案例注释】

个人所得税制度改革，给税收策划带来了新机遇，大家都在积极动脑筋想办法……这里我们结合实际案例对有关计策的操作原理做一个简要分析和解释，以期抛砖引玉。

员工激励有方法　税收因素是重点

董小华是兴发机器制造有限公司的经营部经理，也是公司的股东、业务骨干，公司计划2018年度给他60万元的报酬（假设该企业的企业所得税适用税率25%）。对于这笔收入，应该怎么发放，税收成本才最低呢？

由于兴发机器制造有限公司是一家规模企业，类似于董小华的情况较多，为了制定一个科学的纳税方案，公司聘请普誉财税策划工作室的专家到现场提供策划服务。

专家到公司后，根据企业的实际情况，拿出四个可供决策的方案：一是实行年薪制；二是实行“平时发放+年终奖励制”；三是做股息、红利分配；四是利用法定税前扣除规定策划。

业务计算：

普誉财税策划工作室的税务专家认为，对于规模企业而言，对高管支付相关收入，就一般情况而言，如果仅从理论上来分析，可能存在上述四种支付方案，但是，哪种方案更好呢？这里先对各方案作一个计算：

第一种方式：实行年薪制。年薪60万元（不考虑其他福利）

具体的操作方法是：平时企业不向高级管理人员发工资，如果个人需要生活费用则向企业借款。年终，公司根据业绩考核的结果向其发放人民币60万元。如果该公司的考核方案得到当地主管税务机关的认可，那么，董小华的年薪60万元工资就作合理的支出，可以全额在企业所得税前列支。

董小华应缴纳个人所得税：

（600 000−5 000）× 30%−4 410 = 174 090（元）

也就是说，如果不进行策划，企业按常规发放这笔60万元的工资和奖金后，董小华应缴纳个人所得税为174 090元。

第二种方式：实行年终奖励制，具体发放方法是平时每月发工资5 000元。年终，公司根据业绩考核的结果向其发放人民币540 000元。

根据实行年薪制的有关规定，经营者全年应缴纳的个人所得税为：

540 000 × 30%−4 410 = 157 590（元）

也就是说，如果按年薪制进行策划，平时每月发5 000元的基本生活费用，这样，取得60万元的工资和奖金董小华应缴纳个人所得税为157 590元。

第三种形式：做股息、红利分配。如果公司的策划和操作符合税法的规定，平时每月发工资5 000元，而将剩余的540 000元以股息、红利的形式发放。

股息、红利属税后分配，企业对税后发放的540 000元奖金承担的企业所得税与税前调整所交纳的企业所得税不同，因此，计算时首先要倒算出540 000元的税前所得额。

设55 8000元不含税奖金对应的含税所得额为X，则：

X−X × 25% = 540 000（元）

X = 540 000 ÷ （ 1−25%） = 720 000（元）

公司应缴纳企业所得税＝720 000×25%＝180 000（元）；

董小华应缴纳个人所得税：

540 000 × 20% = 108 000（元）

对于董小华发放奖金，企业和董小华个人合计应当计算缴纳税金为：

180 000+108 000 = 288 000（元）

也就是说，如果进行策划，将董小华的收入变为股息、红利属税后分配，企业发放这笔60万元的工资和奖金后，企业和个人应缴纳税金合计为288 000元。

第四种方式：利用法定税前扣除规定，化整为零，多项列支。月工资为3万元，年工资为36万元（社会平均工资为每年2万元），年养老保险、医疗保险、住房公积金、失业保险分别为1.2万元（即社会平均工资三倍的20%）、2.16万元、1.8万元、0.216万元，年终一次性奖金18.624万元。

根据工资福利有关税收规定，经营者个人每月应负担的住房公积金、医疗保险分别为工资总额的5%、2%，养老保险、失业保险分别为按社会平均工资三倍的8%、0.5%缴纳，此四项可不并入工资薪金所得计算个人所得税。

全年应纳的个人所得税为：

[（30 000−1 500−600−400−25−5 000）×25%−2 660]×12+186 240×25%−2 660

＝35 505+43 900

＝79 405（元）。

也就是说，如果进行策划，将董小华的收入平均发放，同时考虑法定可以在税前扣除的各种费用，企业发放这笔60万元的工资和奖金后，应当缴纳个人所得税为79 405元。

四种工资发放方案企业所承担的税收如下表所示。

四种工资发放方案比较表　　单位：元

具体方案	企业所得税	个人所得税	合计税收负担
方案一	0	174 090	174 090
方案二	0	157 590	157 590
方案三	180 000	108 000	288 000
方案四	0	79 405	79 405

策划分析：

上述方案如果落实到具体的企业，哪个更好呢？下面，我们从董小华的利益角度，将上述四种方案进行比较：

下图表反映了董小华收入的个人所得税策划的四种方案，通过比较和分析我们可以发现：如果该公司的考核方案得到当地主管税务机关的认可，那么，董小华的年薪工资就作合理的支出，其方案一和方案二的个人所得税实际税收负担率较高，不可取；而方案三和方案四则相对较低，是公司需要考虑的操作方案。

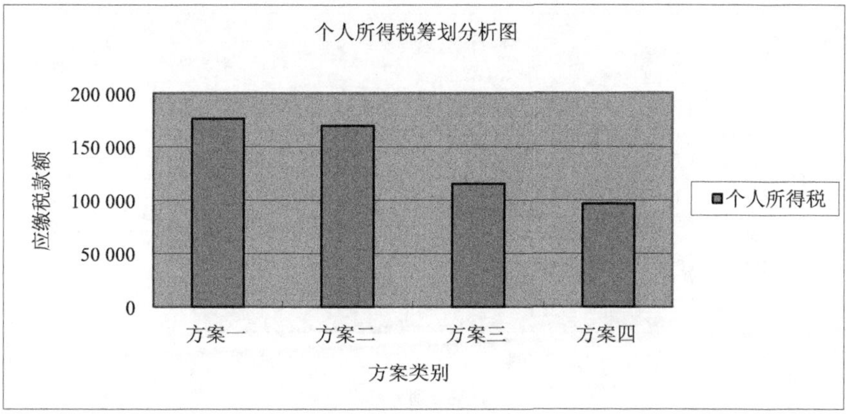

但是，投资人的利益在任何策划方案中都是首先需要考虑的重要因素，因此，税收策划还需要考虑公司的利益，如果将公司的利益综合起来考虑又将如何呢？这里我们将董小华的报酬支付与公司的税收负担结合起来通过图表进行综合分析。

上述分析图表明，如果将企业的实际税收负担情况综合起来考虑，其结果将发生变化。

四种方案的比较和分析：

如果该公司的考核方案得到当地主管税务机关的认可，那么，董小华的年薪工资就作为合理的支出，可以全额在企业所得税前列支。

由于方案一的年薪制平时不给员工发工资，而是集中在年底结合业务考核一次性支付给员工，董小华的年薪工资作合理的支出，可以全额在企业所得税前列支。所以，只要计算个人所得税的税收负担就可以对该方案作出评价。

而方案二则是在方案一的基础上，利用税法对个人所得税的免征额2 000元的规定，让当事人充分享受有关税收优惠，从而规避了方案一的缺陷。

方案三是在比较了个人所得税中红利税率为20%，而年终一次性发放奖金需要缴纳30%的个人所得税以后进行的策划，其思路比较开阔，但是，由于增加了税收分配的机会，所以，如果全面地分析我们就会发现，这样操作的结果是增加了企业所得税负担，所以税收负担相对较高。这个方案只是完全站在董小华的角度去考虑问题，而没有兼顾到公司（投资人）的利益，所以，是一个存在风险的方案，同时，也是一个具有投机性的策划方案。

而方案四则更进一步，在考虑投资人与雇佣者双方利益的基础上，进行了全面的策划。该方案考虑和运用了企业可能利用的多种税收优惠政策，并且充分运用（假设这些操作方法和口径都得到当地主管税务机关的认可），所以，税收负担最低。当然也是最优的纳税方案。

综合税收负担分析如下图所示。

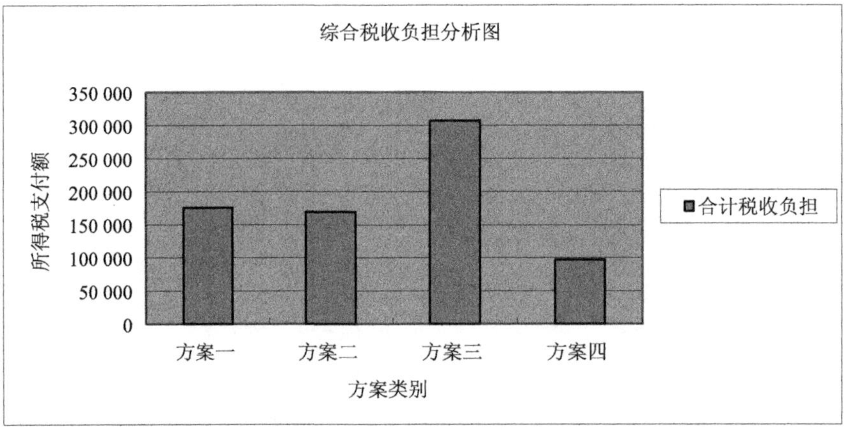

策划结论：

对上述四种激励方式条件下企业和经营者应纳的所得税及经营者税后净所得进行分析可以看出，上述四种激励方式中以综合策划最优。

策划点评：

这是一个实用型案例，笔者在这里的分析，是综合了日常操作案例的特点，在现行政策条件下的理论归纳。本书之所以介绍该案例，是因为向职工发放奖金是我国目前激励员工的积极性的一个重要方式，读者可以通过此类案例的分析，了解各种策划的操作思路。

对于企业的支出，新的企业所得税法已经有比较全面的规定，作为合理的工资支出在企业所得税税前扣除，税法都有具体的要求。对于这个规定，在具体操作过程中，由于各企业的具体情况不同，同样的事项可能就有不同的结果。比如说：有的项目，由于项目费用以不同的名义发生，列支渠道也不同。如企业对股东发放奖金，应在成本费用中列支，如果发放股息和红利，则应在税后利润分配，它们的税收负担不一样。因此，企业在选择个人收入是税前还是税后分配时，应考虑发放金额的大小并结合企业所得税的负担，经过测算来判断和选择建立更能吸引人才、留住人才的薪酬激励机制。

工资薪金个人所得税规定

财政部税务总局关于个人所得税法修改后有关优惠政策衔接问题的通知（财税〔2018〕164号）一、关于全年一次性奖金、中央企业负责人年度绩效薪金延期兑现收入和任期奖励的政策

（一）居民个人取得全年一次性奖金，符合《国家税务总局关于调整个人取得全年一次性奖金等计算征收个人所得税方法问题的通知》（国税发〔2005〕9号）规定的，在2021年12月31日前，不并入当年综合所得，以全年一次性奖金收入除以12个月得到的数额，按照本通知所附按月换算后的综合所得税率表（以下简称月度税率表），确定适用税率和速算扣除数，单独计算纳税。计算公式为：

应纳税额＝全年一次性奖金收入×适用税率－速算扣除数

居民个人取得全年一次性奖金，也可以选择并入当年综合所得计算纳税。

自2022年1月1日起，居民个人取得全年一次性奖金，应并入当年综合所得计算缴纳个人所得税。

综合所得税率表如下表所示。

按月换算后的综合所得税率表　　单位：元

级数	全月应纳税所得额	税率（%）	速算扣除数
1	不超过 3 000 元的	3	0
2	超过 3 000 元至 12 000 元的部分	10	210
3	超过 12 000 元至 25 000 元的部分	20	1 410
4	超过 25 000 元至 35 000 元的部分	25	2 660
5	超过 35 000 元至 55 000 元的部分	30	4 410
6	超过 55 000 元至 80 000 元的部分	35	7 160
7	超过 80 000 元的部分	45	15 160

实施奖赏方法多　期权安排是关键

2019年4月25日，税务机关对杨明东通过上海股票交易所转让50 000份股票的行为，进行了处理，责令其补缴个人所得税143 890元，同时处以一倍的罚款。这是怎一回事儿呢？

原来，杨明东是一个企业管理人才，2015年1月1日应聘来太湖机电设备制造有限公司的一家子公司担任总经理。太湖机电设备制造有限公司的子公司是一家上市公司，对人才的使用十分重视。人力资源部的杨经理与其约定：平时公司每月向杨明东支付工资5 000元，作为日常生活费用，即年收入为60 000元。如果工作满三年，合计发放激励奖金120万元，也可以按当天市价40%的价格购买公司的限制性股票10万股。时至2018年12月31日，杨明东在该公司工作满三年，所以他获得股权激励。2019年3月28日杨明东就自己手中的50 000份股票以其理想的价格卖出。2019年4月18日，当地主管税务机关到该企业进行纳税检查发现了这个问题。

业务分析：

如何激励员工，提高企业员工，特别是高级管理人员的工作积极性？这是投资人（企业的人力资源管理部门）所要研究的一个重要课题。目前，许多中国境内的公司、企业作为吸收、稳定人才的手段，按照有关法律规定及本公司规定，向其雇员发放（内部职工）认股权证，并承诺雇员在公司达到一定工作年限或满足其他条件，可凭该认股权证按事先约定价格（一般低于当期股票发行价格或市场价格）认购公司股票；或者向达到一定工作年限或满足其他条件的雇员，按当期市场价格的一定折价转让本企业持有的其他公司（包括外国公司）的股票等有价证券；或者按一定比例为该雇员负担其股票等有价证券的投资。纳税人在取得期权收入时，对有关问题应当引起注意。

对于纳税人取得期权的计税方法，税法明确上述个人认购股票等有价证券而从雇主取得的折扣或补贴，在计算缴纳个人所得税时，因一次收入较多，全部计入当月工资、薪金所得计算缴纳个人所得税有困难的，可在报经当地主管税务机关批准后，自其实际认购股票等有价证券的当月起，在不超过6个月的期限内平均分月计入工资、薪金所得计算缴纳个人所得税。

但是，财政部、国家税务总局后来在个人股票期权所得征收个人所得税问题的规定中，对应纳税款的计算方法进行重新明确并进一步具体化：

其一，认购股票所得（行权所得）的税款计算。员工因参加股票期权计划而从中国境内取得的所得，按财税〔2005〕35号文件规定应按工资薪金所得计算纳税的，对该股票期权形式的工资薪金所得可区别于所在月份的其他工资薪金所得，单独按下列公式计算当月应纳税款：

应纳税额 =（股票期权形式的工资薪金应纳税所得额 / 规定月份数 × 适用税率-速算扣除数）× 规定月份数

上款公式中的规定月份数，是指员工取得来源于中国境内的股票期权形式工资薪金所得的境内工作期间月份数，长于12个月的，按12个月计算；上款公式中的适用税率和速算扣除数，以股票期权形式的工资薪金应纳税所得额除以规定月份数后的商数，对照个人所得税的税率表确定。

其二，转让股票（销售）取得所得的税款计算。对于员工转让股票等有价证券取得的所得，应按现行税法和政策规定征免个人所得税。即：个人将行权后的境内上市公司股票再行转让而取得的所得，暂不征收个人所得税；个人转让境外上市公司的股票而取得的所得，应按税法的规定计算应纳税所得额和应纳税额，依法缴纳税款。

其三，参与税后利润分配取得所得的税款计算。员工因拥有股权参与税后利润分配而取得的股息、红利所得，除依照有关规定可以免税或减税的外，应全额按规定税率计算纳税。财政部、国家税务总局《关于股息红利个人所得税有关政策的通知》（财税〔2005〕第102号）明确对个人投资者从上市公司取得的股息红利所得，暂减按50%计入个人应纳税所得额，依照现行税法规定计征个人所得税。

其四，区域的划分问题。对于工资薪金所得境内外来源划分问题规定，在具体操作环节按照《国家税务局关于在中国境内无住所个人以有价证券形式取得工资薪金所得确定纳税义务有关问题的通知》（国税函〔3500〕190号）有关规定，需对员工因参加企业股票期权计划而取得的工资薪金所得确定境内或境外来源的，应按照该员工据以取得上述工资薪金所得的境内、外工作期间月份数比例计算划分。国家税务总局

《关于个人股票期权所得缴纳个人所得税有关问题的补充通知》（国税函〔2006〕第902号）明确，在确定员工取得股票期权所得的来源地时，按照财税〔2005〕35号文件第三条规定需划分境、内外工作期间月份数。该境、内外工作期间月份总数是指员工按企业股票期权计划规定，在可行权以前须履行工作义务的月份总数。

这里需要特别注意的是，部分股票期权在授权时即约定可以转让，且在境内或境外存在公开市场及挂牌价格（以下称可公开交易的股票期权）。员工接受该可公开交易的股票期权时，应作为财税〔2005〕35号文件第二条第（一）项所述的另有规定情形，按以下规定进行税务处理：

1．员工取得可公开交易的股票期权，属于员工已实际取得有确定价值的财产，应按授权日股票期权的市场价格，作为员工授权日所在月份的工资薪金所得，并按财税〔2005〕35号文件第四条第（一）项规定计算缴纳个人所得税。如果员工以折价购入方式取得股票期权的，可以授权日股票期权的市场价格扣除折价购入股票期权时实际支付的价款后的余额，作为授权日所在月份的工资薪金所得。

2．员工取得上述可公开交易的股票期权后，转让该股票期权所取得的所得，属于财产转让所得，按财税〔2005〕35号文件第四条第（二）项规定进行税务处理。

3．员工取得国税函〔2006〕第902号文件第六条第（一）项所述可公开交易的股票期权后，实际行使该股票期权购买股票时，不再计算缴纳个人所得税。

国家税务总局《关于个人股票期权所得缴纳个人所得税有关问题的补充通知》（国税函〔2006〕第902号）在第五款就员工取得收入次数的确定明确：员工以在一个公历月份中取得的股票期权形式工资薪金所得为一次。员工在一个纳税年度中多次取得股票期权形式工资薪金所得的，其在该纳税年度内首次取得股票期权形式的工资薪金所得应按财税〔2005〕35号文件第四条第（一）项规定的公式计算应纳税款；本年度内以后每次取得股票期权形式的工资薪金所得，应按以下公式计算应纳税款：

应纳税款＝（本纳税年度内取得的股票期权形式工资薪金所得累计应纳税所得额÷规定月份数×适用税率－速算扣除数）×规定月份数－本纳税年度内股票期权形式的工资薪金所得累计已纳税款

上款公式中的本纳税年度内取得的股票期权形式工资薪金所得累计应纳税所得额，包括本次及本次以前各次取得的股票期权形式工资薪金所得应纳税所得额；上款公式中的规定月份数，是指员工取得来源于中国境内的股票期权形式工资薪金所得的境内工作期间月份数，长于12个月的，按12个月计算；上款公式中的适用税率和速算扣除数，以本纳税年度内取得的股票期权形式工资薪金所得累计应纳税所得额除以规定月份数后的商数，对照个人所得税的税率表确定；上款公式中的本纳税年度内股票期权形式的工资薪金所得累计已纳税款，不含本次股票期权形式的工资薪金所得应纳税款。

此外，国家税务总局《关于个人股票期权所得缴纳个人所得税有关问题的补充通知》（国税函〔2006〕第902号）还明确，员工多次取得或者一次取得多项来源于中国境内的股票期权形式工资薪金所得，而且各次或各项股票期权形式工资薪金所得的境内工作期间月份数不相同的，以境内工作期间月份数的加权平均数为财税〔2005〕35号文件第四条第（一）项规定公式和本通知第七条规定公式中的规定月份数，但最长不超过12个月，计算公式如下：

规定月份数＝∑各次或各项股票期权形式工资薪金应纳税所得额与该次或该项所得境内工作期间月份数的乘积/∑各次或各项股票期权形式工资薪金应纳税所得额

财政部 税务总局关于个人所得税法修改后有关优惠政策衔接问题的通知（财税〔2018〕164号）二、关于上市公司股权激励的政策

（一）居民个人取得股票期权、股票增值权、限制性股票、股权奖励等股权激励（以下简称股权激励），符合《财政部国家税务总局关于个人股票期权所得征收个人所得税问题的通知》（财税〔2005〕35号）、《财政部国家税务总局关于股票增值权所得和限制性股票所得征收个人所得税有关问题的通知》（财税〔2009〕5号）、《财政部 国家税务总局关于将国家自主创新示范区有关税收试点政策推广到全国范围实施的通知》（财税〔2015〕116号）第四条、《财政部国家税务总局关于完善股权激励和技术入股有关所得税政策的通知》（财税〔2016〕101号）第四条第（一）项规定的相关条件的，在2021年12月31日前，不并入当年综合所得，全额单独适用综合所得税率表，计算纳税。计算公式为：

应纳税额＝股权激励收入×适用税率-速算扣除数

（二）居民个人一个纳税年度内取得两次以上（含两次）股权激励的，应合并按本通知第二条第（一）项规定计算纳税。

（三）2022年1月1日之后的股权激励政策另行明确。

业务分析：

通过上述有关规定的分析我们可以发现，税法对期权个人所得税的征收和管理存在不同的规定，这就为纳税人策划个人所得税提供了操作的可能性，在这里我们不妨作一个初步分析。

一、在工资与期权之间的选择

从被激励对象的角度而言，如果自己可以在取得工资和期权之间作出选择，应当考虑工资是既定的收入，而期权存在不确定性，因此，如果选择期权，就存在取得收入数量多少的风险。

方案一：平均发放。企业每月向杨明东支付工资5 000元，同时将激励奖金120万元分摊到每个月发放，即将1 326 000元分摊到三年的每一个月中发放。

在采用平均发放的方案下，杨明东所要缴纳的个人所得税合计为（这里为了分析

简便，免征扣除额统一用5000元/月）：

[（1 380 000 ÷ 36−5 000）× 25%−2 660] × 36 = 204 240（元）

方案二：进行期权激励。工作满三年，就可以按当天市价40%的价格购买公司的股票10万股。2018年12月31日，杨明东按规定行权，取得期权所得120万元。三年合计取得收入1 380 000元。根据现行规定，杨明东三年内应当计算缴纳个人所得税如下：

其一，平时发放工资时应当缴纳的个人所得税为0元；

其二，享受期权激励取得的行权所得应当缴纳个人所得税为：

应纳税额 =（股票期权形式的工资薪金应纳税所得额／规定月份数 × 适用税率−速算扣除数）× 规定月份数

=（1 200 000 ÷ 12 × 45%−15 160）× 12 = 358 080（元）

三年内杨明东合计当计算缴纳个人所得税为：

0+358 080 = 358 080（元）

方案三：在行权次数上的选择。如果对杨明东每年的年底进行一次期权激励，假设可以获得40万元的行权所得，三年合计发放激励奖金120万元。根据现行规定，杨明东三年内应当计算缴纳个人所得税如下：

其一，平时发放工资时应当缴纳的个人所得税为0元；

其二，享受期权激励取得的行权所得应当缴纳个人所得税为：

（400 000 × 25%−2 660）× 3 = 292 020（元）

三年内杨明东合计当计算缴纳个人所得税为：

0+292 020 = 292 020（元）

二、发放方式的选择

作为工资薪金收入，根据我国的个人所得税法规定，按3%到45%的七级超额累进制征收个人所得税；如何选择期权，还可以在“财产转让”所得税或者“利息、股息、红利”等征税项目中进行策划。

方案四：转化为“财产转让”所得税或者“利息、股息、红利”等征税项目。

其一，平时发放工资时应当缴纳的个人所得税为0元；

其二，如果通过策划，将1 200 000元转化为“财产转让”所得税或者“利息、股息、红利”等征税项目（假设企业出现某种机会，通过策划并获得主管税务机关的认可），则：

1 200 000 × 20% = 240 000（元）

三年内杨明东合计当计算缴纳个人所得税为：

0+240 000 = 240 000（元）

策划结论：

显然，通过以上计算和分析我们可以发现，对职工进行激励，从税收的角度讲存在较大的操作空间。

方案一杨明东需要缴纳的个人所得税最少，但是，从企业的角度讲，可以能还需要考虑另一方面的问题：虽然从个人的角度讲，将奖金平均分摊到每一个月发放，其所缴纳的个人所得税最少，但是，事实上，可能达不到激励的效果。

而利用方案二和方案三进行期权激励，是让被激励者对未来的一种希望，未来的收入与公司的市场效果存在直接的联系，这就是期权激励能够产生的最大效果。但是，同样是期权激励，也有方法的选择问题可以分析，方案二以三年集中一次的方法进行激励，杨明东就需要缴纳较多的税收，而适当增加激励次数，则可以降低被激励对象的税收负担。

当然，如果能够通过策划（方案四），使杨明东的期权收入变成“财产转让”所得税或者“利息、股息、红利”等征税项目，也是不错的选择。

策划点评：

员工取得期权的个人所得税管理，国家税务总局有严格的规定。国家税务总局《关于个人认购股票等有价证券而从雇主取得折扣或补贴收入有关征收个人所得税问题的通知》（国税发〔1998〕第009号）要求纳税人或扣缴义务人就上述工资、薪金所得申报缴纳或代扣代缴个人所得税时，应将纳税人认购的股票等有价证券的种类、数量、认购价格、市场价格（包括国内市场价格）等情况及有关的证明材料和计税过程一并报当地主管税务机关。财政部、国家税务总局《关于个人股票期权所得征收个人所得税问题的通知》（财税〔2005〕35号）则在此基础上又提出了具体的要求。因此，纳税人应当按照税法的规定进行操作。

偶然兼职取收入　税收策划有讲究

2018年2月底，在某科研单位工作的王先生遇到了一件烦心事，他怀疑自己的一笔所得被多扣了税。原来，王先生除了在本单位上班有5 000元的月收入外，还因与一家高新技术企业提供技术咨询服务，取得不菲的“外快”。这不，上周王先生就收到了这家签约的高新技术企业原应该支付的一笔5万元收入。不过，这笔收入拿到王先生手中时，已被扣去1万多元的个人所得税。

怎么扣这么多呢？颇感困惑的王先生向这家企业的财会人员询问，得到的答复是：“如果严格按照税务部门的规定纳税，可能缴得还要多一些呢。”

到底是缴多了，还是没有缴足？王先生由于自己不懂税法，也就稀里糊涂地作罢了。

现在我们来帮助王先生算算账。

《个人所得税税法》的规定，个人取得工资、薪金及其他实物性收入，应依照最低5%最高45%的九级超额累进税率计算缴纳个人所得税。据此，从他单位取得的此类收入应该与本单位取得的收入合并一起计算征收个人所得税。如果严格按照上述办法计算王先生这笔5万元收入的个人所得税，则王先生确实少缴了税款。企业在支付王先生5万元时，实际代扣个人所得税为：（50 000−3 500）×30%−2 755＝11 195（元）。而如果按税法中从他单位取得的收入应该与本单位收入合并计算征收的方法，王先生应该纳税：（50 000+5 000−3 500）×30%−2 755＝12 695（元）。如此计算的结果是，王先生少缴了1 455元（12 695−11 195−45）的税款。

不过现在的问题是：王先生的两笔收入应当如何计算缴个人所得税？

按照《个人所得税法》规定，个人取得收入的来源不同，计算征收税款的办法也相应不同。比如，仅就个人收入而言，就有工资、薪金所得和劳务报酬、稿酬、特许权使用费等之区分。严格来讲，个人在单位（包括其他单位）取得的工资、薪金所得是指个人在机关、团体、学校、部队、企事业单位及其他组织中任职或者被雇用而取得的各项报酬，是个人从事非独立性劳务活动的收入；而劳务报酬所得是指个人独立地从事各种技艺、提供各项劳务所取得的报酬。

两者区别的关键点在于，前者提供所得的单位与个人之间存在着稳定的雇用与被雇用关系，而后者不存在这种关系或说不明显存在上述关系。王先生与那家高新技术企业之间显然不具备“稳定的雇用与被雇用关系”，尽管王先生与企业签有为企业服务的合约。

在此分析的基础上，我们可以得出如下结论：王先生应该按照个人所得税法中对应的“劳务报酬所得”计算办法纳税。如果按照劳务报酬所得项计算纳税，并且支付方代扣代缴的话，王先生这笔5万元收入的应纳税额为：50 000×（1−20%）×20%＝8 000（元）。

也就是说，王先生多缴了3 145元（11 195−8 000）的税款。

如果作为自然人发生的劳务报酬收入，王先生应当到当地主管税务机关开票（当地自然人临时经营增值税征收3%，城建税7%教育费附加3%，个人所得税1.5%），其应当缴纳个人所得税额为：

$$50\,000 \times (3.3\%+1.5\%) \times 2 = 2\,400\text{（元）}$$

在这样的情况下，王先生多缴了8 795元（11 195−2 400）的税款。

专家点评：

在日常生产和经营活动过程中，许多老板和操作当事人对劳动关系与劳务关系区别往往扯不清楚……

A公司是主要从事人力派遣业务的劳务公司，即接受用工单位的委托，为其安排劳动力。A公司同派遣人员签订劳动合同，派遣人员实际上在用工单位上班工作。同时，A公司同用工单位签订劳务合同，公司向用工单位开具服务业发票收取劳务合同规定的费用，发票金额包括派遣人员的工资、社保费、公积金等以及管理服务费等。但是，在缴纳企业所得税时，由于派遣人员的平均工资超计税工资标准，在超过部分是由A公司调整还是由用工单位调整上，劳务公司与税务部门意见发生了分歧。

税务部门认为，A劳务公司既然与派遣员工签订劳务合同，就要按照计税工资管理。而不与劳动者签订劳动合同的单位，不需要调整计税工资。但是，A公司认为，派遣员工事实劳动关系在用工单位，而不在劳务公司。况且，缴纳社保费、公积金的费用也是由用工单位支付，劳务公司只不过代为办理。如果计税工资超标准纳税调整由劳务公司承担的话，那么，公司的管理服务费收入还不够纳税调整，公司就将亏本，这项新业务也就无法开展了。

那么，计税工资到底由哪家单位调整呢？回答这个问题之前，还是先要弄清楚劳动者到底与哪个单位构成事实劳动关系。税法规定，只有符合劳动关系的单位，其雇用的员工才需要按计税工资管理调整。

而支付劳务费用的单位，不存在调整计税工资问题。

劳动关系是指用人单位与劳动者运用劳动能力实现劳动过程中形成的一种社会关系，按照《劳动法》的规定，建立劳动关系须签订书面劳动合同。劳务关系是指两个或两个以上的平等主体之间就劳务事项进行等价交换过程中形成的一种经济关系，其内容和表现形式是多样化的。

在劳动关系调整工作中，时常遇到劳动关系与劳务关系并存的情况，但从整体上看，劳动关系与劳务关系有以下五点区别：

1．主体不同。劳动关系的主体是确定的，即一方是用人单位，另一方必然是劳动者。而劳务关系的主体是不确定的，可能是两个平等主体，也可能是两个以上的平等主体；可能是法人之间的关系，也可能是自然人之间的关系，还可能是法人与自然人之间的关系。

2．关系不同。劳动关系两个主体之间不仅存在财产关系即经济关系，还存在着人身关系，即行政隶属关系。也就是说，劳动者除提供劳动之外，还要接受用人单位的管理，服从其安排，遵守其规章制度等。劳动关系双方当事人，虽然法律地位是平等的，但实际生活中的地位是不平等的。这就是我们常说的用人单位是强者，劳动者是弱者。而与劳动关系相近的劳务关系两个主体之间只存在经济关系。即劳动者提供劳务服务，用人单位支付劳务报酬。彼此之间不存在行政隶属关系，而是一种相对于劳动关系当事人，主体地位更加平等的关系。

3．劳动主体的待遇不同。劳动关系中的劳动者除获得工资报酬外，还有保险、福利待遇等。而劳务关系中的自然人，一般只获得劳动报酬。

4．适用的法律不同。劳动关系适用《劳动法》，而劳务关系则适用《合同法》。

5．合同的法定形式不同。劳动关系用劳动合同来确立，其法定形式是书面的。

而劳务关系须用劳务合同来确立，其法定形式除书面的以外，还可以是口头和其他形式。

目前，与劳动关系相近的劳务关系大致有以下四种情形，这几种情况的判别对税收的处理，也具有非常重要的参考作用和依据作用。

一是用人单位将某项工程发包给某个人员或某几个人员，或者将某项临时性或一次性工作交给某个人或某几个人，双方订立劳务合同，形成劳务关系。这类从事劳务的人员，一般是自由职业者，身兼数职，自己通过中介机构存放档案，缴纳保险。

二是用人单位向劳务输出公司提出所需人员的条件，由劳务输出公司向用人单位派遣劳务人员，双方订立劳务派遣合同，形成较为复杂的劳务关系。具体说，用人单位与劳务输出公司是一种劳务关系，劳动者与劳务输出公司是一种劳动关系，而与其所服务的用人单位是一种劳务关系。这种劳务关系的情形，有人称之为“租赁劳动力”。

三是用人单位中的待岗、下岗、内退、停薪留职人员，在外从事一些临时性有酬工作而与另外的用人单位建立的劳务关系。由于这些人员与原单位劳动关系依然存在，所以与新的用人单位只能签订劳务合同，建立劳务关系。

四是已经办手续的离退休人员，又被用人单位聘用后，双方签订聘用合同。这种聘用关系类似于劳务关系，但又不完全是劳务关系。有人又称之为特殊劳动关系。

根据我国目前现状，按实现劳动过程的方式来划分，劳动关系分为两类，一类是直接实现劳动过程的劳动关系，即用人单位与劳动者建立劳动关系后，由用人单位直接组织劳动者进行生产劳动的形式，当前这一类劳动关系居绝大多数；另一类是间接实现劳动过程的劳动关系，即劳动关系建立后，通过劳务输出或借调等方式由劳动者为其他单位服务实现劳动过程的形式。显然，A劳务公司与派遣员工的关系就属于后一类劳动关系，因此，派遣人员的平均工资超计税工资标准部分，还是由A劳务公司调整。

第33计：宁走十里远 不走一里险

【妙计精述】

就税说税玩数据，税务稽查有问题；不如绕道布全局，稳妥获利皆欢喜。

【本计内容】

在经济活动中，人们喜欢就事论事（就税论税），但是，通过长期的实践我们会发现：有些经济事项直接去操作，就有可能被税务机关认定为偷税。然而，如果变换业务流程，或者调整业务模式，可以收到“鱼和熊掌二者兼得”效果。

在企业的生产和经营实践过程中，有些人往往自以为是，按照自己的经验从事，所以一个又一个错误就这样出现了。

比较常见的例子：当一个企业实现规模经营以后，经营者想做省心的事儿，于是，高薪聘请财务总监：以后该交的税一分不少，但是，不该交的税一分钱也不要多交。

而应聘财务总监到任后，只记住自己对领导的承诺，天天盯着发票、账本和财务报表，想方设法“合理避税”，用“头疼医头，脚疼医脚”的思路和方法处理一切经济事务。殊不知，对于规模企业和企业集团而言，如果想规避涉税风险，并且进行税收策划，需要有系统性思维方式，以全局的观念分析问题和解决问题。

【案例注释】

税收策划的重点在企业的生产和经营业务流程上，这是笔者在阐述税收策划的概念过程中一再强调的重点问题。但是，从上述计策的内容上看，读者可能还是感觉难以理解。因此，这里我们结合实际案例对有关计策的操作原理做一个简要分析和解释。

重构业务流程　解决纳税争议

春江公司是长风建筑企业集团下属的一家拥有一级建筑资质的建筑承包商，系增值税一般纳税人。2019年6月，该公司通过招投标的方式获得一单建筑工程，工程价值

2亿元。其工程所在地为M省，由于春江公司的业务消化能力不足，于是，就准备将该工程转包给当地同属长风建筑企业集团子公司的一家建筑施工企业——秋水建筑安装有限公司（只有二级建筑资质，以下简称秋水公司），承诺对秋水公司提供技术方面的支持，定期派技术人员提供技术咨询、技术指导等技术服务。

业务模式：

春江公司和秋水公司准备签订如下转包协议：自2019年6月1日起，秋水公司承担工程的建设任务，由春江公司对其提供技术指导；同时，秋水公司以工程的全价开票销售给春江公司，春江公司对甲方开票销售不加价，但秋水公司按含税销售收入8%的比例向春江公司支付管理技术咨询服务费。

工程竣工后，秋水公司向春江公司收取建筑劳务销售金额为2亿元，春江公司向秋水公司收取技术服务费含税价款1 600万元，春江公司按“咨询服务”税目，以6%的税率申报缴纳了增值税。

工程承包示意图如下所示：

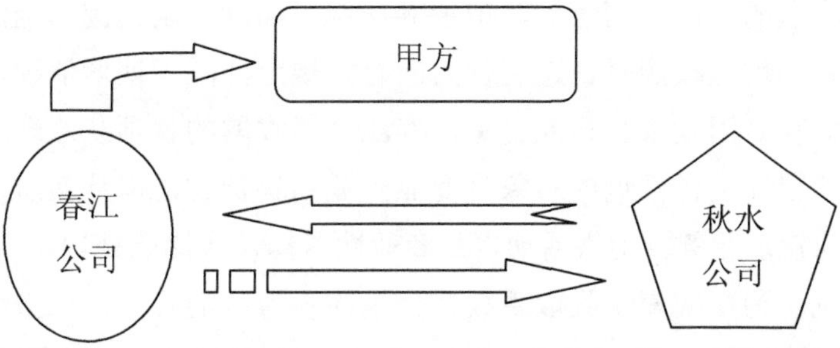

对于这笔业务如何操作，公司的领导吃不准，就向当地主管税务机关的有关部门请教。当地国税局的有关部门根据春江公司提供的业务合同实施了风险评估，在评估和分析过程中，对该公司2019年6月～12月准备申报的技术咨询服务含税收入1 600多万元，按6%增值税税率申报销项税额提出了不同意见。

春江公司的纳税计划在税务机关内部引发了一场激烈的涉税争议，争议的焦点问题是，这笔收入的增值税到底适用6%税率，还是9%的税率呢？

意见分歧：

根据春江公司和秋水公司的转包协议草案和计税计划，税务人员认为，这笔1 600多万元的技术咨询服务收入应按价外费用以11%的税率申报缴纳增值税。但是，还有部分人员存在不同意见，而且相关意见存在较大的分歧，并形成四种不同的意见。

第一种意见认为，应属于销售建筑劳务行为，按价外费用以9%的税率缴纳增值税。因为根据《财政部国家税务总局关于全面推开营业税改征增值税试点的通知》（财税〔2016〕36号）附件1《营业税改征增值税试点实施办法》第三十七条规定，销售额，是指纳税人发生应税行为取得的全部价款和价外费用，财政部和国家税务总局另有规定的除外。价外费用，是指价外收取的各种性质的收费，但不包括以下项目：（一）代为收取并符合本办法第十条规定的政府性基金或者行政事业性收费。（二）以委托方名义开具发票代委托方收取的款项。增值税暂行条例第六条和增值税暂行条例实施细则第十二条的规定：销售额为纳税人销售货物或者应税劳务向购买方收取的全部价款和价外费用，但是不包括收取的销项税额。所称价外费用，包括价外向购买方收取的手续费、补贴、基金、集资费、返还利润、奖励费、违约金、滞纳金、延期付款利息、赔偿金、代收款项、代垫款项、包装费、包装物租金、储备费、优质费、运输装卸费以及其他各种性质的价外收费。显然，春江公司替秋水公司销售建筑劳务，秋水公司给予的“咨询服务”费补偿，属于价外费用的一部分，系与销售额有关的“其他各种性质的价外收费”，应按建筑劳务适用税率9%缴纳增值税。

第二种意见认为，应属于平销返利行为，按取得的返还资金转出增值税进项税额，但不得开具增值税专用发票。因为根据《国家税务总局关于商业企业向货物供应方收取的部分费用征收流转税问题的通知》（国税发〔2004〕136号）规定，对商业企业向供货方收取的与商品销售量、销售额挂钩（如以一定比例、金额、数量计算）的各种返还收入，均应按照平销返利行为的有关规定冲减当期增值税进项税金，且一律不得开具增值税专用发票。显而易见，春江公司收取的款项从原理上讲符合该项规定。不过，虽然上述文件强调的对象是商业企业销售货物，但从实质重于形式来讲，春江公司从事的建筑业务转销售活动也是商业性活动，应比照处理。

第三种意见认为，应属于收取手续费代销建筑劳务的行为，应按经纪代理服务，以6%的税率缴纳增值税。因为根据《财政部 国家税务总局关于全面推开营业税改征增值税试点的通知》（财税〔2016〕36号，以下简称36号文件）规定，作为现代服务业中商务辅助服务的一个部分的经纪代理服务按6%征收增值税。显然，春江公司代销建筑劳务收取8%的手续费，符合经纪代理的要件，应按6%的税率缴纳增值税。

第四种意见认为，应属于专业技术服务，应按6%的税率缴纳增值税。因为根据36号文件规定，专业技术服务指气象服务、地震服务、海洋服务、测绘服务、城市规划、环境与生态监测服务等专项技术服务。春江公司给秋水公司提供技术咨询和技术服务等业务，该按销售金额8%收取的技术服务费，是建筑施工过程中的专业服务，应按6%的税率缴纳增值税。

策划建议：

上述案例是营改增后出现的，在实际工作中比较常见。因为有关企业的具体业务操作流程与现行税法规定存在或多或少“联接”（接近），所以，出现对政策理解的“模糊地带”，给税务管理带来了麻烦。可以这样说，这些问题都是纳税人以后需要面对的风险所在。其实，如果将视野再放得更广一些，对涉税政策进行一次系统性的梳理，同时对有关业务操作流程再做适当的策划和调整，有关争议就会迎刃而解。

具体的操作思路就是，重新签署有关业务的合作协议，规避“模糊地带”。

工程转包示意图如下所示：

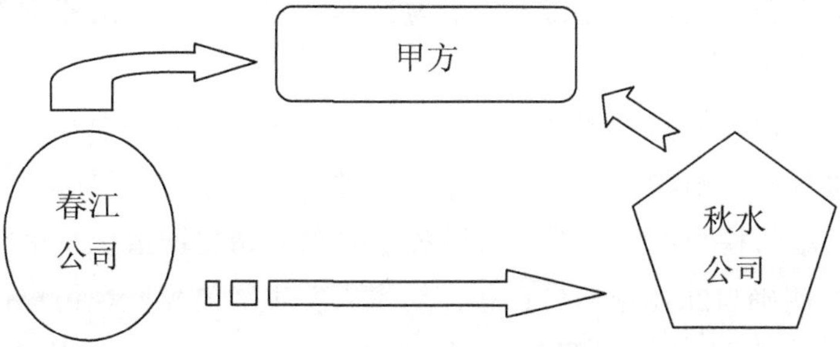

春江公司和秋水公司签订如下转包协议：自2019年6月1日起，秋水公司承担工程的建设任务，由春江公司对其提供技术指导；工程竣工以后，秋水公司以工程的全价开票给甲方，并直接从甲方收取工程款项；春江公司对秋水公司的建筑施工进行现场技术指导，并按含税销售收入8%的比例收取技术转让费。

专家点评：

笔者在许多专著和论文里都在反复阐述一个观点：企业的经营模式决定纳税方式，决定纳税人的税收负担水平。塔吊如果作为通用设备以租赁的方式经营，即签署《设备租赁合同》，以有形动产对外出租，就按13%的税率缴纳增值税；如果作为专用设备附带专业人员操作提供租赁业务，即签署《建筑施工设备出租合同》，就按9%计算缴纳“建筑服务”增值税；但是，如果不仅仅强调设备的使用，而是约定工程施工服务业务的承揽和服务质量，即签署《装卸搬运业务承包合同》，承包方派人员使用建筑施工设备（如装卸搬运工具）将货物在装卸现场之间（水平或者上下位置的挪移）或者运输工具与装卸现场之间进行装卸和搬运。那么就按6%计算缴纳 “现代服务”下“物流辅助服务”增值税。

类似的还有汽车经营：为客户纯汽车出租，让其自驾游，那么，就按有形动产出租征收17%的增值税；如果利用企业的汽车及员工将客户送到目的地，则为交通运输服务按11%计算缴纳增值税；如果利用企业的车辆从事公共交通运输服务，包括轮客渡、公交客运、地铁、城市轻轨、出租车、长途客运、班车（班车，是指按固定路线、固定时间运营并在固定站点停靠的运送旅客的陆路运输服务），还可以选择适用简易计税方法按3%计算缴纳增值税。

对于本案例所涉及到的情况，国家税务总局在《关于进一步明确营改增有关征管问题的公告》（国家税务总局公告2017年第11号）中明确自2017年5月1日起，建筑企业与发包方签订建筑合同后，以内部授权或者三方协议等方式，授权集团内其他纳税人（以下称“第三方”）为发包方提供建筑服务，并由第三方直接与发包方结算工程款的，由第三方缴纳增值税并向发包方开具增值税发票，与发包方签订建筑合同的建筑企业不缴纳增值税。发包方可凭实际提供建筑服务的纳税人开具的增值税专用发票抵扣进项税额。根据这个规定，从春江公司的角度讲，如果将代收代付的那笔收入分离出去，仅收取服务费用，无论将其界定为技术转让收入，还是咨询服务收入，则都是按6%计算缴纳增值税。

另外，近期增值税的税率调整和变化较大。《财政部 税务总局关于简并增值税税率有关政策的通知》（财税〔2017〕37号）明确自2017年7月1日起简并增值税税率结构，取消13%的增值税税率。《财政部税务总局关于调整增值税税率的通知》（财税〔2018〕32号）明确自2018年5月1日起，纳税人发生增值税应税销售行为或者进口货物，原适用17%和11%税率的，税率分别调整为16%、10%。《财政部 税务总局 海关总署关于深化增值税改革有关政策的公告》（财政部 税务总局 海关总署公告2019年第39号）自2019年4月1日起，增值税一般纳税人（以下称纳税人）发生增值税应税销售行为或者进口货物，原适用16%税率的，税率调整为13%；原适用10%税率的，税率调整为9%。

建筑转包好复杂　如何缴纳增值税

常新（集团）建筑工程公司（以下简称“常新集团”）是常州某区的一家大型建筑施工企业集团，该企业集团拥有建筑、钢结构等项目一级资质，下设6个二级子公司、4个分公司及项目机构，2016年度实现销售收入326 455万元。这些资质都集中在母公司，所以，常新集团在获得建设项目以后，通常都是通过分包的方式让其子公司或者其他企业去完成。营改增以后，如何完善分包业务就成了该企业的重点问题。

2017年5月8日，常新集团通过招标的方式在溧阳区获得一个土建工程项目，准备转包给注册地在溧阳市的秋水建筑施工实业公司（以下简称秋水公司）去施工，工程造价为20 000万元（含增值税）。

目前两家企业已经草拟了一份总分包合同。但是，当这份合同样稿传到法务部时，法务部的负责人艾哲民对有关业务中的涉税问题有些吃不准。比如，参与操作各方如何纳税？能否差额纳税？相关业务如何进行会计处理？等等，疑难问题的确比较多。

由于案值比较大，且其政策刚刚发生了变化，企业人士在把握不准的情况下，就请来咨询专家为其释疑解惑。

1. 相关政策分析：

建筑施工企业拿到建筑施工项目后，往往不会全部由自己实施，出现分包和转包的现象。但是，在营改增以后，分包和转包在税收上待遇是不同的。于是，咨询专家首先跟企业人士一起学习有关税收政策和文件。

（1）一般分包业务的涉税处理。

根据《财政部国家税务总局关于全面推开营业税改征增值税试点的通知》（财税〔2016〕36号）附件2《营业税改征增值税试点有关事项的规定》第一条第（三）项第9款规定："试点纳税人提供建筑服务适用简易计税方法的，以取得的全部价款和价外费用扣除支付的分包款后的余额为销售额。"国家税务总局在《纳税人跨县（市、区）提供建筑服务增值税征收管理暂行办法》（国家税务总局公告2016年第17号）第四条第（一）款中明确："一般纳税人跨县（市、区）提供建筑服务，适用一般计税方法计税的，以取得的全部价款和价外费用扣除支付的分包款后的余额，按照2%的预征率计算应预缴税款。"同时本条第（二）款规定"一般纳税人跨县（市、区）提供建筑服务，选择适用简易计税方法计税的，以取得的全部价款和价外费用扣除支付的分包款后的余额，按照3%的征收率计算应预缴税款。"

基于这些政策法律规定，在建筑工程总分包之间，可以差额纳税，但是，如果总承包方把工程转包给其他个人或建筑企业（集团公司成员以外的其他企业），则总承包方在计征增值税和工程所在地预缴增值税时，其销售额不能扣除分包额，必须全额缴纳增值税。换言之，总承包方发生转包不能差额纳税。

（2）涉税管理措施落实的涉税差异。

根据国家税务总局公告2016年第17号第六条的规定，选择简易征税情况下的总承包人在差额征收增值税时，总承包人从建设单位取得的全部价款和价外费用中扣除支付的分包款，应当取得符合法律、行政法规和国家税务总局规定的合法有效凭证，否则不得扣除。其中上述合法有效凭证包括总承包方从分包方取得的2016年5月1日后开具的，备注栏注明建筑服务发生地所在县（市、区）、项目名称的增值税发票。同时根据《国家税务总局关于营改增试点若干征管问题的公告》（国家税务总局公告2016年第53号）第八条第（三）项的规定，纳税人跨县（市、区）提供建筑服务，在向建筑服务发生地主管国税机关预缴税款时，需填报《增值税预缴税款表》，并出示以下资料：一是与发包方签订的建筑合同复印件（加盖纳税人公章）；二是与分包方签订的分包合同复印件（加盖纳税人公章）；三是从分包方取得的发票复印件（加盖纳税人公章）。

基于以上税收政策分析，选择简易征税情况下的总承包方享受差额征收增值税，应当符合以下申报程序：

一是分包人必须向总包人开具备注栏注明建筑服务发生地所在县（市、区）、项目名称的增值税发票，而且总承包人必须向建筑劳务所在地国税局提供分包人开具加盖纳税人公章的增值税发票复印件。

二是总承包方必须向其公司注册地的国家税务局办理选择简易计税的备案手续。

三是总承包方必须向工程所在地的国家税务局提供其与发包方签订的建筑合同复印件（加盖纳税人公章）和其与分包方签订的分包合同复印件（加盖纳税人公章）。

四是分包方必须有建筑资质而且不存在违法分包行为。

总之，为了差额征收增值税，选择简易征收增值税的总承包人必须履行一定的法定申报程序。未履行法定申报程序则不能差额纳税。

（3）集团公司内部转包有例外。

由于总承包方发生转包不能差额纳税，导致实务过程中部分企业操作困难，比如集团公司内部建筑资质与建设团队脱节的情况下运行困难等。为了解决这些问题，国家税务总局《关于进一步明确营改增有关征管问题的公告》（国家税务总局公告2017年第11号）第二条明确，自2017年5月1日起，建筑企业与发包方签订建筑合同后，以内部授权或者三方协议等方式，授权集团内其他纳税人（以下称“第三方”）为发包方提供建筑服务，并由第三方直接与发包方结算工程款的，由第三方缴纳增值税并向发包方开具增值税发票，与发包方签订建筑合同的建筑企业不缴纳增值税。发包方可凭实际提供建筑服务的纳税人开具的增值税专用发票抵扣进项税额。

在这里需要提醒纳税人注意的是，文件明确了业务流程的操作，特别强调了以下几点：一是操作主体是集团内部；二是工程作业流程是以内部授权或者三方协议等方式，授权集团内其他纳税人（以下称“第三方”）为发包方提供建筑服务；三是资金结算和开票流程是由第三方直接与发包方结算工程款的，由第三方缴纳增值税并向发包方开具增值税发票。满足以上三个条件的，与发包方签订建筑合同的建筑企业才不缴纳增值税。

（4）纳税地点调整。

《纳税人跨县（市、区）提供建筑服务增值税征收管理暂行办法》（国家税务总局公告2016年第17号）第四条明确，纳税人跨县（市、区）提供建筑服务，按照以下规定预缴税款：（一）一般纳税人跨县（市、区）提供建筑服务，适用一般计税方法计税的，以取得的全部价款和价外费用扣除支付的分包款后的余额，按照2%的预征率计算应预缴税款。（二）一般纳税人跨县（市、区）提供建筑服务，选择适用简易计税方法计税的，以取得的全部价款和价外费用扣除支付的分包款后的余额，按照3%的征收率计算应预缴税款。（三）小规模纳税人跨县（市、区）提供建筑服务，以取得的全部价款和价外费用扣除支付的分包款后的余额，按照3%的征收率计算应预缴税款。

但是，国家税务总局《关于进一步明确营改增有关征管问题的公告》（国家税务总局公告2017年第11号）第三条对上述规定做出调整，明确自2017年5月1日起，纳税人在同一地级行政区范围内跨县（市、区）提供建筑服务，不适用《纳税人跨县（市、区）提供建筑服务增值税征收管理暂行办法》（国家税务总局公告2016年第17号）。也就是说，自2017年5月1日起，纳税人在同一地级行政区范围内跨县（市、区）提供建筑服务，就不需要在项目所在地预缴税款。

2．分包、转包业务的处理

在实务过程中，常新集团与秋水公司的合作可以通过分包和转包的方式进行。对于分包模式下的造价为20 000万元（含增值税）的工程，根据《财政部 国家税务总局关于全面推开营业税改征增值税试点的通知》（财税〔2016〕36号）规定，作为增值税一般纳税人的企业如果选择一般计税时应全额纳税，但可以抵扣进项。这样，其业务处理过程和方法就与制造业完全相同。为了说明差额计税问题，在这里我们假设双方企业通过甲供材和清包工的方式进行税收策划，于是都采用简易征税方式。建筑业采用简易计税，可扣除分包额差额计税，这里结合具体案例进行具体分析：

常新公司在金坛区承包的一个合同值为20 000万元的工程项目，并把其中6 000万元的部分项目分包给具有相应资质的分包人秋水公司，工程完工后，该工程项目最终结算值为20 000万元。常新、秋水公司均采取简易计税。常新公司完成工程累计发生合同成本10 000万元。

常新公司总包会计处理：（单位：万元，下同）

（1）完成合同成本：

借：工程施工——合同成本	10 000	
贷：原材料等		10 000

财税〔2016〕36号文件附件1第四十五条规定，纳税人提供建筑服务、租赁服务采取预收款方式的，其纳税义务发生时间为收到预收款的当天。收到建设方一次性结算的总承包款，产生纳税义务。

（2）收到总承包款：

借：银行存款	20 000	
贷：工程结算		19 417.48
应交税费——未交增值税		582.52

（3）分包工程结算：

借：工程施工——合同成本	5 825.24	
应交税费——未交增值税	174.76	
贷：应付账款——秋水公司		6 000

（4）全额支付分包工程款时：

借：应付账款——秋水公司	6 000	
贷：银行存款		6 000

（5）常新公司确认该项目收入与费用：

借：主营业务成本	15 825.2	
工程施工——合同毛利	3 592.6	
贷：主营业务收入		19 417.48

（6）工程结算与工程施工对冲结平：

借：工程结算	19 417.48	
贷：工程施工——合同成本		15 825.2
——合同毛利		3 592.6

向项目所在地国税局预缴税款＝（20 000－6 000）÷（1+3%）×3%＝407.77（万元）

借：应交税费——未交增值税	407.77	
贷：银行存款		407.77

差额计税：建筑施工采用简易计税方法时，发票开具采用差额计税但全额开票，税额＝20 000÷（1+3%）×3%＝582.52（万元）；金额＝1 000－29.12＝19 417.48（万元）。

发票备注栏要注明建筑服务发生地所在县（市、区）及项目名称。简易计税的情况下，一般预缴税款等于向机构所在地主管税务机关纳税申报的税额。常新纳税申报按差额计算税额：（1 000－300）÷（1+3%）×3%＝407.77（万元）。

如果常新集团通过转包的方式跟秋水公司合作，将整个工程都转包给对方进行，其业务就比较简单了，根据国家税务总局2017年第11号公告具体建造业务全部在秋水公司进行核算，并由该公司向承建方开具发票即可。

专家评述：

经营方式不仅是一个路径选择的问题，还是一个业务流程操作的问题，在实务操作环节，利用什么样的经营方式，税收负担存在差别，有的时候差异还很大。这不：是选择经销还是代理，就是一个典型的例子。

经营方式不妥当　亿元货款难入账

“一年两亿元的经销汽车业务都没有进货发票，如何进行账务处理？”最近，笔者在咨询过程活动中遇到上海一家颇具规模的汽车销售公司被这个财务难题深深困扰。

据该汽车销售公司财务经理介绍，他们公司有良好的销售渠道，经销几个品牌的轿车，去年新引进了某著名品牌轿车，没想到该品牌车卖得格外好，去年一年购进该品牌轿车支出差不多达两亿元。这本来是件好事，但由于不是该著名品牌轿车专卖店的原因，该公司在实际操作中遇到了一个大麻烦。

由于该公司不属于该品牌轿车专卖店性质的经销商，不能从该品牌厂方获得购进汽车的增值税专用发票。对非专卖店性质经销商销出去的汽车，厂方只能将发票直接开给最终用户。这样，就造成杭州这家汽车销售公司购进该品牌轿车时，无法取得相应的合法购货凭证，从而使得其去年高达两亿元的购货支出无法入账，造成巨额进项不能进行增值税进项税抵扣。

该汽车销售公司财务经理说，两亿元的负担对企业压力巨大，直接影响到公司的正常运转。况且，只要继续经销该品牌车，就继续有这样的问题产生。而放弃销售火暴的该品牌车又实在有违经商之道。

怎么办？公司有人建议，要做该项业务，只能采取携带巨额现金交易的方式，进行账外操作。

但这样做，显然属于偷税行为，既不符合财务制度的规定，税法也根本不允许，同时还会给销售业务人员利用巨额现金交易侵占公款提供机会。公司管理层坚决否定了这样的建议。该汽车销售公司想到向税务咨询机构求助。

普誉财税策划工作室的税务专家、咨询部马经理经过认真分析后给出了如下建议，即：根据《财政部 国家税务总局关于增值税、营业税若干政策规定的通知》（财税字〔1994〕026号）第五条规定，只要该汽车销售公司在该项业务操作中同时符合以下三点，并征得税务机关的同意，可以按照"代购货物"来进行相关的账务处理。

这三点就是，"第一，受托方（在这里，也就是指该汽车经销商）不垫付购车资金；第二，销货方（这里也就是指某品牌汽车厂商）将增值税发票开具给委托方（最终购车用户），并由受托方将该项发票转交给委托方；第三，受托方按销售方实际收取的销售额和增值税额（如果是代理进口货物，则为海关代征的增值税额）与委托方结算货款，并另外收取手续费。"也就是说，只要经销商与该品牌车厂商不是直接的购进销售关系而是代理关系，那么，对相关的销售业务，汽车厂商可以将销售发票开给最终购车用户，但要通过该经销商转交，由经销商按厂商实际收取的销售额和相应的增值税额与用户进行货款结算。这中间经销商收取一定的交易服务费作为其经营利润。

马经理说，这样进行财务处理，好处有两个方面，既能够实现财务规范又可以合理节税。

首先，可以使该汽车销售企业按税法规定规范经营业务；

其次，可以帮助企业解决大量购进业务因不能取得合法凭证，使得会计无法进行账务处理，无法进项抵扣的难题；

第三，可以有效杜绝汽车销售人员可能利用大量现金交易贪污公款的机会；

第四，也为企业节约了一定的纳税成本。

比如，如果是花28万元购进一辆广本，再29万元卖给用户，产生10 000元差价，原来应该缴纳增值税1 700元，加上城市维护建设税和教育费附加就是1 700×（100%+7%+3%）＝1 870（元）。而如果按照"代理"性质来处理。

根据《财政部国家税务总局关于全面推开营业税改征增值税试点的通知》（财税

〔2016〕36号）附件1《营业税改征增值税试点实施办法》附《销售服务、无形资产、不动产注释》第一条第（六）款第8项的规定，商务辅助服务按6%计算缴纳增值税。

按照这个规定，则就只需要针对其所收取的手续费缴纳6%的增值税：

$$10\ 000 \div (1+6\%) \times 6\% = 566.04\text{（元）}$$

城市维护建设税和教育费附加合计为：

$$566.04 \times (7\%+3\%) = 56.60\text{（元）}$$

每辆轿车可以节税：

$$1\ 870-(566.04+56.60) = 1\ 247.36\text{（元）}$$

如果一年销售此类汽车有几百辆之多，那么其节税金额可想而知。

专家提示：

这家汽车销售公司只是以后可以按照这样的策划方案来改变营业方式，在规范账务处理的同时实现节税操作。对于已经发生过的购进销售业务，则只能按有关规定处理，汽车销售公司自我承担相应的损失。

诸如此类的例子还是很多的，94年税制改革以后，割断了小规模纳税人与一般纳税人直接经营的纽带，因此，发票违章的情况多了起来。这里有一个典型的案例：一个在常州市某百货商场从事钮扣生意的个体工商户李某，与当地一家服装厂谈妥服装辅料——钮扣的供应业务。当服装厂要求提供能够抵扣13%的增值税专用发票时，李某满口应承。在具体操作过程中，李某根据服装厂的要求，从天津购进价值38 587.50元的钮扣时，就要求天津某商场将增值税专用发票直接开到该服装厂。购货款由个体户当场付现金，回来后再与服装厂结算，显然李某的意图是为该服装厂代购钮扣。

当稽查人员到服装厂进行纳税检查时，发现该笔业务有问题：发票开出方与货款接受方不一致，认定为代开发票行为（或从第三方取得发票），发票上注明的增值税款6 559.88元不予抵扣，同时根据《增值税专用发票管理办法》对该企业的行为罚款10 000元。

类似的案例可以在任何一个国税的税务稽查部门都比较容易地找到。

分析该案例，对我们从事税收策划不无帮助。

李某与服装厂的业务实际上是一代购行为，遗憾的是他们的手续不够规范！对于货物的代购行为，有关法规早就作了规定，如果涉及此类业务的双方能够有一方认真研读一下有关文件精神，或者事先请教一下税收策划专家，补税罚款的消极后果完全可以避免！

财政部、国家税务总局财税字（094）026号通知中明确：代购货物行为，凡同时具备以下条件的，不征收增值税（营改增以后，按现代服务计税）；不同时具备以下条件的，无论会计制度规定如何核算，均征收增值税。

（1）受托方不垫付资金。

（2）销售方将发票开具给委托方，并由受托方将该项发票转交给委托方。

（3）受托方按销售方实际收取的销售额和增值税额（如系代理进口货物则为海关代征的增值税额）为委托方结算货款，并另外收取手续费。

根据以上规定，在具体的经营活动中要注意把握以下几点：

1．要明确代购关系。在该案例中，经营钮扣的个体户李某与服装厂洽谈并明确该业务时，服装厂要与李某签订代理业务合同，明确代购货物的具体事项以及与此有关的权利和义务。

2．个体户李某不垫付资金。当服装厂与李某明确代购业务关系之后，应该先汇一笔资金给李某，然后由李某利用这笔资金出去采购钮扣。

3．个体户李某以服装厂的名义购买钮扣。李某按照服装厂的要求购买货物，同时索要有服装厂抬头、税号以及其内容都与实物相符的增值税专用发票，并将发票与货物一起交给服装厂。

4．李某与服装厂根据代理协议中议定的服务费标准结算手续费，结算相关的手续时要有合法的手续和凭证。

通过以上的程序进行操作，就可以在小规模纳税人与一般纳税人之间筑起一个货物流通的桥梁。通过以上正反两方面的实例对比，我们不难发现企业经营方式适时调整的意义。

专家评述：

绕道走路，是日常生活中的一个常见现象，但是，如果要在生产和经营过程中利用这个原理进行税收策划，却是需要智慧的。需要对各种相关的政策进行全面的理解，多方面的分析，利用哲学上联系的观点进行操作才可能成功。

第34计：
进口出口 税收溜走

【妙计精述】

地理经济有差异 比较优势做生意；税制不同可操作，策划技巧应留意。

【本计内容】

虽然人们同住一个地球村，但是，可能不在一个国家；即使在一个国家，也可能会处于不同的税境。在不同的国家和地区可能存在比较优势。比较优势是指一个生产者以低于另一个生产者的机会成本生产一种物品的行为。如果一个国家在本国生产一种产品的机会成本（用其他产品来衡量）低于在其他国家生产该产品的机会成本的话，则这个国家在生产该种产品上就拥有比较优势。也可以说，当某一个生产者以比另一个生产者更低的机会成本来生产产品时，我们称这个生产者在这种产品和服务上具有比较优势。

由于比较优势的存在，在不同的国家和地区之间做生意就成为可能。

国家的政策经济背景不同，反映到税收上就是税收负担的高低、税收管理手段的繁简给企业造成的实际成本的大小上。显然，走出国界做生意，有些低税区或国际避税区是我们不能不加以考虑的地方。而从另一个方面来看，对于一个国家而言，进口环节，是控制利益的第一道环节，而出口环节则是控制利益的最后一道环节。所以进出口环节是一个国家调节经济利益的关键性环节。而投资人正是看到这一点，综合国际政策差异展开策划……

【案例注释】

笔者自2001年在《实用税收策划》一书中提出税收策划的概念、原则和方法后，税收策划作为一门学科已经得到人们的普遍认可。对于跨国业务的涉税策划在笔者的《纳税策划实战精选百例》中多有涉及，本计便是笔者实践的一个总结。读者可能对上述的表述感觉难以理解。因此，这里我们结合实际案例对有关计策的操作原理做一个简要分析和解释。

国际市场多风险　全局策划利保全

将全球的大市场作为“一盘棋”考虑做生意，是跨国公司经营的一般思路。长远汽车公司是一家大型跨国公司，由于经营策略得当，该公司生产的汽车在世界汽车市场上已经占有一席之地。随着市场的进一步拓展，跨国税收策划也就成了该公司财务部门的日常活动了。

根据公司市场部提供的信息，A国最近几年经济有了长足的发展，人们的物质文化生活水平有了很大的提高，而对汽车的需求也越来越大，因此，有着巨大的市场潜力。2018年3月，该公司董事会决定打入A国市场，在A国境内有所作为。据了解A国的关税税则规定，汽车整车进口关税的税率为50%，汽车零配件进口关税的税率为18%。为了在打开市场的同时又能享受低税收待遇，长远公司请来税务咨询专家为其出谋划策。

业务梳理：

普誉财税策划工作室的税务专家认为，关税负担的高低与单位定税价格有很大的关系，进出口价格越高，应该缴纳的关税就越多；价格越低，应该缴纳的关税就越少。根据有关关税法律规定，关税的计算公式如下：

应纳税额＝进（出）口应税货物数量×单位定税价格×适用税率

企业经营的目的就是要获得利润，任何一个企业在进出口贸易时，都不会愿意压低价格向其他企业销售货物，因为这就将自己的利润无偿地送给了他人。怎样才能做到既压低了进出口的货物，又不至于将商业利润流入他人的腰包呢？一个简单的方法就是自己与自己做生意。

为配合价格下调节省关税的策划，有关企业的通常做法就是在相应国家设立自己的子公司，进行国际间的转让定价的策划。因此，大多数企业在对关税进行策划时，一般采用的办法就是压低进出口价格。

策划思路：

经过反复的论证，税务专家初步拟定了两套方案：

方案一：在A国设立一家销售企业作为长远汽车公司的子公司，通过国际间转让定价，压低汽车进口的价格，从而节省关税，这样使得A国境内子公司利润增大，以便于扩大规模，占领A国汽车市场。

方案二：在A国境内设立一家总装配公司作为子公司，通过国际间转让定价，压低汽车零部件的进口价格，从而节省关税。这样也可以使得A国境内子公司利润增大，以便更好地占领A国汽车市场。

策划分析：

从长远公司的策划方案来分析，哪一个方案更好呢？

从大的动作思路来看，两者没有本质的区别，但是，如果对两个方案作具体的分析，我们就可以发现两个方案的具体操作对象有所不同，其政策风险也不一样。

对于第一种方案，企业可以利用转让定价进行税收策划，从而实现关税的降低。尤其是A国正处于快速发展阶段，大力吸收外国资本，所以他们采取多种政策吸引外资，其中包括税收优惠，而在国内则实行区域性判别税率，沿海地带优惠较多，利润从高税国家转到低税国家可以节省税款。

但是，该国也与其他国家一样，对跨国公司通过转让定价有着严密的防范措施。而汽车市场的价格信息比较透明，A国很容易获得与汽车销售相关的信息，并根据国际惯例对超出范围的转让定价行为依法进行纳税调整，从而导致公司的税收策划的计划失败。

对于第二种方案，公司的目的也可以得到第一种方案所说的好处，但是操作起来更隐蔽，A国对转让定价的防范的难度更大。这是因为：其一，由于零部件的进口关税比成品汽车的税率要低很多，较低的关税税率可以帮助企业节省不少税款。A国汽车整车进口关税的税率为50%，汽车零配件进口关税的税率为18%，即使公司不进行转让定价的税收策划，也能得到32%的好处。其二，由于零部件的价格市场可比性不大，进行转让定价策划更加容易实现，从而可以大大提高策划的经济效果。其三，可以获得税收以外的其他好处。比如A国的劳动力价格较低，可以进一步降低公司产品的制造成本；节约运费，进一步降低经营成本；离消费市场比较近，可以及时进行信息反馈，及时调整产品结构等等。

策划结论：

经过反复论证，长远汽车公司董事会发现第二套方案更加优越，于是决定采纳。

策划点评：

在从事进出口贸易活动过程中，关税是影响跨国公司发展的诸多因素中很重要的一项。但是，如果对关税的税则进行进一步深入研究，人们不难发现，虽然整体税率是相对不变的，但各类产品之间的关税税率还是存在差异的。由于关税负担的高低与单位定税价格有很大的关系，进出口价格越高，应该缴纳的关税就越多；价格越低，应该缴纳的关税就越少。一般来说，原材料和零部件的关税税率最低，半成品税率次之，整机的税率最高。这种税率上的差异为纳税人提供了另一种策划思路：纳税人可以考虑将本来打算进口整机的产品，在经营组合上作必要的调整，分拆成半成品或是原材料或零部件进口，通关后再进行装配形成整机，这样可以很好地减少关税的支出。本案例中，方案二就是利用不同加工程度的产品之间关税税率上的差异进行策划的。关税策划的主要切入点就转移到通过降低商品的进（出）口价格，使关税的税基变窄。不过，企业采用上述思路时应对有关法律的规定和经营运作成本进行综合的分析。

注意事项：

在从事进出口业务的过程中，要注意对外付汇税收监管方法出现的新变化。自2008年《国家外汇管理局、国家税务总局关于服务贸易等项目对外支付提交税务证明有关问题的公告》（汇发〔2008〕64号）施行以来，对外支付税务证明一直是税务机关加强跨境税源管理的重要抓手。随着近日《国家税务总局、国家外汇管理局关于服务贸易等项目对外支付税务备案有关问题的公告》（国家税务总局、国家外汇管理局公告2013年第40号，以下简称40号公告）的发布，我国现有的对外支付税务管理模式实现了重大变化。

这里的变化主要体现在以下三个方面：一是监管起点提高。原来对外支付3万美元就要纳入税收监管，现在这一标准提高到了5万美元。二是监管方式改变。境内支付人原来在付汇时，必须首先向税务机关提交与交易相关的资料，待税务机关审核通过后方可取得付汇证明。现在，境内支付人只需要在付汇前备案即可。三是监管流程简化。境内支付人原来必须分别向国税机关和地税机关申请开具付汇证明，现在境内支付人统一向所在地主管国税机关进行备案即可。主管税务机关仅为地税机关的，境内支付人向所在地同级国税机关备案即可。

为了规避繁琐的汇兑流程对开展业务的影响，现在很多大型跨国企业往往会在集团内部建立净额结算程序——集团内各公司之间结算时，先用往来资金互抵，再支付差额部分即可，以此来减少实质性现金收付。40号公告的发布，既是一个利好纳税人（扣缴义务人）的重要消息，又是有利于人民币走向国际化的重要一步。如果未来人民币完全国际化后，这种净额结算方式就会逐步消失，从而使企业资金流更加符合经济活动的实际情况。

近几年，我国服务贸易外汇收支规模的不断增长，境内机构和个人对外汇支付便利性的需求不断提高。40号公告的发布，正好满足了境内机构和个人的这一现实需求。同时，自2008年企业所得税法实施以来，中国出台了一系列加强跨境税源管理的措施，特别是非居民税收管理的措施，国际税收政策体系日益完善。40号公告的发布，为境内机构和个人对外付汇提供了便利，同时也体现出中国税务机关在跨境税源管理中更加专业，也更加自信。

策划难点：

这是一个系统性税收策划项目，对此类事项策划存在如下难点：其一，熟悉汽车的制造与销售情况；其二，熟悉关税情况，零部件的进口关税比成品汽车的税率要低很多，较低的关税税率可以帮助企业节省不少税款。如果不熟悉这个规定，则不能从事策划活动。其三，了解有关策划对象的市场经营情况以及国家反避税的具体实施情况。

进口设备为创业　善于策划添效益

森远科技实业公司是一家技术创新型企业，与国际上多家公司具有良好的合作关系。为了从事国际贸易的需要，2018年3月12日，从德国进口宝马新760Li型小轿车1部自用，报关进口时，海关审定的计税价为1 250 000元（含随同报关的车辆零部件50 000元）。

依照现行关税的有关规定，进口小轿车整车的税率相对较高，而进口零部件的税率则较低。根据我国加入WTO的相关协议，从2006年1月1日起进口汽车整车的关税税率为28%（后来的关税税率会随着需要而不断调整，这里为了分析简便起见，仍然按28%来分析），进口零部件的税率为10%。

对于这笔业务看似简单，但是，其中存在税收策划的机会。

策划建议：

税务专家结合具体业务，发现在这样的情况下，存在一定的操作机会：利用含随同报关的车辆零部件进行策划。换一句话说，这里存在两个操作的可能：一是森远科技实业公司将自用车辆按海关审定的计税价为1 250 000元申报；二是将轿车的零部件50 000元与整车分开单独报关进口。

策划分析：

两种操作方式有什么不同吗？根据海关总署等四部委制定的《构成整车特征的汽车零部件进口管理办法》规定，进口汽车零部件构成整车特征有三条标准。一是进口全散件或半散件组装汽车的；二是在《办法》第四条规定的认定范围内，包括进口车身（含驾驶室）、发动机两大总成装车的；进口车身（含驾驶室）和发动机两大总成之一及其他3个总成（系统）（含）以上装车的；进口除车身（含驾驶室）和发动机两大总成以外其他5个总成（系统）（含）以上装车的；三是进口零部件的价格总和达到该车型整车总价格的60%及以上的。凡构成整车特征的，按整车适用税率征税；不构成整车特征的，按零部件适用税率并计征关税。下面我们来作具体分析：

方案一：森远科技实业公司将车辆和零部件打包按海关审定的计税价为1 250 000元申请报关。

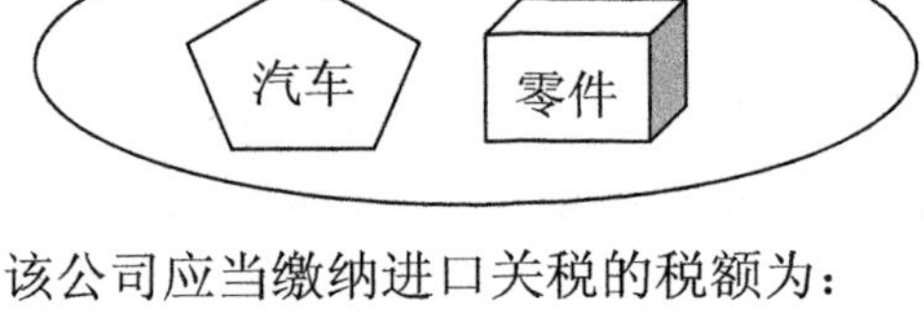

在这样的情况下，该公司应当缴纳进口关税的税额为：

$$1\ 250\ 000 \times 28\% = 350\ 000（元）$$

应当缴纳进口环节消费税的税额为：

（1 250 000+350 000）÷（1-8%）× 8% = 139 130（元）

应当缴纳进口环节增值税的税额为：

（1 250 000+350 000+139 130）× 17% = 295 652（元）

纳税人进口自用的应税车辆的计税价格＝关税完税价格+关税+消费税

= 1 250 000+350 000+139 130 = 1 739 130（元）

森远科技实业公司应当缴纳的车辆购置税为：

组成计税价格 × 税率 = 1 739 130 × 10% = 173 913（元）

购置宝马车实际支付款项合计为：

1 250 000+350 000+139 130+295 652+173 913 = 2 208 695（元）

方案二：森远科技实业公司进口报关时，将轿车的零部件50 000元与整车分开单独报关进口。

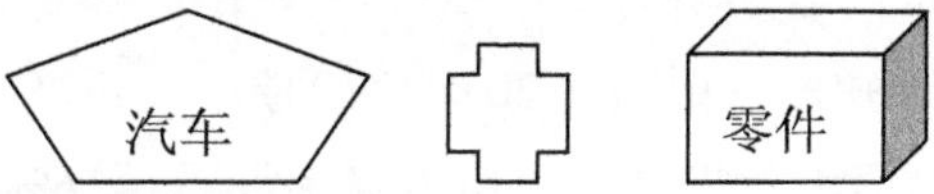

在这样的情况下，该公司纳税情况如下：

应当缴纳进口关税的税额为：

1 200 000 × 28%+50 000 × 10% = 341 000（元）

小轿车应当缴纳进口环节消费税的税额为：

（1 200 000+341 000）÷（1-8%）× 8% = 134 000（元）

应当缴纳进口环节增值税的税额为：

（1 250 000+341 000+134 000）× 17% = 293 250（元）

应当缴纳的车辆购置税为：

关税完税价格+关税+消费税

= 1 200 000+336 000+134 000 = 1 670 000（元）

应纳车辆购置税税额＝组成计税价格×税率＝1 670 000×10%＝167 000（元）；

森远科技实业公司购置轿车实际支付款合计为：

1 250 000+341 000+134 000+293 250+167 000 = 2 185 250（元）

策划结论：

将上述两种操作方式的结果进行比较，我们发现：

少缴纳关税税额＝350 000-341 000＝9 000（元）；

少缴纳消费税税额＝139 130-134 000＝5 130（元）；

少缴纳增值税税额＝295 652-293 250＝2 402（元）；

少缴纳车辆购置税税额＝173 913-167 000＝6 913（元）。

将上述四个税种的少缴额进行累计：

9 000+5 130+2 402+6 913＝23 445（元）。

对于这个结果，我们还可以通过对森远科技实业公司现金流量的减少额上验证出来，该公司现金流出额减少23 445元（2 208 695−2 185 250），与策划节税额一致。因此，经过简略的策划，该公司就可以合法地省下23 445元税额了。

策划点评：

正如本案例开头时就已经讲过：国家为了对有发展前途的产业或者与国民经济有紧密关系而需要扶持的产业进行鼓励，在进口环节往往会制定一些鼓励政策；对于其他行业的进口设备，国家也会针对具体情况制定相关的政策进行调节。在这样的情况下，对于一个企业从事进口设备，可能就会遇到利用不同的政策而策划进口环节的各项税费的可能。因此，本案例提供了进口环节的一个策划思路，纳税人可以从中得到一定的启示。

另外，需要提醒的是，近期增值税适用税率发生了变化：根据《财政部 税务总局关于调整增值税税率的通知》（财税〔2018〕32号，）自2018年5月1日起原适用17%税率且出口退税率为17%的出口货物，出口退税率调整至16%。原适用11%税率且出口退税率为11%的出口货物、跨境应税行为，出口退税率调整至10%。外贸企业2018年7月31日前出口的第四条所涉货物、销售的第四条所涉跨境应税行为，购进时已按调整前税率征收增值税的，执行调整前的出口退税率；购进时已按调整后税率征收增值税的，执行调整后的出口退税率。生产企业2018年7月31日前出口的第四条所涉货物、销售的第四条所涉跨境应税行为，执行调整前的出口退税率。调整出口货物退税率的执行时间及出口货物的时间，以出口货物报关单上注明的出口日期为准，调整跨境应税行为退税率的执行时间及销售跨境应税行为的时间，以出口发票的开具日期为准。

根据《财政部税务总局海关总署关于深化增值税改革有关政策的公告》（财政部 税务总局 海关总署公告2019年第39号），自2019年4月1日起原适用16%税率且出口退税率为16%的出口货物劳务，出口退税率调整为13%；原适用10%税率且出口退税率为10%的出口货物、跨境应税行为，出口退税率调整为9%。

2019年6月30日前（含2019年4月1日前），纳税人出口前款所涉货物劳务、发生前款所涉跨境应税行为，适用增值税免退税办法的，购进时已按调整前税率征收增值税的，执行调整前的出口退税率，购进时已按调整后税率征收增值税的，执行调整后的出口退税率；适用增值税免抵退税办法的，执行调整前的出口退税率，在计算免抵退税时，适用税率低于出口退税率的，适用税率与出口退税率之差视为零参与免抵退税计算。

出口退税率的执行时间及出口货物劳务、发生跨境应税行为的时间，按照以下规定执行：报关出口的货物劳务（保税区及经保税区出口除外），以海关出口报关单上注明的出口日期为准；非报关出口的货物劳务、跨境应税行为，以出口发票或普通发票的开具时间为准；保税区及经保税区出口的货物，以货物离境时海关出具的出境货物备案清单上注明的出口日期为准。

进料来料可选择　税收成本为重点

秋风公司从事对外加工业务以及国内销售业务，2018年初接到一个订单：对外加工出口甲产品，经了解，甲产品国内成本构成总计为：材料成本2 000万元、其他成本8 000万元（工资、折旧等无进项税金）。在具体的加工方式上有进料加工和来料加工两种，如果采取进料加工方式，可取得销售收入34 000万元，如果采取来料加工方式，则可以取得加工费13 000万元。对于该业务，秋风公司应该采用哪一种方式好呢？

【业务分析】

来料加工方式是由国外客户提供原材料，必须做成成品要再出口，原材料不是正常购买的，而是外方提供，不需要企业支付货款。最后结算，客户只是付给企业一定的加工费。多余的原料还要退回给客户。而进料加工则是由生产企业所需要的原材料由企业通过正常的进口方式自己从国外进口，加工后再出口，这样企业可能获得的利润不光是加工费，还包含成品扣除成本费用后的差额（经营利润）。

加工利润＝销售收入-销售成本-销售税金及附加。其中：

进料加工：销售成本＝进口材料成本+国内成本+不予抵扣或退税进项税额，销售税金及附加＝-免抵税额×（城建税税率+教育费附加3%）

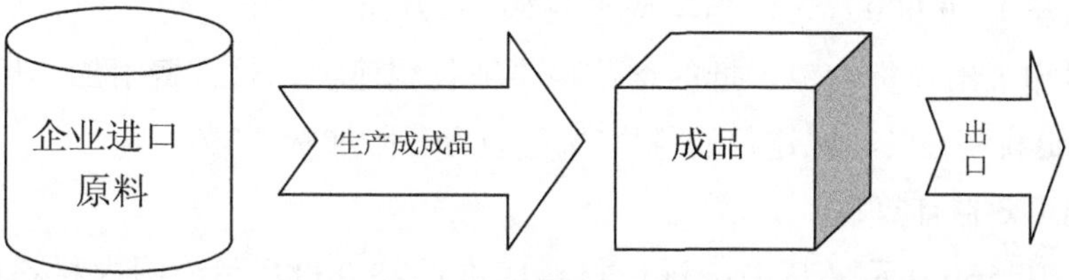

来料加工：销售成本＝国内成本+耗用国内材料进项税额，销售税金及附加为零。

进料加工利润＝销售收入-进口材料成本-国内成本-不予抵扣或退税进项税额+免抵税额×（城建税税率+教育附加3%）

来料加工利润＝加工费-国内成本-耗用国内材料进项税额。

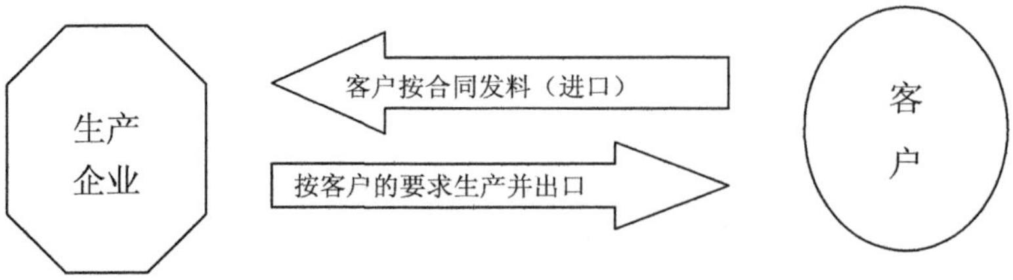

策划分析：

作为企业的行为的目的就是获取利润，因此，如果一项经济业务存在两种以上不同的操作方式，并且要在其中作出选择的话，就要看其中哪一种操作方式能给企业带来更多的利润。对于秋风公司目前的这笔加工业务，哪一种方式能够给企业带来更多的利润呢？

对进料加工与来料加工方式所组成利润的计算公式进行分析，我们不难发现：在一般的情况下，进料加工与来料加工所发生的“国内成本”是相同的，进料加工方式与来料加工方式哪个产生的利润比较大，只需比较进料加工“销售收入-进口材料成本-不予抵扣或退税进项税额+免抵税额×（城建税税率+教育附加3%）”差额与来料加工“加工费-耗用国内材料进项税额”差额大小，差额大的加工方式所产生的利润也大。

由于税收政策的不同，造成两种加工方式税负的不同，也就影响到加工企业的经济效益，那么，在两种加工方式之间如何选择呢？下面举例进行分析。

其一、采取进料加工方式

甲产品当年出口销售收入34 000万元，加工甲产品进口材料成本（海关核销免税组成计税价格）20 000万元，当年应退税额300万元。适用“免、抵、退”出口退税政策，进料加工出口货物免、抵的增值税不征收城建税、教育费附加，甲产品征税率17%，出口退税率13%，城建税的税率7%，教育费附加费率3%。

进料加工效益计算：

成本：30 560万元，其中：进口材料成本：20 000万元，国内材料成本2 000万元，国内其他成本8 000万元，不予抵扣或退税进项税额：

34 000×（17%-13%）-2 000×（17%-13%）=560（万元）

应缴增值税：-免、抵税额＝[（出口销售收入-进口材料成本）×退税率-应退税额]=-（14 000×13%-300）=-1 520（万元）

销售税金及附加＝-免、抵税额×（7%+3%）=-152（万元）

利润＝销售收入-成本-销售税金及附加=34 000-30 560-（-152）=3 592（万元）

其二、采取来料加工方式

加工费免征增值税，出口货物耗用国内材料进项税金不得抵扣计入成本，甲产品当年加工费13 000万元。

来料加工效益计算：

销售成本：10 340万元，其中：国内材料成本：2 000万元，国内其他成本：8 000万元，耗用国内材料进项税额：

$$2\ 000 \times 17\% = 340（万元）$$

利润＝收入-销售成本-销售税金及附加

$$= 13\ 000-10\ 340-0 = 2\ 660（万元）$$

策划结论：

本例中，进料加工差额为13 592万元，来料加工的差额12 660万元，进料加工的差额大于来料加工的差额932万元，这也就是采用两种不同的加工方式所形成的利润相差932万元，因此，秋风公司应选择进料加工方式。

策划点评：

从现行政策的变化趋势来看，在出口环节进行税收策划的空间越来越小，类似的策划案例各种媒体上多有介绍，这里仅引用了他人的研究成果，目的是使本书尽可能多地涉及各方面的内容，从而成为一个相对完整的体系，方便读者了解各方面的策划的操作思路。

进料加工和来料加工是从事出口业务企业常见的经营方式。进料加工是指有进出口经营权的企业，用外汇购买进口原材料、元器件、零部件等，经生产加工成成品或半成品返销出口的业务。对于进料加工贸易，海关一般对进口材料按85%或95%的比例免税或全额免税，货物出口按“免、抵、退”计算退（免）增值税。

来料加工是由外商提供一定的原材料、元器件、零部件，由加工企业根据外商要求进行加工装配完工后交外商销售，加工企业收取加工费的业务。来料加工贸易，海关对进口材料全额免税，货物出口免征增值税、消费税，加工企业加工费免征增值税、消费税，出口货物耗用国内材料支付进项税金不得抵扣应计入成本。

进料加工与来料加工两种业务的操作方式不同，其中的风险也不同，因此与之相适应，其经营的成果当然也不同。作为具体从事出口业务的企业，当然不能仅以某一方面的问题就可以对某经济业务进行决策，还需要从其他多方面的因素作综合性分析。比如，除了以上所说的利润差别需要考虑之外，还有资金筹措、市场变化等问题。纳税人应当以全方位的视角接受跨国经营的挑战。

背景资料：

关于出口货物劳务增值税和消费税政策的通知（财税〔2012〕第039号）第六条规定对符合下列条件的出口货物劳务，除适用本通知第七条规定外，按下列规定实行免征增值税（以下称增值税免税）政策：

（一）适用范围。

适用增值税免税政策的出口货物劳务，是指：

1．出口企业或其他单位视同出口的下列货物劳务：

（1）国家批准设立的免税店销售的免税货物[包括进口免税货物和已实现退（免）税的货物]。

（2）特殊区域内的企业为境外的单位或个人提供加工修理修配劳务。

（3）同一特殊区域、不同特殊区域内的企业之间销售特殊区域内的货物。

2．出口企业或其他单位未按规定申报或未补齐增值税退（免）税凭证的出口货物劳务。

具体是指：

（1）未在国家税务总局规定的期限内申报增值税退（免）税的出口货物劳务。

（2）未在规定期限内申报开具《代理出口货物证明》的出口货物劳务。

（3）已申报增值税退（免）税，却未在国家税务总局规定的期限内向税务机关补齐增值税退（免）税凭证的出口货物劳务。

对于适用增值税免税政策的出口货物劳务，出口企业或其他单位可以依照现行增值税有关规定放弃免税，并依照本通知第七条的规定缴纳增值税。

第35计：
捐赠技术 争名获利

【妙计提要】

企业捐赠讲途径，个人捐款塑品行；节税慈善两不误，参与主体获双赢。

【本计内容】

纳税人（无论是企业还是自由执业者）从事生产和经营活动，总会想方设法树立一个良好的社会形象。而利用捐赠的形式，为纳税人塑造一个良好的社会形象，却是许多企业和成功人士常用的一个手段。

但是作为纳税人，你有没有想过，在捐赠过程中也存在税收策划问题？比如捐赠的途径不同，其效果存在较大的差异；个人捐赠，其操作技术也是很有讲究的……有的时候，通过捐赠，还可以为自己增加净收益。实践证明，进行捐赠时通过税收策划专家来操作，不仅能够规避涉税风险，而且还可以取得事半功倍的效果。

【案例注释】

在做善事的同时还给自己增加经济效益，这可是一个两全齐美的事情……从上述计策的内容上看，读者可能还是感觉难以理解。因此，这里我们结合实际案例对有关计策的操作原理做一个简要分析和解释。

小微企业做慈善　节税增收两不误

春申财务咨询有限公司是一家小型咨询机构，该公司在2019年3月28日在对公司2018年度的经营情况进行总结时发现，公司全年的利润总额为101万元，适用税率应为25%，应缴纳企业所得税为25.25万元。

策划建议：

该公司负责税收策划的咨询专家方哲发现这个问题，于是，向董事长王文章建议：如果企业捐款10 000元，则该企业的应纳税所得额就变为100万元……

一句话惊醒了梦中人，正为这事儿纠结的王文章马上回应：好主意！

策划分析：

为进一步发挥小型微利企业在推动经济发展、促进社会就业等方面的积极作用，财政部和国家税务总局在《关于进一步扩大小型微利企业所得税优惠政策范围的通知》（财税〔2018〕77号）明确，自2018年1月1日至2020年12月31日，将小型微利企业的年应纳税所得额上限由50万元提高至100万元，对年应纳税所得额低于100万元（含100万元）的小型微利企业，其所得减按50%计入应纳税所得额，按20%的税率缴纳企业所得税。

如果企业捐款1万元，则该企业的应纳税所得额就变为100万元符合企业所得税法中小型微利企业的低税率政策，其所得减按50%计入应纳税所得额，按20%的税率缴纳企业所得税，那么，公司应缴纳所得税为10万元。也就是说，捐出1万元以后，春申财务咨询有限公司还可少缴企业所得税15.25万元。

专家点评：

这是一个通过捐赠手段节税的典型案例，这个案例所提示的原理在个人所得税策划中也可以使用。比如张志文是一个自由执业者——税务师，他经常通过一些公益机构贫困地区或者文化事业进行捐赠，从而产生良好的社会影响。最近，他又通过民政部门向贫困地区捐赠了2 000元。

张志文所在的税务师事务所是在季末发工资的。财务人员在发工资时，按规定代扣代缴个人所得税。他们发现3月份张志文一次性捐赠2 000元，而2019年3月、4月，张志文分别取得工薪收入10 000元、10 500元。那么，按照政策，其捐赠只能在3月份进行扣除。

扣除限额为（10 000−5 000）×30%＝1 500（元），余下的500元则需要自己负担。

这两个月，张志文应缴纳个人所得税额为：

（10 000−5 000−1 500）× 10%−210+（10 500−5 000）× 10%−210 = 140+890

= 1 030（元）

其实，行善事也有节约税收的窍门。如果张志文在两个月内分别捐赠1 000元（合计仍为2 000元），则情况就发生变化。

因为每个月的捐赠额都是1 000元，未超过税法规定的扣除限额的比例，都可全额扣除。这两个月，张志文应当缴纳的个人所得税为：（10 000−5 000−1 000）×10%−210+（10 500−5 000−1 000）×10%−210 = 190+240 = 430（元）

两者对比后，我们可以发现，后者少缴纳个人所得税600元。

为什么会出现这种现象呢？

新颁发的《中华人民共和国个人所得税法》第六条　应纳税所得额的计算：

（一）居民个人的综合所得，以每一纳税年度的收入额减除费用六万元以及专项扣除、专项附加扣除和依法确定的其他扣除后的余额，为应纳税所得额。

（二）非居民个人的工资、薪金所得，以每月收入额减除费用五千元后的余额为应纳税所得额；劳务报酬所得、稿酬所得、特许权使用费所得，以每次收入额为应纳税所得额。

（三）经营所得，以每一纳税年度的收入总额减除成本、费用以及损失后的余额，为应纳税所得额。

（四）财产租赁所得，每次收入不超过四千元的，减除费用八百元；四千元以上的，减除百分之二十的费用，其余额为应纳税所得额。

（五）财产转让所得，以转让财产的收入额减除财产原值和合理费用后的余额，为应纳税所得额。

（六）利息、股息、红利所得和偶然所得，以每次收入额为应纳税所得额。

劳务报酬所得、稿酬所得、特许权使用费所得以收入减除百分之二十的费用后的余额为收入额。稿酬所得的收入额减按百分之七十计算。

个人将其所得对教育、扶贫、济困等公益慈善事业进行捐赠，捐赠额未超过纳税人申报的应纳税所得额百分之三十的部分，可以从其应纳税所得额中扣除；国务院规定对公益慈善事业捐赠实行全额税前扣除的，从其规定。

本条第一款第一项规定的专项扣除，包括居民个人按照国家规定的范围和标准缴纳的基本养老保险、基本医疗保险、失业保险等社会保险费和住房公积金等；专项附加扣除，包括子女教育、继续教育、大病医疗、住房贷款利息或者住房租金、赡养老人等支出，具体范围、标准和实施步骤由国务院确定，并报全国人民代表大会常务委员会备案。

工资薪金个人所得税规定

个人取得工资、薪金所得计算缴纳个人所得税的具体方法：

个人取得的工资、薪金所得，是指个人因任职或者受雇而取得的工资、薪金、奖金、年终加薪、劳动分红、津贴、补贴以及与任职或受雇有关的其他所得。

四、个人所得税税率表，如下表所示（工资、薪金所得适用）修改为：

按月换算后的综合所得税率表 单位：元

级数	全月应纳税所得额	税率（%）	速算扣除数
1	不超过 3 000 元的	3	0
2	超过 3 000 元至 12 000 元的部分	10	210
3	超过 12 000 元至 25 000 元的部分	20	1 410
4	超过 25 000 元至 35 000 元的部分	25	2 660
5	超过 35 000 元至 55 000 元的部分	30	4 410

续上表

级数	全月应纳税所得额	税率（%）	速算扣除数
6	超过 55 000 元至 80 000 元的部分	35	7 160
7	超过 80 000 元的部分	45	15 160

工资、薪金所得按以下步骤计算缴纳个人所得税：

每月取得工资收入后，先减去个人承担的基本养老保险金、医疗保险金、失业保险金，以及按省级政府规定标准缴纳的住房公积金，再减去费用扣除额5 000元/月，为应纳税所得额，按3%至45%的七级超额累进税率计算缴纳个人所得税。

随着人们收入水平的提高以及社会责任意识的不断增强，许多人越来越热心于公益性捐赠。然而，多数人进行公益性捐赠时，只是简单地从社会效益来进行考虑，而忽略了税收问题。其实，如果通过策划，人们可以取得经济效益和社会效益双丰收。

王小华是一家高校的教授。王教授每月的工资、薪金所得为18 000元。2019年5月王教授决定对某灾区捐赠5 000元。按照税法有关规定，个人的公益性捐赠在应税所得30%以内部分，可以从其应税所得额中扣除。因此，王教授5月在缴纳个人所得税时，可以扣除的部分为：

$$[（18\,000-5\,000）×30\%]=3\,900（元）$$

王教授5月份应缴纳的个人所得税为：

$$[（18\,000-5\,000）×（1-30\%）]×10\%-210=700（元）$$

王教授6月份应缴纳的个人所得税为：

$$（18\,000-5\,000）×20\%-1\,410=1\,190（元）$$

王教授5月和6月份合计应缴纳的个人所得税为：

$$700+1\,190=1\,890（元）$$

如果王教授将5 000元的捐赠分别在5月、6月两个月内平均进行捐赠，那么王教授在5月、6月两个月当中，可以分别从其应纳税所得额中扣除2 500元（可扣除部分没有超过应税所得额的30%）。王教授5月、6月共计缴纳的个人所得税为：

$$[（18\,000-5\,000-2\,500）×10\%-210]×2=1\,680（元）$$

从此可以看出，王教授在进行分月捐赠时，同样是5 000元的捐赠，王教授可以节省税款210元（1 890-1 680）。这里不同的是，通过将捐赠金额的调整可以将个人所得税的适用税率降低。

注意事项：

春申财务咨询有限公司通过做慈善实际节税的目的，这是一个意外的收获。但是，在具体签署捐赠合同的过程中还需要重视操作环节的细节问题，除了应当捐赠税前扣除的比例、捐赠支出的范围、捐赠支出发生的时间、捐赠发生的途径和申请税前扣除的资料以外，还需要注意捐赠票据问题。

《救灾捐赠管理办法》规定，对符合税收法律法规规定的救灾捐赠，捐赠人凭捐赠凭证享受税收优惠政策，具体按照国家有关规定办理。救灾捐赠受赠人接受救灾捐赠款物后，应当向捐赠人出具符合国家财务、税收管理规定的接收捐赠凭证。也就是说，纳税人向符合国家规定的公益性机构捐赠的时候，一定要取得符合上述规定的凭证才能在缴纳所得税的时候进行扣除。一般来说，捐赠票据是由国家相关财政部门印制，具体到各地，就是由各级省级财政厅或财政局印制。纳税人在捐赠时一定要注意索要。

财政部、国家税务总局《关于公益救济性捐赠税前扣除政策及相关管理问题的通知》（财税〔2007〕第006号）对捐赠的管理提出了要求。具有捐赠税前扣除资格的非营利的公益性社会团体、基金会和县及县以上人民政府及其组成部门在接受捐赠或办理转赠时，应按照财务隶属关系分别使用由中央或省级财政部门统一印（监）制的公益救济性捐赠票据，并加盖接受捐赠或转赠单位的财务专用印章；如果个人索取捐赠票据，有关机构应当予以开具。

国家税务总局《关于个人向地震灾区捐赠有关个人所得税征管问题的通知》（国税发〔2008〕55号）作出规定："一、个人通过扣缴单位统一向灾区的捐赠，由扣缴单位凭政府机关或非营利组织开具的汇总捐赠凭据、扣缴单位记载的个人捐赠明细表等，由扣缴单位在代扣代缴税款时，依法据实扣除。二、个人直接通过政府机关、非营利组织向灾区的捐赠，采取扣缴方式纳税的，捐赠人应及时向扣缴单位出示政府机关、非营利组织开具的捐赠凭据，由扣缴单位在代扣代缴税款时，依法据实扣除；个人自行申报纳税的，税务机关凭政府机关、非营利组织开具的接受捐赠凭据，依法据实扣除。三、扣缴单位在向税务机关进行个人所得税全员全额扣缴申报时，应一并报送由政府机关或非营利组织开具的汇总接受捐赠凭据（复印件）、所在单位每个纳税人的捐赠总额和当期扣除的捐赠额。"具有捐赠税前扣除资格的非营利的公益性社会团体、基金会和县及县以上人民政府及其组成部门在接受捐赠或办理转赠时，应按照财务隶属关系分别使用由中央或省级财政部门统一印（监）制的公益救济性捐赠票据，并加盖接受捐赠或转赠单位的财务专用印章。纳税人未取得或取得的非中央或省级财政部门统一印（监）制的公益救济性捐赠票据的，不得税前扣除。

因此，作为通过合法的渠道捐赠的纳税人应当取得中央或省级财政部门统一印（监）制的公益救济性捐赠票据，并加盖接受捐赠或转赠单位的财务专用印章。

个人也应当索取捐赠票据。个人直接通过政府机关、非营利组织向灾区捐赠，采取扣缴方式纳税的，捐赠人应及时向扣缴单位出示捐赠凭据，扣缴单位以此计算据实扣除。因此，个人捐款时应索要相关凭证，以便享受个人所得税的扣除优惠。对个人索取捐赠票据，接受单位应予以开具。个人在本单位捐赠，由单位凭政府机关或非营利组织开具的汇总捐赠凭据、扣缴单位记载的个人捐赠明细表等，在代扣代缴税款时依法据实扣除。

自行申报纳税的个人，税务机关凭捐赠凭据准予扣除。扣缴单位在向税务机关进行个人所得税全员全额扣缴申报时，应一并报送由政府机关或非营利组织开具的汇总接受捐赠凭据（复印件）、所在单位每个纳税人的捐赠总额和当期扣除的捐赠额。

企业员工做慈善　税收策划有技巧

李先生投资的江苏省某市知名的企业甲公司准备在2017年6月通过中华慈善总会向灾区捐赠640万元，该公司现有职工2 000人，预计2017年度会计利润为2 000万元，公益性捐赠税前扣除限额为240万元（2 000×12%），剩余400万元捐赠支出很可能不能在当期税前扣除。

由于捐赠的扣除基数是一个会计年度利润，而这个数字必须会计年度终了后才能计算出来，而捐赠事项是在年度当中发生的。如果捐赠行为发生时不作综合分析，则企业可能会因捐赠承担额外的税收。但是，如果将企业的捐赠改为企业与个人结合起来捐赠，可能会收到意想不到的效果。那么，李先生的这笔捐赠业务合同应当如何签署呢？

为了解决这个困惑，该企业请来咨询专家。

政策分析：

税收策划咨询专家到现场后，首先了解该企业的生产和经营情况，对该公司未来的经营业绩也进行了测算和分析。在此基础上，与公司有关人员一起学习和分析了相关政策。

《企业所得税法》第九条所称公益性捐赠支出应同时具备以下条件：

一是指企业通过国家机关和经认定的公益性社会团体；

二是公益性捐赠支出必须用于下列公益事业的捐赠：救助灾害、救济贫困、扶助残疾人等困难的社会群体和个人的活动；教育、科学、文化、卫生、体育事业；环境保护、社会公共设施建设。

界定公益性捐赠支出的关键是明确国家机关和公益性社会团体。国家机关是按照政府组织法成立的具有行政管理职能的行政机关；公益性社会团体一般是经民政部门批准成立的从事非营利活动的非营利性的机构或组织。符合税法优惠条件的公益性社会团体主要由财政、税收和民政部门负责认定。

新的公益性捐赠政策统一规定可以在当年扣除的比例为年度利润总额12%以内的部分，计算基数是年度利润总额，而不是年度应纳税所得额。年度利润总额，是指企业依照国家统一会计制度的规定计算的年度会计利润。年度应纳税所得额，是纳税人每一纳税年度的收入总额减去准予扣除项目后的余额。按年度利润总额为基数进行计算，不需要再将公益性捐赠支出倒算，不仅捐赠支出扣除额的计算基数扩大了，而且简便了计算程序，方便了税收征管。

《企业所得税法》第三十六条规定，根据国民经济和社会发展的需要，或者由于突发事件等原因对企业经营活动产生重大影响的，国务院可以制定企业所得税专项优惠政策，报全国人民代表大会常务委员会备案。根据这个规定，国家有关部门可以出台更加优惠的捐赠政策，鼓励企业更多捐赠。

比如，汶川大地震以后，财政部、国家税务总局下发了《关于认真落实抗震救灾及灾后重建税收政策问题的通知》（财税〔2008〕62号），明确了抗震救灾及灾后重建有关税收优惠政策，对捐赠也作出了规定，即企业发生的公益性捐赠支出，按企业所得税法及其实施条例的规定在计算应纳税所得额时扣除。即企业发生的公益性捐赠支出，在年度利润总额12%以内的部分，准予在计算应纳税所得额时扣除。

策划操作：

在分析政策的基础上，结合甲公司的生产和经营的实际情况，咨询专家给出具体的操作建议。

在2017年6月，以企业名义捐赠240万元，将其余400万元平均发放给2 000名职工（每人2 000元），然后由职工以个人名义通过中华慈善总会向灾区捐赠400万元。

这样，甲公司400万元捐赠支出就转变为工资、薪金支出。因为新企业所得税法规定企业发生的合理的工资、薪金支出可在税前全额扣除，所以这个方案进行操作，甲公司在该年度大约可少负担企业所得税100万元（400×25%）。与此同时，职工个人通过中华慈善总会向灾区捐赠，捐赠额可在税前全额扣除，不会增加职工的个人所得税负担。

注意事项

该公司通过涉税策划，既可以节约了税收，又达到做慈善的目的，还受到了教育职工的效果，可谓“一箭三雕”。但是，在具体签署捐赠业务合同的过程中还需要注意以下几点：

1. 注意捐赠税前扣除的比例

根据《企业所得税法》第九条规定，企业发生的公益性捐赠支出，在年度利润总额12%以内的部分，准予在计算应纳税所得额时扣除。但是，依据2016年新修订的《中华人民共和国慈善法》第八十条规定，自然人、法人和其他组织捐赠财产用于慈善活动的，依法享受税收优惠。企业慈善捐赠支出超过法律规定的准予在计算企业所得税应纳税所得额时当年扣除的部分，允许结转以后三年内在计算应纳税所得额时扣除。所以，十二届全国人大常委会第二十六次会议决定对《企业所得税法》进行修改，修改后的企业所得税法第九条为：“企业发生的公益性捐赠支出，在年度利润总额12%以内的部分，准予在计算应纳税所得额时扣除；超过年度利润总额12%的部分，准予结转以后三年内在计算应纳税所得额时扣除。”个人将其所得对教育事业和其他公益事业捐赠的部分，按照国务院有关规定从应纳税所得中扣除。

从上述规定可以看出，国家鼓励做慈善，但是也要考虑税收的平衡入库，所以规定在发生捐赠的当年可以扣除“年度利润总额12%以内的部分”，剩余部分在以后年度扣除。而从企业的角度讲，如果超过限额，则会发生资金占用成本。

《财政部税务总局关于公益性捐赠支出企业所得税税前结转扣除有关政策的通知》（财税〔2018〕15号）则明确，企业通过公益性社会组织或者县级（含县级）以上人民政府及其组成部门和直属机构，用于慈善活动、公益事业的捐赠支出，在年度利润总额12%以内的部分，准予在计算应纳税所得额时扣除；超过年度利润总额12%的部分，准予结转以后三年内在计算应纳税所得额时扣除。

本条所称公益性社会组织，应当依法取得公益性捐赠税前扣除资格。这里所称年度利润总额，是指企业依照国家统一会计制度的规定计算的大于零的数额。

企业当年发生及以前年度结转的公益性捐赠支出，准予在当年税前扣除的部分，不能超过企业当年年度利润总额的12%。

企业发生的公益性捐赠支出未在当年税前扣除的部分，准予向以后年度结转扣除，但结转年限自捐赠发生年度的次年起计算最长不得超过三年。

企业在对公益性捐赠支出计算扣除时，应先扣除以前年度结转的捐赠支出，再扣除当年发生的捐赠支出。

2. 注意捐赠支出的范围

《中华人民共和国公益事业捐赠法》第三条规定，公益事业是指非营利的下列事项：（一）救助灾害、救济贫困、扶助残疾人等困难的社会群体和个人的活动；（二）教育、科学、文化、卫生、体育事业；（三）环境保护、社会公共设施建设；（四）促进社会发展和进步的其他社会公共和福利事业。其他各种赞助支出不得税前扣除。所谓赞助支出，是指企业发生的与生产经营活动无关的各种非广告性质支出。

3. 注意捐赠支出发生的时间

所谓当期实际发生，是指企业在一个纳税年度内实际已将捐赠的资产交到接受捐赠的中间对象的控制范围，即代表所捐赠资产所有权转移的凭证等已经为接受捐赠的中间对象法律意义上的控制。这里需要明确的当期实际发生，也就意味着在捐赠的所属纳税年度予以扣除。对企业捐赠的当年发生亏损的，相应其发生的公益性捐赠支出不允许结转以后年度扣除。

核定征收企业所得税的企业，其捐赠支出对全年应缴企业所得税无影响，因此，此类企业可考虑优先用企业投资者个人的应税收入对外捐赠。此外，原税法规定，企业公益性捐赠的税前扣除，以不增加可在税前弥补的亏损为前提（将应纳税所得额扣除到0为止）。执行新企业所得税法后，企业公益性捐赠的税前扣除是否受到应纳税所得额大于0的限制，目前仍不明确，企业应当密切关注新出台的企业所得税政策，并及时调整策划策略。

企业做公益　操作有章法

在全国人民代表大会常务委员会对《中华人民共和国企业所得税法》第九条有关公益性捐赠支出方面有规定修改了以后，财政部和国家税务总局随后出台《财政部 税务总局关于公益性捐赠支出企业所得税税前结转扣除有关政策的通知》（财税〔2018〕15号），明确企业通过公益性社会组织或者县级（含县级）以上人民政府及其组成部门和直属机构，用于慈善活动、公益事业的捐赠支出，在年度利润总额12%以内的部分，准予在计算应纳税所得额时扣除；超过年度利润总额12%的部分，准予结转以后三年内在计算应纳税所得额时扣除。

1．捐赠资产价值确认及票据

作为慈善性的活动的捐赠业务，需要双方进行有效的配合，以便对方合法有效地入账，其要点如下：

（1）捐赠资料。对于非货币资产的捐赠，捐赠方在向公益性社会团体捐赠时，应当提供注明捐赠非货币性资产公允价值的证明，如果不能提供有关证明，公益性社会团体不得向其开具相关票据。如果是新购置的非货币资产，需提供购置的发票；如果属于已经使用过的非货币资产，还需要提供资产评估报告或者其他能够证明其价值的文件和资料。

（2）捐赠价值确认。接受捐赠的非货币性资产，其价值按公允价值计算；公益性社会团体接受捐赠的货币性资产，按照实际收到的金额计算。

（3）捐赠业务的票据。对于通过公益性社会团体发生的公益性捐赠支出，企业应提供省级以上（含省级）财政部门印制并加盖接受捐赠单位印章的公益性捐赠票据，或加盖接受捐赠单位印章的《非税收入一般缴款书》收据联，方可按规定进行税前扣除。

2．非货币资产捐赠业务的会计处理

增值税暂行条例第四条第（八）款明确规定，单位或者个体工商户将自产、委托加工或者购进的货物无偿赠送其他单位或者个人的下列行为视同销售货物。企业所得税法等有关规定，企业将资产用于对外捐赠，应按规定视同销售确定收入。因此，对于企业来说，如果是利用非货币资产对外捐赠，则既涉及到增值税，也与企业所得税有关，其账务处理要点如下：

（1）增值税的处理

会计处理：

借：营业外支出

　　贷：库存商品等科目

　　　　应交税费——应交增值税（销项税额）（公允价值×适用税率）

　　　　（或）应交税费——简易计税（公允价值×适用征收率）

甲公司为一家工业企业（企业所得税税率25%），增值税一般纳税人，增值税率为17%，执行《企业会计准则》。2018年3月，其将生产的50台学习用电脑通过某公益性组织捐赠给贫困地区的小学，并取得公益性捐赠票据，每台电脑生产成本0.4万元，市场价格0.6万元。该公司当年实现会计利润200万元。

甲公司对外捐赠学习用电脑，根据增值税暂行条例实施细则规定，企业将自产、委托加工或者购进的货物无偿赠送其他单位或者个人，应视同销售货物行为征收增值税＝0.6×50×17%＝5.1（万元）。但是在进行会计核算时，由于对外捐赠而引起企业相关资产的流出事项并不符合销售收入确认的条件，企业不会因为捐赠而增加现金流量，也不会增加企业的利润，因此不作为销售进行处理。

借：营业外支出	251 000	
贷：库存商品		200 000
应交税费——应交增值税（销项税额）	51 000	

（2）所得税处理

对于捐赠企业而言，发生捐赠业务应当分为视同销售和公益性捐赠处理，其中视同销售——会计与税法差异的调整，公益性捐赠支出——会计利润的纳税调整，两者存在差异。

其一、视同销售的涉税处理

根据企业所得税法等有关规定，企业将资产用于对外捐赠，因资产所有权属已发生改变而不属于内部处置资产，应按规定视同销售确定收入。属于企业自制的资产，应按企业同类资产同期对外销售价格确定销售收入；属于外购的资产，可按购入时的价格确定销售收入。本例中，甲公司捐赠学习用电脑应确认商品销售收入30万元、视同销售成本20万元（千万别忘记还有视同销售成本），应调增应纳税所得额10万元。

其二、益性捐赠的列支

当年企业公益性捐赠限额＝200×12%＝24（万元），实际发生捐赠支出25.1万元，应调增应纳税所得额＝25.1-24＝1.1（万元），该1.1万元准予结转以后三年内在计算应纳税所得额时扣除。

借：递延所得税资产	2 750	
贷：所得税费用		2 750

3．注意事项

做慈善是企业和个人承担社会责任的表现，应当得到大力弘扬。但是，作为纳税人实施公益性捐赠，在操作层面应当注意如下几个问题：

其一、要注意捐赠渠道。

财税〔2018〕15号文件明确，公益性社会组织，应当依法取得公益性捐赠税前扣除资格。财政部、国家税务总局和民政部以及省、自治区、直辖市、计划单列市财政、税务和民政部门每年分别联合公布获得公益性捐赠税前扣除资格的公益性社会团体名单，包括当年继续获得公益性捐赠税前扣除资格和新获得公益性捐赠税前扣除资格的公益性社会团体。因此，纳税人在具体实施捐赠活动需要注意：

（1）通过社团组织要注意范围。对于通过公益性社会团体和公益性群众团体发生的公益性捐赠支出，接受捐赠的公益性社会团体和群众团体位于名单内的，企业或个人在名单所属年度向名单内的公益性社会团体和群众团体进行的公益性捐赠支出可按规定进行税前扣除；接受捐赠的公益性社会团体和群众团体不在名单内，或虽在名单内但企业或个人发生的公益性捐赠支出不属于名单所属年度的，不得扣除。

（2）通过政府部门要注意级别。对于通过县级以上人民政府及其部门发生的公益性捐赠支出，不需要在“公益性社会团体名单”内，比如通过常州市金坛区民政局公益性捐赠支出，就可以按标准在税前扣除。

（3）通过新闻媒体或者直接捐赠不得扣除。企业通过报纸等媒体向贫困山区捐款，捐赠支出不可在企业所得税前扣除；企业将货币资金、实物等资产直接捐赠给个人或单位，不属于公益性捐赠的范围，应视为赞助支出，不能在税前扣除。

其二，注意捐赠数额及依据确定。

企业通过公益性社会团体或者县级以上人民政府及其部门，用于公益事业的捐赠支出，在年度利润总额12%以内的部分，准予在计算应纳税所得额时扣除；超过年度利润总额12%的部分，准予结转以后三年内在计算应纳税所得额时扣除。这里具体数额的确定按财税〔2018〕15号文件明确的口径，这里所说的年度利润总额，是指企业依照国家统一会计制度的规定计算的大于零的数额。

甲企业2017年度利润总额为56万元，实际发生符合限额扣除条件的公益性捐赠支出8万元，无以前年度结转扣除公益性捐赠额。因为甲企业2017年度公益性捐赠支出扣除限额＝560 000×12%＝67 200元，当年实际发生80 000元，准予在2017年度税前扣除的为67 200元，准予结转以后三年内在计算应纳税所得额时扣除的为80 000-67 200＝12 800元。

乙企业2017年度利润总额为-35 200万元，2017年实际发生符合扣除条件的公益性捐赠支出8万元，无以前年度结转扣除公益性捐赠额。因为乙企业2017年度“利润总额”＜0，当年按税收规定计算的公益性捐赠支出扣除限额为0元，实际发生80 000

元，准予结转以后三年内在计算应纳税所得额时扣除。

其三、注意扣除的方法

财税〔2018〕15号文件第二条到第五条对纳税人实施捐赠业务的具体扣除方法进行了具体规定，自2017年1月1日起（2016年9月1日至2016年12月31日发生的公益性捐赠支出未在2016年税前扣除的部分，可按本通知执行），企业当年发生及以前年度结转的公益性捐赠支出，准予在当年税前扣除的部分，不能超过企业当年年度利润总额的12%；企业发生的公益性捐赠支出未在当年税前扣除的部分，准予向以后年度结转扣除，但结转年限自捐赠发生年度的次年起计算最长不得超过三年；企业在对公益性捐赠支出计算扣除时，应先扣除以前年度结转的捐赠支出，再扣除当年发生的捐赠支出。

（1）期限：准予结转以后三年内在计算应纳税所得额时扣除，比如2017年度“超过年度利润总额12%的部分”准予在2018年度、2019年度、2020年度在计算应纳税所得额时扣除。这与职工教育经费、广告费和业务宣传费跨年度纳税调整，没有年度期限的限制，可以“一直”跨年度进行纳税调整不同。

（2）扣除顺序：企业发生的公益性捐赠支出未在当年税前扣除的部分，准予向以后年度结转扣除，但结转年限自捐赠发生年度的次年起计算最长不得超过三年。超过部分扣除顺序是：先扣以前年度的公益性捐赠，再扣除当年发生的捐赠支出。也就是说，企业发生的公益性捐赠支出未在当年税前扣除的部分，准予向以后年度结转扣除的最长年限为三年，自捐赠发生年度的次年起计算，超过三年未扣除的则不能再扣除了。

比如，丙企业2017实际发生符合限额扣除条件的公益性捐赠支出8万元，2017年利润总额55万元。那么，2017年公益性捐赠支出扣除限额＝55×12%＝6.6万元，实际发生10万元，只准予税前扣除6.6万元，剩余3.4万元结转以后年度依次在2018年、2019年、2020年扣除。如果2020年仍未能在税前扣除，则不能再扣除。

如果有以前年度结转的捐赠支出，则先扣除以前年度结转的部分；扣除以前年度结转部分后如有余额，再扣除当年发生的。如无余额，则当年发生的捐赠支出结转以后年度扣除，最长不超过三年。

丁企业2017年结转的公益性捐赠支出为6万元，2018年实际发生的符合限额扣除条件的公益性捐赠9万元，2018年利润总额为100万元。

2018年公益性捐赠支出＝100×12%＝12万元。（以前年度结转的公益性捐赠支出+当年发生公益性捐赠支出）＝6+9＝15万元，大于企业当年年度利润总额的12%，准予在当年税前扣除的公益性捐赠支出为年年度利润总额的12%即12万元。则2018年先扣除2017年结转公益性捐赠支出6万元，再扣除当年发生的6万元，剩余3万元准予结转依次在2019年、2020年、2021年计算应纳税所得额时扣除。

（3）超过的部分需要确认递延所得税资产。

超过年度利润总额12%的当年，除非有证明企业未来三年会计上不会出现盈利，则：

借：递延所得税资产（超过部分×适用的企业所得税税率）

　　贷：所得税费用（超过部分×适用的企业所得税税率）

超过年度利润总额12%以后三年内扣除或三年后没有扣除完，则：

借：所得税费用（扣除部分或未扣除部分×适用的企业所得税税率）

　　贷：递延所得税资产（扣除部分或未扣除部分×适用的企业所得税税率）

第36计：打包出售 走为上策

【妙计提要】

投资扩张应有道，并购分立是小炒，机构重组变化多，运作有度风险小。

转产歇业换阵地，存量资产需处理；分析销售税收多，打包出售为上计。

【本计内容】

社会资源是有限的，而资源的开发和运作又是动态的。有时为了战略上的需要进行资源整合，于是并购、分立以及资产出售等各种战略重整性活动就会不断出现。战略重整包括机构重组和资产重整两个方面，而机构重组包括公司兼并和分立两个方面，公司兼并是目前企业进行扩张的重要形式；公司分立往往在专业经营、资源调整和资源流转上发挥更大的作用。机构重组是资源整合，盘活存量资产，激发活力的有效方式之一。

机构重组涉及到大量的税收政策，在操作过程中，企业可以充分利用政策差异和税收优惠规定，减少税基，降低操作的税收成本，实现提升综合效益的目的。

而出售资产是多数企业经常进行的一项资本运作活动，但是，如果对部分企业的资本运作情况分析我们就不难发现，其中相当多的企业多缴纳了税收。因为，对于多数企业来说，出售资产是需要缴税的。而规避的办法就是打包出售，整体出让。

【案例注释】

笔者自2001年在《实用税收策划》一书中提出税收策划的概念、原则和方法后，税收策划作为一门学科已经得到人们的普遍认可。对于企业资产整体打包出售属于资产重组的范畴，笔者有专著阐述……读者可能对上述的表述感觉难以理解。因此，这里我们结合实际案例对有关计策的操作原理做一个简要分析和解释。

企业歇业总有时　清算环节有税理

企业经营了一段时间之后，可能会停业注销。企业停业注销，无论什么原因，都需要进行清算。在企业清算环节，不仅涉及到有关股东的利益，而且还涉及到国家利益——税收。为了帮助读者正确理解企业清算环节的涉税政策和具体清算的操作技术，我们在这里引用一个实例：立华公司成立于2009年，实收资本4 000 000元，截至2017年12月31日，企业账面未分配利润为1 284 798.38元。

根据股东会决议，企业准备注销。

2018年9月30日的资产负债情况如下：流动资产5 679 008.56元，非流动资产227 155.98元，流动负债402 849.64元，非流动负债为0，所有者权益5 503 314.90元（其中实收资本4 000 000元，本年利润218 516.52元，未分配利润1 284 798.38元）。

对于立华公司而言，他们需要做哪些工作才能规避涉税风险？

业务分析：

企业清算是指企业因为特定原因终止时，清理企业财产、收回债权、清偿债务并分配剩余财产的行为。下列企业应进行所得税清算处理：（一）按《公司法》《企业破产法》等规定需要进行清算的企业。（二）企业重组中需要按清算处理的企业。

其中，按《公司法》《企业破产法》等规定需要进行清算的主要包括以下几种类型：

其一、企业解散。合资、合作、联营企业在经营期满后，不再继续经营而解散；合作企业的一方或多方违反合同、章程而提前终止合作关系解散。

其二、企业破产。企业不能清偿到期债务，或者企业法人已解散但未清算或者未清算完毕，资产不足以清偿债务的，债权人或者依法负有清算责任的人向人民法院申请破产清算。

其三、其他原因清算。企业因自然灾害、战争等不可抗力遭受损失，无法经营下去，应进行清算；企业因违法经营，造成环境污染或危害社会公众利益，被停业、撤销，应当进行清算。

而对于企业重组中需要进行企业所得税清算的，根据财政部、国家税务总局《关于企业重组业务企业所得税处理若干问题的通知》（财税〔2009〕59号）规定，主要包括以下4种类型：

一是企业由法人转变为个人独资企业、合伙企业等非法人组织的。

二是企业将登记注册地转移至中华人民共和国境外（包括港澳台地区）的。

三是不适用特殊性税务处理的企业合并中，被合并企业及其股东都应按清算进行所得税处理。

四是不适用特殊性税务处理的企业分立中，被分立企业不再继续存在时，被分立企业及其股东都应按清算进行所得税处理。

对于境外企业境内承包工程或提供劳务的，根据《非居民承包工程作业和提供劳务税收管理暂行办法》的规定，其只需要在办理税务登记注销前，结清在华承包工程或提供劳务应缴纳的税款（包括企业所得税）。

不清算所得税的两种情形

纳税人发生解散、破产、撤销以及其他情形，依法终止纳税义务的，在注销税务登记之前，必须进行企业所得税清算。但是，以下两种情况例外：

一是纳税人因住所、经营地点变动，涉及改变税务登记机关的而进行税务登记注销时，一般是不需要进行企业所得税清算的。除企业将登记注册地转移至中华人民共和国境外（包括港澳台地区），应进行企业所得税清算，其他仅涉及企业登记注册点在中国境内转移的，不需要进行企业所得税清算。

二是企业发生的除由法人转变为个人独资企业、合伙企业等非法人组织外，其他法律形式简单改变的也不需要进行企业所得税的清算，可直接变更税务登记。除另有规定外，有关企业所得税纳税事项（包括亏损结转、税收优惠等权益和义务）由变更后企业承继，但因住所发生变化而不符合税收优惠条件的除外。比如企业由有限责任公司变更为股份有限公司，就无须进行企业所得税的清算。

企业在办理税务注销登记之前，应针对实际经营期（纳税年度中间终止经营活动的）和清算期分别作为一个纳税年度，向税务机关办理当年度经营期企业所得税汇算清缴和清算期企业所得税纳税申报。

政策规定：

《企业所得税法》规定，企业在一个纳税年度中间开业，或者终止经营活动，使该纳税年度的实际经营期不足12个月的，应当以其实际经营期为一个纳税年度。企业依法清算时，应当以清算期间作为一个纳税年度。同时，企业在年度中间终止经营活动的，应当自实际经营终止之日起60日内，向税务机关办理当期企业所得税汇算清缴。

1. 具体企业清算的时限

企业应当在办理注销登记前，就其清算所得向税务机关申报并依法缴纳企业所得税。《财政部国家税务总局关于企业清算业务企业所得税处理若干问题的通知》（财税〔2009〕60号）规定，企业应将整个清算期作为一个独立的纳税年度计算清算所得，无论清算期间实际是长于12个月还是短于12个月都要视为一个纳税年度，以该期间为基准计算确定企业应纳税所得额。企业如果在年度中间终止经营，该年度终止经营前属于正常生产经营年度，此后则属于清算年度。也就是说，实际经营终止之日为经营期的截止日期，即当期企业所得税汇算清缴的最后日期，也是清算期开始之日的前一日。实务中清算期的开始日期一般由企业根据实际经营需要自行确定。

2. 清算所得不适用优惠政策

企业清算期间，正常的生产经营都已经停止，企业取得的所得已经不是正常的产业经营所得，企业所得税优惠政策的适用对象已经不存在，因而企业清算期间所得税优惠政策应一律停止，企业应就其清算所得依照税法规定的25%的法定税率缴纳企业所得税。比如，位于西部开发税收优惠区的某企业，在2016年底以前正常经营期间享受的是15%的定期低税率优惠，如果企业2017年注销，其清算所得必须适用25%的企业所得税法定税率。同样，一个正常经营期间享受20%优惠税率的小型微利企业，在清算时应该依照25%的税率缴纳企业所得税。

3．以前年度亏损弥补

清算期作为一个独立的纳税年度，按照财税〔2009〕60号文件的规定，清算所得可依法弥补以前年度亏损。税法规定，不超过5年的企业以前年度的亏损额，可以用以后年度所得弥补，即清算期之前5个纳税年度的税法认定的亏损额，可以在计算清算所得时弥补，以弥补以前年度亏损后的所得作为清算所得计算清算所得企业所得税。

案例分析：

立华公司中止生产和经营，需要对各方面的业务进行清理。但是，对于立华公司的清算业务而言，从税收的角度讲，其涉及到许多涉税事项的处理，其具体分析如下：

1．经营期企业所得税的计算及申报

股东同意企业提前解散的股东会决议签署日期是2018年9月30日，并在当日成立清算组，则2018年1月1日~2018年9月30日为经营期未满12个月的一个纳税年度。按规定进行经营期企业所得税汇算清缴，2018年1月~9月企业会计利润总额为218 516.52元（假设没有其他纳税调整事项，企业所得税税率为25%），企业应按规定进行2018年1月1日~2018年9月30日这一经营期的企业所得税汇算清缴，并缴纳企业所得税54 629.13元。

2．清算期企业所得税的计算及申报

2018年10月1日为清算期开始之日，2018年12月20日申请税务注销，即清算期为2018年10月1日~2018年12月20日，截止日期为12月20日。

（1）资产可收回金额（或者称可变现金额）为5 420 518.09元；

（2）资产计税基础为5 906 164.54元（假设计税基础与账面价值一致）；

（3）债务偿还金额为190 858.66元；

假设负债计税基础与负债账面价值一致，则：

处理债务损益＝402 849.64−190 858.66＝211 990.98（元）

（4）清算费用合计58 000元；

（5）假设没有发生相关税费，清算所得＝5 420 518.09−5 906 164.54−58 000.00+211 990.98＝−331 655.47（元）；

由于清算所得为负数，故就清算期作为一个纳税年度进行企业所得税申报，不需要缴纳企业所得税。

3．股东取得剩余资产的涉税事宜

剩余资产＝资产可收回金额-债务偿还金额-清算费用-相关税费＝5 420 518.09-190 858.66-58 000-0＝5 171 659.43（元）；

累计未分配利润和累计盈余公积（即股息所得）＝1 284 798.38+218 516.52+0＝1 503 314.90（元）；

剩余资产减除股息所得后的余额＝5 171 659.43-1 503 314.90＝3 668 344.53（元）；

股东投资成本为4 000 000元；

投资转让损失＝4 000 000-3 668 344.53＝331 655.47（元）。

从以上计算可知，累计未分配利润和累计盈余公积余额为1 503 314.90元，故股东应确认的股息所得为1 503 314.90元；剩余资产减除股息所得后的余额小于股东投资成本，故该股东应确认投资转让损失。

操作提示：

《企业所得税法实施条例》明确，清算所得是指企业的全部资产可变现价值或者交易价格减除资产净值、清算费用以及相关税费等后的余额。企业清算的所得税处理包括以下内容：（一）全部资产均应按可变现价值或交易价格，确认资产转让所得或损失；（二）确认债权清理、债务清偿的所得或损失；（三）改变持续经营核算原则，对预提或待摊性质的费用进行处理；（四）依法弥补亏损，确定清算所得；（五）计算并缴纳清算所得税；（六）确定可向股东分配的剩余财产、应付股息等。

结合财政部、国家税务总局《关于企业清算业务企业所得税处理若干问题的通知》（财税〔2009〕60号）的相关规定，清算所得用公式表述如下：清算所得＝企业的全部资产可变现价值或交易价格-资产的计税基础-清算费用-相关税费+债务清偿损益-弥补以前年度亏损，其中债务清偿损益＝债务的计税基础-债务的实际偿还金额，公式中的相关税费为企业在清算过程中发生的相关税费，不包含企业以前年度欠税。

企业的资产可变现价值是指企业清理所有债权债务关系、完成清算后，所剩余的全部资产折现计算的价值。如果企业剩余资产能在市场上出售而变现，则可以其交易价格为基础。用公式表述如下：

资产可变现价值或交易价格＝货币资金+清理债权的可收回金额+存货的可变现价值+固定资产的可变现价值+非实物资产的可变现价值

债务清偿损益是指纳税人在清算期间实际偿还的债务金额与负债计税基础的差额。

清算费用是指纳税人在清算过程中实际发生的、与清算活动有关的费用，包括清算组组成人员的工资、差旅费、办公费、公告费、诉讼费、评估费、咨询费等。

相关税费是指在清算期间因处理资产、负债而产生的营业税、印花税、土地增值税、教育费附加等税费。

清算期间应缴企业所得税＝清算所得×企业所得税税率（即25%）

资产转让有门道　厘清政策很重要

王有财20年前在某市购置了100亩土地建厂房，进行产业投资，注册了一家企业A有限公司，主要从事数控机床的开发和制造，同时生产和经营其他机电设备的企业，目前实收资本10 000万元。

由于国际经济形势发生了变化，王有财考虑转型，因此出让麾下各类资产。现有一家B电器公司相中了他的资产，目前处于洽谈阶段。

在交流过程中，双方都意识到资产转移过程中的税收问题是最大的风险，于是，请来税收咨询专家。税收策划专家章志鸿到现场了解相关情况后，便跟王有财分析税收政策方面的问题。

政策分析：

附带房地产项目的涉税交易情况比较复杂，属于资产重组的业务。在整个交易成本中，税收成本占据很大的比例，而不同的交易模式对后续税收负担有着重大的影响。

一、资产收购模式下的涉税分析

（一）收购方的涉税分析

在资产收购模式下，涉及到不动产、土地使用权、机器设备和存货等资产，因此，收购方需要按交易合同缴纳万分之五的印花税，另外还有3%~5%的契税。

为贯彻落实《国务院关于进一步优化企业兼并重组市场环境的意见》（国发〔2014〕14号），继续支持企业、事业单位改制重组，财政部 国家税务总局在《关于进一步支持企业事业单位改制重组有关契税政策的通知》（财税〔2015〕37号）中，就企业、事业单位改制重组涉及的契税问题，自2015年1月1日起至2017年12月31日按如下政策执行：

1. 企业破产

企业依照有关法律法规规定实施破产，债权人（包括破产企业职工）承受破产企业抵偿债务的土地、房屋权属，免征契税；对非债权人承受破产企业土地、房屋权属，凡按照《中华人民共和国劳动法》等国家有关法律法规政策妥善安置原企业全部职工，与原企业全部职工签订服务年限不少于三年的劳动用工合同的，对其承受所购企业土地、房屋权属，免征契税；与原企业超过30%的职工签订服务年限不少于三年的劳动用工合同的，减半征收契税。

2. 资产划转

对承受县级以上人民政府或国有资产管理部门按规定进行行政性调整、划转国有土地、房屋权属的单位，免征契税。

同一投资主体内部所属企业之间土地、房屋权属的划转，包括母公司与其全资子公司之间，同一公司所属全资子公司之间，同一自然人与其设立的个人独资企业、一人有限公司之间土地、房屋权属的划转，免征契税。

3. 债权转股权

经国务院批准实施债权转股权的企业，对债权转股权后新设立的公司承受原企业的土地、房屋权属，免征契税。

4. 划拨用地出让或作价出资

以出让方式或国家作价出资（入股）方式承受原改制重组企业、事业单位划拨用地的，不属上述规定的免税范围，对承受方应按规定征收契税。

有关用语含义：这里所称企业、公司，是指依照我国有关法律法规设立并在中国境内注册的企业、公司。这里所称投资主体存续，是指原企业、事业单位的出资人必须存在于改制重组后的企业，出资人的出资比例可以发生变动；投资主体相同，是指公司分立前后出资人不发生变动，出资人的出资比例可以发生变动。

（二）被收购方的涉税分析

在资产收购模式下，被收购方的税负很重，除万分之五的印花税外，还有增值税、土地增值税和企业所得税三项大税，具体来说：

1. 增值税

营改增后，原本资产转让应缴纳的营业税改为增值税。根据营改增新政，对于不同的项目，增值税的征收方式有所不同。

一是如果是2016年4月30日前取得的不动产及土地使用权，2016年5月1日以后并购，则按差额（简易）征收5%的增值税；也可以选择一般计税办法，按5%预征，按11%的税率清算增值税。

二是如果是2016年4月30日前自建的不动产及土地使用权，2016年5月1日以后并购，则按销售额（简易）征收5%的增值税；也可以选择一般计税办法，以销售额按5%预征，按11%的税率清算增值税。

三是如果是2016年5月1日前取得的不动产及土地使用权，2016年5月1日以后并购，则按差额（即增值额）预征5%的增值税，按11%的税率清算增值税。

四是如果是2016年5月1日后自建的不动产及土地使用权，2016年5月1日以后并购，则按销售额预征5%的增值税，按11%的税率清算增值税。

五是在资产重组过程中，通过合并、分立、出售、置换等方式，将全部或者部分实物资产以及与其相关联的债权、负债和劳动力一并转让给其他单位和个人，其中涉及的不动产、土地使用权转让行为。

2. 土地增值税

对被收购方而言，土地增值税是最大的一个税种，根据增值的比例，承担增值额30%~60%的重税。

3. 企业所得税

根据财税〔2009〕59号文件规定，资产并购属于企业重组的类型之一，在符合特定条件下，可以选择适用特殊性税务处理。即，对交易中各方接受的股权支付部分，暂不确认转让所得或损失，其非股权支付仍应在交易当期确认相应的资产转让所得或损失，并调整相应资产的计税基础。非股权支付对应的资产转让所得或损失＝（被转让资产的公允价值-被转让资产的计税基础）×（非股权支付金额÷被转让资产的公允价值）

二、股权收购模式下的涉税分析

（一）收购方的涉税分析

根据现行政策规定，在股权收购模式下，收购方免征契税，只按股权交易额缴纳万分之五的印花税。

（二）被收购方的涉税分析

从被收购方的角度讲，除了印花税之外，相比资产转让模式，被收购方可以节省增值税、土地增值税两大税种。具体来说：

1. 增值税

从2016年5月1日起，产品（动产）、劳务、无形资产、不动产的销售都变成增值税的课税对象。但股权并没有纳入营改增的征税范围，这也是国家一贯鼓励投资的政策延续。

2. 土地增值税

关于股权转让模式下，尤其是100%股权转让的模式下，是否应征收土地增值税的问题，实践中存有争议，主要原因是国税函〔2000〕687号文的存在。本文认为股权转让模式下，不应当征收土地增值税，另外，实践中为避免个别税务机关适用〔2000〕687号文，也可以采取一定的方式避免该条文的适用，比如先转让99%的股权。后续再行转让1%的股权。

财政部国家税务总局《关于企业改制重组有关土地增值税政策的通知》（财税〔2015〕5号）明确，企业在改制重组过程中涉及的土地增值税政策通知如下：

（1）按照《中华人民共和国公司法》的规定，非公司制企业整体改建为有限责任公司或者股份有限公司，有限责任公司（股份有限公司）整体改建为股份有限公司（有限责任公司）。对改建前的企业将国有土地、房屋权属转移、变更到改建后的企业，暂不征土地增值税。

本通知所称整体改建是指不改变原企业的投资主体，并承继原企业权利、义务的行为。

（2）按照法律规定或者合同约定，两个或两个以上企业合并为一个企业，且原企业投资主体存续的，对原企业将国有土地、房屋权属转移、变更到合并后的企业，暂不征土地增值税。

（3）按照法律规定或者合同约定，企业分设为两个或两个以上与原企业投资主体相同的企业，对原企业将国有土地、房屋权属转移、变更到分立后的企业，暂不征土地增值税。

（4）单位、个人在改制重组时以国有土地、房屋进行投资，对其将国有土地、房屋权属转移、变更到被投资的企业，暂不征土地增值税。

（5）上述改制重组有关土地增值税政策不适用于房地产开发企业。

（6）企业改制重组后再转让国有土地使用权并申报缴纳土地增值税时，应以改制前取得该宗国有土地使用权所支付的地价款和按国家统一规定缴纳的有关费用，作为该企业“取得土地使用权所支付的金额”扣除。企业在重组改制过程中经省级以上（含省级）国土管理部门批准，国家以国有土地使用权作价出资入股的，再转让该宗国有土地使用权并申报缴纳土地增值税时，应以该宗土地作价入股时省级以上（含省级）国土管理部门批准的评估价格，作为该企业“取得土地使用权所支付的金额”扣除。办理纳税申报时，企业应提供该宗土地作价入股时省级以上（含省级）国土管理部门的批准文件和批准的评估价格，不能提供批准文件和批准的评估价格的，不得扣除。

（7）企业按本通知有关规定享受相关土地增值税优惠政策的，应及时向主管税务机关提交相关房产、国有土地权证、价值证明等书面材料。

（8）本通知执行期限为2015年1月1日至2017年12月31日。《财政部国家税务总局关于土地增值税一些具体问题规定的通知》（财税字〔1995〕48号）第一条、第三条，《财政部国家税务总局关于土地增值税若干问题的通知》（财税〔2006〕21号）第五条同时废止。

3．企业所得税

股权收购属于〔2009〕59号文规定的企业重组的类型之一，在符合特定条件下，可以选择适用特殊性税务处理。具体可参见上述资产转让模式下的处理。

专家意见：

买房置地办工厂，经营了几十年想歇手不干了。从资产拥有者的角度讲，有关资产应当如何出手税收负担最轻？这是当下许多投资人都十分关心的话题。而这个话题又蕴藏在资产重组并购等许多专业事项当中。

房地产项目并购属于重大涉税交易，在整个交易成本中，税收成本占据很大的比例，而不同的交易模式对后续税收负担有着重大的影响。因此，在前期交易模式的策划阶段，税收策划是十分必要的。2016年5月1日我国实施全行业营改增之后，原本作为营业税征税范围的土地使用权转让和不动产销售行为改征增值税，相应的，房地产项目并购涉税事项也将随之调整。王有财的资产转让项目涉及到的政策性很强，通过上述分析我们可以看出：

（1）在资产收购模式下，可以分两种操作模式，一是分析式收购；二是整体资产收购。在分析模式下，被收购方的税负较重，而对于收购方而言，由于土地增值部分可以计入资产成本，在将来进行不动产销售时，可以减轻增值额，获得节税利益。而在整体收购模式下的资产转让，因其不属于增值税的征收范围，所以，在相关税种的后续认定问题上尚有争议。

（2）在股权收购模式下，各方的税负都较轻，尤其是被收购方，可以减免增值税和土地增值税。但是，由于股权溢价部分不能计入资产成本，对于收购方而言（自持的除外），如果将来出售，其土地增值税的增值额将会大增加，未来将的税收负担将会很大。

（3）交易双方应当将税收成本作为交易价格的一部分，在对双方税收负担进行明确计算的前提下，通过积极磋商，合理分配税收负担，促成交易的实现。

清算转让和撤资　留存收益有差异

2012年1月1日，A公司与B公司各投资100万元成立甲公司。截至2018年6月30日，甲公司累计未分配利润和盈余公积为100万元。A公司、B公司、甲公司均为居民企业，适用25%税率。

如果发生投资方清算、投资方股权转让，或者投资方撤减资等，对于甲公司累计未分配利润和盈余公积为100万元应当如何处理？

政策分析：

股权处置，指被投资方清算、投资方股权转让、投资方撤减资。留存收益，指被投资方未分配利润等留存收益。对股权处置和留存收益的税务处理的规定，目前主要集中在以下3个文件：

对于投资方清算，税法规定，被清算企业的股东分得的剩余资产的金额，其中相当于被清算企业累计未分配利润和累计盈余公积中按该股东所占股份比例计算的部分，应确认为股息所得；剩余资产减除股息所得后的余额，超过或低于股东投资成本的部分，应确认为股东的投资转让所得或损失。

对于投资方股权转让，税法规定，转让股权收入扣除为取得该股权所发生的成本后，为股权转让所得。企业在计算股权转让所得时，不得扣除被投资企业未分配利润等股东留存收益中按该项股权所可能分配的金额。

对于投资方撤减资，税法规定，投资企业从被投资企业撤回或减少投资，其取得的资产中，相当于初始出资的部分，应确认为投资收回；相当于被投资企业累计未分配利润和累计盈余公积按减少实收资本比例计算的部分，应确认为股息所得；其余部分确认为投资资产转让所得。

业务处理：

通过以上政策分析，对于相关业务的处理就比较明确了。我们在这里引用部分资料分析进行说明。

第一种情况：假设甲公司在2018年6月30日决定清算注销。则A公司应分得剩余资产150万元，根据财税〔2009〕60号文件规定，其中50万元应属股息所得，符合免税收入条件，免征企业所得税；投资转让所得为150-50-100＝0，整体税额为0。

这是因为，甲公司的留存收益100万元为税后利润，且甲公司注销清算后，股份灭失，A公司、B公司为甲公司留存收益的最终受益者，所以应将相应的留存收益确认为股息所得，享受免税优惠。

第二种情况：假设A公司在2018年6月30日将其股权转让给C公司，协议转让价150万元。按国税函〔2010〕79号文件规定，不得确认股息所得，A公司股权转让所得为150-100＝50（万元），形成税款50×25%＝12.5（万元）。

这是因为，A公司所持的股份没有灭失，而是转让给了C公司。甲公司以后分配利润时，C公司作为新股东取得股息，有可能享受免税优惠。若A公司在股权转让时，确认股息所得，享受免税优惠，就可能造成重复享受税收优惠的情况。

A公司确认的50万元股权转让所得，应属甲公司的税后利润，如果单从A公司的角度看，确实存在重复纳税的问题。但在此交易中，C公司应确认股权投资的计税基础为150万元，若C公司在得到甲公司的利润分配后，再将股权出售给D公司，转让价只能是100万元，从而形成投资损失50万元，恰与A公司的投资收益相抵。而此时D公司股权投资的计税基础为100万元，与股权原持有者A公司当时的计税基础一致。股权投资的计税基础不变，投资收益与投资损失相抵，整体税负仍然为0，整体上不存在重复征税的问题。至于个体税负的不均衡，可以通过被投资方及时分配利润或者是通过股权转让方与受让方协商提高股权转让价格来规避，从而实现税负公平。

股权转让的税收政策与被投资方清算、撤减资不同，是因为股权转让所涉及的股份不灭失，其税收权益随股份流转而递延。国税函〔2010〕79号文件的规定，从整体上说不会形成重复征税，并有效地避免了重复享受税收优惠的问题。

操作点评：

通过以上分析和计算可以看出，在被投资方清算、投资方撤减资时，投资方取得的清算资产或撤减资资产，可以将被投资企业累计未分配利润和累计盈余公积按投资比例或减资比例计算的部分确认为股息所得，从投资资产转让所得中扣除。而在股权转让时，投资方不得将被投资方的留存收益确认为股息所得，不得从投资资产转让所得中扣除。两种不同的税务处理方法，导致了各自的税收负担不同。企业所得税法规定，符合条件的居民企业之间的股息、红利等权益性投资收益为免税收入；而股权转让所得，属于转让财产收入，为应税收入。

那么股权转让与被投资方清算、投资方撤减资有什么区别？为什么适用不同的政策？股权转让的税务处理是否会形成重复征税？对于这些问题可以通过具体业务的分析得出相关结论。

被投资方清算是被投资企业不再持续经营，结束自身业务，将剩余财产、应付股息分配给投资方，投资方所持股份灭失的业务。投资方撤减资，是投资方从被投资方撤回或减少投资，被投资方减少注册资本，投资方所持股份全部或部分灭失的业务。不难看出，被投资方清算和投资方撤减资的共同点是投资方原持有的股份灭失。与之不同的是，股权转让中，被转让的股份并不灭失，而是在不同投资方之间流转。股份灭失，与股份相应的税收权益无法延续，必须在股份灭失时体现出来。股份不灭失，与股份相应的税收权益将随股份流转而递延，由股份的受让方享受。这就是股权转让与被投资方清算、投资方撤减资在处理被投资方留存收益问题上有所区别的原因。

政策背景：

财政部、国家税务总局《关于企业清算业务企业所得税处理若干问题的通知》（财税〔2009〕60号）规定，被清算企业的股东分得的剩余资产的金额，其中相当于被清算企业累计未分配利润和累计盈余公积中按该股东所占股份比例计算的部分，应确认为股息所得；剩余资产减除股息所得后的余额，超过或低于股东投资成本的部分，应确认为股东的投资转让所得或损失。

国家税务总局《关于贯彻落实企业所得税法若干税收问题的通知》（国税函〔2010〕79号）规定，转让股权收入扣除为取得该股权所发生的成本后，为股权转让所得。企业在计算股权转让所得时，不得扣除被投资企业未分配利润等股东留存收益中按该项股权所可能分配的金额。

国家税务总局《关于企业所得税若干问题的公告》（国家税务总局公告2011年第34号）规定，投资企业从被投资企业撤回或减少投资，其取得的资产中，相当于初始出资的部分，应确认为投资收回；相当于被投资企业累计未分配利润和累计盈余公积按减少实收资本比例计算的部分，应确认为股息所得；其余部分确认为投资资产转让所得。

参考文献

[1] 中华人民共和国企业所得税法实施条例立法起草小组. 中华人民共和国企业所得税法实施条例释义及适用指南[M]. 北京：中国财政经济出版社, 2007.

[2] 财政部会计司编写组. 企业会计准则讲解（2006）[M]. 北京：人民出版社, 2007.

[3] 庄粉荣. 实用税收策划[M]. 成都：西南财经大学出版社, 2001.

[4] 庄粉荣. 投资活动与税收策划[M]. 成都：西南财经大学出版社, 2002.

[5] 庄粉荣. 纳税检查应对技巧[M]. 成都：西南财经大学出版社, 2002.

[6] 庄粉荣. 税收策划实务[M]. 上海：上海立信会计出版社, 2003.

[7] 庄粉荣. 纳税管理实务[M]. 上海：上海立信会计出版社, 2003.

[8] 庄粉荣, 陈丽花. 资产重组业务的税收策划[M]. 北京：机械工业出版社, 2008.

[9] 庄粉荣. 纳税策划大败局[M]. 北京：机械工业出版社, 2010.

[10] 庄粉荣. 企业涉税风险的表现及规避技巧[M]. 北京：机械工业出版社, 2011.

[11] 庄粉荣. 现代服务业财税策划实务[M]. 北京：中国经济出版社, 2011.

[12] 庄粉荣. 制造企业财税策划实务[M]. 北京：中国经济出版社, 2011.

[13] 庄粉荣. 房地产企业财税策划实务[M]. 北京：中国经济出版社, 2011.

[14] 庄粉荣. 所得税纳税策划案例精选[M]. 北京：机械工业出版社, 2012.

[15] 庄粉荣. 不缴冤枉税——税收优惠利用操作实务[M]. 北京：中华工商联合出版社, 2014.

[16] 庄粉荣, 王忠汉. 税务稽查案例分析与点评[M]. 北京：中国法制出版社, 2015.

[17] 庄粉荣. 建筑施工企业营改增案例精解[M]. 北京：机械工业出版社, 2017.

[18] 庄粉荣. 纳税策划实战精选百例. 6版 [M]. 北京：机械工业出版社, 2016.